비영리 및 시민사회 연구 총서
국제 융합연구 시리즈

Lonneke Roza
Steffen Bethmann
Lucas Meijs
Georg von Schnurbein 편집
박두준 역

기업재단의 이해

기업 및 시민사회의 관점

Handbook on Corporate Foundations
Corporate and Civil Society Perspectives

GUIDE STAR KOREA 재단법인 한국가이드스타 재단센터

Springer

박영story

발간사

"기업재단은 기업의 이름으로 나눔을 실천하되, 전문성과 독립성을 바탕으로 움직이는 조직입니다. 이 책은 기업재단의 존재 이유와 지속가능성을 깊이 있게 통찰한 안내서입니다."

오늘날 기업은 단순히 이윤을 추구하는 경제 주체를 넘어서, 사회적 책임을 다하는 핵심 주체로 자리 잡고 있습니다. 이와 같은 변화는 기업의 이윤 추구만이 아닌 사회 구성원으로 상호작용하는 존재인 것을 전제로 하며, 기업의 사회적 책임(CSR) 활동은 더 이상 선택이 아닌 필수가 되었습니다. 이러한 상황에서 기업재단은 기업과 시민사회, 두 영역의 가교 역할을 하며, 기업의 역량을 공공의 이익을 위해 집중적으로 활용하는 매개체이자 자산으로 기업이 사회적 가치를 창출하는 데 중요한 역할을 하는 기관으로 떠오르고 있습니다.

『기업재단의 이해(*Handbook on Corporate Foundations*, 2020)』는 이러한 기업재단의 역할과 중요성을 다각도로 탐구한 중요한 학술서입니다. 이 책은 기업재단의 설립 목적, 구조적 특성, 운영 모델, 그리고 각기 다른 국가와 지역에서의 다양한 사례를 통해, 기업재단이 기업과 사회 간의 상호작용에서 어떻게 중요한 역할을 수행하는지에 대한 깊은 이해를 제공합니다. 특히 기업재단이 시장 논리와 공익 가치를 결합하는 혼합적(hybrid) 조직으로서의 특성을 강조하며, 그 복잡성과 전략적 잠재력을 분석한 점이 매우 인상적입니다.

기업재단은 단순한 기부를 넘어, 기업의 핵심 역량을 사회적 책임 실현에 맞게 변환시키는 중요한 플랫폼입니다. 이 책은 특히 기업 경영진이 기업재단을 어떻게 전략적으로 활용할 수 있을지에 대한 실질적인 통찰을 제공하며, 기업의 사회적 책임이 단기적 목표를 넘어서 장기적인 지속가능성을 추구하는 방식으로 발전할 수 있음을 강조합니다. 또한, 기업재단이 다양한 이해관계자와의 협력을 통해 사회적 가치를 창출하고, 동시에 기업의 명성과 신뢰를 높이는 중요한 수단으로 작용함을 분명히 보여줍니다.

이 책의 번역 출간은 국내 기업 및 기업재단 관계자들에게 기업재단에 대한 체계적이고 심도 깊은 이해를 돕는 중요한 이정표가 될 것입니다. 이를 통해 기업이 사회적 책임을 다하며 지속 가능한 경영을 실현하는 데 있어, 보다 전략적이고 혁신적인 접근을 가능하게 할 것입니다. 특히, 기업 고위 경영진 및 기업재단 경영진들에게는 기업재단을 경영 전략의 중요한 축으로 삼을 수 있는 기회를 제공할 것입니다.

본서의 출간이 국내 기업재단 종사자와 경영진이 세계적 수준의 사회공헌 실천 사례를 이해하고, 이를 바탕으로 보다 전략적이고 지속가능한 사업을 기획·경영할 수 있도록 돕고자 합니다. 기업재단이 우리 사회의 긍정적 변화에 더 크게 기여하는 기반이 되기를 기대합니다.

마지막으로, 이 책의 번역, 감수 및 출간에 많은 노력을 기울여 주신 모든 분들께 감사의 말씀을 전합니다.

감사합니다.

재단법인 한국가이드스타 이사장 최중경

한국어판 저자 서문

Dear readers,

It is with great pleasure and heartfelt congratulations that we celebrate the publication of the Korean translation of the Handbook on Corporate Foundations. The handbook book was conceived with the goal of filling a critical gap in both academic literature and practical understanding of corporate foundations. This unique milestone marks the growing importance of corporate foundations as vital actors in corporate philanthropy to create a better world. Globally, but also in Korea.

We extend our profound appreciation to the translators, editors, and the Guidestar Korea Foundation Center for their invaluable contributions to this endeavor. The translation of academic texts is an intellectually demanding task, requiring not only linguistic accuracy but also a nuanced comprehension of the conceptual and institutional frameworks underpinning both the source and the receiving contexts. May it inspire thoughtful dialogue, meaningful action, and lasting impact.

Dr. Lonneke Roza, Dr. Steffen Bethmann, Prof. Dr. Lucas Meijs,
Prof. Dr. Georg von Schnurbein.

존경하는 독자 여러분께,

『*Handbook on Corporate Foundations*』의 한국어판 출간을 진심으로 축하드리며, 기쁨과 감사의 마음을 전합니다. 이 핸드북은 기업재단에 대한 학문적 논의와 실무적 이해 사이의 중요한 간극을 메우기 위해 기획되었습니다. 이번 출간은 기업재단이 전 세계적으로, 그리고 한국에서도, 더 나은 세상을 만들기 위한 기업 사회공헌의 핵심 주체로서 점점 더 중요한 역할을 맡고 있음을 보여주는 의미 있는 이정표입니다.

이번 작업에 헌신적으로 참여해주신 번역자, 편집자, 그리고 한국가이드스타 재단센터에 깊이 감사드립니다. 학술 텍스트의 번역은 단순한 언어 변환을 넘어, 원문과 번역 대상의 개념적 · 제도적 배경을 깊이 이해하는 지적 작업입니다. 이 한국어판이 독자 여러분께 깊이 있는 논의를 촉진하고, 실질적인 실천을 이끌며, 지속 가능한 사회적 영향으로 이어지는 데 기여하길 기대합니다.

Dr. Lonneke Roza, Dr. Steffen Bethmann, Prof. Dr. Lucas Meijs,
Prof. Dr. Georg von Schnurbein.

추천사

우리 주변에는 사회공헌을 목적으로 하는 다양한 조직들(재단이나 사회적 기업들)이 있다. 이들 중 대다수는 세금이나 개인의 자발적 기부에 의존하여 운영되고 있는 영세한 조직으로서, 투명성이나 지속가능성이 낮은 경우가 일부 있다. 이런 측면에서 기업이 스스로의 자원을 활용해 설립한 기업재단은 다른 조직들과는 다른 독특한 특징을 가진다. 기업의 자금력 덕분에 안정적인 현금흐름을 가지고 있으므로, 비교적 장기간에 걸쳐 안정적으로 특정 목적을 달성하기 위한 사업을 수행할 수 있다. 그 과정에서 조직 전체와 구성원들 개개인의 전문적인 역량도 개발될 수 있다. 그렇지만 기업의 시장논리와 공익적 차원이라는 서로 상충하는 논리를 조화해야 하는 기업재단의 특성상, 다른 조직들보다 좀 더 다양하고 복잡한 이해관계자 집단의 의사를 조율해야 하는 문제도 있다.

기업의 사회적 책임 수행이나 ESG를 강조하는 최근의 사회 분위기 덕분에, 기업재단을 설립하는 기업의 수는 국내에서도 점점 늘어나고 있다. 따라서 한국 비영리 조직들 중 기업재단이 차지하는 중요성은 매우 크다고 볼 수 있다. 과거 사내에서 단편적으로 수행되던 사회공헌 활동을 좀 더 체계적이고 전략적으로 수행하기 위해 기업재단을 설립하여 그 일을 맡기는 것이다. 그럼에도 불구하고 국내에서는 이제까지 기업재단에 대한 연구가 거의 수행되지 않았다. 기업재단의 현황, 조직구조, 사업 내역 등에 대한 기초적인 통계치도 얻기 힘들다. 다른 재단이 어떻게 운영되고 있고 어떤 과정을 거쳐 의사결정을 내리는지를 참고하기 위한 벤치마크로 사용할 수 있는 자료도 거의 없다.

이런 아쉬움을 해결하기 위해서는 이 책을 읽어야 한다. 선진 외국에서는 한국보다 기업재단이 먼저 발달했고 중요한 역할을 수행하고 있다. 미국의 경우 기업들 중 대략 40%가 기업재단을 운영하고 있을 정도다. 다른 나라에서 어떤 과정을 거쳐서 기업재단이 발전해왔고, 어떤 조직구조나 지배구조를 가지고 있으며, 어떤 역할을 수행하고, 어떤 기대를 받고 있으며 한계점은 무엇인지, 사회적으로 기업재단을 어떻게 보고 있는지 등 다양한 질문에 대한 답이 이 책에 포함되어 있다. 한 사람이 쓴 것이 아니라 각국의 다른 학자들의 글을 모아 놓았으므로, 학자별 및 국가별 견해나 상황 및 제도의 차이에 대해서도 알 수 있다.

따라서 이 책은 기업재단이나 기타 비영리단체의 종사자들에게 여러가지 조직 운영에 필요한 정보를 제공해 줄 것이라고 믿는다. 이런 내용을 학습함으로써, 한국의 비영리단체들이 더 발전할 수 있는 조그마한 주춧돌이 될 수 있기를 바란다. 또한 이 책은 기업재단을 뒷받침하는 기업인들에게도 어떻게 기업재단을 운영해야 가장 큰 효과를 볼 수 있는지에 대한 시사점도 제공해 줄 것이다. 기업재단에 대한 연구가 거의 수행되지 않았던 것처럼, 한국 기업인들도 기업재단을 어떻게 활용할 것인지에 대해 깊이 고민하지 않았었다. 이 책의 내용을 공부함으로써, 좀 더 전략적으로 기업재단을 활용하여 기업과 사회가 모두 윈-윈 할 수 있는 길이 열리기를 바란다. 그래서 기업과 기업재단이 모두 발전하고, 국민들의 생활과 문화 수준도 향상되는 시기가 오기를 간절히 희망한다.

서울대학교 경영대학 교수, 한국가이드스타 이사 **최 종 학**

옮긴이의 말

1990년대 초 시민단체에서 활동하며 공익, 비영리, 자원봉사, 기부라는 개념을 처음 접하게 되었고, 울산과 강남에서 자원봉사센터를 설립 · 운영하며 시민과 학생들에게 자원봉사를 실천할 기회를 제공했다. 그러나 IMF 외환위기로 정부 정책 사업이 중단되는 어려움도 겪었다. 이후 2004년 벤처기업이 만든 기업재단의 사무국장으로 일하면서 기업재단 운영의 현실을 마주하게 되었다. 설립 초기부터 기부금 유용 문제와 경영 위기가 있었으나, 글로벌 기업인 노키아와 루슨트테크놀로지와 협력하면서 선진 CSR(기업사회공헌) 모델을 배우고 이를 국내에 보급하는 계기가 되었다. 특히 사회공헌 매뉴얼과 NGO 지침서를 번역 · 보급하여 한국 기업사회공헌 체계화에 기여했다.

당시 한국 사회에서는 NPO의 투명성 문제가 크게 제기되었고, 이를 해결하기 위해 미국 GuideStar를 모델로 삼아 2007년 한국가이드스타를 설립하였다. 공익법인 회계공시 제도 도입과 국세청 공시제도 개선에 참여하면서 한국 비영리 부문의 투명성 기반을 마련하는 데 힘썼다. 이후 재단의 상임이사로서 경영을 맡으며 기부금과 조직 규모를 획기적으로 성장시켰고, 80여 개 기업과 파트너십을 통해 다양한 사회공헌 프로젝트를 수행했다. 또한 기업 간 사회공헌 아웃소싱 모델을 만들어내며 새로운 방향을 제시했으나, 동시에 한국의 제도적 · 문화적 제약과 기업재단 거버넌스 위기를 경험하면서 제도 개선의 필요성을 절감했다.

《기업재단의 이해》를 번역하면서 지난 20년간 현장에서 품었던 의문들을 풀 수 있었고, 기업재단이란 결국 기업이 사회공헌을 지속적이고 안정적으로 수행하기 위한 제도적 장치임을 확인하게 되었다. 책에서 다룬 다양한 국제 사례는 한국 기업과 재단이 해외 시장에서 전략적으로 사회공헌을 전개하는 데 참고가 될 수 있으며, 학계와 현장의 연구에도 중요한 자료가 된다. 번역 과정은 지난 30여 년간의 비영리 경험, 특히 기업재단에서의 실무와 경영 경험이 큰 도움이 되었으며, 이를 통해 후배들에게 기업재단과 사회공헌 분야의 소중한 참고서가 되기를 바란다.

끝으로, 이 번역 작업이 가능하도록 함께해 주신 많은 분들께 감사를 드린다. 번역을 감수해 주신 위스콘신주립대학교 오승빈 교수님, 성균관대학교 최아름 교수님, 문서 교정과 작업에 참여해 준 한국가이드스타 김솔 팀장, 우현희 · 김종재 · 공다롬 연구원, 그리고 인생의 멘토이신 권오용 상임이사님께 깊이 감사드린다. 또한 재단을 훌륭한 리더십으로 이끌며 발간사를 써주신 최중경 이사장님, 추천사를 보내주신 서울대학교 최종학 교수님께도 특별히 감사드린다. 무엇보다도 비영리 현장에서 지칠 때마다 격려를 아끼지 않은 아들 승민이와 늘 묵묵히 응원해 준 아내 김세라에게 이 글을 빌려 고마움을 전한다.

이 책이 기업재단과 사회공헌 분야에 뛰어드는 후배들에게 길잡이가 되기를 바라며, 일독을 권한다.

재단법인 한국가이드스타 재단센터 센터장 **박두준**

집 필 진

이름	소속 기관	국가, 도시
Steffen Bethmann	Center for Philanthropy Studies (CEPS), University of Basel	Basel, Switzerland (스위스 바젤)
Joel Bothello	The John Molson School of Business, Concordia University	Montréal, QC, Canada (캐나다 몬트리올)
Johan von Essen	Ersta Sköndal Bräcke University College	Stockholm, Sweden (스웨덴, 스톡홀름)
Arthur Gautier	ESSEC Business School	Cergy-Pontoise, France (프랑스 세르지-퐁투아즈)
Theresa Gehringer	Center for Philanthropy Studies (CESP), University of Basel	Basel, Switzerland (스위스 바젤)
Debbie Haski-Leventhal	Macquarie University	Sydney, NSW, Australia (호주 시드니)
Lijun He	Center of Corporate Social Responsibility Development Center, Shenzhen, China Institute of Public Service, Seattle University	Seattle, WA, USA (미국 시애틀)
Johan Hvenmark	Ersta Sköndal Bräcke University College	Stockholm, Sweden (스웨덴, 스톡홀름)
Irina Krasnopolskaya	National Research University Higher School of Economics, The Centre for Civic Initiatives Assessment	Moscow, Russia (러시아 모스크바)
Michael D. Layton	Inter-American Foundation	Washington, DC, USA (미국 워싱턴 D.C.)
Alexander Maas	University for Humanistics	Utrecht, The Netherlands (네덜란드 위트레흐트)
Karen Maas	Impact Centre Erasmus (ICE), Erasmus University Rotterdam	Rotterdam, The Netherlands (네덜란드 로테르담)
Stephanie Maas	Rotterdam School of Management (RSM), Erasmus University Rotterdam	Rotterdam, The Netherlands (네덜란드 로테르담)
Javier Martin-Cavanna	Fundacion Compromiso y Transparencia	Madrid, Spain (스페인 마드리드)
Lucas Meijs	Rotterdam School of Management (RSM), Erasmus University Rotterdam	Rotterdam, The Netherlands (네덜란드 로테르담)
Anne-Claire Pache	ESSEC Business School	Cergy-Pontoise, France (프랑스 세르지-퐁투아즈)
David Renz	Midwest Center for Nonprofit Leadership, Henry W. Bloch School of Management, University of Missouri-Kansas City	Kansas City, MO, USA (미국 캔자스시티)
Marta Rey-Garcia	University of A Coruña	A Coruña, Spain (스페인 아 코루냐)
Lonneke Roza	Rotterdam School of Management (RSM), Erasmus University Rotterdam	Rotterdam, The Netherlands (네덜란드 로테르담)
Georg von Schnurbein	Center for Philanthropy Studies (CEPS), University of Basel	Basel, Switzerland (스위스 바젤)
Frans-Joseph Simons	Rotterdam School of Management (RSM), Erasmus University Rotterdam	Rotterdam, The Netherlands (네덜란드 로테르담)
Sterre Swen	Rotterdam School of Management (RSM), Erasmus University Rotterdam	Rotterdam, The Netherlands (네덜란드 로테르담)
Joannie Tremblay-Boire	University of Maryland	College Park, MD, USA (미국 메릴랜드 컬리지 파크)
Marjelle Vermeulen	Impact Centre Erasmus (ICE), Erasmus University Rotterdam	Rotterdam, The Netherlands (네덜란드 로테르담)
Qun Wang	Indiana University	Bloomington, IN, USA (미국 인디애나 블루밍턴)

차례

표, 그림 차례

일러두기 : 용어 정리(본 번역본에서 사용하는 핵심 개념 정의)

1. 필란트로피(Philanthropy) = 사회공헌

'Philanthropy'는 본래 '박애', '인류애'로 번역되며, 인류를 위한 무상적 기여를 의미해왔습니다. 이 개념은 단순한 자선(Charity)과 구분되며, 지속가능한 사회적 변화를 유도하는 전략적 접근을 포함합니다. 즉, 문제의 일시적 완화가 아니라 근본적 해결을 목표로 합니다.

오늘날에는 기업이나 개인이 사회적 가치를 창출하기 위해 금전, 시간, 전문 역량 등의 자원을 기부하거나 투입하는 활동 전반을 뜻하는 개념으로 확장되었습니다. 단순한 '기부'가 아닌, 기업의 존재 이유와 정체성, ESG 전략, 그리고 이해관계자와의 신뢰 형성과도 직결됩니다. 기업재단을 통한 목적 사업, 비영리 단체와의 파트너십, 임직원 참여 프로그램, 지역사회 협업 등은 대표적인 예입니다. 특히 기후위기, 교육 불균형, 디지털 격차, 취약계층 보호와 같은 글로벌 이슈에 대한 기업의 대응이 중요해지면서, 필란트로피 활동은 점점 더 성과 기반의 사회적 투자(social investment) 형태로 진화하고 있습니다. 이는 브랜드 가치 향상과 함께, 기업의 지속가능성과 장기적인 사업 환경 안정에 기여할 수 있습니다.

이 번역본에서 '필란트로피'는 일반적인 기부 행위나 자선 차원의 선의를 넘어, 기업이 전략적으로 수행하는 사회공헌 활동 전체를 포괄하는 개념으로 '사회공헌'으로 정의됩니다. 이는 단발성 기부보다는 지속 가능하고 장기적인 사회적 가치 창출을 목적으로 하며, 기업의 자원(재정, 인력, 노하우, 브랜드 등)을 활용하여 사회 문제에 체계적으로 대응하는 활동입니다.

2. 거버넌스(Governance) = 지배구조

'Governance'는 조직이나 시스템이 의사결정을 내리고 운영하는 구조 전반을 지칭하는 용어입니다. 경영, 공공, 비영리 분야 모두에서 사용되지만, 기업 맥락에서는, 경영 투명성, 책임성, 이해관계자와의 소통 구조를 포괄합니다. 최근 ESG(Environmental, Social, Governance) 경영이 확산되면서, 거버넌스는 단순한 법적 의무를 넘어서 기업의 지속가능성과 장기 성과에 직결되는 요소로 평가받고 있습니다. 또한, 사회 전반적으로 책임성과 투명성을 갖춘 지배구조 시스템에 대한 중요성이 더욱 부각되고 있습니다.

이 번역본에서 '거버넌스'는 기업 및 기업재단의 의사결정 체계와 책임 구조, 즉 '지배구조'를 의미합니다. 이는 조직이 어떤 방식으로 경영 판단을 내리고, 이해관계자들과 신뢰를 구축하며, 공정하고 투명하게 운영되는지를 좌우하는 핵심 요소입니다. 기업재단의 경우, 지배구조는 이사회 구성, 외부 전문가 자문, 감사 체계 등이 그 중심으로 재단 설립 목적과 공익적 방향성 유지, 지원금의 공정한 배분, 이해충돌 방지, 성과에 대한 투명한 책임을 가능하게 합니다.

3. Grant = 지원금(배분금)

'Grant'는 영어권에서 일반적으로 공익 목적의 자금 지원, 즉 '보조금'을 의미합니다. 그러나 한국에서는 '보조금'이라는 단어가 주로 정부 또는 지자체의 재정 지원을 떠올리게 하기 때문에, 민간재단이나 기업이 제공하는 공익적 자금 지원과의 혼동을 피할 필요가 있습니다. Grant는 보통 공모 · 심사 · 선정의 절차를 거쳐 배분되며, 실행 후에는 사업평가 및 성과 보고가 이어집니다. 따라서 단순 기부와는 달리, 전략적 기획, 리스크 관리, 효과성 분석 등이 포함된 정교한 프로세스가 필요합니다.

이 번역본에서 'Grant'는 기업재단이 비영리조직, 지역사회 단체, 복지기관 등 공익적 활동을 수행하는 주체에게 배분하는 재정적 자원을 의미합니다. 한국어로는 '지원금' 또는 '배분금'으로 번역하며, 이는 단순한 후원이 아니라 목적과 성과가 명확히 정의된 공익 활동에 대한 재정적 투자입니다. 기업재단이 수행하는 사회공헌 활동의 주요 수단 중 하나이며, 단기 성과 중심의 기부를 넘어 중장기적 변화와 시스템 혁신을 유도할 수 있는 방법으로 각광받고 있습니다.

4. 공동 기업재단(Collective Corporate Foundations, CCF)

'Collective'는 일반적으로 집단, 공동, 협업, 연대를 의미합니다. 그러나 '집단'이라는 표현은 폐쇄적이거나 권위적인 뉘앙스를 줄 수 있으므로, 협력과 개방성을 강조하는 의미에서 본 번역본에서는 '공동'이라는 용어로 통일합니다. 공동은 여러 주체가 자원을 결합하고 역량을 나누며, 공동의 목표를 달성하기 위해 함께 행동하는 구조를 지칭합니다. 이는 최근 사회공헌 영역에서 중요한 트렌드로 부상하고 있는 협력 기반 모델과도 연결됩니다.

이 번역본에서 '공동 기업재단'은 다수의 기업이 자원을 결합하여 설립하거나, 기존 기업재단들이 공동으로 출연하여 설립 · 운영하는 사회공헌 조직으로 공익 목적 재단을 의미합니다. 하나의 기업재단이 개별적으로 수행하는 사회공헌 활동보다 더 큰 자원 동원력과 사회적 임팩트를 창출할 수 있고 사회적 과제에 체계적으로 대응하기 위한 협력형 구조입니다.

국내 · 외 사례로는 국내에서는 생명보험사회공헌재단(생명보험회사들이 매년 기부금을 지원), 신용카드사회공헌재단, 시멘트산업사회공헌재단 등이 있으며, 국외 사례로, 미국의 Change Capital Fund는 뉴욕시의 여러 금융기관과 기업, 그리고 자선재단이 협력해 설립한 공동 기업재단입니다. 저소득 지역의 주택, 교육, 일자리 문제 해결을 위해 공동 자금을 조성하고, 전략적 투자와 파트너십을 통해 지역사회 변화를 이끌고 있습니다.

또한, 다음과 같은 이유로 주목받고 있습니다.

- 복잡하고 장기적인 사회 문제(예: 기후위기, 청년실업, 교육격차)에 대해 하나의 기업재단이 감당하기 어려운 자원과 지속성 확보
- 기업 간 중복 투자 방지 및 효율성 제고
- 사회적 임팩트를 집단적으로 키울 수 있는 구조
- ESG 경영 이행에 있어 산업계 차원의 공동 메시지 전달 가능

제1장 서문

Lonneke Roza, Steffen Bethmann, Lucas Meijs, and Georg von Schnurbein

요약 이 서문에서는 기업의 사회공헌(Philanthropy)에 대한 다양한 관점을 살펴보며, 본서에서 기업재단을 다루는 맥락을 설정한다. 이어서 기업재단을 어떻게 이해하고 정의할 것인지 설명하고, 혼합성(hybridity) 개념이 갖는 의미와 그 역할에 대해 자세히 설명한다. 그리고 본서의 전반적인 구성과 흐름을 개괄적으로 소개한다.

키워드 기업재단 - 비교 - 혼합성 - 정의

최근 전 세계적으로 사회공헌(philanthropy) 활동이 활발해지고 다양한 국가에서 재단이 빠르게 성장하면서 더욱 증가하여 자선재단에 대한 학문적 관심이 높아지고 있으며 관련 문헌에서도 이에 대한 논의가 활발하게 이루어지고 있다(Leat, 2016; Anheier, 2018). 그러나 기업의 자원을 활용한 자선재단(즉, 기업재단 corporate foundation)을 설립하는 것은 여전히 논란의 대상이며, 기업의 사회공헌이 본격적으로 주목받기 시작한 것도 비교적 최근의 일이다(Harrow, 2013). 기업의 사회공헌은 일반적인 사회공헌의 개념과 마찬가지로 사회적 · 자선적 목적을 위해 자발적으로 금전적 기부, 현물 기부, 시간 기부(예: 임 · 직원 자원봉사나 기업 차원의 기부 활동) 등을 포함한다(Gautier & Pache, 2015; Liket & Simaens, 2015; Porter & Kramer, 2006). 일부 기업은 내부 조직을 통해 사회공헌 활동을 운영하는 반면, 다른 기업은 보다 체계적이고 장기적인 방식으로 사회공헌을 실현하기 위해 기업재단을 설립하여 운영하기도 한다.

기업의 사회공헌에 대한 관점은 학문적으로도 다양하게 논의되어 왔다. 경영학 문헌에서는 경영자가 사회적 목적을 위해 자금을 투입해야 하는지, 그리고 그것이 주주의 이익을 제한하는 행위가 될 수 있는지에 대한 논쟁이 존재한다(Friedman, 1970). 이에 대응하여 학자들은 기업 사회공헌의 경제적 정당성을 입증하려는 논리를 전개해왔다(Liket & Simaens, 2015). 반면, 다른 관점에서는 기업이 단순한 이윤 추구를 넘어 '기업 시민'으로서 사회적 책임을 수행해야 한다고 주장하며 도덕적 차원을 더욱 강조하였다(Gadberg & Fombrun, 2006). 비영리 부문 문헌에서도 기업의 사회공헌에 대한 상반된 입장이 존재한다. 일부 학자들은 기업이 비영리 부문에 미치는 영향력에 대해 우려를 제기하는 반면(Nickel & Eikenberry, 2009), 다른 연구자들은 기업이 재정적 기부뿐만 아니라 자원봉사나 기타 기업의 자원을 통해 사회적 프로젝트에 기여할 수 있는 긍정적인 역할을 할 수 있다고 평가한다(Roza *et al.*, 2017).

기업의 사회공헌에 대한 이해의 수준이 점점 높아지고 있지만, 기업재단이 기업 기부를 촉진하는 중개 조직으로서 수행하는 역할은 여전히 충분히 조명되지 않았다. 비영리 부문에서 자선재단은 학문적 분석과 실제 운영 측면에서 중심 주제로 다루어지지 않으며, 기업재단은 이러한 자선재단의 구조 안에서 하나의 독특한 존재로 여겨진다. 현실에서는 기업재단의 형태로 사회공헌이 많이 이루어지지만 기업재단에 대한 연구문헌은 제한적이다. 그 결과, 기업재단은 기업 직원, 경영진, 주주 등 기존의 전통적인 재단에서는 명확하게 드러나지 않는 다양한 이해관계자가 관여하는 복잡한 현상으로 간주된다(Renz *et al.*, 2장). 또한 기업재단은 설립 기업과 독특한 관계를 맺고 있으며, 시장 행위자로서의 기업과 밀접하게 연결된다.

실제로 다수의 기업재단은 설립 기업의 이름, 자금, 이사회, 운영, 그리고 잠재적 직원 참여 등을 통해 기업과 긴밀한 관계를 유지한다(Westhues & Einwiller, 2006). 기업재단의 수, 규모, 그리고 중요성이 증가함(Herlin & Pedersen, 2013)에 따라, 자선 부문 내에서 기업재단의 존재감도 더욱 커지고 있다(Rey-García *et al.*, 2012). 또한, 기업재단은 여러 측면에서 독특한 특징을 가진다. 기업 부문과 시민사회의 중간에 위치하며, 양측의 요소를 모두 포함하고 있기 때문이다. 일반적인 지원금 지급 재단과의 차이점으로 기업재단은 외부 기부금이 거의 없으며, 모기업이라는 단일한 주요 기부자로부터 매년 자금을 지원받는다(Petrovits, 2006). 또한, 설립 기업은 기업재단의 지배구조, 자산 관리, 지원금 지급, 의사소통, 인력 채용 등 다양한 영역에 지속적으로 영향력을 행사할 수 있는 법적 권한을 가진다(Bethmann & von Schnurbein, 3장). 동시에, 기업재단은 일반적인 재단의 조직구조를 따르면서도, 해당 국가의 법적 · 재정적 제도와 기업의 전통적인 사회공헌 활동에도 큰 영향을 받는다. 이러한 특성으로 인해 전 세계적으로 기업재단 간에 공통적인 요소는 많지 않다. 따라서 기업재단이 제도화된 사회공헌의 한 형태로서 수행하는 역할과 그 운영 방식에 대한 심도 있는 논의가 필요하다.

기업 사회공헌을 보다 종합적으로 이해하려면, 기업재단을 포함한 기업의 사회공헌이 어떤 경로를 통해 이루어지는지 연구할 필요가 있다. 이를 위해 이론적 관점을 바탕으로 활용하여 이러한 구조를 보다 명확히 분석해야 한다. 특히, 다음과 같은 핵심적인 질문들이 제기된다. 우리 사회와 다양한 사회적 맥락에서 기업재단은 어떤 역할을 수행하는가? 기업재단의 지배구조는 어떻게 형성되며, 모기업과 기업재단 간의 혼합적 성격(hybrid nature)이 이에 어떤 영향을 미치는가? 기업의 다양한 이해관계자는 기업재단과 어떻게 연계되며, 어떤 영향을 받는가? 또한, 기업재단의 최종 수혜자인 비영리 단체는 기업재단과의 협력을 어떻게 이해해야 하는가?

다음 장에서는 이러한 질문들을 탐색하며 보다 구체적인 논의를 전개할 것이다. 먼저 기업의 사회공헌에 대한 다양한 이론적 관점을 검토한 후, 기업재단의 개념과 특성을 살펴본다. 또한, 혼합성의 관점에서 기업재단의 제도적 특성을 분석하고, 이 책의 전체적인 개요를 제시한다.

1.1 기업의 사회공헌

1.1.1 경제 활동의 결과로서의 사회공헌

사회공헌의 역사는 경제 활동과 밀접하게 연결되어 있다. 일반적으로 사회공헌은 특정한 가치관에 기반하며, 직접적인 이해관계가 없는 타인에 대한 연민과 관심의 표현으로 이루어진다(Payton & Moody, 2008). 이러한 가치 중심적 관점과 더불어, 사회공헌은 대가 없이 자원을 제공하는 행위를 포함한다. 따라서 경제적 성공과 풍요는 순수한 이타주의를 넘어 사회공헌이 중요한 역할을 수행하기 위한 전제 조건이 된다(Adloff, 2010). 역사적으로 저명한 많은 자선가들은 사회적 참여 이전에 성공한 사업가였다. 특히 19세기 미국의 산업화는 막대한 부를 축적한 새로운 계층을 형성했다. Meyer Guggenheim과 Andrew Carnegie는 가난한 이민자 출신이었으나, 생애 동안 당대 최고 부호로 성장했다. John D. Rockefeller와 W. K. Kellogg는 중산층 출신이었으며, John P. Morgan과 같이 애초에 부유한 환경에서 성장한 이들도 있었다. 유럽에서도 Joseph Rowntree, Maurice de Hirsch, Robert Bosch와 같은 기업가들이 재산의 상당 부분을 사회적 목적을 위해 기부했다(von Schnurbein, 2015). 그러나 이들 모두 기업과 명확히 분리된 개인적 차원에서 기부와 사회공헌을 실천했다는 공통점이 있다. 실제로 1950년대까지만 해도 미국에서는 기업의 기부가 법적으로 금지되어 있었다(Sharfman, 1994). 이후 기업의 사회공헌이 발전하면서 점차 제도화되었고, 그로 인해 기업의 사회공헌은 누구를 위한 것인가 — 기업, 사회, 혹은 양쪽 모두를 위한 것인가 — 라는 논쟁이 지속되고 있다(Aakhus & Bzdak, 2012).

1.1.2 기업의 사회공헌에 대한 다양한 관점

기업의 본질적 목표이자 궁극적인 존재의 이유는 이윤 창출이다(Friedman, 1970). 이러한 관점에서 볼 때, 기업의 사회공헌 역시 기업의 성과 향상으로 이어지는 분명한 사업 논리를 갖추어야 한다. 사회공헌은 대가 없이 베푸는 것이므로, 그것이 직접적인 기업 성과로 연결된다는 주장을 입증하는 것은 쉽지 않다(Campbell & Slack, 2007). 그럼에도 불구하고, 학계와 실무 모두 기업의 사회공헌을 정당화하기 위해 사업적 관점에서 그 근거를 찾으려는 노력이 계속되고 있다. 또한, 기업이 사회공헌에 참여해야 하는지에 대해서도 두 가지 상반된 이론적 관점이 전개된다. 기업의 사회공헌 참여에 비판적인 관점은 대리인 이론에 기반하며, 사회공헌은 기업이 아닌 개인이 결정할 수 있다는 가정을 따른다. 이에 따라 Friedman(1970)은 기업의 사회공헌이 주주의 이익을 감소시키며, 경영자가 자신의 우선순위에 따라 이를 실행한다고 주장했다. 다른 연구자들도 이와 유사한 입장에서, 기업의 사회공헌이 공공의 목적보다는 경영자의 평판 향상에 더 큰 영향을 미친다고 강조했다(Buchholtz *et al.*, 1999; Galaskiewicz, 1997; Werbel & Carter, 2002).

이와 반대로 기업의 사회공헌을 지지하는 관점에서는 기업의 사회공헌이 기업 성과에 미치는 긍정적인 영향을 강조한다. Gautier & Pache(2015)의 연구에서는 기업의 사회공헌이 수익을 직접적으로 증가시킬 수 있는지에 대해 확실하지 않다고 보았지만, 선의와 긍정적인 이미지, 그리고 평판 개선을 통해 궁극적으로 긍정적인 영향을 미칠 수 있다고 하였다. 이러한 효과는 투자자, 직원, 공급업체, 고객 등 다양한 이해관계자 그룹에 영향을 미친다(Choi & Wang, 2007). 기업의 사회적 성과(Corporate Social Performance)와 재무성과 간의 관계를 분석한 여러 연구에서는 두 요소 간의 긍정적인 상관관계를 보고했다(Orlitzky *et al.*, 2003; Margolis *et al.*, 2007).

다른 연구자들은 기업의 사회적 성과의 가치를 전략적 재평가 및 프로세스 개선을 강화하는 방식으로 접근하거나(Ribstein, 2005), 좋은 평판이 기업의 사회적 성과에 보험적 가치를 부여할 수 있다고 분석했다(Fombrun *et al.*, 2000; Klein & Davar, 2003; Peloza, 2005). 그러나 Wood(2010)는 기업의 사회적 성과와 기업 재무성과 간의 관계에 대한 문헌을 검토하여 여전히 긍정론자와 회의론자로 나뉘는 학계의 분열을 비판하며, 이 관계에 대한 논쟁이 지속되고 있음을 지적했다.

보다 개념적인 관점에서 기업의 사회공헌은 대부분 기업의 사회적 책임(Corporate Social Responsibility, 이하 CSR)의 일부로 논의된다(Burlingame & Young, 1996; von Schnurbein *et al.*, 2016). Carroll(1979)은 CSR 피라미드에 관한 중요한 연구에서 기업의 경제적, 법적, 윤리적 책임 위에 자선적 책임을 추가했다. 경제적 책임은 기업의 상품과 서비스의 생산자로서의 역할을 의미하며, 법적 책임은 모든 법률과 규정을 준수하는 것을 의미한다. 윤리적 책임에 대해서는 "반드시 법으로 성문화되지는 않았지만, 사회 구성원들이 기업에 기대하는 추가적인 행동과 활동"이 포함된다고 설명했다. 그러나 그는 재량적 책임(나중에 '자선적 책임'으로 언급됨)에 대한 명확한 정의를 내리지 않았다. 그는 이러한 활동이 "기업의 재량"에 따른 것이기 때문에 실제로는 책임으로 분류할 수 없다고 보았다. 이에 따라, 경제적 책임과 법적 책임은 필수적인 요소로 간주되는 반면, 윤리적 책임과 사회공헌은 기대되는 수준으로 분류된다(Carroll & Shabana, 2010). 이러한 이유로 CSR에 대한 논의가 증가하고 있지만, 기업의 사회공헌은 상대적으로 덜 주목받는 역할에 그쳤다(von Schnurbein *et al.*, 2016). 그러나 최근 '전략적 사회공헌'이라는 개념의 등장으로 이러한 인식을 극복하고 있다(Gautier & Pache, 2015). 특히 공유가치(Shared Value) 접근법은 기업의 사회공헌에 대한 인식을 변화하고, 역할을 재정립하는 데 영향을 미쳤다. 공유가치는 기업이 "좋은 일을 하면서도 좋은 성과를 낼 수 있다"는 성과 향상 패러다임을 따르며(Karnani, 2011), Porter & Kramer(2002)는 기업의 사회공헌이 경쟁 우위를 확보하는 데 기여할 수 있다는 가치 사슬 접근법을 제안했다. 이들은 기업이 사회적 목적을 위해 최고의 역량을 발휘하기 위해 사회공헌에서도 핵심 사업과 연계해야 한다고 주장했다. 그러나 Aakhus & Bzdak(2012)은 공유가치 접근법이 사회적 이익보다 기업의 이익을 우선시하기 때문에, 근본적인 사회 문제 해결에는 한계가 있다고 지적한다.

시민사회와 사회공헌 관련 문헌에서는 기업, 정부, 비영리 단체 간의 관계가 주요 관심사로 다루어지는데 그 이유는 이들 간의 관계가 비영리 단체의 독립성과 촉매적 역할에 영향을 미치기 때문이다(Nickel & Eikenberry, 2009). 이러한 맥락에서, 기업이 사회공헌에 참여하는 근본적인 이유는 무엇인가라는 질문이 제기된다. Gan(2006)은 기업의 사회공헌이 결국 기업의 목표와 공익적 목적 사이에서 이루어지는 일종의 타협이라고 주장한다. Harrow(2013) 또한 "기업 사회공헌은 조직, 정책, 그리고 가치관에 대한 타협이 이루어지는 무대로 기능한다."라고 설명하며, 다수의 연구 역시 기업의 사회공헌 활동이 특정한 구조와 방향성에 따라 수행되는 부분임을 강조한다. 또한, Tesler & Malone(2008)은 기업의 사회공헌을 공공의 이익을 위한 문제 해결 방식으로 바라보면서 그 장단점을 논의한다. 예를 들어, Al-Tabbaa 등(2013)은 기업 기부의 규모와 지속가능성을 확대하기 위해 비영리 단체가 부문 간 협력에 더욱 적극적으로 나설 필요가 있다고 주장하는 반면, 사회공헌의 시장화는 본래 사회공헌이 가지고 있는 변혁적 힘을 약화시킨다는 비판도 제기된다(Nickel & Eikenberry, 2009). 또한, Cho & Kelly(2013)의 연구에 따르면, 비영리 단체 대표들은 기업 파트너의 수익을 과대평가하는 경향이 있어 기대와 현실 간의 불일치가 발생할 수 있다. 이러한 오해로 인해 기업의 기부활동이 실제보다 더 큰 규모로 인식되기도 한다. 이는 기업의 기부가 마치 재단의 기부와 유사한 핵심 활동으로 간주되기 때문일 수 있으나, 실상 기업에게 사회공헌은 주변적 활동에 불과한 경우가 많다. 특히, 기업 기부가 비재무적 자원까지 포함할 경우 더 많은 이해관계자 간의 조정과 타협이 요구된다(Haski-Leventhal, 12장). 기업 자원봉사와 관련해서도 여러 문제가 제기된다. Roza 등(2017)은 기업 자원봉사의 실태를 분석하며, 비영리 단체가 기업의 사회공헌과 협력할 때 직면하는 어려움을 강조한다. 또한, 기업 자원봉사 환경에서는 수혜자의 이익이 충분히 고려되지 않는다는 비판도 있다(Samuel *et al.*, 2016).

이러한 논의들은 기업 사회공헌의 목적과 정당성이 결코 단순하지 않다는 것을 보여준다. 기업과 시민사회의 관점 모두에서 기업의 사회공헌은 서로 다른 이유로 지지를 받기도 하고 논쟁의 대상이 되기도 한다. 예를 들어, 일부 학자들은 기업이 스스로 선한 일을 할 수 있는지 의심하기도 한다. 그들에게는 경영자가 주주의 허락 없이 주주의 돈으로 좋은 일을 한다고 생각하기 때문이다. 시민사회의 관점에서 볼 때, 기업의 사회공헌은 이윤을 창출하려는 사업 목표와 공익 사이에 내재적 목표의 충돌을 수반한다(Hvenmark & von Essen, 13장). 그러나 전략적 사회공헌 활동의 지지자들은 기업이 핵심 사업을 발전시켜 공공의 목적을 위해 지식과 자원을 제공한다면 기업과 사회 모두 이익을 얻는 윈-윈(win-win) 구조가 될 수 있음을 강조한다. 같은 관점에서 시민사회 연구자들은 비영리단체가 사업 내용이 유사한 기업재단과 협력함으로써 얻을 수 있는 이점도 있다고 본다. 기업의 사회공헌이 실제로 사업의 영역과 시민사회의 논리의 장점을 결합한 혼합적(hybrid) 조직인지, 아니면 기업과 시민사회 사이의 공동 활동을 제공하는 경계 연결자(boundary spanner)의 역할 수행에 더 가까운지 질문해야 한다. 그리고 여기서 기업재단은 어느 정도까지 역할을 할 수 있을까를 생각해야 한다.

1.2 기업재단 정의하기

각국의 역사적 배경과 전통이 다르기 때문에 사회공헌 등 자선재단을 명확히 정의하는 것은 쉽지 않다(Anheier & Daly, 2006). 일반적으로 학술 문헌에서는 자선재단을 여러 유형으로 구분하는데, 대표적으로 민간독립재단, 기업 및 기업이 후원하는 재단, 주주재단, 지역사회 재단, 공익 재단, 운영 재단 등이 있다(Frumkin, 2006; Toepler, 1999). 기업재단을 다른 재단과 구별하는 일은 생각보다 복잡하다. 예를 들어 독일의 몇몇 대형 재단을 살펴보면 그 차이를 명확히 알 수 있다. 폭스바겐 재단(Volkswagen Foundation)은 이름만 보면 전형적인 기업재단으로 보이지만, 실제로는 국유 주식의 민영화를 통해 기부금이 마련되었기 때문에 국가가 후원하는 재단으로 볼 수 있다(Toepler, 1999). 로버트 보쉬 재단(The Robert Bosch

Stiftung)은 사회공헌을 실천하는 주주재단이며, 자선 헤르티 재단(Gemeinnützige Hertie-Stiftung)은 한때 Hertie 백화점의 주주재단이었으나, 현재는 해당 백화점이 더 이상 존재하지 않아 독립적인 자선재단으로 운영되고 있다.

이처럼 기업재단을 정의하는 방식에는 다양한 해석이 존재하지만, 일반적으로 기업재단은 영리 기업이 설립하고 자금을 지원하는 독립적인 법인이며, 직접적인 상업적 이익 없이 공익적 목적을 추구하는 기관으로 정의할 수 있다. 기업재단이 갖춰야 할 핵심 요건은 다음 세 가지다.

첫째, 기업재단은 별도의 법적 독립성을 유지해야 한다.

일부 국가에서는 재단이 특정 법적 형태를 가져야 한다고 하지만, 다른 국가에서는 활동에 대한 과세 여부에 따라 재단의 성격을 구분하기도 한다. 그러나 법적 형태와 관계없이 기업재단은 설립회사와 명확히 분리된 독립적인 조직이어야 한다. 이는 기업재단의 설립이 공적 규제로부터 강제된 것이 아니라 기업의 자발적 결정에 따른 것임을 의미한다.

둘째, 기업재단은 공익을 목적으로 해야 한다.

기업 주변에는 연금, 기금, 이해관계자 재단, 사적 목적 신탁 등 다양한 유형의 재단이 존재할 수 있다. 하지만 기업재단은 보다 공공의 이익을 추구해야 하며, 모기업의 핵심 사업과 연관될 수는 있지만, 그 활동이 기업의 직접적인 상업적 이익으로 이어져서는 안 된다. 각국의 법률에 따라 '공익'의 정의는 다를 수 있지만, 기업재단이 본질적으로 기업의 사회적 책임을 실천하기 위한 기관이라는 점은 변하지 않는다. 또한 기업재단은 내부 조직과 구별되어야 한다. 다시 말해, 기업의 사내 자선 부서와 차별화되며, 기업재단의 운영은 회사의 전략적 목표가 아니라 재단의 독립적인 사명과 가치에 의해 주도되어야 한다. 즉, 기업재단의 의사결정 과정은 후원 부서처럼 기업의 목표에 종속되는 것이 아니라, 별도의 법인으로서 사회공헌 사명을 중심으로 이루어진다. 기업재단은 지원금을 지급하는 방식으로 공익사업을 지원할 수도 있고, 벤처 사회공헌(venture philanthropy)[1] 방식으로 혁신적인 사회적 프로젝트를 후원할 수도 있으며, 자체 프로젝트를 직접 운영하는 경우 등 운영 방식이 다양하다. 이처럼 기업재단의 형태와 역할은 국가별 전통과 규범에 따라 영향을 받는다. 예를 들어, 라틴 아메리카에서는 기업재단이 활발하게 운영되며(Rey-Garcia *et al.*, 9장), 유럽에서는 벤처 자선 모델을 적용하는 기업재단이 많다. 반면, 미국에서는 지원금 지급을 중심으로 운영되는 전형적인 기업재단이 주를 이룬다(Tremblay-Boire, 6장).

셋째, 기업재단은 영리 기업에 의해 설립하고 자금을 지원받으며, 전부는 아니더라도 상당 부분 통제된다.

이 점이 다른 유형의 재단과 가장 중요한 차이점일 수 있는데, Anheier 등(2001)이 재단을 분류할 때 재단의 독립성을 핵심 기준으로 강조하기 때문이다. 관심 대상인 재단에 초점을 맞추기 때문에 영리 법인에 대해서는 차별을 두지 않는다. 기업재단은 모기업과 지속적인 관계를 유지해야 하는데, 재단과 모기업 간의 지속적인 관계는 가족재단의 경우처럼 개인이 아닌 두 법인에 구속된다. 예를 들어 회사가 매각되는 경우 재단도 거래의 일부가 된다. 기업재단은 일반적으로 초기 거액의 기부금이 아닌 연간 기부금으로 자금을 조달하기 때문에 회사는 재단에 대한 지배적인 영향력을 지속적으로 유지한다. 결과적으로 기업의 경영진이 재단에 큰 영향을 미친다. 위의 사례로 다시 돌아와서 폭스바겐 재단은 처음부터 기업재단이 아니었고 자선 헤르티 재단은 회사가 폐업하면서 더 이상 기업재단의 역할을 다 하지 못하게 되었다. 두 재단 모두 기업과 역사적 연관성은 있지만 오늘날에는 기업재단으로 간주할 수 없다.

또한 기업 소유주가 자신의 재산으로 설립한 개인 또는 가족재단과 소위 '주주재단'으로 불리는 기업재단을 구분한다. 두 경우 모두 재단에 대한 통제권은 회사에 국한되지 않으며, 다른 이익 단체(특히 소유주)가 재단에 영향력을 행사

[1] 번역자 주 : 벤처 사회공헌(venture philanthropy)은 벤처투자 방식처럼 사회문제 해결을 목표로 자금을 지원하고, 단순 기부가 아니라 적극적으로 성과를 관리하는 사회공헌 방식이다. 기업재단 입장에서 보면, 단순 지원을 넘어 사회적 가치를 키우고 지속가능한 변화를 만들기 위해 투자와 관리, 평가를 체계적으로 하는 접근법이다. 즉, 사회적 임팩트를 극대화하려는 전략적 지원 방식이다.

할 수 있다. 그러나 이 재단은 의무는 없지만 공공의 목적을 지원하는 경우가 많으므로 이 책에서는 회사 주식의 상당수를 보유한 '주주재단'의 특정 유형을 별도로 다룰 것이다(Bothello *et al.*, 4장).

이 책은 광범위한 정의와 일련의 기준을 적용함으로써 다양한 연구자들이 각자의 연구에서 차별화된 해석과 구체적인 변형을 시도할 수 있는 충분한 여지를 제공한다. 따라서 각 장에서는 특정 상황과 제도적 맥락 속에서 이 정의가 어떻게 확장되거나 또는 제한되는지를 명확히 설명한다.

1.3 기업재단의 근간에 자리한 혼합성

이 장에서는 기업재단[1]을 서로 다른 제도적 논리가 공존하는 혼합적 조직(hybrid entity)으로 접근한다(제도적 논리에 대한 논의는 Lounsbury & Boxenbaum(2013) 참조). 제도적 논리는 원래 개인의 행동을 분석하기 위해 개발된 개념으로, Thornton & Ocasio(1999)는 이를 "개인이 생계를 유지하고, 시간과 공간을 조직하며, 사회적 현실에 의미를 부여하는 데 사용하는 – 사회적으로 구성된 역사적 패턴 – 즉, 물질적 관행, 가정, 가치, 신념, 규칙의 집합"으로 정의한다. 이 개념을 조직 연구에 적용하면, 제도적 논리는 관료주의나 규제와 같은 제도적 안정성과 조직적 운영 방식의 확장을 설명하는 데 도움이 된다. 또한, 조직이 환경 속에서 어떻게 변화하고 적응하는지를 이해하는 데도 중요한 역할을 한다. 예를 들어, DiMaggio & Powell(1991)은 조직이 외부의 강압, 불확실성, 그리고 사회적 규범에 의해 유사한 형태로 수렴하게 되는 과정, 즉 모방과 정렬의 과정을 강조하였다. 더 나아가, 지역사회, 시장, 국가는 조직의 정체성을 형성하는 핵심적인 제도적 요소가 될 수 있다(Thornton *et al.*, 2012).

문헌에서는 최소 두 가지 이상의 서로 다른 제도적 논리가 결합된 현상을 '혼합성(hybridity)'이라고 한다(Billis, 2010). 사회 문제의 복잡성이 증가함에 따라,

---

1 서두에서 밝히자면, 우리는 기업재단의 존재 자체에 타당한 이유가 있다고 전제한다. 따라서 본 연구의 목적은 기업재단의 존재 자체를 의문시하는 것이 아니라, 그 작동 방식을 설명하는 데에 있다.

다양한 규범과 요구를 균형 있게 조율할 수 있는 혼합적 구조는 중요한 해결책이 될 수 있다. 이러한 구조는 국가, 시장, 개인, 비영리 단체 등 다양한 부문의 이해관계를 수용할 수 있는 장점을 지닌다(Evers, 2005). 또한, 임팩트 투자처럼 시장 논리와 사회적 목표를 결합함으로써 더 효과적인 결과를 도출할 수도 있다(Emerson, 2003).

혼합적 구조에 대한 연구는 조직 내에서 발생하는 목표 간 충돌을 이해하는 데도 도움이 된다. 기존 연구들은 비영리 조직이 때때로 상반되거나 경쟁적인 목표를 동시에 추구해야 하는 현실을 강조해왔다(Minkoff, 2002; Joldersma & Winter, 2002; Skelcher & Smith, 2014). 사회공헌 분야에서도 Salamon(2014)은 오늘날의 사회공헌이 더 다양화되고, 기업가적이며, 세계화되고, 협력적인 방향으로 변화하고 있다고 지적한다. 이에 따라 사회공헌은 다양한 주체들의 기대를 보다 폭넓게 고려할 필요가 있다.

Smith(2016)는 혼합성 추세 속에서 등장한 새로운 형태의 사회공헌을 설명하면서, 특히 미국과 영국뿐만 아니라 다른 국가에서도 기부자 자문 기금(Donor-Advised Fund, DAF)이 민간재단의 대안으로 활용되고 있다고 언급했다. 기부자 자문 기금은 지원금 지급, 보고 의무, 정보 공개 측면에서 전통적인 재단보다 유연하게 운영할 수 있는 장점이 있다(Harrow *et al.*, 2016). 최근의 흐름은 사회공헌이 벤처 캐피탈, 임팩트 투자, 혼합 금융 구조 등과 같은 금융 투자 방식과 점점 더 밀접하게 연결되고 있다는 점이다. 가장 중요한 개념은, 사회공헌 자원을 다양하게 활용하여 더 큰 영향력을 창출하는 것이다(Salamon, 2014). 예를 들어, Mark Zuckerberg는 유한책임회사(LLC)를 통해 사회공헌 활동을 펼쳤으며, 이는 기존의 법적 자선 단체의 틀을 넘어서는 접근 방식이었다. 개인 재단과 비교했을 때 LLC는 기부자에게 주어지는 세금 혜택은 적지만, 기금의 운영과 의사결정에 대한 통제권은 더 많이 제공한다(Worth, 2018).

Smith(2016)는 기업재단이 "기업의 전략적 방향과 연계된 시장 논리와 지역사회 및 시민의 요구 등 다양한 논리를 동시에 관리해야 하는 경우가 많기 때문에" 전형적인 혼합적 구조라고 설명한다. 이 책에서는 이러한 두 가지 논리 사이에서 발생하는 변화와 충돌을 분석하고, 다양한 논점을 다루며, 기업재단에 대한 여러 관점을 탐색할 것이다.

기업재단은 사업 이익과 사회적 목적 사이에서 운영된다. 따라서 지배적인 논리와 핵심 운영 방향에 따라 그 역할과 활동 방식이 크게 달라질 수 있다. 기업재단의 설립 동기는 기업의 사업 논리와 시민사회의 논리를 모두 반영한다. 이 중 어느 논리가 우세한지는 법적 요건, 모기업의 조직 구조, 소유 형태 등에 따라 달라진다. 경우에 따라 기업재단은 사업 중심에서 시민사회 중심으로 운영 방식을 전환할 수도 있다. 이러한 변화는 기업의 사업 모델 수정, 새로운 규제 도입, 혹은 기업재단의 활동 분야 확대 등 다양한 요인에 의해 촉진될 수 있다.

그러나 사업 목표와 사회적 목표가 항상 조화를 이루는 것은 아니다. 재단 이사회의 권한 배분에 따라 프로그램 결정이 사업 목적을 우선할 수도 있고, 사회적 목적을 더 중시할 수도 있다. 전통적으로 "경영 성과에 좋은 것이 사회적으로도 좋다."는 인식이 있었지만(Aakhus & Bzdak, 2012), 이는 더 이상 자명한 사실이 아니다. 동시에 기업들은 사회공헌 활동을 보다 일반적으로 인정되는 주제와 영역으로 확장해야 한다는 요구를 받고 있다.

다음 장에서는 기업재단이 제도적 논리의 영향을 어떻게 받는지를 분석할 것이다. 특히 지역적 차이, 지배구조 및 경영 방식, 그리고 다양한 이해관계자의 관점을 중심으로 논의를 전개할 것이다.

1.4 이 책의 개요

이 책의 주요 목적은 기업재단의 최신 현황에 대한 포괄적인 분석을 제공하는 것이다. 이를 위해 기업재단을 다양한 관점에서 기업재단을 다루면서 혼합성의 개념을 적용하여 설명할 것이다.

첫째, 기업재단의 존재와 그 유용성을 설명하는 여러 가지 논리를 살펴본다. 기업재단은 시장의 논리와 시민사회의 논리가 상충하는 복잡하게 얽힌 혼합성을 띠는 조직이다(Billis, 2010). 재단은 시민사회 조직의 법적 형태를 갖추고 있지만, 설립자와의 밀접한 관계로 인해 종종 영리 조직의 특성도 포함하는 경우가 빈번하다(Bethmann & von Schnurbein, 2015). 따라서 기업재단은 기업의 논리와 공익의 논리가 결합된 복잡한 지배구조로 볼 수 있다. 이 책에서는 기업재단의 지배구조를 다루는 네 개의 장으로 구성되어 있다. 첫 번째 장에서는 기업재단의 지배구조 문제, 두 번째 장에서는 기업재단의 의존성 문제, 세 번째 장에서는 공동 기업재단의 지배구조 선택에서의 이점과 도전과제, 마지막으로 네 번째 장에서는 특정 지배구조, 즉 주주재단을 선택하는 데 영향을 미치는 다양한 논리를 살펴본다.

둘째, 지역 또는 국가 수준, 제도적 맥락, 조직 수준 등 다양한 이해 수준을 다룬다. 기업재단의 글로벌 현황에 대한 개요를 제공하기 위해 5개의 지역 또는 국가를 다룬다. 미국과 유럽은 기업재단의 오랜 전통과 광범위한 적용 사례를 공유하고 있는 반면, 라틴 아메리카, 러시아, 중국에서의 기업재단은 다소 생소한 개념이다. 이러한 제도적 맥락은 기업재단에 대한 다양한 논리와 인식을 논의하기 위한 출발점이 된다. 또한 조직 수준에서 기업재단을 분석한다. 기업재단의 조직 프로세스를 자세히 살펴보면, 조직 성과에 영향을 미치는 주요 요인으로 지배구조, 운영, 영향력을 분석한다. 구체적으로 기업재단의 구성 요소를 이사회, 직원, 운영, 자금, 의사소통으로 나누어 살펴본다.

셋째, 기업재단과 다양한 이해관계자 간의 관계를 분석한다. 기업재단이 기업 자원봉사와 사회적 자본을 활성화하는 데 어떤 역할을 할 수 있는지, 수혜자에게 어떤 영향을 미칠 수 있는지, 복지국가 맥락에서 기업재단이 정치적 행위자로서 어떤 기능을 하는지, 그리고 비영리 단체와 기업의 협력 관계를 어떻게 해석할 수 있는지에 대해 논의한다.

따라서 이 책은 제도화된 사회공헌의 광범위한 체계 속에서 기업재단의 존재와 역할을 본격적으로 탐구한다. 기업재단이 자선 부문 내에서 수행하는 기능, 지배구조의 특성, 모기업과의 복합적인 관계, 그리고 집합적 행동의 수단으로서 가지는 가능성 등 다양한 측면들을 기술하고 분석하며 고찰함으로써, 이 분야에 의미 있는 학문적 기여를 하고자 한다.

참고문헌

Aakhus, M., & Bzdak, M. (2012). Revisiting the role of "shared value" in the business-society relationship. *Business & Professional Ethics Journal, 31*(2), 231-246.

Adloff, F. (2010). *Philanthropisches Handeln. Eine historische Soziologie des Stiftens in Deutschland und den USA*. Frankfurt/New York: Campus.

AL-Tabbaa, O., Leach, D., & March, J. (2013). Nonprofit-business collaboration as a strategic option for the nonprofit sector. *International Journal of Voluntary and Nonprofit Organizations*. 1-22.

Anheier, H. K. (2001). Foundations in Europe: A comparative perspective. In A. Schlueter, V. Then, & P. Walkenhorst (Eds.), *Foundation handbook Europe* (pp. 35-82). London: Directory of Social Change.

Anheier, H. K. (2018). Philanthropic foundations in cross-national perspective: A comparative approach. *American Behavioral Scientist, 62*(12), 1591-1602.

Anheier, H. K., & Daly, S. (2006). The politics of foundations: A comparative analysis. London: Routledge.

Bethmann, S., & von Schnurbein, G. (2015). Effective Governance of Corporate Foundations. *CEPS Working Paper Series No. 8*. Basel: CEPS.

Billis, D. (Ed.). (2010). Hybrid organizations and the third sector: *Challenges for practice, theory, and policy*. New York: Palgrave Macmillan.

Buchholtz, A. K., Amason, A. C., & Rutherford, M. A. (1999). Beyond resources: The mediating effect of top management discretion and values on corporate philanthropy. *Business and Society, 38*(2), 167-187.

Burlingame, D., & Young, D. R. (Eds.). (1996). *Corporate philanthropy at the crossroads*. Bloomington/Indianapolis: Indiana University Press.

Campbell, D., & Slack, R. (2007). The strategic use of corporate philanthropy: Building societies and demutualisation defences. *Business Ethics: A European Review, 16*(4), 326-343.

Carroll, A. B. (1979). A three-dimensional conceptual model of corporate performance. *Academy of Management Review, 4*(4), 497-505.

Carroll, A. B., & Shabana, K. M. (2010). The business case for corporate social responsibility: A review of concepts, research and practice. *International Journal of Management Reviews, 12*(1), 85-105.

Cho, M., & Kelly, K. S. (2013) Corporate Donor-Charitable Organization Partners. *Nonprofit and Voluntary Sector Quarterly, 43*(4), 693-715.

Choi, J., & Wang, H. (2007). The promise of a managerial values approach to corporate philanthropy. *Journal of Business Ethics, 75*(4), 345-359.

DiMaggio, P. J., & Powell, W. W. (1991). Introduction. In W. W. Powell & P. J. DiMaggio (Eds.), *The new institutionalism in organizational analysis* (pp. 1-38). Chicago: University of Chicago Press.

Emerson, J. (2003). Where the money meets mission: Breaking down the firewall between foundation investments and programming. *Stanford Social Innovation Review (Summer)*, 1, 38-47.

Evers, A. (2005). Mixed welfare systems and hybrid organizations: Changes in the governance and provision of social services. *International Journal of Public Administration, 28*(9/10), 737-748.

Fombrun, C., Gardberg, N. A., & Barnett, M. L. (2000). Opportunity platforms and safety nets: Corporate citizenship and reputational risk. *Business and Society Review, 105*, 85-106.

Friedman, M. (1970). *The social responsibility of business is to increase its profits*. The New York Times Magazine, 13 September SM17.

Frumkin, P. (2006). *Strategic giving. The art and science of philanthropy*. Chicago: University of Chicago Press.

Gadberg, N., & Fombrun, C. (2006). Corporate citizenship: Creating intangible assets across institutional environments. *Academy of Management Review, 31*(2), 329-346.

Galaskiewicz, J. (1997). An urban grants economy revisited: Corporate charitable contributions in the twin cities, 1979-81, 1987-89. *Administrative Science Quarterly, 42*(3), 445-471.

Gan, A. (2006). The impact of public scrutiny on corporate philanthropy. *Journal of Business Ethics, 69*(3), 217-236.

Gautier, A., & Pache, A. C. (2015). Research on corporate philanthropy: A review and assessment. *Journal of Business Ethics, 126*(3), 343-369.

Harrow, J. (2013). Contested perspectives on corporate philanthropy. In K. Haynes, A. Murray, & J. Dillard (Eds.), *Corporate social responsibility: A research handbook* (pp. 234-254). London: Routledge.

Harrow, J., Jung, T., & Phillips, S. D. (2016). Community foundations: Agility in the duality of foundation and community. In T. Jung, S. D. Phillips, & J. Harrow (Eds.), *The Routledge companion to philanthropy* (pp. 308-321). New York: Routledge.

Herlin, H., & Pedersen, J. T. (2013). Corporate foundations: Catalysts of NGO-business partnerships? *Journal of Corporate Citizenship, 2013*(50), 58-90.

Joldersma, C., & Winter, V. (2002). Strategic management in hybrid organizations. *Public Management Review, 4*(1), 83-100.

Karnani, A. (2011). Doing well by doing good: The grand illusion. *California Management Review, 53*(2), 69-86.

Klein, J., & Davar, N. (2003). Corporate social responsibility and consumers' attributions and brand evaluations in a product-harm crisis. *International Journal of Research in Marketing, 21*, 203-217.

Leat, D. (2016). *Philanthropic foundations. Philanthropic foundations, public good and public policy*. London: Palgrave Macmillan.

Liket, K., & Simaens, A. (2015). Battling the devolution in the research on corporate philanthropy. *Journal of Business Ethics, 126*(2), 285-308.

Lounsbury, M., & Boxenbaum, E. (Eds.). (2013). *Institutional logics in action, research in the sociology of organizations* (Vol. 39).

Margolis, J., Elfenbein H., & Walsh J. (2007). *Does it pay to be good? A meta-analysis and redirection of research on the relationship between corporate social and financial performance*. Harvard University, Working Paper.

Minkoff, D. (2002). The emergence of hybrid organizational forms: Combining identity-based service provision and political action. *Nonprofit and Voluntary Sector Quarterly, 31*, 377-401.

Nickel, P., & Eikenberry, A. (2009). A critique of the discourse of marketized philanthropy. *American Behavioral Scientist, 52*(7), 974-989.

Orlitzky, M., Schmidt, F. L., & Rynes, S. L. (2003). Corporate social and financial performance: A meta-analysis. *Organization Studies, 24*, 403-441.

Payton, R., & Moody, M. (2008). *Understanding philanthropy. Its meaning and mission*. Bloomington/Indianapolis: Indiana University Press.

Peloza J. (2005). Corporate social responsibility as reputation insurance. *Paper presented at the 2nd annual corporate social performance conference*. Berkeley: Haas School of Business, University of California.

Petrovits, C. (2006). Corporate-sponsored foundations and earnings management. *Journal of Accounting and Economics, 41*(3), 335-362.

Porter, M. E., & Kramer, M. R. (2002). The competitive advantage of corporate philanthropy. *Harvard Business Review, 80*(12), 56-68.

Porter, M. E., & Kramer, M. R. (2006). Strategy and society: The link between competitive advantage and corporate social responsibility. *Harvard Business Review, 84*, 78-92.

Rey-García, M., Martín, C. J., Álvarez, G., & Luis, I. (2012). Assessing and advancing foundation transparency: Corporate foundations as a case study. *The Foundation Review, 4*(3), 77-89.

Ribstein, L. E. (2005). Accountability and responsibility in corporate governance. *Law and Economic Working Paper*, University of Illinois College of Law, Paper no. 34.

Roza, L., Shachar, I., Meijs, L.C.P.M., & Hustinx, L. (2017). The nonprofit case for corporate volunteering: a multi-level perspective. *The Service Industries Journal, 37*(11-12), 746-765.

Salamon, L. (2014). *Leverage for good: An introduction to the new frontiers of philanthropy and social investment*. New York: Oxford University Press.

Samuel, O., Roza, L., & Meijs, L. C. P. M. (2016). Exploring partnerships from the perspective of HSO beneficiaries: The case of corporate volunteering. *Human Service Organizations: Management, Leadership & Governance, 40*, 220-237.

Sharfman, M. (1994). Changing institutional rules: The evolution of corporate philanthropy 1883-1953. *Business & Society, 33*(3), 236-269.

Skelcher, C., & Smith, S. R. (2014). Theorizing hybridity: Institutional logics, complex organizations, and actor identities: The case of nonprofits. *Public Administration, 93*(2), 433-448.

Smith, S. R. (2016). Hybridity and philanthropy. In T. Jung, S. D. Phillips, & J. Harrow (Eds.), *The Routledge companion to philanthropy* (pp. 322-333). New York: Routledge.

Tesler, L. E., & Malone, R. E. (2008). Ethical Conduct in public and private arenas corporate philanthropy, lobbying and public health policy. *American Journal of Public Health, 98*(12), 2123-2133.

Thornton, P. H., & Ocasio, W. (1999). Institutional logics and the historical contingency of power in organizations: Executive succession in the higher education publishing industry. *American Journal of Sociology, 105*, 801-844.

Thornton, P. H., Ocasio, W., & Lounsbury, M. (2012). *The institutional logics perspective: A new approach to culture, structure and process*. Oxford: Oxford University Press.

Toepler, S. (1999). On the problem of defining foundations in a comparative perspective. *Nonprofit Management & Leadership, 10*(2), 215-225.

Von Schnurbein, G. (2015). Der Stifter als Unternehmer: Parallelen und Unterschiede der Philanthropie im 19. und 21. Jahrhundert. In S. Von Reden (Ed.), *Stiftungen zwischen Politik und Wirtschaft: Geschichte und Gegenwart im Dialog, Beiheft Nr. 66 der Historischen Zeitschrift*, 2015, 237-260.

Von Schnurbein, G., Seele, P., & Lock, I. (2016). Rethinking the nexus of CSR and corporate philanthropy. *Social Responsibility Journal, 12*(2), 280-294.

Werbel, J. & Carter, S. (2002). The CEO's influence on corporate foundation giving. *Journal of Business Ethics, 40*(1), 47-60.

Westhues, M., & Einwiller, S. (2006). Corporate foundations: Their role for corporate social responsibility. *Corporate Reputation Review, 9*(2), 144-153.

Worth, M. J. (2018). *Nonprofit management: Principles and practices* (5th ed.). Los Angeles: Sage.

Lonneke Roza 에라스무스 대학교 로테르담 경영대학원(Rotterdam School of Management)의 겸임 부교수로, 기업 기부와 기업 시민의식의 미시적 기반(microfoundations)에 관한 연구를 수행하고 있다. 주요 논문은 *Journal of Business Ethics, Nonprofit and Voluntary Sector Quarterly, Voluntas* 등 권위 있는 학술지에 게재되었다.

Steffen Bethmann 바젤 대학교 필란트로피 연구 센터(Center for Philanthropy Studies)의 연구원이다. 조직 컨설턴트이자, 칠레 산티아고 소재 아돌포 이바네스 대학교의 필란트로피 및 사회적 투자 센터(Centro de Filantropía y Inversiones Sociales)에서 부속된 연구원(associated researcher)으로도 활동 중이다. 주요 연구 분야는 재단의 전략 및 거버넌스, 그리고 사회적 혁신이다.

Lucas Meijs 에라스무스 대학교 로테르담 경영대학원(Rotterdam School of Management)의 전략적 자선 활동 및 자원봉사학 교수이다. *Nonprofit and Voluntary Action Quarterly*의 첫 비미국인 공동 편집장으로 두 차례 임기를 수행했으며, 네덜란드 정부와 의회에 자문하는 공식 정책 자문기구인 사회개발위원회(Raad voor Maatschappelijke Ontwikkeling) 위원으로 활동했다. 주요 연구 분야는 전략적 자선, 자원봉사 및 비영리 조직 관리, 기업의 사회적 참여, 참여형 학습이다.

Georg von Schnurbein 바젤 대학교 경제경영학부(Faculty of Business and Economics)의 재단 경영 부교수이자, 필란트로피 연구 센터(CEPS)의 창립 디렉터이다. 국제 자선 연구 분야의 여러 이사회에서 활동하고 있으며, 스위스 재단 코드(Swiss Foundation Code) 최신판을 공동 집필하였다. 주요 연구 분야는 비영리 조직의 지배구조, 재정 건전성, 사회적 영향력 측정에 중점을 두고 있으며, *Nonprofit & Voluntary Sector Quarterly, European Management Journal* 등 주요 학술지에 다수의 논문을 발표했다.

Part I

지배구조와 경영

제2장 기업재단 지배구조의 과제

David Renz, Lonneke Roza, and Frans-Joseph Simons

요약 이 장에서는 기업재단의 경영자가 직면하는 어려움을 집중적으로 다룬다. 세 가지 주요 이론적 관점(대리인 이론, 자원 의존 이론, 제도 이론)과 미국과 네덜란드의 12개 이상의 기업재단의 리더 및 의사결정권자와의 인터뷰와 비공식적 대화를 통해 도출한 통찰력을 기반으로 가장 일반적인 지배구조(governance) 조건과 역학을 파악하는 이론적 틀을 제시한다. 이 틀은 혼합적 조직에서 11가지 상호 연관된 긴장을 토대로 세 가지 핵심 질문을 제시한다. 첫째, 기업재단은 왜 존재하며 어떤 목적을 위해 존재하는가? 둘째, 기업재단을 경영하는 주체는 누구이며, 재단을 어떤 방향으로 경영할 것인가? 셋째, 기업재단은 누구에게, 어떠한 사안에 대해 책임을 지는가? 이 장은 기업재단이 여러 가지 상충되는 논리와 이익에 종속되어 긴장과 도전을 유발하지만, 역학 관계의 경험은 기업의 유형에 따라 다르다. 사회적 기업가와 다른 유형의 조직이 겪는 방식과 비교하여 항상 문제가 되는 것은 아님을 보여준다. 그럼에도 불구하고 기업재단과 지역사회, 기업 이해관계자 간에는 지속적으로 갈등이 존재한다.

키워드 기업재단 - 지배구조 - 비교 - 도전 과제 - 혼합적 조직

2.1 서론

기업재단은 비영리 부문과 영리 부문의 경계에서 기능하며 존재하기 때문에, 지배구조 차원에서 이러한 교차점에서 발생하는 복잡한 관계와 긴장을 효과적으로 조율해야 한다. 기업재단은 영리 조직과 자선 조직의 경계를 넘나드는 특성을 지니고 있기 때문에, 부문 간 경계가 모호해지는 대표적인 혼합적 조직으로 볼 수 있다(Billis, 2010; Weisbrod, 1998). 재단의 설립은 기업과 상업 활동이라는 비즈니스 영역에 기반을 두고 설립되었으며, 사적 이익과 재산의 창출이라는 기대

를 반영하지만, 명시적인 사명과 관행은 대부분 국가의 법제도에 의해 지역사회와 시민사회의 이익을 위해 사회적 혜택을 제공해야 한다고 규정되어 있다.

기업재단의 지배구조는 혼합성의 특성과 조건을 반영하는 조직의 복잡성과 갈등을 설명하기 때문에 특히 중요한 연구 대상이다. 혼합적 조직을 어떻게 정의할 것인가에 관한 문헌에는 다소 논쟁이 있지만, 대부분의 학자들과 실무자들은 "혼합적 조직은 부문 간, 법적, 구조적, 사명 관련 요소들이 혼합되어 있다."는 관점을 채택하고 있다(Smith, 2010). 기업재단은 일반적으로 사회적 이익과 영향력을 목표로 하지만, 동시에 상업적이고 영리적인 사업 관행 및 이해관계자와도 밀접한 관계를 갖는다. 이는 기업이 특정 자원(재정적 및 비재무적 자원)을 기업재단에 대리인으로 할당함에 따라, 단일 기부자 또는 기부자 의존적 자원이라는 개념이 포함되며, 이는 대개 기업의 자선 전략과 연결된다(Kania *et al.*, 2014; Gautier *et al.*, 2013). 재단의 설계와 운영은 여러 측면에서 상반되는 기대와 논리가 충돌하는 상황이기 때문에 다양한 부문의 요구를 조정하며, 이해하고 대응해야 한다.

따라서 이 장에서는 기업재단을 운영하는 이사회와 최고 경영진을 포함한 경영자가 직면하는 어려움에 집중한다. 기업재단의 지배구조를 설명하고, 영리 부문, 비영리 부문 및 혼합적 조직의 지배구조 문헌을 연결하여 과제를 명확히 하며, 진행 중인 연구에서 도출된 예비적 통찰력을 공유함으로써 이론적, 실무적으로 기여하고자 한다.

이 장에서는 기업재단의 리더가 실제로 재단을 경영하는 과정에서 흔히 겪게 되는 과제들을 논의한다. 지배구조 이론이 기업재단에 어떻게 적용될 수 있는지에 대한 통찰을 얻기 위해, 미국과 네덜란드의 12개 이상의 기업재단을 대상으로 이사회 구성, 설립 회사와의 관계, 기업재단 임원과 이사회 간의 관계, 의사결정 과정에 대해 비공식적인 대화와 공식적인 반구조화 인터뷰[2]를 진행하였다.

---

[2] 번역자 주 : 반구조화 인터뷰란 정형화된 질문지를 사용하는 구조화된 인터뷰와 전혀 준비된 질문 없이 자유롭게 대화하는 비구조화된 인터뷰의 중간 형태로, 상황에 따라 유연하게 질문을 조정하며 보다 깊이 있는 정보와 개인적인 의견을 이끌어낼 수 있다.

이러한 관찰과 인터뷰를 통해 얻은 통찰력을 바탕으로, 지배구조 과정에 참여하는 리더들이 경험하는 가장 일반적인 조건과 역학 관계를 파악하고, 이러한 역학 관계가 어떻게 그리고 왜 중요한 과제를 초래하는지 살펴본다. 이후에 혼합적 조직의 지배구조와 관련된 역학 관계를 더 깊이 이해하기 위해, 세 가지 주요 이론(대리인 이론, 자원 의존 이론, 제도 이론)의 관점에서 이러한 통찰이 지니는 함의를 살펴본다. 마지막으로, 기업재단의 효과적인 지배구조와 관련하여 이론과 실무에 도움이 될 수 있는 후속 연구 방향에 대해 제안을 하고 이 장을 마무리한다.

2.2 기업재단의 지배구조에는 누가 관여하는가?

지배구조는 포괄적인 개념으로, 이에 대한 명확한 정의를 내리는 것이 중요하다. 이 장에서는 Cornforth(2014)가 발전시킨 정의를 기반으로 지배구조를 "조직의 전반적인 방향, 통제 및 책임을 보장하는 것과 관련된 시스템과 절차"로 정의한다. 따라서 지배구조의 업무에는 전략적 방향 및 목표 설정, 정책 및 전략 결정, 조직 성과 감독 및 모니터링, 그리고 전반적인 책임성 확보 등이 포함된다(Renz, 2004). 또한 '이사회'와 '지배구조'는 서로 겹칠 수 있지만, 개념 차이를 명확히 구분하는 것이 중요하다. 지배구조는 기능적인 측면, 이사회는 구조적인 측면에 해당한다(Renz & Andersson, 2014). 이 장에서는 기업재단 지배구조가 직면한 과제를 다루면서 이사회와 경영진의 역할에 대해 모두 논의할 것이다.

모든 조직은 다양한 이해관계자들 속에서 존재하고 운영되기 때문에, 기업재단의 지배구조를 이해하기 위해서는 주요 이해관계자가 누구인지를 이해하는 것이 중요하다. 기업재단의 존재와 정체성의 핵심에는 관련 모기업이 자리하고 있다. 기업재단은 법적으로 독립된 법인이지만, 기업에 의해 만들어지고 그 기업에 의해 어느 정도 영향을 받는다. 재단은 더 큰 사회의 이익을 위해 존재하며, 이러한 활동은 그 기업의 상업적 이익을 직접적으로 창출하는 것은 아니지만, 기업의 사회적 책임이나 사회공헌에 대한 방향을 반영하며 표현하는 역할을 한다.

이러한 방향성은 기업의 업종, 설립 방식, 역사, 연령, 규모 등에 따라 달라질 수 있다(Kotler & Lee, 2005). 기업이 설립된 목적에 대한 기업의 견해와 기업 리더가 다양한 이해관계자 및 구성원과의 관계를 어떻게 정의하는지와도 연결된다. Zadek(2004)에 의하면, 기업의 사회적 참여에 대한 동기와 방향성은 법적 요구사항을 준수하는 것처럼 제한적인 것일 수도 있고, 지역사회에서 적극적인 시민 리더로서 역할을 다하는 것까지 매우 다양하게 정의될 수 있다. 기업 사회공헌에 대한 주요 관점은 Porter & Kramer(2006)의 전략적 기업 사회공헌과 공유 가치 창출 이론이다. 이들은 기업이 사회공헌을 자기중심적인 '전략적 지향성'으로 접근하여 기업과 사회 모두에게 상호 이익이 되는 결과를 도출할 수 있도록 유도하고자 했다. 하지만 이러한 관점은 기업의 이익이 사회적 이익과 충돌하지 않는다고 가정하며, 기업의 사회 발전에 대한 보다 광범위한 역할 — 기업이 수행할 수 있거나 수행하고자 하는 역할 — 을 간과하게 만든다. 이는 기업의 사회공헌을 오직 도구적 관점에서만 바라보는 시각의 한계이기도 하다(Crane *et al.*, 2014).

이러한 전략적 기업 사회공헌에 대한 학문적 논란에도 불구하고, 선행 연구에서는 기업 리더들이 사회공헌의 성향(도구적 또는 도덕적 성향)을 기업재단의 사명 결정 기준으로 삼고 있다는 점을 관찰하였다. 모기업의 이사회 구성원에는 대주주나 그 대표자가 포함될 수 있다. 또한 모기업과 밀접한 관계를 가진 고위 경영진이 포함될 가능성도 크다. 이런 모기업 이사회의 특성은 기업재단에 대한 기대와 목표 달성에 큰 영향을 미치는 것으로 보았다(Marquis & Lee, 2013).

Masulis & Reza(2015)는 기업 지배구조가 상대적으로 취약한 기업들이 기부 여부와 규모(금액)를 결정할 때, 거창한 기업 철학이나 전략보다는 CEO의 개인적 선호와 자선단체와의 관계가 더 큰 영향을 미친다는 사실을 발견했다. Marquis & Lee(2013)는 기업이 큰 규모의 자산과 전담 인력을 갖춘 별도 기업재단을 보유하고 있는 경우에도, 고위 경영진의 영향력이 여전히 강하게 작용한다고 보고하였다. 따라서 기업 리더십의 주요 지향점 — 기업 이익, 공유 가치 또는 진정한 사회적 가치 — 은 기업재단의 지배구조에 중요한 영향을 미칠 가능성이 높다.

기업재단은 모기업과 명확하게 연계되어 있지만, 그 설립 배경과 사명에 있어 독자적인 이야기를 지니고 있다는 점에서 주목할 만하다. 기업재단의 기원은 재단의 정책 방향, 설립 기업과의 연계성, 공익을 위한 자원의 배분 등과 관련된 의사결정 과정에 따라 지속적으로 영향을 미치는 경우가 많다. 예를 들어, 네덜란드의 농부와 원예업자들이 설립한 네덜란드 협동조합 라보뱅크(the Dutch Rabobank)는 1972년에 라보뱅크 재단(the Rabobank Foundation)을 설립했으며, 현재까지 소비자와 다양한 산업 부문으로 사업 영역을 확장했지만, 개발도상국의 농업 산업(비즈니스)을 지원하는 데 적극적이다. 이 재단은 은행의 비즈니스 방식과 밀접한 관련이 있는 임팩트 투자 방식을 통해 사회적 사명을 실현하고 있다.

정의에 따르면, 기업재단 지배구조의 핵심 주체는 이사회이다. 그러나 이러한 기업재단의 지배구조에 대한 연구는 충분히 이루어지지 않았다. 미국과 네덜란드의 기업재단을 관찰한 결과, 기업의 고위 경영진(특히 CEO)이 기업재단 이사회에서 중요한 역할을 맡는 경우가 일반적이며, 이사회 구성원 자리를 차지한다. 네덜란드와 같은 일부 국가에서는 공익재단의 경우 법적으로 설립자가 이사회에서 과반수의 의결권을 갖는 것이 허용되지 않는다. 그러나 기업 대표들은 여전히 이사회 내 의사결정에서 중요한 역할을 한다. 일부 기업은 재단에 대한 통제력을 유지하기 위해 공익단체 지위를 신청하지 않는다. 위험 관리 측면에서 이사회가 완전히 독립적으로 운영될 경우 기업의 평판에 영향을 줄 수 있는 가능성을 우려하여, 많은 기업들이 재단에 대한 영향력을 유지하려는 것은 자연스러운 일이다.

지배구조 과정에서 주목해야 할 또 다른 중요한 행위자는 기업재단의 최고 경영진(executive leadership)이다. 이들은 한 명 이상으로 구성될 수 있으며, 재단에 고용되어 그 업무에만 전념하거나, 기업에 소속된 직원이 일정 시간을 재단 업무에 배정받아 활동하는 경우도 있다. 기업재단의 최고 책임자가 기업의 정규 직원일 경우, 정체성과 소속에 대한 경계가 흐려지는 현상이 나타날 수 있다. 실제로 미국과 네덜란드의 많은 기업재단에서는 재단 직원들이 재단이나 이사회의 직접적인 통제를 받기보다는 모기업의 고용 조건과 성과 기준에 따라 일한다. 이러한 역할 구조가 극단적으로 나타날 경우, 기업재단의 지배구조와 전략적 방향은 기업의 의제와 완전히 일치하거나 기업에 의해 주도될 위험이 있다. 기업이 재단의 전략과 운영을 독립적으로 유지하려는 의도가 있더라도, 최고경영자는 재단의 이익을 기업의 이해관계와 연계하려는 경향을 피하기 어렵다. 많은 경우, 이러한 역할의 중첩은 재단 활동이 기업의 이익에서 지나치게 벗어나지 않도록 하기 위한 명시적 전략으로 작용한다. 동시에, 기업재단의 리더십은 이사들이 외부와 맺고 있는 사회적 관계망의 영향도 받는다. 여러 연구에 따르면, 이사회 구성원들이 기업과 재단 외부의 다양한 행위자들과 어떤 관계를 맺고 있는지는 그들의 자선활동 방식과 선호에 중요한 영향을 미치는 것으로 나타났다(Useem, 1984; Galaskiewicz, 1997).

기업재단 지배구조에 영향을 미칠 수 있는 행위자는 기업, 경영진, 이사회뿐만 아니다. 정부당국, 노동조합, 비영리 단체, 시민사회와 같은 전문조직을 포함한 지역사회는 기업이 책임감 있게 행동해야 하는 중요한 이해관계자이다(Pesqueux & Damak-Ayadi, 2005). 지역사회의 이해관계자로서 역할에 대한 연구는 상대적으로 부족하며, 최근에 들어서야 '지역사회'라는 개념의 체계적 모호성에 대한 연구가 시작되었다(Freeman *et al.*, 2001; Phillips *et al.*, 2003). 우리가 관찰한 변화는 과거의 단일하고 가까운 지역사회와의 관계에서 가깝고도 먼 다양한 지역사회와 복잡한 관계로 전환되고 있다(Waddock & Boyle, 1995). 지역사회의 복잡성은 기업재단의 다양한 이해관계자 그룹의 영향을 받을 수 있다.

2.3 지배구조에 관한 이론적 관점과 혼합성의 과제

지금까지 기업재단 지배구조에 관한 학술 연구는 거의 이루어지지 않았으며, 기존 문헌들은 대부분 기초적인 수준에 머무르고, 개인의 경험에 기반한 서술이나 이론적 토대가 부족한 실정이다. 하지만 기업재단 지배구조의 현실을 이해하기 위해서 관련 이론을 잘 활용한다면 기업재단 지배구조의 과제에 대한 기존의 이해와 인식을 크게 향상시킬 수 있다. 이 장에서는 가장 일반적으로 사용되는 세 가지 조직 이론적 관점, 즉 대리인(또는 주체-대리인) 이론, 자원 의존 이론, 제도 이론을 활용하여 분석하고자 한다. 지배구조는 복잡하고 역설적인 속성을 지니기 때문에, 이러한 다양한 관점을 적용하는 것이 유용하다. 따라서 이 장의 다음 절에서 설명하겠지만, 단일 이론에만 의존하는 것은 너무 일차원적이고 협소하여 현상을 효과적으로 설명하기 어렵다(Cornforth, 2014).

2.3.1 제도 이론

(신) 제도 이론의 핵심 전제는 조직이 외부 이해관계자들로부터 정당성을 인정받는 과정에서 제도적 환경의 영향을 받아 형태가 결정되며, 이러한 과정이 조직의 성공과 생존 가능성을 높인다는 것이다(DiMaggio & Powell, 1991; Meyer & Rowan, 1977). 조직은 자신이 속한 운영 환경에 맞는 가치, 규범, 신념, 관행, 기대 등을 채택하고 활용하여 정당성 인식을 높이려 한다. 제도 이론은 대리인 이론과 자원 의존 이론을 보완하는 중요한 관점을 제공하며, 특정 기업재단 지배구조 과제에 대한 이해를 깊게 한다.

이 장의 핵심은 기업재단이 직면하는 서로 다른 논리와 휴리스틱(즉, 사람, 직업, 조직이 의사결정과 업무 수행에 사용하는 방식)에 대한 복합적이고 다양한 지향성이다. 앞서 언급한 바와 같이, 기업재단은 그 혼합적 특성 때문에 정당성을 확보하고 업무를 수행하기 위해 여러 상반된 논리를 인식하고 해결해야 하는 환경에서 운영된다. 기업재단은 상업적 또는 사업적 영역과 공익 또는 지역사회 영역이라는 전혀 다른 두 가지 영역에서 각각 정당성과 수용성을 확보해야 한다.

흥미로운 점은 공익 영역에는 주요한 두 가지 차원이 있다는 것이다. 기업재단은 재단을 운영하고 기부금을 배분하는 지역사회에서 정당성을 유지해야 할 뿐만 아니라, 자선재단 커뮤니티의 전문가 동료들에게도 정당성을 확보해야 한다. 실제로 기업재단이 정당성을 확보하고 유지하는 중요한 방법은 전문 문헌에서 제시하는 자선재단의 '좋은 지배구조'와 '모범 사례'라는 규범, 가치, 특성 등을 준수하는 것이다. 이러한 기대는 비즈니스 영역의 기대와 매우 다를 수 있다(Jaquette, 2013). 예를 들어, 기업재단은 기업의 재무 보고 기준을 따르는 대신 자선 분야에서 개발된 보고 표준을 준수할 수 있다. 또한 일반적인 비즈니스 환경에서는 경제적 추론을 통해 "이 사례가 우리 회사와 주주에게 어떤 이익을 줄 수 있는가?"와 같은 질문에 답해야 하는 반면, 자선 환경에서는 공익의 관점에서 생각해야 할 필요성이 강조된다.

또한, 기업재단의 철학적 지향과 문화는 대개 설립된 영리 기업의 동기와 가치에서 도출되지만, 비영리 및 특히 자선재단 세계에서 요구하는 운영 방식과 맞물려 일부 측면이 실행되는 경우가 많다. 이러한 복합적인 특성은 전략, 계획, 예산, 성과 평가 등의 재단 운영 전반에 영향을 미친다(Bromley & Meyer, 2014; Ebrahim, 2003; Hwang & Powell, 2009). 조직의 행동을 이끄는 여러 논리가 일관성 없고 경쟁적일 경우, 내부 및 외부의 긴장과 조정에 반영된다. 이는 지배구조에 참여하는 사람들에게 특별한 도전 과제를 부여한다(Thornton & Ocasio, 1999). 따라서 기업재단은 각 부문에서 최소한 어느 정도의 정당성을 유지해야 하므로, 재단을 관리하는 사람들, 즉 재단 임원에게는 서로 다르거나, 때로는 상호 배타적인 이해관계와 기대를 조율하는 것이 지배구조 책임자와 임원들에게 큰 도전이 된다.

Abzug & Galaskiewicz(2001)는 제도 이론이 (비영리) 이사회 구성을 이해하는 데 특히 유용하다고 언급했다. 그 이유는 "정당성에 대한 환경적 압력이 조직적으로 적절한 교육, 전문성, 관리 자격을 갖춘 이사 선임을 통해 충족될 것"이라고 한다. 이러한 현상은 네덜란드와 미국의 기업재단 이사회의 사례에서 확인할 수 있다. 네덜란드의 한 재단에서는 지역사회 인사가 이사회의 한 자리를 차지하고 있다. 또 다른 네덜란드 사례(가족 소유기업의 재단)에서는 실제로 이사회 구성원이 여러 가족 구성원으로 이루어져 이사회 구성원으로서 가족 가치의 수호자 역할을 담당한다. 또한 두 기업재단 모두 모기업의 임원을 이사회에 임명하여 재단이 비즈니스 관행을 채택하도록 장려했다. 두 기업재단 중 하나의 기업재단에서는 이러한 이사들을 추가함으로써 재단이 특정 역량과 협력업체에 접근할 수 있게 되었고, 또한 재단이 "비즈니스와 같은" 성격을 갖추고 있다는 신호를 외부에 알릴 수 있었다. 이는 결과적으로 전문성, 효율성, 경쟁적인 태도로 누구보다 충실하게 운영되고 있다는 신호로 여겨진다. 이러한 현상은 미국의 연구에서도 찾아볼 수 있다(Abzug & Galaskiewicz, 2001; Young, 2002; Dart, 2004).

2.3.2 대리인 이론

경영 및 회계 분야에서 이사회 활동을 설명하고 법적으로 정당화하는 데 가장 일반적으로 사용되는 이론은 대리인 이론이다(Huse, 2009). 이 이론은 모든 조직에서 이사회와 경영진 간의 관계를 가장 보편적으로 설명할 수 있는 근거가 되므로 기업재단의 지배구조를 이해하는 것과도 관련이 깊다. 대리인 이론은 '대리인 문제'를 제기하는데, 이는 주인(자원을 제공하는 사람)과 대리인(자원의 사용 방법을 결정하도록 책임이 위임된 사람)이 일치되지 않는 이해관계를 가질 수 있다는 것이다. 이러한 조건에서는 대리인이 특별한 유인 구조나 통제 장치가 마련되지 않는다면, 대리인은 주인의 이익보다는 자신의 이익을 우선시하려는 가능성이 있다(Eisenhardt, 1989). 기업재단 지배구조에서도 주인과 대리인 사이의 긴장이 여러 방식으로 나타난다.

우선, 기업재단의 경우 누가 주인이고 누가 대리인인지 명확하게 정의하기 어렵다. 기업재단은 지분을 가진 명확한 소유자가 없으며, 앞서 언급한 것처럼 여러 이해관계자에 대해 함께 책임져야 한다(Anheier, 2005). 많은 사람들은 재단의 주인을 이사회로 보고, 이사회가 조직을 관리하기 위해 상임이사를 고용한다고 가정한다. 그러나 이는 지나치게 단순화된 시각일 수 있다. 각 이해관계자의 입장이나 관점에 따라 누가 주인이고 누가 대리인인지에 대해 다르게 생각할 수 있기 때문이다. 이는 어떤 논리와 관점을 적용하느냐에 따라 달라질 수 있으며, 이러한 모호성은 기업재단의 지배구조를 운영하는 데 있어 지속적인 도전 과제를 야기한다.

실제로 기업재단은 자금 제공자, 설립자, 모기업 이사회, 재단 이사, 궁극적으로 기업재단의 수혜자 등 다양한 '주요' 이해관계자(Freeman, 1984)에 대해 책임을 져야 할 가능성이 크다. 따라서 기업재단은 상반되고 상충되는 이해관계를 통합하고 조정해야 할 상황에 직면한다. 또한 기업재단은 사회적 사명에 초점을 맞춘 수혜자와의 관계에서도 이해관계가 종종 상반되는 경우에 어려움을 겪는다. 이는 대리인 이론에서 전제하는 것처럼, 이사회가 주인(principal)의 역할을 수행하고 경영자가 그 이익을 대리(agent)하여 수행하는 단순한 구조가 아니다(Dalton *et al.*, 2007; Jensen & Meckling, 1976). 여러 주요 이해관계자가 서로 다른 목표를 가지고 있으며, 일부는 제도적 장치를 통해 자신의 이익을 실현할 수 있고 일부는 그렇지 못할 수 있다는 문제가 존재한다. 따라서 지배구조의 핵심 과제는 다양한 이해관계를 적절히 조정하고 우선순위를 정하는 것이다. 이 문제의 본질은 어떠한 이해관계자의 이익이 가장 중요하고 관련성이 있다고 판단하는가에 대한 지배구조 의사결정권자가 어떤 이해를 중시하는지에 대한 문제다. 기업재단과 설립 기업의 목표는 항상 일치하지 않으며, 때로는 상충할 수도 있다. 이는 재단의 사명에 위험을 초래할 수 있다.

실제로 일반적인 기업재단의 사명은 재단의 활동으로 지역사회 전체 또는 일부 특정 집단에게 혜택을 주는 것이다. 그러나 대부분의 경우 모기업의 자원이 기업재단의 활동에 투입되며, 재단과 이사회는 모기업의 대리인으로 간주된다. 따라서 대리인의 주요 책무는 지역사회보다는 모기업에 대한 충실성에 기반할 수 있다. 이 과정에서 모기업의 최고 경영진이 재단 이사회에서 기업의 대리인 역할을 하게 된다. 그러나 이러한 이사들은 전형적인 대리인 문제에서 나타나는 것처럼 인센티브가 제한적이어서, 기업 소유주의 이익을 극대화하는 데에 적극적으로 나설 유인이 제한적이며, 종종 자신의 이해관계를 우선시하는 경향을 보일 수 있다. 또한 이러한 경영진이 재단 이사회에서 과반수를 차지하고, 재단의 상임이사가 이들의 지시에 따라 재단의 운영을 담당하는 2차 대리인(agent of the agents)으로서 기능하게 된다. 이 같은 구조는 기업재단의 독립성과 공공성을 약화시킬 수 있는 중요한 제도적 과제를 야기한다.

최근의 연구는, 하나의 조직에 두 명 이상의 주체가 존재하는 경우, 여러 대리인 간의 관계를 인식하는 것이 더 정확하다고 주장한다. 이는 주체 - 대리인 관계를 이해하는 과정을 더욱 복잡하게 만들지만, 혼합적 조직의 실제 운영 현실을 더 잘 설명한다고 한다(Child & Rodrigues, 2003). 이러한 관점은 기업재단 이사회에 참여하는 지역사회 인사들의 행동을 이해하는 데 유용하다. 이들은 자신이 지역사회의 이해와 모기업의 이해를 동시에 고려하는 이중 대리인(double agent)임을 인식하고 있기 때문이다. 그러나 어떤 경우에는 재단 이사회의 외부 이사진과 모기업 임원들이 자신을 우선적으로 모기업의 대리인으로 먼저 인식하고, 지역사회의 이익은 후순위로 고려하는 경우도 있다. 실제로 미국과 네덜란드 사례에서는 재단 이사회에 참여한 외부 인사들이 재단이 상호(기업과 지역사회) 이익들을 추구할 수 있도록 노력하면서도, 자신들의 주요 책임이 지역사회가 아닌 모기업에 있다고 인식하는 경우가 많았다. 이러한 점에서, 각 이해관계자 집단이 이론적으로는 재단이 자신의 이익을 우선시하길 기대하지만, 의사결정에서 기업의 이익이 우선시되는 경우를 상대적으로 흔하게 받아들인다. 이는 기업 및 재단 직원들의 부적절한 자기 거래와 사적 이익을 통제하는 법적 제약이 존재함에도 불구하고 실제로 발생하는 현상이다. 법적으로 재단 이사회가 자원을 어디에 사용할지 결정할 재량권을 부여하는 국가에서는 이러한 문제에 대한 논쟁이 덜 발생할 수 있다. 이는 어디까지나 해당 국가의 자선 관련 법률의 제약을 따르는 일반적 범위 내에서 이루어진다.

일부 연구에서는 조직의 사명과 목적을 존중해야 하는 의무에 주목하여 대리인 관점을 활용하였다. 이사회는 조직이 사명을 추구하도록 보장할 법적 책임이 있기 때문에, 조직의 사명과 관련된 모든 이해관계자의 이익과 기대에 대한 충성도와 책임성을 보장하는 핵심적인 역할을 수행해야 한다(Miller-Millesen, 2003). 그러나 이러한 이상적인 역할 수행에는 구조적 제약이 존재할 수 있다. 특히 이사회 구성원이 특정 이해관계자, 즉 모기업에 의해 지배되는 경우, 문제가 발생할 수 있다. 이는 네덜란드와 미국의 많은 기업재단 사례에서 흔히 볼 수 있는데, 이사회가 대부분 기업 임직원들로 구성되어 있기 때문이다. 또한, 지역사회 구성원과 기업 대표가 이사회 구성원에 동등하게 구성되어 있을 때도 문제가 발생할 수 있다. 이 경우, 지역사회 인사들은 완전한 의결권을 갖지 못해 의사결정에서 실질적인 영향력이 줄어들어 지역사회를 향한 재단의 책임은 형식적인 수준에 머물 수 있다. 이러한 조건에서는 조직이 지역사회에 대해 이론적으로 지는 책무는 실제 의사결정 구조 내에서 압박받고 약화될 수 있으며, 이는 대리인 관점에서 보았을 때 지배구조의 균형과 정당성에 심각한 도전을 제기한다.

2.3.3 자원 의존 이론

세 번째 이론적 관점은 자원 의존 이론이다. 이 이론은 조직의 생존과 운영에 필수적인 자원을 얻기 위해 외부 환경의 행위자에게 의존하며, 이를 통해 불확실성을 줄이고 의존을 관리하는 행동을 하게 된다고 가정한다(Pfeffer & Salancik, 1978). 가족재단(설립자가 생존하는 경우)과 마찬가지로 기업재단은 일반적으로 하나의 후원 기업 – 모기업 – 에 자원을 상당 부분 또는 거의 전적으로 의존한다. 자원 의존 이론에서는 재단이 모기업 내 개별 행위자 및 조직에 얼마나 의존하는지, 이러한 기업 행위자가 재단과의 관계에서 권력이나 영향력을 행사하는 방식 등을 분석하며, 재단에 유입되는 자원의 특성과 이러한 자원의 특성도 중요하게 다룬다. 이는 재단이 모기업 내 특정 부서나 개인에게 얼마나 의존적인지, 그리고 이들 기업 내부 행위자들이 재단과의 관계에서 어떻게 권력이나 영향력을 행사하는지를 살펴보는 것이 핵심이다. 이러한 권력관계는 재단의 공식적 구조에서도 드러나며, 예컨대 재단이 기업의 대외협력 부서, 마케팅 부서, 혹은 CEO 직속 부서에 보고하도록 되어 있는 경우가 그 대표적인 예다. 이러한 구조는 단순한 자금 의존을 넘어, 재단의 전략과 운영 방향 전반에 기업의 이해관계가 깊숙이 작용하고 있음을 시사한다.

자원 의존 이론에 따르면, 기업재단은 운영과 존재 자체에 필수적인 자원을 기업에 크게 의존하기 때문에 의사결정권자가 법과 충돌하지 않는 한 기업 자금 제공자의 필요와 이익에 더 큰 편향된 결정을 내릴 수 있다. 미국과 네덜란드에서 기업 자원은 일반적으로 지역사회에 대한 지원금, 기업 인력의 시간, 기업재단의 비영리 파트너 프로젝트에 자원봉사하는 기업 직원 등이 포함된다. 많은 기업재단에서는 재단 직원들이 재단 업무에 최대 100%까지 시간을 할애할 수 있음에도 불구하고 여전히 기업의 실질적인 소속 직원으로 활동한다. 이와 같은 고용 구조는 재단의 독립성을 제약하고, 모기업의 이해관계가 재단 운영 전반에 걸쳐 강하게 영향을 미치도록 한다. 그러나 기업재단이 독립적으로 관리할 수 있는 상당한 규모의 기금을 보유하고 있는 경우, 모기업에 대한 의존도가 상당히 낮을 가능성도 있다.

따라서 기업재단은 그 기능을 수행하기 위해 모기업에 극단적인 자원 의존성을 경험할 수 있다. 재단이 모기업 또는 주요 경영진의 기대와 일치하지 않는 사회공헌이나 관행을 추구할 경우, 자원의 흐름이 끊어질 위기에 처할 수 있다. 실제로 미국의 일부 기업재단에서는 모기업 CEO가 재단의 활동에 불만을 품고 재단을 폐지한 사례도 있다. 따라서 재단과 그 지배구조를 담당하는 경영자는 허용되는 관행과 허용되지 않는 관행을 파악하고, 모기업 의사결정권자가 재단의 성과에 대한 가치와 적절성을 평가할 때 사용하는 기준을 이해할 수 있는 지식과 관계망을 갖추는 것이 중요하다. 본 연구에서 조사한 미국의 사례에서는 이러한 평가와 결정이 기업 CEO와 일부 고위 경영진에 의해 이루어졌으며, 흥미롭게도 이들 중 상당수가 재단 이사회에서 활동하며 목표 설정과 재단 성과의 감독에 직접 관여하고 있었다. 따라서 동일한 인물이 기업과 재단의 리더십 역할을 동시에 수행할 경우, 역할 간 관계가 모호하거나 심지어 이해관계가 상충되는 상황이 발생할 수 있다.

이는 기업재단 지배구조에서 또 다른 도전 과제를 시사하는데, 바로 사명 일탈(mission drift)을 의미한다. 조직이 기업의 주요 의사결정권자의 요구에 부응하기 위해 노력하다 보면, 본래의 사명을 상실하는 현상이다(Jones, 2007). 이는 기업재단에만 국한된 문제는 아니지만, 재단이 직면할 수 있는 문제 중 하나로, 법적으로 정의된 사명을 명확히 명시해두었더라도, 사회적 영향력을 행사해야 하는 상황에서는 심각한 요인이 된다. 지역사회 이해관계자들의 이익보다 모기업의 이익을 우선시할 경우 재단은 수혜자에게 사회적 가치를 제공한다는 본래의 사명을 달성하지 못할 수 있으며, 이는 재단의 사회적 및 법적 정당성에 위협을 가할 수 있다.

대리인 이론에서는 주요 행위자와 그들의 이해관계에 대한 책임을 보장하기 위해 이사회 구성원을 임명하는 반면, 자원 의존이론에서는 재단이 자원의 흐름에 중요한 영향을 미칠 수 있는 외부 환경의 사람들과 관계를 맺고 이해하는 것이 필요하며, 이들의 관점을 파악하고 영향을 미칠 수 있기 때문에 이사회 구성원을 임명한다고 제안한다. 기업재단의 경우, 이러한 외부 자원은 재정적 자원보다는 사회적, 정치적 자원일 수 있다. 따라서 재단 이사회는 재단의 신뢰성, 정당성, 그리고 신뢰를 유지하고 강화하기 위해 지역사회 및 시민사회 리더, 조직(비영리 단체 및 정부 기관, 규제 기관 포함)의 이해와 기대를 파악하고 이에 부응할 수 있는 지역사회 인사를 이사회 구성원으로 모집할 것이다. 가족 소유 기업재단의 경우, 재단의 자원 의존도는 일반적으로 모기업뿐만 아니라 가족과의 관계에도 영향을 미친다. 이는 종종 한 명 이상의 가족 구성원이 재단 이사회에 참여하는 형태로 반영된다.

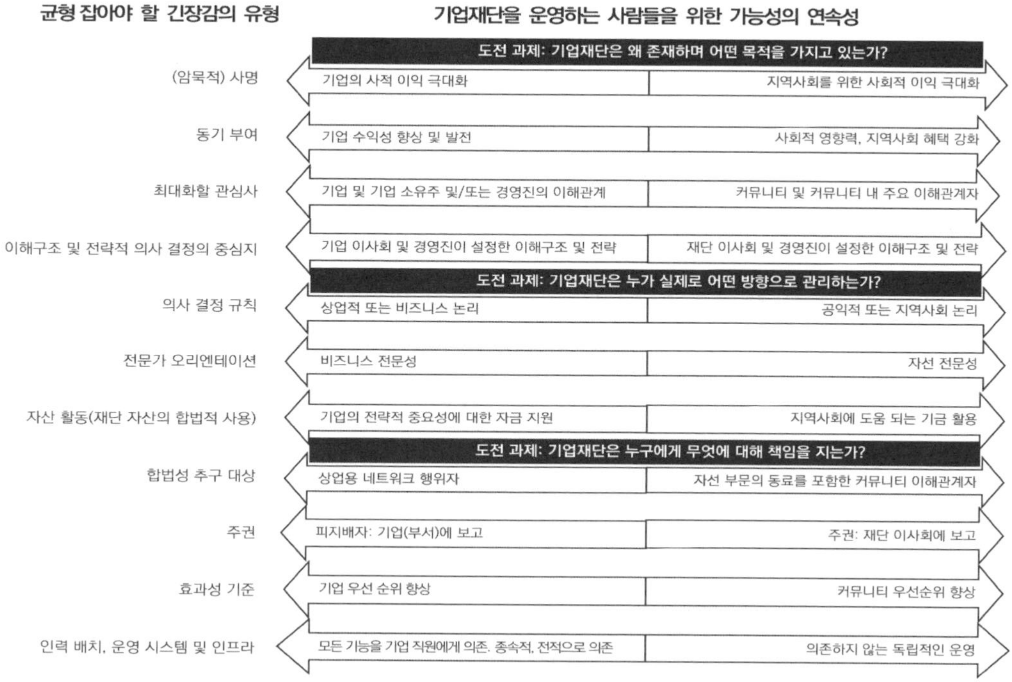

그림 1 기업재단 지배구조에서 균형 잡아야 할 주요 과제와 긴장 관계

2.4 기업재단을 경영하는 사람들의 주요 과제와 문제

기업재단의 이해관계자들이 복잡하게 얽혀 있는 환경은 결국 이들 조직이 직면한 실질적인 지배구조상 과제들을 분명하게 드러나게 한다. 본 절에서는 전형적인 기업재단을 경영하는 사람들이 겪는 세 가지 주요 과제와 이와 관련된 긴장 요인을 파악하고 논의한다. 기업재단을 경영하는 사람들이 직면하는 대부분의 도전과 문제는 근본적으로 '혼합적(hybrid) 조직 정체성'에서 비롯되는 혼합성의 역설(hybridity paradox)을 어떻게 효과적으로 관리할 것인가에 해당한다. 앞서 설명한 이론적 관점을 바탕으로, [그림 1]은 기업재단을 경영하는 사람들이 경험하는 긴장의 본질을 분류하기 위해 개발된 기본 틀을 보여준다.

이 그림은 긴장의 본질을 파악한 후, 각각의 긴장에 대해 두 가지 극단적인 방향을 제시하여 연속체의 형태를 설명함으로써 기업재단이 겪는 어려움을 명확하게 표현한다. 기업재단을 경영하는 사람들은 상황에 따라 각 연속체에서 가장 적절한 입장이나 균형을 찾는 것이 필수적이다. 문제는 양 극단에 위치한 각각의 방향이 고유한 장점과 잠재적인 한계, 위험과 같은 단점을 가질 수 있다는 점이다. 본질적으로 상충하는 요소들을 전략적으로 평가하고 조율해야 하는 복합적인 경영 과제를 구성하고 있다. 이러한 상충되는 긴장은 기업재단 지배구조의 과제를 잘 드러내며, 이는 해결 가능한 긴장이 아니라 전략적으로 평가하고 균형을 맞춰야 하는 복잡한 문제를 의미한다. [그림 1]에서 강조된 핵심 사항은 기업재단을 경영하는 사람들이 직면한 주요 과제를 구성하는 세 가지 근본적인 질문과 관련된다.

- 기업재단은 왜 존재하며 어떤 목적을 가지고 있는가?
- 기업재단을 경영하는 주체는 누구이며, 어떤 방향으로 운영하는가?
- 기업재단은 누구에게 무엇에 대해 책임이 있는가?

2.4.1 기업재단은 왜 존재하며 어떤 목적을 가지고 있는가?

기업재단의 설립자와 주요 이해관계자 사이에는 일반적으로 여러 상반된 관점이 존재하지만, 그중 일부는 전략적인 의사결정을 내리는 책임자가 되고 다른 일부는 책임자의 선택을 실행하는 실무자의 역할에 그치기도 한다. 대부분의 기업재단은 법적으로 사적인 기업 이익을 추구할 수 없다는 것을 인식하고 있지만, 그럼에도 불구하고 특정 핵심 인물들이 모기업에 가치를 제공할 수 있는 목적을 달성하기 위해 설립되었고 그 목적으로 운영된다. 실제로 기업재단을 경영하는 사람들이 직면한 근본적인 과제는 재단의 존재 목적에 대한 혼란이다.

재단의 공식적인 목적은 일반적으로 정관, 내규 및 정책에 명시되어 있으며, 이 목적은 재단의 혼합적 성격(hybrid nature)을 반영한다. 그러나 서류상의 설계는 재단 운영 이사회의 판단에 의해 실행되어야 하며, 많은 이사회 구성원들이 기업 직책을 맡고 있거나 최소한 기업의 이익을 대변해야 한다고 생각하는 경우가 많다. 이들의 개인적인 성과평가 기준과 승진은 기업의 사업 논리와 기대에 뿌리를 두고 있지만, 이러한 임무를 수행하면서 기업재단이라는 주변 업무(peripheral assignment)에서는 다른 논리와 가치를 고려해야 하는 의무에 직면하게 된다. 어떤 이들은 기업의 우선순위와 목표를 따르는 기업의 분신으로서의 관점에서 출발하는 반면, 다른 이들은 기업재단이 독자적인 자선적 또는 사회적 가치를 실현하기 위해 사명, 비전, 전략적 우선순위, 목표를 가진 독립적 실체라는 관점에서 출발하는 등, 이들 사이에서 상반된 관점과 기대 사이의 조율에 따르는 전략적 긴장은 존재하며, 이것은 기업재단을 운영하는 과정에서 마주하게 되는 복잡성과, 리더십 판단의 본질을 잘 보여준다.

따라서 이사회 구성원과 재단 임원 모두를 포함한 개인들 내부 및 외부 간에 기업의 발전과 이익을 어느 정도 증진해야 하는지에 대한 지속적인 동기 부여의 긴장이 존재한다. 아니면 반대로 기업 자원을 활용해 사회적 영향력을 달성하고 지역사회에 혜택을 주어야 할까? 등에 대한 고민도 함께 한다. 기업재단을 경영하는 사람들은 일반적으로 어느 한쪽에만 치우치지 않는다. 그들은 종종 서로 경쟁하는 동기들 사이에서 재단이 달성해야 할 대안과 적절한 균형에 대해 질문을 던지며, 기업과 지역사회 상호 이익을 극대화하는 방안을 모색한다. 즉, 기업의 이익, — 소유주와 경영진의 이해관계를 포함한 — 에 집중할 것인지, 아니면 지역사회와 주요 이해관계자의 이익을 극대화할 것인지에 대한 문제에 직면한다. 이러한 복합적인 목적에 직면한 재단 이사회의 일부 임원들은 시야를 넓히고 새로운 논리와 관점을 수용하고, 다른 일부는 익숙한 사업 논리와 그에 맞는 성과 기준으로 되돌아가기도 한다.

기업재단의 지배구조를 더욱 복잡하게 만드는 요인은 시간이 지남에 따라 재단에 대한 기대치가 변하거나 약화되면서, 차세대의 재단 관리자가 재단의 목적과 초점에 대한 명확성을 잃게 되는 경우가 종종 있다. 한 사례에서는 설계 단계부터 혼합적 방식을 신중하게 수용한 지배구조 프로세스를 통해 혼합적 조직으로서의 관행의 모범을 보여준 재단을 관찰할 수 있었다. 이 재단의 이사회는 재단의 사회적 가치 창출이라는 사명을 옹호하며, 지배구조와 지원금 지급 활동에서 전략적 균형 유지를 중요한 원칙으로 삼았다. 그들은 지원금 조성에서 해결하고자 하는 문제 분야에 영향력을 갖춘 지역사회 지도자들을 이사회에 임명하고, 지역사회 상황과 필요에 대한 전문적인 평가를 의뢰하여 활용했다. 이사회 회의는 재단이 추구하려는 혼합 가치를 달성하기 위한 최선의 방법에 대한 심도 있는 토론으로 가득 차 있었다. 그러나 몇 년간의 성공 이후, 재단은 급격한 변화를 겪으며 기업 이익을 극대화하는 방향으로 재단의 전략적 방향과 운영 초점을 바꾸었다. 이러한 변화의 중심에는 기업의 새로운 CEO가 있었고, 기존의 재단 목적에 대한 관점을 근본적으로 바꿔, 재단을 폐쇄할 뻔했으나 지역사회의 반발로 물러섰다. 그러나 재단의 정관과 사명 선언문은 바뀌지 않았음에도 불구하고, 재단의 전략적 방향과 운영 방식은 바뀌었다. 이 사례는 다음 절에서 다룰 핵심 질문인 누가 실제로 재단을 어떻게 운영할 것인지에 대한 과제를 잘 보여준다.

2.4.2 기업재단을 경영하는 주체는 누구이며, 어떤 방향으로 운영하는가?

이 장의 서두에서 지배구조는 조직의 전반적인 방향, 통제 및 책임을 보장하는 것과 관련된 시스템과 절차라고 설명했다(Cornforth, 2014). 기업재단 지배구조의 근본적인 과제는 누가 이 일을 실제로 수행하거나 이 일에 대해 책임을 지는가에 관한 문제에서 출발한다. 많은 기업재단에서 법적 기대와 규범적 기대 모두 지배구조 권한이 기업재단의 이사회에 있다고 명시하고 있지만, 실제로 이는 반드시 그렇지 않을 수 있다.

다시 말해, 재단의 설립 서류나 정관 및 정책에서 공식화된 현실이 실제 운영 방식과 반드시 일치하는 것은 아니다. 사례 분석에 따르면, 실제로 재단의 의사결정 주체는 재단마다 다르게 나타나며, 공식적 명칭과 실제 권한의 주체가 불일치하는 경우가 빈번하다. 지배구조 프로세스에 관여하는 이사회 구성원 또는 임원들은 종종 기업재단이 모기업에 대해 어느 정도의 주권과 독립성을 가져야 하는지를 고민한다. Bethmann & von Schnurbein의 3장에서 언급되는 것처럼, 기업재단은 그 정체성과 운영 측면에서 부분적 독립 혹은 조건부 종속성을 지닌 구조로 존재한다. 즉, 완전한 독립체도, 전적으로 종속된 조직도 아닌 중간적 형태다. 따라서 재단이 독립적이지 않은 한도 내에서 이사회가 행사할 수 있는 재단의 재량권과 어떤 한계 내에서 지배구조를 실행해야 하는지 등에 대한 명확한 정의가 필요하다. 중요한 통찰을 제공하는 대리인 이론에 따르면, 궁극적으로 재단이 누구의 이익을 존중해야 하는지 명확히 하는 것이 필수적이라고 본다.

또한, 본 연구진은 기업재단의 지배구조에서 두 가지 중요한 긴장 요소가 서로 연결되어 있음을 관찰하였다. 첫 번째 문제는 재단의 전문성 지향과 관한 것으로, 기업재단이 사업적 전문성(business expertise)에 더 치우쳐 있는지 아니면 자선적 전문성(philanthropic expertise)에 더 치우쳐 있는지에 대한 문제이다. 일부 기업재단에서는 임직원이 다른 기업재단이나 자선 부문에서 일한 경험이 있는 경우가 있다. 이러한 측면은 재단의 운영 방향과 철학에 영향을 미치는 것으로 보인다. 전문성의 성격은 재단의 규모와 밀접한 관련이 있는 것으로 나타난다. 규모가 큰 기업재단은 기업재단의 사회적 사명과 활동에 대한 전문가를 보유해야 한다는 인식이 있는 반면, 규모가 작은 기업재단은 이와 같은 전문성 확보의 부담을 비영리 파트너에게 아웃소싱하는 경향이 있다.

두 번째 긴장 요인은 재단의 자산을 합법적으로 사용하는 것과 관련이 있다. 즉, 재단의 자금 지원 활동이 기업의 전략적 위치를 향상시키는 것을 목표로 하는지, 아니면 지역사회에 공익을 창출하는 순수한 기여를 목표로 하는지에 대한 문제이다. 어떤 경우에는 기업재단의 임원들이 특정 지원금을 재단에 지급하도록 지시받는 경우가 있다. 이때 기업 CEO가 재단의 지원금 지급 과정에 부적절하게 개입한다고 느끼는 재단 임원들이 있다. 이런 상황에서 재단 이사회는 상대적으로 영향력을 상실하고, 재단 최고 경영자는 CEO의 의사를 단순히 실행하는 역할로 전락할 수 있다. 실제로 재단의 최고 경영자조차 독립적인 판단이나 전략적 실행을 꺼리고, 모든 주요 결정은 CEO의 사전 승인 하에 움직이는 것이 관행이 된다. 형식적으로는 이사회가 지배구조의 중심이지만, 실제 운영에서는 CEO 중심 구조가 이를 무력화하는 것이다. 이러한 과정에서 그들은 이사회의 권위를 약화시키지만, 종종 이사회 구성원들은 이를 암묵적으로 용인하거나 심지어 긍정적으로 평가하는 경우도 존재하여 우리 조직에서 일을 처리하는 방식이라며 현실적인 유연성 또는 조직문화의 일부로 받아들인다.

대부분의 경우, 재단의 이사회는 CEO의 뜻에 따라 봉사하는 기업 고위 임원들로 구성되기 때문에 이러한 역학 관계에 도전할 가능성은 낮다. 이러한 역학 관계는 이사회에 기업 임원이 아닌 구성원이 일부 포함되더라도 변화하지 않는데, 이들은 소수에 불과하며 의결권이나 영향력 측면에서 실질적 견제를 하기 어렵다. 그 결과, 이사회 내에서 비판적 논의나 독립적 견제 기능이 사실상 무력화된다. 실제로, 모기업의 최고 경영자(CEO)가 재단을 자신의 개인적인 자선적 이익과 동기를 위한 수단으로 활용하는 경우는 드물지 않다(Masulis & Reza, 2015). 이 경우, 지배구조 권한과 조직 내 권력의 균형은 이사회라는 형식적 구조가 아닌 모기업의 계층적이고 위계적인 비즈니스 논리에 명백히 의존하게 된다.

2.4.3 기업재단은 누구에게, 무엇에 대해 책임이 있는가?

기업재단 지배구조의 세 번째 근본적인 핵심 과제는 기업재단이 누구에게, 무엇에 대해 책임을 져야 하는가 하는 문제이다. 일반적으로 기업재단은 두 가지 이상의 주요 이해관계자에게 책임을 지고 정당성을 유지해야 한다. 이들은 보통 기업 내부 이해관계자(corporate network actors)와 지역사회 이해관계자(community stakeholders)로 나눌 수 있다. 이들 이해관계자는 서로 다른 이해관계와 요구사항을 가지고 있어 때로는 충돌하며, 재단은 그 기대를 충족시키려 해야 한다. 문제는 이러한 혼합된 기대와 상반된 논리 속에서 재단이 책임감 있게 역할을 수행해야 한다는 과제에 직면하는 점이다. 이는 기업재단의 조직적 효과성, 재단을 평가하는 기준, 그리고 그런 평가를 내릴 권한과 권력을 가진 사람들에 관한 문제로 이어진다. 재단은 항상 기업 우선순위와 지역사회 우선순위 사이에서 균형을 유지해야 한다. 하지만 이 균형이 재단 자체에게는 명확할 수 있으나, 재단이 책임을 져야 하는 외부 이해관계자들에게는 명확하지 않을 수 있다. 따라서 기업 이익과 지역사회 가치 간의 적절한 균형을 달성하고 그 결과를 누구에게 어떤 방식으로 설명하는 일은 기업재단이 풀어야 할 매우 중요한 지배구조 과제이다.

제도적 논리가 일관되지 않거나 일치하지 않을 때, 그 결과는 조직 내부와 외부에서 긴장과 조정 문제와 압력으로 이어질 가능성이 높다(Thornton & Ocasio, 1999). 특히 업무에 관련된 사람들에게 인지 부조화(cognitive dissonance)를 일으킬 수 있다. Bryson 등(2006)이 관찰한 바와 같이, "경쟁 논리의 존재는 특정 제도적 논리의 관점에서 정당하고 타당하게 보이는 행동, 절차, 규범, 구조가 다른 논리의 관점에서는 비정상적이거나 심지어 위법적으로 간주될 수 있다." 즉, 복수의 제도 논리가 공존할 경우, 동일한 행위를 어떤 관점으로 보느냐에 따라 정당성 여부가 달라진다. 예를 들어, 앞서 언급한 것처럼 미국을 비롯한 많은 국가에서 기업재단의 이사회는 대체로 모기업 출신 인사들로 구성되어 있으며, 이들은 근본적으로 상반된 두 세계의 기대와 경쟁 논리 — 기업 논리(성과, 이익, 전략적 가치)와 사회 논리(공익, 책임성, 윤리성) — 사이의 상충된 기대 속에서 의사결정을 내려야 하며, 이 과정에서 인지 부조화를 경험하게 된다. 그러나 어떻게 조율하고, 누구의 기준으로 해석하며, 어떤 방식으로 우선순위를 정할 것인가에 대한 답은 여전히 불분명하다.

많은 기업재단이 사실상 모기업의 하위 부서나 종속된 조직처럼 운영된다.

재단이 모기업의 인프라와 행정 시스템을 사용하는 경우, 지배구조 및 경영 인력이 모기업의 기업 계층 구조 내에서 적어도 일부 임원에게 직 · 간접적으로 책임을 지는 경우가 많다. 이러한 종속적인 성격은 재단의 독립성이 약화되는 구조를 더욱 심화시킨다. 이 경우, 재단의 이사회와 임원들이 모기업의 성과 관리 시스템을 통해 재단 업무에 대해 보고하고 공식적으로 책임을 지는 것이 일반적이다. 이러한 방식에서 문제가 되는 점은 재단 이사회가 실제 업무를 수행하는 사람들을 위한 성과 관리 시스템에 대해 명확한 의견을 제시하지 않는다는 것이다. 이사회의 과제는 재단의 혼합적 특성에 맞춰, 모기업의 비즈니스 지향적인 인프라를 활용하면서도 모기업의 중요한 가치, 원칙, 우선순위 — 재단의 혼합적 차원에 적용되더라도 — 에서 재단에 대한 책임을 입증하는 것이다. 특히 이러한 긴장은 기부금과 같은 별도의 자금 흐름을 통해 독립적으로 운영되는 대형 기업재단이 아닌 경우, 더 뚜렷하게 드러날 수 있다.

2.5 결론과 앞으로의 과제

기업재단 지배구조의 업무는 전략적 방향과 목표 설정, 정책 및 전략 결정, 조직 성과 감독 및 모니터링, 전반적인 책임성 확보 등을 포함한다(Renz, 2004). 이 장에서는 이러한 업무가 기업재단에 고유하게 복잡하다는 점을 강조하였다. 기업재단은 여러 가지 상반된 논리를 다루어야 하며, 이로 인해 여러 경영 및 지배구조 과제가 발생한다. 이론과 현장에서의 관찰을 바탕으로, 기업재단이 왜 존재하는지, 어떤 목적을 위해 존재하는지, 기업재단을 실제로 지배하는 사람은 누구인지, 그리고 기업재단이 어떤 방향성을 가지고 누구에게 무엇을 위해 책임을 지는지에 대한 11가지 긴장과 3가지 주요 지배구조 과제를 확인하였다. 앞서 언급한 지배구조와 관련된 문제들은 기업재단의 운영자들에 의해 각기 다른 강도로 경험되며, 이에 대한 대응 방식 또한 다양하게 나타난다.

또한, 본 연구진은 기업재단의 지배구조 역학 관계는 모기업 유형에 따라 달라진다는 점을 관찰하였다. 예를 들어, 사례에서 살펴본 바와 같이, 가족이 설립하거나 가족이 소유한 기업의 리더십과 지배구조는 가족 구성원이 기업의 고위 임원직에서 물러난 후에도 설립 가족의 영향력이나 심지어 지배를 받을 가능성이 높다. 이에 영향을 미치는 요인으로는 가족이 기업의 지분을 얼마나 계속 보유하는지, 설립자가 그의 가족이 재단에 지속적으로 관여하기 원하는 의지와 방향 등에 좌우되며, 경우에 따라 가족이 기업 경영 방향에는 직접적인 영향력이 미미하더라도 재단의 의사결정과 운영에는 상당한 영향력을 유지하는 경우도 발견되었다. 또한 규모가 성장하여 주식이 공개 시장에서 거래되는 신생기업의 경우에도 창업자가 여전히 재단에 대해 상당한 영향력을 행사하는 유사한 패턴이 관찰되었다는 점을 알 수 있다(Schervish, 2014).

미국과 네덜란드의 기업재단 사례를 통해 기업재단은 혼합적인 성격 때문에 실제로 긴장을 경험하는 것을 관찰할 수 있었다. 그러나 많은 경우, 기업재단이 직면한 문제는 다른 유형의 혼합적 조직보다 덜 문제가 되는데, 이는 아마도 지배적인 리더십(이사회와 임원)의 이력과 직업적 지향점이 모기업의 영리 추구 문화에 뿌리를 두고 있기 때문일 것이다. 이에 따라 많은 기업이 지배구조 운영 방식에서 기업 중심의 논리를 명확하게 표현하고 이를 활용한다. 그러나 이러한 경향과 다르게 관찰되는 현상은 가족 소유 기업의 재단에서 나타나는데, 창업 논리가 기업적 이해관계뿐만 아니라 창업 가족의 문화와 더 밀접하게 연결되어 있는 경우가 많다. 이로 인해, 재단이 자선단체처럼 행동할 것이라는 이해관계자들의 기대와 재단의 실제 행동이 조화를 이루지 못할 수 있으며, 이로 인해 지역사회와 수혜자들과 같은 외부 이해관계자가 혼란을 느끼거나 소외될 가능성도 있다. 이 부분은 후속 연구가 필요한 분야이다. 그러나 미국에서 재단이 '사업 우선' 방향으로 운영될 수 있는 배경으로는, 사회 전반에 퍼져 있는 특정한 인식 논리가 존재하는데, 시민과 비영리 부문 리더들 사이에서 기업재단의 자금이 법적으로는 다르지만 실질적으로 기부자의 돈으로 간주된다는 인식이 널리 퍼져 있기 때문이다. 네덜란드의 경우 이러한 인식은 상대적으로 덜하지만, 여전히 기업재단은 사업과의 관련성을 어느 정도 고려하고, 운영 방향을 설정하려는 성향을 보이고 있다. 이는 기업재단의 정체성과 책임, 운영 철학에 있어 국가별 문화와 제도적 환경이 중요한 영향을 미친다는 사실을 시사한다.

실무적인 관점에서 볼 때, 기업재단을 성공적으로 이끌고 경영하는 사람들은 공식적인 문서나 표면적인 지침만을 따르는 것이 아니라, 실제로는 모기업과 재단에 내재된 기대와 암묵적인 규범을 민감하게 감지하고 해석할 수 있는 '행간을 읽는' 능력을 발전시키는 것으로 관찰된다. 재단 임원으로서 중요한 과제는 자선 사업과 같은 재단의 업무를 잘 수행하면서, 기업의 성과 평가 기준에 맞는 적절한 성과에 따른 보상을 확보하는 것이다. 성공적인 기업재단 리더는 모기업과 경영진(이사회 및 임원)의 기대를 민감하게 파악하며, 특히 자신이 행사할 수 있는 권한의 수준과 성격, 그리고 의사 결정 유형에 따라 권한이 어떻게 달라지는지 파악하고, 이를 기반으로 정치적 역량을 능숙하게 발휘한다. 이러한 능숙함에도 불구하고, 모든 기업재단 리더는 새로운 CEO나 이사회 구성원의 취임 등 리더십 승계에 따른 기대치 변화라는 도전에 직면하게 된다.

본 연구는 몇몇의 제한된 표본 사례를 바탕으로 한 탐색적 연구로, 후속 연구에서 이 주제가 어떻게 발전할 수 있을지 확장하고 정교화 하는 것이 중요하다. 전 세계적으로 기업재단이 다양한 방식으로 운영되고 있다는 점을 감안할 때(이 책의 국가/대륙별 내용 참조), 제도적 환경을 고려한 연구가 필요하다. 예를 들어, 본 장에서 논의된 역동성과 과제가 전 세계적으로 다양한 시민사회 체제와 사회공헌 전통에서 어느 정도 공통적으로 존재하는지에 대한 연구가 필요하다. 본 연구에서는 미국과 네덜란드의 사례만을 사용했기 때문에, 여기에 논의된 조건과 과제가 대부분의 기업재단에 적용되는지, 혹은 이들 사례가 예외적인 경우인지는 확인할 수 없었다. 예를 들어, 이러한 역동성이 법률 및 국가별 법적 체계, 그리고 다양한 문화적 차이에 따라 어떻게 달라지는지에 대한 연구가 필요하다. 또한,

후속 연구는 조직 수준의 분석으로 이어질 수 있다. 예를 들어, 기업 유형 – 특히 가족 기업, 신세대 기업가가 설립한 기업, 글로벌 다국적 기업 등 – 에 따라 이러한 역동성이 어떻게 혹은 전혀 다르게 나타나는지 연구할 수 있다. 재단 규모에 따라 차이가 있을까? 마지막으로, 첨단 기술 산업이나 농업 산업과 같은 다양한 산업에서 기업재단의 지배구조 또는 독립성 패턴이 산업별로 차이가 있을까?

참고문헌

Abzug, R., & Galaskiewicz, J. (2001). Nonprofit boards: Crucibles of expertise or symbols of local identities? *Nonprofit and Voluntary Sector Quarterly, 30*(1), 51-73.

Anheier, H. K. (2005). *Nonprofit organizations: Theory, management, policy*. London: Routledge.

Billis, D. (Ed.). (2010). *Hybrid organizations and the third sector: Challenges for practice, theory and policy*. Basingstoke: Palgrave Macmillan.

Bromley, P., & Meyer, J. W. (2014). "They are all organizations" the cultural roots of blurring between the nonprofit, business, and government sectors. *Administration and Society, 49*(7), 939-966.

Child, J., & Rodrigues, S. B. (2003). Corporate governance and new organizational forms: Issues of double and multiple agency. *Journal of Management and Governance, 7*(4), 337-360.

Cornforth, C. (2014). Nonprofit governance research: The need for innovative perspectives and approaches. In Cornforth, C., & Brown, W. A. (Eds.). *Nonprofit Governance: Innovative Perspectives and Approaches*. New York: Routledge.

Crane, A., Palazzo, G., Spence, L. J., & Matten, D. (2014). Contesting the value of "creating shared value". *California Management Review, 56*(2), 130-153.

Dalton, D. R., Hitt, M. A., Certo, S. T., & Dalton, C. M. (2007). 1 The fundamental agency problem and its mitigation: Independence, equity, and the market for corporate control. *The Academy of Management Annals, 1*(1), 1-64.

Dart, R. (2004). The legitimacy of social enterprise. *Nonprofit Management & Leadership, 14*(4), 411-424.

DiMaggio, P., & Powell, W. W. (1991). Introduction. *In The new institutionalism in organiza-*

tional analysis (Vol. 17, pp. 1-38). Chicago: University of Chicago Press.

Ebrahim, A. (2003). Accountability in practice: Mechanisms for NGOs. *World Development, 31*(5), 813-829.

Eisenhardt, K. M. (1989). Agency theory: An assessment and review. *Academy of Management Review, 14*(1), 57-74.

Freeman, R. E. (1984). *Strategic management: A stakeholder approach.* Boston: Cambridge university press.

Freeman, R. E., Dunham, L., & Liedtka, J. (2001). *The soft underbelly of stakeholder theory: Towards understanding community.* Darden School Working Paper.

Galaskiewicz, J. (1997). An urban grants economy revisited: Corporate charitable contributions in the Twin Cities, 1979-81, 1987-89. *Administrative Science Quarterly, 42*, 445-471.

Gautier, A., Pache, A. C., & Chowdhury, I. (2013). Nonprofit roles in for-profit firms: The institutionalization of corporate philanthropy in France. *In Academy of management proceedings* (Vol. 2013, No. 1, p. 17464). Briarcliff Manor, NY: Academy of Management.

Huse, M. (2009). *The value creating board: Corporate governance and organizational behaviour.* New York: Routledge.

Hwang, H., & Powell, W. W. (2009). The rationalization of charity: The influences of professionalism in the nonprofit sector. *Administrative Science Quarterly, 54*(2), 268-298.

Jaquette, O. (2013). Why do colleges become universities? Mission drift and the enrollment economy. *Research in Higher Education, 54*(5), 514-543.

Jensen, M. C., & Meckling, W. H. (1976). Theory of the firm: Managerial behavior, agency costs and ownership structure. *Journal of Financial Economics, 3*(4), 305-360.

Jones, M. B. (2007). The multiple sources of mission drift. *Nonprofit and Voluntary Sector Quarterly, 36*(2), 299-307.

Kania, J., Kramer, M., & Russell, P. (2014). Strategic philanthropy for a complex world. *Stanford Social Innovation Review, 12*(3), 26-33.

Kotler, P., & Lee, N. (2005). *Corporate social responsibility: Doing the Most good for your company and your cause.* Hoboken: John Wiley & Sons.

Marquis, C., & Lee, M. (2013). Who is governing whom? Executives, governance, and the structure of generosity in large US firms. *Strategic Management Journal, 34*(4), 483-497.

Masulis, R. W., & Reza, S. W. (2015). Agency problems of corporate philanthropy. *The*

Review of Financial Studies, 28(2), 592-636.

Meyer, J. W., & Rowan, B. (1977). Institutionalized organizations: Formal structure as myth and ceremony. *American Journal of Sociology, 83*(2), 340-363.

Miller-Millesen, J. L. (2003). Understanding the behavior of nonprofit boards of directors: A theory-based approach. *Nonprofit and Voluntary Sector Quarterly, 32*(4), 521-547.

Pesqueux, Y., & Damak-Ayadi, S. (2005). Stakeholder theory in perspective. Corporate Governance: *The International Journal of Business in Society, 5*(2), 5-21.

Pfeffer, J., & Salancik, G. R. (1978). The external control of organizations. *A resource dependence perspective*. New York: Harper & Row.

Phillips, R., Freeman, R. E., & Wicks, A. C. (2003). What stakeholder theory is not. *Business Ethics Quarterly, 13*(4), 479-502.

Porter, M. E., & Kramer, M. R. (2006). Strategy and society. *Harvard Business Review, 84*, 78-92.

Smith, S. R. (2010). Hybridization and nonprofit organizations: The governance challenge. *Policy and Society, 29*(3), 219-229.

Renz, D., & Andersson, F. (2014). Nonprofit governance: A review of the field. In C. Cornforth & W. A. Brown (Eds.), *Nonprofit governance, innovative perspectives and approaches* (pp. 17-46). London: Routledge.

Renz, D. O. (2004). Governance of nonprofits. In D. Burlingame (Ed.), *Philanthropy in the U.S: An encyclopedia*. Santa Barbara: ABC-CLIO.

Schervish, P. (2014). High-tech donors and their impact philanthropy: The conventional, novel and strategic traits of agent-animated wealth and philanthropy. In *Handbook of research on entrepreneurs' engagement in philanthropy* (pp. 148-182). Cheltenham: Edward Elgar Publishing.

Thornton, P. H., & Ocasio, W. (1999). Institutional logics and the historical contingency of power in organizations: Executive succession in the higher education publishing industry, 1958-1990. *American Journal of Sociology, 105*(3), 801-843.

Useem, M. (1984). *The inner circle: Large corporations and the rise of business politics in the U.S. and U.K.* New York: Oxford University Press.

Waddock, S. A., & Boyle, M. E. (1995). The dynamic of change in corporate community relations. *California Management Review, 37*(4), 125-140.

Weisbrod, B. A. (1998). The nonprofit mission and its financing: Growing links between nonprofits and the rest of the economy. In *To profit or not to profit: The commercial transformation of the nonprofit sector* (pp. 1-22). Cambridge/New York: Cambridge University Press.

Young, D. R. (2002). The influence of business on nonprofit organizations and the complexity of nonprofit accountability: Looking inside as well as outside. *The American Review of Public Administration, 32*(1), 3-19.

Zadek, S. (2004). The path to corporate responsibility. *Harvard Business Review, 82*(12), 125-133.

David Renz 미주리 대학교 캔자스시티 캠퍼스 헨리 W. 블로흐 경영대학원(Henry W. Bloch School of Management)의 비영리 리더십 및 경영학 교수이자, 미드웨스트 비영리 리더십 센터(Midwest Center for Nonprofit Leadership) 소장이다. *Nonprofit and Voluntary Sector Quarterly, The American Review of Public Administration* 등 다수의 학술지에 연구 성과를 발표했으며, 『*The Jossey-Bass Handbook of Nonprofit Leadership and Management*』의 편집장을 맡고 있다.

Lonneke Roza 에라스무스 대학교 로테르담 경영대학원(Rotterdam School of Management)의 겸임 부교수로, 기업 기부와 기업 시민의식의 미시적 기반(microfoundations)에 관한 연구를 수행하고 있다. 주요 논문은 *Journal of Business Ethics, Nonprofit and Voluntary Sector Quarterly, Voluntas* 등 권위 있는 학술지에 게재되었다.

Frans-Joseph Simons 에라스무스 대학교 로테르담 경영대학원(Rotterdam School of Management)의 연구원으로 사회사 전공 석사 학위 취득 후, 경영학 석사 과정을 우수한 성적으로 마쳤으며(cum laude), 석사 논문으로 연구상을 수상했다. 주요 연구 분야는 비영리 조직, 기업 기부, 기업 시민의식 맥락에서의 의사 표현(voice), 권력 구조, 리더십, 학습 조직이다.

제3장 어떤 의미에서 전략적인가? 제도적 독립성과 핵심 사업과의 근접성 측면에서 본 기업재단 모델

S. Bethmann and G. von Schnurbein

요약 기업재단의 수가 증가하고 사회공헌 주체로서의 인지도가 높아짐에 따라, 이러한 기업재단들이 어떻게 기능하며 설립 모기업과 어떤 관계를 맺고 있는지에 대한 관심도 커지고 있다. 재단 관련 문헌에서는 일반적으로 재단이 사회적 영향력과 혁신을 창출할 수 있는 능력이 외부 통제로부터의 독립성에 크게 의존한다고 가정한다. 그러나 실제로 기업재단은 설립 모기업의 재정적, 조직적 지원에 다양한 수준으로 의존하고 있다. 따라서 기업의 통제와 재단이 자율적으로 영향력을 발휘할 수 있는 자유 사이에는 분명한 긴장이 존재한다. 이 장에서는 기업과 기업재단 간의 특별한 관계를 살펴보고, 탐색적 연구를 바탕으로 재단의 제도적 독립성과 관련한 이상적인 재단 유형을 제시한다. 이후, 유럽 최초의 기업재단 회의에서 수집한 데이터를 통해 이 유형을 검토하고 구체화한다. 이 결과 분석을 통해 기업 목표와 재단 활동 간의 보다 강력한 연계를 촉진하는 견인과 압박의 요인을 도출할 수 있었다. 이상적인 유형은 완전한 독립성이 반드시 최선의 선택은 아님을 시사하는데, 기업재단이 사회적 사명을 수행하는 데 있어 설립 기업의 자원으로부터 실질적인 큰 혜택을 받을 수 있음을 보여준다.

키워드 기업 기반 - 혼합방법 연구 - 유형학 - 의존성/독립성 - 전략

3.1 서론

최근 몇 년 동안 자체 재단을 설립하는 기업이 증가하고 있다(Eckhardt *et al.*, 2017; Rey-García *et al.*, 2012; Pedrini & Minciullo, 2011). 기업재단의 수가 늘어나고 자선 활동의 주요 주체로서 인지도가 높아지고 존재감이 커짐에 따라, 설립 모기업과 기업재단 간의 관계에 대한 관심도 증가하고 있다. 최근 기업의 사회공헌에

대한 접근 방식은 기업의 핵심 사업 분야와 자선 프로그램의 목표가 일치할 때 가장 큰 효과를 거둘 수 있다고 강조한다(Porter & Kramer, 2002; Foster *et al.*, 2009). 사회공헌은 기업뿐만 아니라 사회에도 이익을 가져다줄 때 전략적이라는 가정이 있다(Thorne McAlister & Ferrel, 2002). 이를 보장하기 위해서는 기업재단이 기업의 사명, 목표 및 목적에 맞게 활동을 조정할 수 있도록, 기업의 상당한 통제 하에 있어야 한다.

그러나 기업재단에는 고유한 법적 조직 형태가 존재한다. 면세 혜택을 받고 자선 단체로 분류되려면, 기업재단은 전적으로 사회적 목적을 증진하는 데 집중하고 있음을 입증해야 한다. 재단 관련 문헌에서는 일반적으로 재단이 사회적 영향력과 혁신을 창출하는 능력이 외부 통제로부터의 독립성에 크게 의존한다고 가정한다(Frumkin, 2006; Anheier & Leat, 2006; Fleishman, 2007; Kania *et al.*, 2014). 따라서 기업의 통제와 재단이 영향력을 극대화하여 발휘할 수 있는 자유 사이에는 분명한 긴장이 존재한다.

그렇다면 실제로 이러한 긴장은 어떻게 나타나는가? 기업과 재단의 관계는 어떻게 구조화되어 있는가? 기업재단은 회사와의 연결을 통해 어떤 혜택을 얻을 수 있을까?

두 기관의 구조적 연계에서 비롯되는 실제 도전과 기회에 대해서는 알려진 바가 거의 없다. 기업재단은 일종의 '블랙박스'로 여겨지는데, 기능은 알지만 작동 원리는 이해하기 어려운 복잡한 시스템이다. 재단에 관한 연구가 진행되더라도 대부분은 기업의 관점에서만 다뤄지며, 주요 논의는 재단이 기업의 목표에 어떻게 기여할 수 있는지에 집중된다. 기업 사회공헌의 활동이 어떻게 성공 사례로 정당화될 수 있는지를 제시하는 연구가 많다(Carroll & Shabana, 2010). 그러나 이러한 이중적 관계의 도전과 기회를 파악하는 데 있어, 기업재단 자체의 시각에서 접근한 연구는 거의 없다. 이로 인해 기업재단에 대한 편향된 시각이 형성되었다.

이 장에서는 재단의 관점을 정교하게 설명하여 기업재단에 대한 일방적인 시각을 바로잡기 위해 노력한다. 이를 위해 반복적인 연구 접근 방식을 사용한다. 첫째, 기업재단에 관한 주요 문헌을 검토하여 관계의 구조적 결정 요인을 파악한다. 지식의 범위가 다소 제한적이기 때문에 실무 중심의 지배구조 강령과 기업 사회공헌 문헌을 활용한다. 둘째, 문헌에서 얻은 결과를 탐색적 사례 연구로 활용한다. 셋째, 35개 기업재단과의 워크숍에서 수집한 데이터를 사용하여 사례에서 얻은 결과를 구체화하고 확장한다. 두 단계 모두 경영진과의 인터뷰는 가장 중요한 데이터로 활용된다.

최종 연구 결과를 통해 재단의 상대적 독립성 수준과 기업의 핵심 사업 목표와의 연계 정도에 따라 네 가지 이상적인 기업재단 모델을 제시할 수 있다. 이 모델들은 각각 도구적, 평판적, 상호보완적, 목적 중심적 모델로 분류되며, 각 모델의 특징을 설명한다. 전반적으로 기업재단은 기업 자원에 접근하면서 자체 프로그램을 선택하고 실행하는 데 상당한 자유를 가질 때 최상의 성과를 낼 수 있다는 결론에 도달했다. 기업이 재단의 사명을 효과적으로 달성할 수 있도록 권한을 부여할 때, 기업재단은 보다 전략적으로 행동할 수 있다.

3.2 조화 사례

Waldemar Nielsen(1972)은 유명한 인용문에서 재단을 다음과 같이 묘사했다. “민주주의와 자본주의라는 정글 속에서 이상하고도 불가능해 보이는 존재 — 기본 전제를 거의 부정하는 존재 — 로 묘사했다. 재단은 평등주의 사회의 관용과 특권 위에 존재하는 귀족적 제도로, 경제적 인간(Economic Man)의 본능에 반하는 방식으로 공익의 목적으로 전달된 사적 재산의 집합체이다.”

Nielsen은 이 인용문에서 미국의 독립 자선재단들을 염두에 두고 있었지만, 기업재단은 이들보다 더 낯설고 독특한 존재이다. 기업재단은 영리를 추구하는 기업이 사회적 목적을 추구하는 비영리 조직으로 설립한 것이다. 따라서 기업재단은 기업 소유주의 사적 이익을 줄이는 역할을 한다. 기업재단은 별도의 법인으로서 자선 사업에만 전적으로 집중할 경우 면세 혜택을 받을 수 있다. 기업재단은 지원금 지급 활동이나 자체 프로그램을 운영하거나, 또는 이 두 가지를 혼합하여 목적을 달성할 수 있다(Frumkin, 2006; Leat, 2016). 기업재단은 그 특성상 모기업으로부터 독립적인 경우가 드물다. 일반적으로 자본의 흐름과 기업 이사가 재단 이사회의 구성원이 됨으로써 강력한 관계가 형성된다. 따라서 기업재단은 모기업과 복잡한 관계를 유지하며, 기업에 종속적인 의존성을 보이는 경우가 많다(Rey-García *et al.*, 2012).

문헌에서는 기업재단이 설립되는 몇 가지 이유를 제시하고 있다. 여기에는 윤리적 동기와 사회에 기여하려는 의지가 포함된다(Liket & Simaens, 2015). 기업의 관리자나 소유주는 지역사회를 지원하거나 환경을 보호하거나 문화 기관에 자금을 지원해야 한다는 본질적인 책임감이나 의무를 느낄 수 있다(Sanchez, 2000). 이러한 의미에서 기업재단은 기업의 기업 시민 의식의 표현이다(Westhues & Einwiller, 2006). 재단의 활동은 기업 내 의사 결정권자의 도덕적 가치나 심미적 즐거움(File & Prince, 1998) 또는 인식된 지역사회의 필요를 충족하려는 욕구(Kasper & Fulton, 2006)를 반영할 수 있다. 일반적으로 CEO는 자신의 개인적인 관심사에 부합하는 방향으로 기업의 기부 방향에 영향을 미친다(Werbel & Carter, 2002). 그러나 기업의 사회공헌은 산업의 특성에도 영향을 받는다(Brammer & Millington, 2005). 설립 시기는 기업의 상장, 사업부 매각, 창립 기념일 또는 오랜 기간 재직했던 이사의 은퇴와 같은 특별한 사건과 관련이 있는 경우가 많다. 기업 행동에 대한 사회적 기대 역시 중요한 결정 요인이다(Carroll, 1991). 단순한 기부나 후원과는 달리, 재단을 설립한다는 것은 기업의 사회공헌 목표에 대한 장기적인 헌신 의지를 의미한다.

이타주의의 반대편에는 이윤 추구 동기가 있다(Lantos, 2001; Gautier & Pache, 2015; von Schnurbein *et al.*, 2016). Friedman(1970)의 잘 알려진 비판에 따르면, 상장기업(주식이 공개적으로 거래되는 기업)은 사회공헌 활동에 개입해서는 안 되며, 기업의 사회적 책임은 오직 이윤을 창출하는 것이다. 주주는 배당금으로 사회공헌을 개별적으로 결정할 수 있지만, 이는 기업 경영진의 권한에 속하지 않는다. 따라서 기업이 사회공헌에 참여하기로 결정한 경우 기업 이익에 실질적인 도움이 되어야 한다(Porter & Kramer, 2002). 이러한 관점에서 기업재단은 기업의 성공을 높이기 위한 하나의 도구로 간주된다.

오랫동안 기업재단은 자금 지원 회사의 주요 사업 영역과 다소 분리된 상태로 존재하고 있었다. 예를 들어, 은행이 예술 관련 재단을 설립하거나 제조업 기반의 기업이 불우 아동 지원을 위한 재단을 설립하는 식이었다(Smith, 1994). 이처럼 사업 영역과 재단 활동은 거의 겹치지 않았다. 재단 프로그램은 기업에 긍정적인 평판 파급 효과를 가져왔을 수 있지만, 기업 이익 증대를 목표로 하는 직접적인 동기는 아니었다(Westhues & Einwiller, 2006).

지난 몇 년 동안 기업의 사회공헌 활동이 기업과 사회 모두에게 이익을 가져다줄 때만 전략적인 것으로 간주되어야 한다는 주장이 지배적으로 자리 잡았다. 이 관점은 이타주의와 이윤 추구 사이의 중간 지점을 취한다. 이는 사회적 목표와 경제적 목표가 서로 모순될 필요가 없다는 믿음에 기초한다. 이 관점의 주요 옹호자 중 한 명인 Porter & Kramer(2002)는 기업 사회공헌이 특히 기업이 운영되는 맥락에서 이루어질 때 기업의 성공에 기여할 수 있다고 주장한다. 예를 들어, 기업 사회공헌은 교육 프로그램을 지원하여 수준 높은 고객의 수를 늘리고, 특정 지역의 사회 경제적 발전을 돕고, 새로운 시장 기회를 구축하거나, 산업 주제와 관련된 기부를 통해 전반적인 비즈니스 환경을 개선해야 한다. 이러한 접근 방식을 따르면 기업은 사회공헌을 통해 다른 기업보다 경쟁 우위를 확보할 수 있다. Saiia 등(2003)도 비슷한 주장을 펼치며, 기업의 자선 프로그램이 활동하는 지역사회의 복지와 밀접한 관련이 있을 때 기업의 입지를 높이고 궁극적으로 기업의 수익을 높일 수 있다고 주장한다. "자선은 가정에서 시작된다."라는 관점에서 기업은 보다 의미 있는 방식으로 지역사회에 기여할 수 있다. 이러한 관점에서 전략적 사회공헌은 조직과 사회적 이익을 동시에 달성하고자 한다(Thorne

McAlister & Ferrel, 2002).

기업의 사회공헌이 기업의 핵심 사업 영역과 밀접하게 연관되어야 한다는 주장도 강하게 제기되고 있다(Smith, 1994; Porter & Kramer, 2002; Bruch & Walter, 2005). 기업은 조직의 지식을 활용하여 사회 문제를 해결할 수 있다. 기업의 핵심 자원과 기술은 자선 목표를 위한 귀중한 자산으로 간주된다. 이러한 관점에서 기업 사회공헌은 기업이 가장 잘 아는 분야에 집중할 때 가장 효과적이다(Westhues & Einwiller, 2006). 심지어 이타적인 기부 사회공헌 단체와는 달리 재단을 통한 수익은 안정적인 수입에 의존할 가능성이 더 높다는 주장도 있다(Campbell & Slack, 2008). 동시에 기업은 다양한 수준에서 이익을 얻을 수 있다. 기업재단 프로그램은 사업 역량을 강화하거나 새로운 시장에 진출하거나 새로운 사업 모델을 찾는데 사용할 수 있다(Smith, 1994). 이 경우 기업 관리자는 재단을 기업의 전략적 목표를 지원할 수 있는 기회로 간주한다. 기업과 재단의 운영을 모두 지원하는 시너지 효과를 추구한다(Urriolagoitia & Vernis, 2012). 또한 기업재단은 다양한 이해관계자의 사회적 기대에 대한 통찰력을 수집하는 안테나 역할을 할 수도 있다(Westhues & Einwiller, 2006). 이러한 주장에 따르면, 기업 사회공헌은 시장과 역량 지향성이 강할 때 전략적으로 이루어진다(Bruch & Walter, 2005). 재단은 기업과 마찬가지로 엄격하게 관리되어야 하며, 목표를 설정하고 확실한 데이터에 근거하여 지원 결정을 내려야 한다. 사회공헌이 자본주의 기업의 경영 기법을 따르는 것이 더 효과적일 것이라는 강한 믿음이 있다(Bishop & Green, 2008).

요약하자면, 기존 문헌에서는 기업이 사회공헌에 투자해야 하는 여러 가지 타당한 이유를 언급하고 있다. 그 외에도 직원 만족도 및 유지율 향상, 고객 충성도 증가, 지역사회 또는 정부와의 협력 가능성 향상 등이 있다(Smith, 1994; Gadberg & Fombrun, 2006). 기업의 관점에서 볼 때, 재단이 적절히 운영된다면 기업에 많은 이점을 가져다 줄 수 있다. 그러나 이를 달성하기 위해서는 재단이 기업의 이익을 위해 행동하고 있음을 기업이 확신할 수 있도록 재단은 상당한 통제 하에 있어야 한다(Fama & Jensen, 1983). 기업재단이 기업 전략의 일부가 되려면 기업이 기업재단의 경영을 지휘하고 영향을 미칠 수 있어야 한다. 기업재단은 본질적으로 혼합적 성격을 가지는데, 기업재단은 시장과 시민사회 사이를 조화시켜야 하는 과제에 직면해 있다(Billis, 2010; Smith, 2016). 한편으로는 사회적 과제를 해결하는 데 목적이 있어야 하고, 다른 한편으로는 시장 지향적 목표를 달성하는 데 기업재단의 유용성을 주장하는 강한 논리가 있다.

3.3 재단 관점에서 본 독립 사례

기업 사회공헌에 관한 문헌은 대부분 기업의 관점에서 쓰여 있으며, 기업재단의 관점에서 접근에 대한 연구나 재단 관련 문헌을 참조한 연구는 드물다. 기업재단에 대한 엄격한 통제가 기업의 이익을 활용하기 위해 필요하다는 사실에도 불구하고, 재단 문헌은 주로 재단이 외부 통제로부터의 독립성 덕분에 사회적 영향력을 창출하는 데 적합하다고 주장한다(Frumkin, 2006; Anheier & Leat, 2006; Kania *et al.*, 2014). 재단은 이사회에 외부 이해관계자가 없기 때문에 여론에 휘둘리지 않고 논란이 될 수 있는 주제를 다루며, 자유롭게 의견을 표명할 수 있고, 다른 조직이 감당할 수 없는 위험을 감수할 수 있다. 또한 성공 가능성이 낮은 프로젝트도 지원할 수 있으며, 파트너가 의도한 사회적 영향력을 달성하지 못하더라도 재단 자체에 미치는 부정적인 결과는 적다. 재단은 민주주의 사회에서 가장 독립적인 제도 중 하나로 여겨지며 (Anheier & Leat, 2006; Fleishman, 2007), 또한 재단은 정관에 의해서만 구속되어 활동을 계획하고 실행하는 최대한의 자유를 가진다. 재단은 정치인처럼 대중의 다수결 의견에 의존하지 않고, 공공 행정기관과는 달리 공적 자금을 사용하는 방식에 관한 공식 규범에 구속되지 않으며, 자유롭게 프로그램을 선택하고 전략적으로 프로젝트에 자금을 지원할 수 있다. 시민사회의 논리에 따라 재단은 영리를 추구하지 않으며, 비영리 분야의 다른 주체들이나 정부 기관으로부터 더 큰 신뢰를 받는다. 재단은 다양한 부문을 잇는 중요한 중

재자 역할을 수행하거나, 공공 정책에 대한 의견을 개진하고 공식 입장을 표명하는 등의 활동을 수행할 수 있으며, 이 과정에서 특정한 이익을 추구하려는 숨은 의도를 지닌 것으로 의심을 받지 않는다(Kramer *et al.*, 2006; von Schnurbein, 2009; Hammack & Anheier, 2013). 이러한 위치에서 재단은 사회적 영향력을 창출할 수 있는 특별한 능력과 책임을 지닌다(Porter & Kramer, 1999). 독립성이라는 개념은 재단이 시대의 가장 시급한 사회적 과제를 해결하는 성공사례의 중요한 이유로 작용한다.

이러한 관점에 따라, 기업이 사업적 이익을 추구하기 위해 재단을 통제하려는 필요성과 기업재단의 영향력 극대화를 위해 재단의 독립성을 유지하려는 필요성 사이에는 분명한 긴장이 존재한다. 그렇다고 해서 재단이 자금 지원 주체(기업)와의 긴밀한 관계로부터 혜택을 받을 수 없다는 의미는 아니다. 기업은 재단에 재정적 지원 외에도 경영 지식, 인프라, 직원 지원, 기술 전문성, 네트워크, 법률, IT, 인사, 마케팅 등의 서비스를 제공할 수 있으며, 이는 재단의 관점에서 볼 때, 기업은 재단 자체보다 더 강력하고 풍부한 중요한 자원의 원천이 될 수 있다(Frooman, 1999).

기업과 재단의 이중적 관계에 대한 심도 있는 논의는 지금까지의 학술 문헌에서는 찾아보기 어렵다. 기존 선행 연구들 중에서도 독립성의 문제를 명시적으로 다룬 경우는 없다. 이는 기업 자선에 관한 문헌에서 사업적 관점이 지배적이기 때문일 수 있다. 그러나 기업재단의 독립성에 대한 우려를 보여주는 문헌도 존재한다. 이러한 우려는 각국의 재단 협회 또는 정부 당국에서 개발한 지배구조 강령과 권고안에서 확인할 수 있다.

예를 들어, 독일에서는 독일재단협회가 기업재단의 좋은 지배구조 원칙(BDS 2010)을 발표했으며, 영국의 자선재단협회에서는 보다 포괄적인 모범 사례 가이드(ACF, 2016)를 제공하였다. 또한 영국 자선위원회가 기업재단을 위한 가이드(2010)를 제시한 바 있다. 폴란드 기부자 포럼은 기업재단을 위한 표준을 개발했으며(Ćwik-Obrębowska *et al.*, 2015), 스위스 재단코드(SFC)의 원칙은 모든 유형의 지원금 지급 재단에 적용되며, 기업재단에도 동일하게 적용된다(Sprecher *et al.*,

2015). 이 모든 강령은 잘 관리되는 기업재단을 설립하고 운영하기 위한 지침을 제공하며, 재단의 목적을 가장 효과적으로 달성하기 위해서는 지배구조가 재단의 독립성을 강화해야 한다고 강조한다. 이러한 관점에서, 독립성은 기업재단의 효율성을 위한 전제 조건이라고 할 수 있다. 영국 자선위원회는 재단이 면세 혜택을 받기 위한 가장 중요한 요소로 독립성을 꼽기도 했다(CC, 2010). 기업이 재단의 의사 결정에 영향을 미치려는 시도는 이러한 지위를 박탈당할 수 있는 위험을 초래할 수 있다.

3.4 재단과 기업 간의 구조적 관계

이 강령은 합리적인 기업재단의 행동에 대한 규범적 기준을 제공할 뿐만 아니라, 재단과 기업 간의 주요 구조적 연계성을 조명한다. 다음으로는 기존 논의와 같이 재단의 핵심 조직 구조와 재단이 수행할 수 있는 다양한 역할을 바탕으로 양자 간 관계에서 나타나는 주요 주제에 대해 논의한다. 재단과 기업의 독립성 또는 통합 수준은 다음 변수에 의해 결정된다.

3.4.1 이사회

재단과 기업 간의 가장 강력한 구조적 연결 고리는 이사회를 통해 확립된다 (Westhues & Einwiller, 2006). 이사회는 재단의 최종 의사 결정 기관(Bethmann *et al.*, 2014)으로, 재단의 활동을 감독하고 전략을 승인하며, 재단이 취한 조치에 대해 법적 책임을 진다.

기업재단에서는 이사회가 기업 구성원으로 있는 경우가 매우 흔하고, 기업과 전혀 관계없이 외부 인사들로만 이사회를 구성하는 경우는 극히 드물다(ACF, 2016). 대부분 기업의 최고경영자(CEO)가 재단 이사회의 의장을 겸임한다 (Marquis & Lee, 2013). 경우에 따라, 신탁 이사회의 이사가 이 역할을 맡기도 한다. 이는 사실상 기업이 재단을 실질적으로 지배하고 있음을 의미한다. 기업 임직원이 재단 이사회의 일원으로 참여하면 이해 상충과 충성심의 균형 문제가 발생할 수 있다(CC, 2010). 이에 따라 각국의 지배구조 강령, 지침은 재단 이사회 구성원이 항상 재단의 목적과 이익을 최우선으로 고려하여 책임을 다해야 한다고 강조하며, 기업재단은 기업의 평판에 부정적인 영향을 미치지 않도록 논란이 될 수 있는 주제에 관여하지 않도록 주의해야 한다는 점도 권고된다.

이 강령은 재단 이사회의 독립성과 역량을 강화하기 위해 외부 전문가를 이사회에 초대하거나 외부 단체가 이사회 구성원을 임명할 수 있도록 권고한다. 재단의 활동 분야에 대한 전문 지식을 갖춘 인력이 존재할 경우, 이는 재단의 대외적 평판을 강화하고, 보다 정교한 임팩트 전략을 수립할 수 있는 잠재력을 높이는 데 기여할 수 있다(Anheier & Leat, 2006). 그러나 기업재단은 기업 이사들의 전략적 지식을 적극 활용할 수 있다. 일반적으로 이사회 구성원 선정은 재단의 사명을 효과적으로 지원할 수 있는 능력을 기준으로 이루어져야 하며, 재단이 외부 이사를 선발할 수 있다면 재단의 독립성이 높다고 평가할 수 있다(Sprecher *et al.*, 2015).

3.4.2 직원

재단 직원에 대해서도 마찬가지로, 재단 활동 분야에 대한 전문 지식은 매우 중요하다(Brest & Harvey, 2008). 직원이 기업의 급여를 받지 않고, 재단에 의해 선발되어 재단을 위해 일하며, 보고 체계가 재단 내에 있을 때 재단의 독립성은 강화된다. 종종 기업재단은 재단 프로그램 실행을 위해 기업 직원을 자원봉사로 참여시키기도 한다(Haski-Leventhal *et al.*, 2017). 그러나 대부분의 경우 재단 직원은 기업 직원에 비해 상대적으로 수가 적다. 재단은 직원들이 해당 분야의 전문가이고, 비영리 및 재단 경영에 대한 지식이 풍부할 때 가장 효율적으로 활동할 수 있다. 또한 재단이 자체적으로 직원을 채용할 수 있다면 더 높은 독립성을 확보할 수 있다. 이 강령은 기업가 정신을 바탕으로 재단을 이끌어갈 수 있는 강력한 리더십을 가진 CEO가 이 직책을 맡는 것이 중요하다고 주장한다. CEO는 기업 내 누구에게도 보고하지 않고 오직 재단 이사회에만 보고해야 한다고 강조한다(BDS, 2010). 재단이 직원을 자유롭게 선택할 수 있을 때 사회적 영향력을 극대화할 잠재력이 커진다.

3.4.3 운영

재단의 운영과 핵심 사업 영역 간의 연계는 중요한 논의 주제 중 하나이다. 전략적 기업사회공헌을 지지하는 사람들은 재단의 운영과 기업의 핵심 사업 목적 간의 긴밀한 연계를 주장하지만, 강령 및 기업 윤리를 강조하는 전문가들은 이 부분에 대해 보다 신중한 입장을 제시한다(CC, 2010; Morvaridi, 2012). 재단은 공익을 위한 자선 목적만을 추구해야 하기 때문에, 핵심 사업과의 지나치게 긴밀한 관계는 재단이 사업 목적에 지나치게 종속될 위험을 내포한다. 또한 재단이 자선 목적에 집중하기보다 기업의 목표를 지원하는 것으로 대중들이 인식하면, 재단과 기업 모두 평판 위험에 직면할 수 있다(Westhues & Einwiller, 2006; CC, 2010; ACF, 2016). 재단의 정관이 너무 협소하게 작성되면 재단이 수행할 수 있는 활동 영역이 제한되고, 유연한 대응이 어려워진다. 재단의 활동 선정은 사회적 필요에 대한 평가와 재단이 보유한 자원 대비 가장 큰 영향을 미칠 수 있는 영역에 대한 분석을 바탕으로 이루어지는 것이 바람직하다(Ćwik-Obrębowska *et al.*, 2015; Sprecher *et al.*, 2015). 재단의 운영이 기업의 사업 영역과 중복될수록, 재단의 독립성은 감소한다. 경우에 따라 CSR 부서와 기업재단 사이에 강한 유대 관계가 있을 수 있으며, 이는 생산적인 시너지 효과를 낳을 수 있다. 그러나 기업재단은 CSR 부서의 확장된 조직이 아닌 독립적인 정체성을 유지해야 한다(ACF, 2016). 심지어 영국 자선위원회는 기업재단이 기업의 사회적 책임 정책에 참여하지 말 것을 요구하기도 한다(CC, 2010).

3.4.4 자금 조달

일반적으로 재단의 유일한 수입은 모기업과 자회사의 기부를(또는 지원을) 통해 나온다. 자체적인 기부금이나 기금을 통해 간접비와 프로그램 비용을 충당할 수 있는 기업재단은 극히 드물다(Petrovits, 2006).[2] 은행의 일부 재단은 고객을 위한 자선 서비스 제공자로 설립되며, 이 경우 은행이 간접비를 부담하고 프로그램 자금은 은행 고객으로부터 조달한다. 그러나 이 책에서는 이렇게 특별한 경우는 다루지 않는다. 일반적으로 자금 지원을 제공하는 기업은 재단이 목표를 달성할 수 있도록 충분한 재원을 제공할 책임이 있다(Ćwik-Obrębowska *et al.*, 2015). 자금 조달 방식은 고정된 연간 예산에서부터 회사의 성과에 연동되어 세전 이익의 일정 비율을 배분하는 변동 예산까지 다양하다. 일부 국가에서는 재단이 설립 회사의 주식을 보유하는 것이 금지되며, 자금 지원 계약 기간도 1년 단위 단기 계약부터 장기 계약까지 차이가 있다. 기업은 자금을 통제 수단으로 활용할 수 있으며, 일반적인 운영비 지원 대신 특정 프로젝트 자금만 배정할 수 있다. 재단 경영자는 장기적이고 무조건적인 자금 지원을 확보하여 안정적인 계획 수립을 선호할 가능성이 높다.

3.4.5 현물 기부

기업은 재정적 지원 외에도 법무, IT, 인사 등의 현물 서비스를 재단에 제공할 수 있다(Saiia *et al.*, 2003). 이러한 서비스는 시장에서 구매할 경우 매우 높은 비용이 들 수 있다. 그러나 재단이 기업의 자발적인 서비스 제공에 전적으로 의존하고, 계약을 자체적으로 관리할 수 있을 만큼의 충분한 예산을 자체적으로 배정하지 못한다면, 재단이 독립적으로 공급자를 선택할 때보다 기업에 대한 의존도가 더 높아질 것이다(BDS, 2010).

3.4.6 가시성

기업의 관점에서 볼 때, 대중에게 재단의 인지도가 높아지면 기업 이미지에

2 일부 은행 재단은 고객을 위한 사회공헌 서비스 제공 기관으로 설립되며, 이러한 경우에는 운영비는 은행이 부담하고, 사업비는 고객의 기부금으로 충당된다. 본문에서는 이러한 특수한 사례는 다루지 않는다.

긍정적인 파급 효과를 가져와 기업 평판에 긍정적인 영향을 미칠 수 있다(Westhues & Einwiller, 2006). 종종 로고와 대외적인 이미지가(또는 외형이) 기업의 디자인과 유사한 점이 있다. 그러나 이 지배구조 강령은 대중이 기업과 기업재단을 명확하게 구분할 수 있어야 함을 요구한다(BDS, 2010; ACF, 2016). 완전한 독립성을 유지하는 것은 자체적인 로고를 갖는 것을 의미하며, 높은 의존성은 로고와 디자인에서 최소한의 차이만 허용된다. 또한, 재단의 웹페이지나 발행물, 인쇄물 등 기타 재단의 커뮤니케이션 수단에서 재단과 기업을 구분할 수 있도록 해야 한다. 재단이 자체 연례 보고서를 발행하는지 아니면 기업 보고서 내 하위 항목에 포함되어 설명되는지 여부 또한 의존성을 가늠하는 지표가 된다. 또한, 재단이 자체 별도의 물리적 공간을 보유하고 있는지, 아니면 기업 내 사무실이나 홍보(PR) 부서에 위치하는지도 중요한 구분 기준이다. 대체로 기업재단은 기업 시설 내에 위치하는 경우가 많다(Rey-García *et al.*, 2012).

3.5 반복적인 연구 접근 방식

위에서 살펴본 바와 같이, 기업과 기업재단 간의 관계는 다양한 형태를 취할 수 있다. 이 관계를 결정하는 주요 변수는 <표 1>에 요약되어 있다. 기업은 재단에 대한 긴밀한 통제를 추구하는 경향이 있는 반면, 재단은 높은 수준의 독립성을 확보하고자 한다.

그러나 이러한 긴장 관계가 실제로 현장에서는 어떻게 나타나는지는 여전히 명확하지 않다. 앞서 언급한 가정들은 기업 사회공헌, 재단, 지배구조 관련 문헌과 소수의 기업재단 관련 실증 연구들에 기반하고 있다. 그러나 기존의 실증 연구들 중 어느 것도 재단의 독립성 문제를 명시적으로 다루지 않았으며, 기업재단의 시각에서 접근한 연구도 없다. 문헌은 대부분 기업의 관점, 즉 재단이 기업에 얼마나 유용한가에 편향되어 있다.

재단과 재단 설립 모기업의 구조적 관계에 대한 연구가 부족하다. 재단은 기업의 자원을 활용할 수 있지만, 반대로 평판 제고를 위한 도구로 활용될 수도 있다. 이사회의 통제, 단기적인 자금 지원 계약, CSR 부서의 강한 영향력 등으로 나타나는 높은 수준의 의존관계는 재단이 자율적으로 운영할 수 있는 여지를 거의 갖지 못하게 되어, 민주사회에서 가장 자유로운 제도 중 하나로 간주되는 재단 제도 본래의 장점이 제대로 발휘되지 못할 수 있다. 시민사회적 관점에서는 재단의 경영진이 높은 독립성을 추구해야 본래의 사명에 집중할 수 있다고 보지만, 반면 시장 기반 관점에서는 기업 이사회가 재단 활동을 기업의 전략과 일치시키려는 시도가 합리적일 수 있다. 이때 재단의 사명도 중요하지만, 이는 프로그램이 기업에 실질적인 이익을 가져다줄 때에만 의미를 갖는다. 강력한 통제 구조는 기업 이사가 재단의 이사회를 구성하거나 통제하고, 결과적으로 재단의 상임이사가 기업 이사회에 직접 보고하도록 하는 구조를 형성할 수 있다. 또한, 엄격한 자금 지원 계약은 재단이 기업의 이익에 부합하는 방식으로 운영하기 위한 수단이 될 수 있다. 그러나 이러한 관계가 실제 현장에서 어떻게 작용하는지에 대한 연구는 아직 부족하다. 특히, 기업재단에 대한 실증적 연구는 거의 이루어지지 않았으며, 기업재단과 기업 간의 지배구조 관계에 대한 연구도 마찬가지로 부족하다. 2장 Renz & Roza의 논의에서 확인할 수 있듯이 이론적 관점 또한 이에 대한 논의가 거의 없다.

표 1 기업재단과 기업 간의 구조적 관계의 결정 요인

이사회	구성, 선발, 전문성
직원	급여, 보고 라인, 채용
운영	핵심 사업과의 연관성, 프로젝트 선정, CSR과의 연계성
자금조달	주요 수입원, 기업 이익에 기반한 자금 지원, 약정 기간
커뮤니케이션/가시성	브랜드 유사성, 자체 웹페이지, 사무실 위치
현물	서비스 제공

이론적 근거와 경험적 연구가 부족한 분야에서는 탐색적 연구 접근 방식이 가장 적합하다(Gerring, 2009). 새로운 지식을 창출하기 위한 대표적인 방법 중 하나는 사례 연구이다(Eisenhardt & Graebner, 2007). 사례 연구는 다양한 방법과 데이터 출처를 결합하여 조직 간의 관계를 심층적으로 이해할 수 있게 해준다. 여러 데이터 수집 방법을 삼각 측량함으로써 더 강력한 개념 틀 구성과 가설을 도출할 수 있다(Eisenhardt, 1989). 이를 바탕으로 본 연구에서는 탐색적인 연구 방식을 통해 재단과 기업 간의 복잡한 관계를 조명하고자 했다.

첫 번째 단계로 8개의 심층 사례 연구를 진행했다. 그 결과를 바탕으로 35개 기업재단을 대상으로 설문조사, 인터뷰, 유럽 내 기업재단 간의 공식 및 비공식적인 지식 교류에 대한 토론을 통해 2차 데이터를 수집하고, 이를 통해 도출된 가정을 추가 검증하였고, 보완하였다. 본 연구에서는 식별된 변수의 다양성을 확보하기 위해 순차적인 사례 선정 기법을 따랐다. 또한 데이터 접근성과 사례 비교 가능성을 고려하여 스위스와 독일의 재단을 중심으로 조사했다. 두 국가는 기업재단이 비교적 유사한 법적 배경 하에서 운영되고 있다. 더 나아가, 엄격한 규제가 기업재단 활동에 미치는 영향을 더 깊이 이해하기 위해 영국의 재단 한 곳을 추가로 포함시켰다. 예산 기준으로는 연간 100만 달러 이상의 예산을 지출하는 재단만을 대상으로 조사했다. <표 2>는 재단의 핵심 프로그램 영역, 연간 예산, 그리고 기업의 핵심 사업 분야를 나타낸다.

표 2 표본 설명

재단	재단 프로그램 영역	연간 예산(USD)	사업 영역
A	교육(청소년, 문화)	3.5백만	은행
B	재난 위험 감소; 대비, 예방 및 예측	1.6백만	담배
C	직업 훈련(회사 내)	1.4백만	자동차
D	도움이 필요한 사람들을 위한 양질의 저렴한 주택 공급	2.7백만	모기지 은행
E	영양 연구	~2백만	식품
F	소규모 농업, 생산성 향상 및 시장 개발	14.3백만	종자/농업
G	지속 가능한 개발, 교육 및 통합, 보건 재난 후 구호	6.9백만	상품
H	교육, 통합 및 사회 이동성	5.7백만	통신 기술

먼저 공개적으로 이용 가능한 모든 정보(웹사이트, 연례 보고서, 프로그램 설명, 언론 보도 자료 등)를 수집했다. 이후 각 재단에 정관 및 내부 정책 등 연구에 필요한 문서를 요청했다. 마지막 단계로, 각 재단의 실무 책임자와의 인터뷰 일정을 조율하였다. 위에서 파악한 구조적 변수에 기반한 45개의 질문을 바탕으로 반구조화 인터뷰로 진행되었다.

예비조사 결과, 핵심 사업과 더 밀접하게 연계된 재단은 기업과 더 공식적이고 체계적이며 의존적인 관계를 맺고 있는 것으로 나타났다. 그러나 계약 조건은 각 변수에 따라 다르게 나타났다. 따라서 각 변수를 의존성 정도에 따라 구분하기 위해 다음 4가지 범주의 척도를 사용했다.

- 매우 의존적(기업이 모든 통제권과 의사결정권을 가짐) (D2, very dependent)
- 비교적 의존적(기업이 높은 영향력을 가짐) (D1, relatively dependent)
- 비교적 독립적(기업이 어느 정도 영향력을 가졌지만 재단이 강력한 위치에 있음) (I1, relatively independent)
- 매우 독립적(재단이 대부분의 의사결정권을 가짐, 독립적으로 행동할 수 있음) (I2, very independent)

[그림 2]는 사례 간 비교를 위해 이를 시각화한 도표이다.

시각적 표현과 정성적 데이터는 사례 간 비교의 기초가 된다. 그 결과, 본 연구는 재단의 상대적 독립성 정도(높음/낮음)와 재단의 활동과 기업의 핵심 사업 간의 연계성(높음/낮음)에 따라 4개의 유사한 클러스터를 식별할 수 있었다. 각 클러스터에 대한 초기 설명과 명칭을 도출한 후, 그 결과 8개의 강력한 사례들을 바탕으로 탐색적 연구의 타당성을 강화할 수 있는 방법을 모색했다. 본 연구진 중 한 명이 동료의 초대를 받아 유럽 최초의 기업재단 지식 교류 워크숍을 공동 진행하

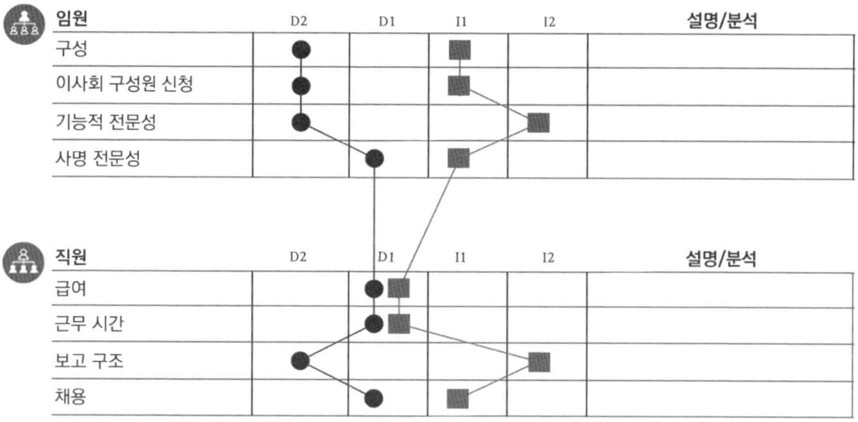

그림 2 서로 다른 두 재단의 독립성 등급

게 되면서 이러한 기회가 생겼다.[3] 유럽 내 기업재단의 지식 교류 회의는 유럽 내 기부자 및 재단 네트워크(DAFNE)와 프랑스 재단 센터(CFF)가 주최했으며, 2016년 12월, 프랑스 퐁텐블로(Fountainbleau)의 INSEAD 경영대학원에서 개최되었다. 이 회의는 추가적인 데이터 수집을 위한 최적의 기회를 제공했다. 지식 교류 기간 동안 기업재단의 지배구조, 사명 연계, 전략을 주제로 한 단일 세션이 구성되었다. 연구문제와 지식 교류의 내용이 겹치는 부분이 많았기에, 본 연구자는 참가자들의 관찰, 공식 및 비공식 토론, 그리고 사적인 대화를 통해 추가 데이터를 수집할 수 있었다.

워크숍에서는 위의 꺾은선형 차트와 유사한 템플릿을 사용하여 참가자들에게 각 차원을 평가하는 방법을 설명하고, 각 변수에 대한 자신의 상황을 평가하도록 요청했다. 그 결과 35개의 유효한 데이터 세트를 수집할 수 있었다. 응답자 중 31명은 재단의 이사직을 맡고 있었고, 4명은 프로젝트 관리자라고 응답했다. 표본의 출신 국가는 다양했다(프랑스 7명, 독일 1명, 헝가리 1명, 이탈리아 1명, 북아일랜드 1명, 폴란드 7명, 포르투갈 4명, 스페인 3명, 스위스 5명, 영국 4명, 무응답 1명).

3 워크숍은 슈테펜 베트만(Steffen Bethmann)과 로네케 로자(Lonneke Roza)가 공동으로 진행했다.

마지막 과제로 응답자들에게 첫 번째 연구에서 개발한 그리드에 재단을 배치해 달라고 요청했다. 또한 첫 번째 연구에서 발견한 5개의 사례를 추가하였다(이 중 3개 재단 또한 이번 지식 교류 행사 참여자들이었다). 이 설문조사의 결과는 [그림 3]으로 제시하였다.

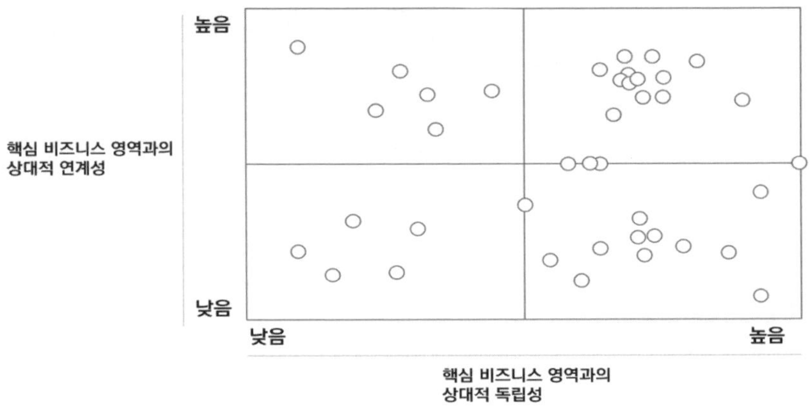

그림 3 재단의 클러스터(군집체)

데이터를 사후에 평가한 결과, 오른쪽 두 사분면에 작고 미미한 편향이 있는 것으로 나타났다. 일부 재단은 설문조사에서 응답한 것처럼 스스로를 더 독립적이라고 평가했다. 본 연구에서는 명백한 불일치가 발견되는 사례를 조정했다. 절반에 조금 못 미치는 재단이 기업의 핵심 사업 영역과 아무런 관계가 없었고, 일부는 재단의 자금 지원 영역 중 한 영역과 기업의 핵심 사업 영역이 일치하지만 다른 프로그램 영역이 일치하지 않아 중간에 위치하기로 결정했다.

차트에서 볼 수 있듯이 각 클러스터 내에는 뚜렷한 차이가 존재한다. 이는 기업재단의 이질성에서 비롯된 결과다. 대부분의 경우 기업재단과 기업 간의 관계는 모범 지배구조 관행에 대한 심도 있는 논의 없이 수년에 걸쳐 자연스럽게 형성되었다. 오랜 시간에 걸쳐 덧붙여지고 짜여진 헝겊 깔개(rag rug)처럼 복잡하고 불규칙한 양상을 보인다. 그럼에도 불구하고 두 클러스터는 초기 모델 설명을 보완할 수 있을 만큼 충분한 공통점을 공유한다. 클러스터를 본격적으로 소개하기 전에 지식 교류 과정에서 드러난 복잡한 관계에 대한 몇 가지 주요 관찰 결과를 제시한다.

3.6 결과

일반적으로 기업에 대한 의존 수준은 재단 경영자에게 있어 핵심적인 관심사 중 하나이다. 이는 데이터 수집과 재단 CEO와의 논의 과정에서 매우 분명해졌다. 기업재단은 기업 자원에 대한 의존도가 높기 때문에(2년치 운영비를 초과하는 기부금을 보유한 재단은 없었음.), 기업과의 관계가 재단의 활동 역량을 결정한다. 또한 재단이 기업의 핵심 사업과 더욱 밀접하게 연계되는 방향으로 변화하고 있다는 뚜렷한 경향도 관찰할 수 있었다. 이러한 발전에는 여러 가지 견인 요인(pull factors)과 압박 요인(push factors)이 있었다.

3.6.1 견인과 압박 요인

기업이 재단에 대한 통제력을 강화하기 위해 적극적으로 노력하는 경우를 본 연구에서는 견인 요인(pull factors)이라고 정의한다. 응답자 그룹 내에서 견인 요인의 주요 원인은 기업의 경제적 스트레스, 기업 CEO의 교체, 제도적 압력, 재단의 성공 등이었다.

첫 번째 이유가 가장 명확해 보인다. 기업의 경영 실적이 예상보다 순조롭게 진행되지 않을 때마다 재단 CEO는 재단의 존재 이유와 가치를 입증할 수 있는 사업 논리를 제시해야 한다는 압박감을 느꼈다. 그들은 재단이 기업에 가치를 더한다는 것을 적극적으로 입증해야 했다. 재단 이사회 내 기업 대표들은 자금 지원 결정을 사업적 관점에서 평가하였다. 그러나 두 명의 재단 이사는 기업이 직원을 해고해야 하는 상황에서도 재단에 대한 자금 삭감이 이루어지지 않은 상황을 보고했다. 이들은 이를 재단의 활동이 기업의 사업 목표와 일치하지 않더라도 재단의 프로그램을 진정으로 믿었던 CEO의 이타적인 가치관과 연관지었다.

두 번째 견인 요인은 새로운 기업 CEO가 기업 최고 경영자 자리에 오를 때의 적극성과 관련이 있다. 20년 이상 직책을 유지한 한 재단 이사는 회사의 최고 경영진이 다섯 번 바뀌는 경험을 했다. 그때마다 재단은 기업에 더욱 강력하게 통합되었다. 그 반대로, 통합 정도가 줄어든 사례는 보고되지 않았다. 통합 수준이 높아진 재단이 더 많은 독립성을 갖게 될 가능성은 낮다.

셋째, 재단 관리자들은 기업재단과 기업 간의 더 강력한 통합에 대한 제도적 압력이 크다는 데 동의했다. 이는 기업 경영진들이 인식하는 기업의 사회공헌에 대한 지배적인 접근 방식과 관련이 있으며, 즉 합리적인 행동이 규범적 동형화(normative isomorphism)로 이어진다는 이론과 맞닿아 있다(DiMaggio & Powell, 1983). 재단 경영자들은 위에서 설명한 바와 같이 기업의 사회공헌은 전략적이어야 하며, 기업 커뮤니티 내부에서 그러한 모델을 따르도록 하는 압력이 존재한다고 느꼈다.

마지막 요인은 가장 놀라운 요소일 수 있다. 두 사례에서 재단은 대중적으로 인정받는 매우 성공적인 프로그램을 운영했다. 이 재단들은 원래 기업의 전략적 목표 없이 무관하게 설립되었지만, 한 재단 경영자의 표현에 따르면 "상장한 거의 모든 기업이 하고 있는 일"에 불과할 정도로 여겨졌던 것이다. 그러나 성공 사례가 늘어나면서 기업의 관심도 높아졌고, 그 결과 기업은 재단 CEO에게 사업 목표에 부합하는 강력한 프로그램을 개발해 달라고 요청했다. 재단은 자체적인 성공에 발목이 잡히게 되어, 이전의 자율성과 유연성을 일부 잃게 되어 독립성이 제한되었다.

이 네 가지 견인 요인 외에도 재단 경영자들이 재단의 기업과의 긴밀한 통합을 추구하는 압박 요인(push factors)도 발견되었다. 여기에는 직원 급여, 기업 자원에 대한 접근성, 조직에 대한 인정 욕구 등이 포함된다.

첫 번째 요인은 재단 직원의 급여 체계에 대한 비공식적인 논의에서 비롯되었다. 강령에서는 기업 직원과 재단 직원 간의 명확한 분리를 주장하고 있지만, 재단 CEO들은 이에 대해 동일한 인식을 갖지 않는 경우가 많았다. 일반적으로 기업이 임원급 직원에게 제공하는 급여와 사회적 혜택은 비영리 부문보다 훨씬 높기 때문이다. 한 CEO는 "보람 있는 일(chocolate job)을 하면서도 기업 관리자처럼 급여를 받는다."고 말했다. 따라서 일부 재단 관리자들에게는 기업과의 관계를 복잡하게 만드는 것은 우선순위가 아니었다.

두 번째 요인은 프로그램 품질을 향상시키기 위해 기업 자원에 더 잘 접근하려는 노력과 관련이 있다. 구체적인 사례로, 한 은행이 설립한 재단은 의도적으로 기업과의 시너지를 창출하려고 했다. 은행은 거의 모든 번화가에 지점을 두고 있었지만, 재단은 사회에서 가장 취약한 계층에 집중하여 뒷골목의 사람들을 지원했다. 재단은 이 두 가지 사명이 상호작용할 수 있는 방법을 찾고 있었다. 따라서 재단 관리자들은 은행 직원들과 함께 금융 이해력을 높일 수 있는 프로그램을 만들려고 노력했다. 이러한 노력은 재단 활동에 대한 더 많은 인정을 받고자 하는 열망에서 비롯된 것이기도 했다. 어떤 의미에서 일부 재단의 CEO는 기업으로부터 더 강한 가치를 인정받고 싶어 했다.

이러한 견인 요인과 압박 요인 외에도 몇 가지 일반적인 관찰 결과가 도출되었다. 일부 재단의 이사들은 커리어에 대한 야망이 강한 중간 관리자와 함께 일하는 것이 가장 어려운 일이라고 설명했다. 이런 경우, 기업 관리자들은 재단과 기업 간의 더 강력한 연대를 요구할 것이다. 반면, 기업 고위급 CEO나 이사들은 더 지지적인 태도를 취하며, 연대를 지지하는 젊은 직원들에게 "인생의 모든 것에 사업적 관점을 두지 말고 긴장을 풀라."고 요청하기도 했다. 어떤 경우에 재단 이사회의 한 기업 대표는 "재단에 오면 양복을 벗고 각박한 기업 생활에서 벗어나 휴식을 취하곤 했다."고 말했다. 그들은 숫자보다는 재단이 어떤 좋은 일을 했는지에 대한 보고를 더 좋아했으며, 그중 가장 좋았던 점은 재단이 재난 구호 프로그램을 통해 자금을 지원하고 있는 비영리 단체의 세인트 버나드(구조견)를 회의에 데려온 것이었다.

기업이 자체 CSR 부서를 운영하면서 발생한 두 가지 주요한 긴장도 있었다. 첫째, CSR이 기업 내에 더 밀접하게 통합되면서 공동 활동을 계획할 때마다 CSR 부서가 높은 홍보 효과와 관련된 프로젝트를 선택했다. 둘째, 프로젝트에 대한 소유권 충돌이 발생했다. 어떤 경우에는 재단과 CSR 부서가 프로젝트의 소유권을 놓고 충돌하기도 했다.

3.6.2 네 가지 모델

이러한 관찰과 데이터에 대한 심층 분석을 바탕으로, [그림 3]과 같이 네 개의 클러스터에 대한 초기 설명을 의미 있게 발전시킬 수 있었다. 다음에서는 개념적 명확성을 높이기 위해 특정 특성을 과장하여 이상적 전형(ideal-typical) 방식으로 각 유형을 설명한다(Weber, 2002). 이상적 유형은 종종 순수한 형태로 존재하지 않는 경우가 많으며, 시각적 차트에서 사분면 사이의 경계가 명확하지 않음을 알 수 있다. 그럼에도 불구하고 이러한 유형을 제공함으로써 [그림 4]에서 보이는 것처럼, 기업재단의 독립성과 핵심 비즈니스와의 연계성으로 기업재단의 네 가지 일반적인 자선 모델을 설명할 수 있다.

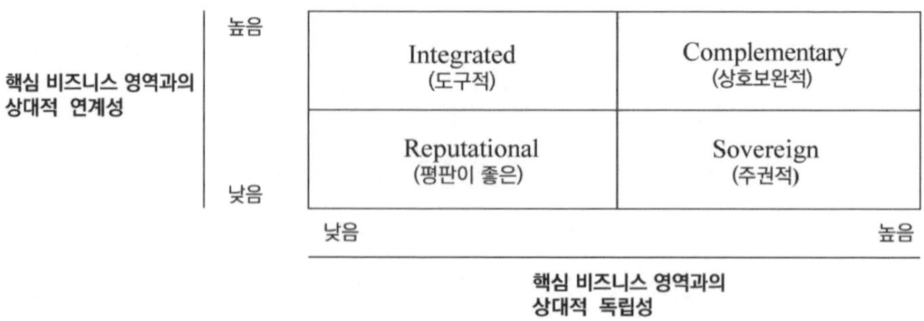

그림 4 핵심 비즈니스 영역의 상대적 연계성·독립성에 따른 기업재단의 유형

도구적 사회공헌

기업의 핵심 사업과의 연관성이 높고 기업재단의 독립성이 낮을 때, 이를 도구적 사회공헌이라고 한다. 이 모델은 Porter & Kramer(2002)와 Saiia 등(2003)이 제시한 공유가치 창출(Creating Shared Value) 모델과 유사하다. 기업재단의 활동은 기업의 핵심 사업과 밀접하게 연계되어 있으며, 전략적으로는 기업의 목표 달성을 직접 지원하는 방향으로 설계된다.

사회공헌 프로그램은 새로운 시장을 준비하거나 개발하는 데 사용될 수 있으며, 재단은 기업과 많은 구조적 연계를 공유한다. 외부 전문가가 이사회에 참여하는 경우도 있으나, 전략적 방향 설정은 대개 기업 CEO가 재단의 목표를 설정하고, 이사회는 법인에서 전략적으로 선출된 이사들로 구성된다. 이들의 임무는 기업 활동과 재단 프로그램 간의 시너지를 찾고, 재단의 정당성을 대외적으로 부각시키는 것이다. 기업재단은 독립된 법인임에도 불구하고 기업과 밀접하게 연결되어 있으며, 종종 기업재단과 기업 간에 직원 교류가 흔히 이루어진다. 재단은 기업 본사 내에서 위치하여 운영되며, 두 기관 간의 지식 교류가 활발하게 이루어진다. 재단의 재정은 기업이 재단으로부터 얻는 기대 가치에 따라 결정된다. 대표적인 사례로는 주택금융 기업재단을 들 수 있다. 이 재단은 저소득층을 위한 주택 대출과 금융 교양 프로그램을 운영한다. 또 다른 예로 농약 및 유전자 종자 생산 기업재단은 개발도상국의 소규모 상업 농가를 지원하며 토지 생산성을 높이도록 돕는 두 재단 모두 사회적 약자에게 실질적인 도움을 제공하는 활동을 함과 동시에, 기업에는 새로운 잠재 시장을 개발하는 데 기여하고 있다.

상호 보완적인 사회공헌

핵심 사업과의 연계성이 높고 기업으로부터의 독립성이 높은 경우, 이를 상호 보완적인 사회공헌이라고 한다. 이 모델은 재단이 기업의 잠재적 이익을 추구하지 않고도, 기업이 활동하는 영역에서 자체 프로그램을 개발할 수 있다. 긍정적인 파급 효과는 여전히 발생할 수 있지만 주로 사회 공헌 활동의 부수적인 결과로 간주된다. 이 모델의 재단은 사회적 영향력 극대화에 집중한다. 전략 수립은 재단 내부의 임원진에 의해 주도되며, 기업의 자원을 어떻게 활용해 공익(public good)을 증진시킬 수 있을지를 중심으로 고민한다. 자금 지원은 단기적인 사업성과보다는 프로그램에 대한 신뢰와 재단의 사회적 사명에 대한 장기적 파트너십 형태로 이루어지는 경우가 많다.

이사회에는 외부 전문가들이 참여할 수 있으며, 공익을 위해 기업의 자원봉사 프로그램을 활용하는 사례가 자주 나타난다. 대표적인 사례로는 사회적 기업가에게 지원금을 지급하거나 소규모 비영리 단체에 전략적 컨설팅을 제공하는 회사가 이러한 모델을 따를 수 있다. 한 예로 공익 차원에서(pro bono)[3] 컨설팅 기업의 재단은 사회적 기업가에게 지원금을 지원하고, 소규모 비영리 단체에 대해 프로 보노 방식의 전략 컨설팅을 제공하고 있다. 또 다른 사례로는 유럽의 한 식수 공급 기업의 재단이 세계의 외딴 저개발 지역에 안전하고 깨끗한 물을 위한 프로그램을 지원하는 것이다.

평판을 위한 사회공헌

기업의 주요 사업 활동과의 연계성이 낮거나 전혀 없고, 재단의 독립성이 낮을 때, 이를 평판을 위한 사회공헌이라고 부른다. 모기업의 주요 관심사는 재단의 활동을 통해 창출되는 커뮤니케이션 및 홍보 기회에 있다. 이를 통해 기업은 특정 사회적 가치나 대의에 대한 헌신과 지원을 명확히 보여주려 한다. 일반적으로 이러한 사회공헌에서는 논란의 여지가 없이 대중 친화적인 주제를 중심으로 운영되며, 홍보에 적합한 프로그램이 주로 후원된다. 재단의 이사회는 기업 경영자로 구성되며, 재정은 주로 기업의 경영 성과와 연계된다. 재단은 회사 사옥 내에 위치하며, 기업의 홍보 부서와 밀접한 관계를 유지한다. 이 모델에서는

[3] 번역자 주: pro bono란 '공익을 위하여(pro bono publico)'의 약자로 본래는 변호사를 선임할 여유가 없는 개인 혹은 단체에 대해 보수를 받지 않고 법률서비스를 제공하는 것을 뜻했으나, 최근에는 각 분야의 전문가가 공익을 위하여 자신의 전문적 지식, 기술, 경험 등을 기부하는 활동 등으로 의미가 확장되었다.(위키백과)

재단과 기업은 외형적 이미지와 커뮤니케이션 방식이 매우 유사하며, 예술 · 체육 · 학계 · 정치 등 다양한 분야의 유명 인사들이 재단의 자문위원이나 홍보대사로 활동하는 경우가 많다. 대표적인 사례로는 은행이나 보험사가 예술 후원을 목적으로 설립한 재단이 이에 해당한다. 이 모델은 재단을 통해 자신의 사회공헌을 펼치는 강한 영향력을 가진 CEO가 있는 기업에서도 찾아볼 수 있다.

목적 중심의 사회공헌

네 번째 모델은 설립 기업으로부터의 독립성이 높고 기업의 핵심 사업과의 연관성이 낮거나 전혀 없는 경우에 해당한다. 이 모델은 재단의 정관에 명시된 설립 목적을 달성하는 데 전적으로 집중하기 때문에 목적 중심의 사회공헌이라고 불린다. 이 모델의 재단은 주로 전문가들로 구성된 이사회를 두며, 이사회의 기업 구성원은 재단 전략을 지지하고 필요한 자원을 충분히 확보하고 있다. 대중은 재단과 기업의 관계를 알고 있지만, 재단을 독립된 기관으로 인식한다. 재단의 직원은 외부에서 채용하며, 이들은 재단의 급여를 받으며 기업 내 어느 누구에게도 보고하지 않는다. 재정 지원은 장기 계약에 따라 이루어지며, 기업의 수익과는 무관하다. 대표적인 사례로는 성 평등과 아동 권리 관련 프로젝트를 지원하는 통신 회사의 재단이 있다. 이 재단은 정치인들이 참여하는 상징적인 장소에서 회의를 개최하며, 사회 내 격차 해소를 위한 중요한 싱크탱크(think tank)로 인식되고 있다.

3.7 논의

앞서 살펴본 네 가지 유형은 재단 프로그램의 영역과 기업의 핵심 사업 영역 간의 밀접성, 그리고 재단의 상대적 독립성 정도에 따라 기업재단의 다양한 사회공헌 모델을 제시한다. 이러한 모델은 기업의 다양한 경영 방식을 구조화하려는 시도에 추가된다(Bruch & Walter, 2005; Urriolagoitia & Vernis, 2012; Boesso *et al.*, 2015). 재단에 대한 연구는 이 모델들이 기업과 재단 간의 복잡한 관계에 대한 기존의 제한된 이해를 보완하는 데 기여한다. 이러한 모델들은 재단과 기업 간의 관계에서 재단의 고유한 특성과 역할에 초점을 맞추는 점에서 기존 접근방식과 차별성이 있다.

각 모델은 고유한 장점과 단점을 지니며, 어떤 모델이 다른 모델보다 반드시 우수하다고 볼 수 없다. 중요한 것은 각 모델은 적용되는 환경과 맥락에 따라 효과와 적용 수준이 달라진다는 것이다. 예를 들어, 어떤 경우에는 재단의 의존성이 기업의 강력한 지원으로 이어질 수 있지만, 다른 경우에는 기업의 제약으로 인해 재단이 더 효과적인 전략을 선택하는 데 제약이 될 수 있다. 또한, 모든 모델이 모든 기업재단에 적용될 수 있는 것은 아니다. 특정 기업의 업종이나 사회적 이미지에 따라, 적절한 사회공헌 방식이 달라질 수 있다. 예를 들어, 다국적 담배 공급업체가 설립하고 자금을 조달한 기업재단의 경우, 흡연율 증가와 같은 도구적 접근 방식이 대중의 비판을 받을 수 있다. 동시에, 해당 재단이 기업의 핵심 사업과 거리를 두더라도 여전히 어려움에 직면할 수 있다. 실제로 국제적십자사는 그 재단의 자금이 담배 판매로 조성된 것이라며 재난 구호 프로그램에 전념하고 있음에도 불구하고 해당 재단의 자금 지원을 거부한 사례도 있다.

경영학 문헌에서 지배적인 견해에 따르면, 도구적 모델은 기업 사회공헌의 표준으로 간주된다. 신중하게 실행된다면 사회적 가치와 경제적 가치를 동시에 창출할 수 있는 높은 잠재력을 지니고 있지만, 이 모델은 윤리적 의문을 제기할 수 있다. 사업 목적과 프로그램이 지나치게 일치하면 법적 문제로 이어질 수 있으며(Aakhus & Bzdak, 2012), 평판 손상과 면세 자격 상실 등의 위험도 존재한다. 반면, 평판을 위한 모델은 이러한 위험을 피할 수 있지만, 동일한 목적을 일반적인 기업 후원 프로그램을 통해 더 효율적으로 달성하려면 반드시 별도 기관을 설립할 필요는 없다. 이 모델에서는 이사회 의장의 호불호(또는 개인적 성향)에 의존하는 경향이 있기 때문에 자칫 자의적인 자선 행위가 발생할 위험도 있다. 대표적인 사례로는 "기내잡지 사회공헌(in-flight magazine philanthropy)" 으로, 한 재단의 이사회 의장을 겸한 기업 CEO가 장거리 출장 중 항공 잡지를 읽으면서 사회공헌 아이디어를 떠올린다고 우스갯소리를 한 적이 있다. 그 아이디어는 아마존 강의 돌고래 구호부터 취리히 박물관에 아프리카 미술품을 전시하는 것까지 다양했다.

재단의 관점에서 보면, 상호 보완적 모델과 목적 중심적인 모델이 가장 바람직한 것으로 보인다. 높은 수준의 독립성과 기업의 전문성 및 자원에 대한 접근성이 있는 구조는 재단의 강점을 강화하며, 이는 기업의 잠재적 힘을 더하는 중요한 역할을 할 수 있다. 따라서 본 연구에서는 기업 사회공헌이 기업의 목표와 밀접하게 연관되어 있을 때만 전략적이라는 입장에 반대한다(Porter & Kramer, 2002; Saiia *et al.*, 2003). 기업재단이 사명 완수에 전적으로 집중할 수 있는 능력과 권한을 가질 때 전략적으로 행동한다고 본다. 물론 기업은 본질적으로 이익을 고려해야 하지만, 사명 달성이 우선시 되어야 한다.

지금까지 제시된 모델을 통해 기업과 재단 간의 구조화할 수 있는 다양한 관계를 살펴보았다. 그러나 본 연구에서 다루지 않은 것은 이러한 결과를 조직이론과 연결하는 것이다. 2장에서 Renz & Roza의 제안에 따라 자원 의존이론, (신)제도 이론, 대리인 이론 등을 연계하는 것은 후속 연구에 의미있는 기여를 할 것이다. 연구 결과를 고려할 때, 특히 기업재단이 미래 자금을 확보하고 다른 기업 자원에 접근할 가능성이 가장 높다는 점에서 자원 기반 접근법의 잠재력을 발견할 수 있다. 또한, 본 연구에서 제시한 모델은 이러한 관점을 바탕으로 한 새로운 실증 연구의 잠재적 출발점이 될 수 있다. 후속 연구를 위한 흥미로운 연구문제는 다음과 같다. 목적 중심의 재단은 어떻게 강력한 견인 유인과 압박 유인에 저항할 수 있는가? 기업재단은 전략을 계획할 때 어떤 절차를 따르는가? 주요 영향 요인은 무엇인가? 특정 산업에서는 특정 모델이 다른 모델보다 더 적합하게 작동하는가? 도구적 재단이 다른 유형보다 사회적 영향력을 창출하는 데 더 효과적인가? 재단은 더 많은 기업 자원을 확보하면서 독립성을 유지하기 위해 어떤 전략을 세울 수 있는가?

3.8 결론

기업재단은 참으로 특이한 존재다. 기업재단은 그 본래의 특성상 다양한 논리에 영향을 받으며, 매우 혼합적인 성격을 띠기 때문이다. 한편으로는 사회공헌 사명을 효과적으로 수행하는 것이 재단의 의무이다. 다른 한편으로는 수익 창출에 집중하는 것이 '소유주'의 의무이기 때문에 시장의 압력도 받는다. 지금까지의 문헌은 사업에 좋은 것이 재단에도 가장 좋다는 암묵적인 관점이 지배적이었다. 그러나 본 연구에서 제시한 모델은 기업재단의 관점을 취하며 이러한 가정에 의문을 제기한다. 재단의 독립성을 약화시키고 기업에 더 강하게 통합시키는 강력한 견인 요인과 압박 요인이 존재하더라도, 기업재단은 궁극적으로 사회적 목적을 위해 설립되었다는 점이 간과되어서는 안 된다. 기업재단은 기업으로부터 실질적인 지원을 받으면서 사명을 수행할 때 최고의 성과를 낼 수 있다. 재단을 제한하는 것이 아니라, 재단의 역량을 강화하는 기업이야말로 사회공헌 측면에서 전략적으로 행동한다고 볼 수 있다.

참고문헌

Aakhus, M., & Bzdak, M. (2012). Revisiting the role of "shared value" in the business-society relationship. *Business & Professional Ethics Journal, 31*(2), 231-246.

ACF, Association of Charitable Foundations. (2016). *Good practice guide*. London: Association of Charitable Foundations.

Anheier, H. K., & Leat, D. (2006). *Creative philanthropy*. New York: Routledge.

BDS, Bundesverband Deutscher Stiftungen. (2010). *Grundsätze guter Stiftungspraxis*. Berlin: Bundesverband Deutscher Stiftungen.

Bethmann, S., von Schnurbein, G., & Studer, S. (2014). Governance systems of grant-making foundations. *Voluntary Sector Review, 5*(1), 75-95.

Billis, D. (Ed.). (2010). *Hybrid organizations and the third sector: Challenges for practice, theory, and policy*. New York: Palgrave Macmillan.

Bishop, M., & Green, M. (2008). *Philantrocapitalism. How the rich can save the world*. London: Bloomsbury Press.

Boesso, G., Cerbioni, F., Menini, A., & Parbonetti, A. (2015). Philanthropy by decree. *Nonprofit Management & Leadership, 25*(3), 197-213.

Brammer, S., & Millington, A. (2005). Corporate reputation and philanthropy: An empirical analysis. *Journal of Business Ethics, 61*(1), 29-44.

Brest, P., & Harvey, H. (2008). *Money well spent. A strategic plan for smart philanthropy*. New York: Bloomberg Press.

Bruch, H., & Walter, F. (2005). The keys to rethinking corporate philanthropy. *MIT Sloan Management Review, 47*(1), 49-55.

Campbell, D., & Slack, R. (2008). Corporate "philanthropy strategy" and "strategic philanthropy": Some insights from voluntary disclosures in annual reports. *Business & Society, 47*(2), 187-212.

Carroll, A. B. (1991). The pyramid of corporate social responsibility: Toward the moral management of organizational stakeholders. *Business Horizons, 34*(4), 39-48.

Carroll, A. B., & Shabana, K. M. (2010). The business case for corporate social responsibility: A review of concepts, research and practice. *International Journal of Management Reviews, 12*(1), 85-105.

CC, Charity Commission. (2010). *Guide for corporate foundations*. London: Charity Commission.

Ćwik-Obrębowska, N., Pękacka, M., & Tomaszewska, A. (2015). *Standards for corporate foundations*. Warsaw: Polish Donors Forum.

DiMaggio, P. J., & Powell, W. W. (1983). The Iron cage revisited: Institutional isomorphism and collective rationality in organizational fields. *American Sociological Review, 48*(2), 147-160.

Eckhardt, B., Jakob, D., & von Schnurbein, G. (2017). *Der Schweizer Stiftungsreport 2016*, CEPS Forschung und Praxis, Bd. 11,. Basel: CEPS.

Eisenhardt, K. M. (1989). Building theories from case study research. *The Academy of Management Review, 14*(4), 532-550.

Eisenhardt, K.M., Graebner, M.E. (2007): Theory Building From Cases: Opportunities and Challenges. In: *The Academy of Management Journal, 50*(1), S. 25-32.

Fama, E., & Jensen, M. (1983). Separation of ownership and control. *Journal of Law and Economics, 26*(2), 301-325.

File, K. M., & Prince, R. A. (1998). Cause related marketing and corporate philanthropy in the privately held enterprise. *Journal of Business Ethics, 17*(14), 1529-1539.

Fleishman, J. L. (2007). *The foundation. A great American secret*. New York: Public Affairs.

Foster, M. K., Meinhard, A. G., Berger, I. E., & Krpan, P. (2009). Corporate philanthropy in the Canadian context. *Nonprofit and Voluntary Sector Quarterly, 38*(3), 441-466.

Friedman, M. (1970). *The social responsibility of business is to increase its profits*. The New York Times Magazine, 13 September SM17.

Frooman, J. (1999). Stakeholder influence strategies. *Academy of Management Review, 24*(2), 191-205.

Frumkin, P. (2006). *Strategic giving*. Chicago: The University of Chicago Press.

Gadberg, N., & Fombrun, C. (2006). Corporate citizenship: Creating intangible assets across institutional environments. *Academy of Management Review, 31*(2), 329-346.

Gautier, A., & Pache, A. C. (2015). Research on corporate philanthropy: A review and assessment. *Journal of Business Ethics, 126*(3), 343-369.

Gerring, J. (2009). *Case study research. Principles and practices.* Cambridge, Mass.: Cambridge University Press.

Hammack, D. C., & Anheier, H. K. (2013). *A versatile American institution: The changing ideals and realities of philanthropic foundations*. Washington, DC: Brookings Institution Press.

Haski-Leventhal, D., Roza, L., & Meijs, L. C. (2017). Congruence in corporate social responsibility: Connecting the identity and behavior of employers and employees. *Journal of Business Ethics, 143*(1), 35-51.

Kania, J., Kramer, M., & Russel, P. (2014). Strategic philanthropy for a complex world. *Stanford Social Innovation Review, 19*(2), 26-37.

Kasper, G., & Fulton, K. (2006). *The future of corporate philanthropy: A framework for understanding your options*. Cambridge: Monitor Institute.

Kramer, M., Pfitzer, M., & Jestin, K. (2006). Uncommon partners: The power of foundation and corporation collaboration. *Working paper no 21 of the Corporate Social Responsibility Initiative*. Cambridge, MA: John F. Kennedy School of Government, Harvard University.

Lantos, G. P. (2001). The boundaries of strategic corporate social responsibility. *Journal of Consumer Marketing, 18*(7), 595-632.

Leat, D. (2016). *Philanthropic foundations. In Philanthropic foundations, public good and public policy*. London: Palgrave Macmillan.

Liket, K., & Simaens, A. (2015). Battling the devolution in the research on corporate philanthropy. *Journal of Business Ethics, 126*(2), 285-308.

Marquis, C., & Lee, M. (2013). Who is governing whom? Executives, governance, and the structure of generosity in large U.S. firms. *Strategic Management Journal, 34*(4), 483-497.

Morvaridi, B. (2012). Capitalist philanthropy and hegemonic partnerships. *Third World Quarterly, 33*(7), 1191-1210.

Nielsen, W. A. (1972). *The big foundations*. New York: Columbia University Press.

Pedrini, M., & Minciullo, M. (2011). Italian corporate foundations and the challenge of multiple stakeholder interests. *Nonprofit Management & Leadership, 22*(2), 173-197.

Petrovits, C. (2006). Corporate-sponsored foundations and earnings management. *Journal of Accounting and Economics, 41*(3), 335-362.

Porter, M. E., & Kramer, M. R. (1999). Philanthropy's new agenda: Creating value. *Harvard Business Review, 77*, 121-130.

Porter, M. E., & Kramer, M. R. (2002). The competitive advantage of corporate philanthropy. *Harvard Business Review, 80*, 57-68.

Rey-García, M., Martín, C. J., Álvarez, G., & Luis, I. (2012). Assessing and advancing foundation transparency: Corporate foundations as a case study. *The Foundation Review, 4*(3), 77-89.

Saiia, D. H., Carroll, A. B., & Buchholtz, A. K. (2003). Philanthropy as strategy: When corporate charity 'begins at home'. *Business and Society, 42*(2), 169-201.

Sanchez, C. M. (2000). Motives for corporate philanthropy in El Salvador: Altruism and political legitimacy. *Journal of Business Ethics, 27*(4), 363-375.

Smith, C. (1994). The new corporate philanthropy. *Harvard Business Review, 72*(3), 105-114.

Smith, S. R. (2016). Hybridity and philanthropy. In T. Jung, S. D. Phillips, & J. Harrow (Eds.), *The Routledge companion to philanthropy* (pp. 322-333). New York: Routledge.

Sprecher, T., Egger, P., & von Schnurbein, G. (2015). *Swiss Foundation Code 2015. Grundsätze und Empfehlungen für Förderstiftungen*. Foundation Governance, Band 11. Basel: Helbing & Lichtenhahn.

Thorne McAlister, D., & Ferell, L. (2002). The role of strategic philanthropy in marketing strategy. *European Journal of Marketing, 36*(5/6), 689-705.

Urriolagoitia, L., & Vernis, A. (2012). May the economic downturn affect corporate philanthropy? Exploring the contribution trends in Spanish and U.S. companies. *Nonprofit and Voluntary Sector Quarterly, 41*(5), 759-782.

von Schnurbein, G. (2009). Foundations as honest brokers between market, state, and non-profits through building social capital. *European Management Journal, 28*(6), 413-420.

von Schnurbein, G., Seele, P., & Lock, I. (2016). Rethinking the nexus of CSR and corporate philanthropy. *Social Responsibility Journal, 12*(2), 280-294.

Werbel, J. D., & Carter, S. M. (2002). The CEO's influence on corporate foundation giving. *Journal of Business Ethics, 40*(1), 47-60.

Westhues, M., & Einwiller, S. (2006). Corporate foundations: Their role for corporate social responsibility. *Corporate Reputation Review, 9*(2), 144-153.

Weber, M. (2002). *Wirtschaft und gesellschaft: Grundriss der verstehenden Soziologie*. Mohr Siebeck.

Steffen Bethmann 바젤 대학교 필란트로피 연구 센터(Center for Philanthropy Studies)의 연구원이다. 조직 컨설턴트이자, 칠레 산티아고 소재 아돌포 이바네스 대학교의 필란트로피 및 사회적 투자 센터(Centro de Filantropía y Inversiones Sociales)에서 부속된 연구원(associated researcher)으로도 활동 중이다. 주요 연구 분야는 재단의 전략 및 거버넌스, 그리고 사회적 혁신이다.

Georg von Schnurbein 바젤 대학교 경제경영학부(Faculty of Business and Economics)의 재단 경영 부교수이자, 필란트로피 연구 센터(CEPS)의 창립 디렉터이다. 국제 자선 연구 분야의 여러 이사회에서 활동하고 있으며, 스위스 재단 코드(Swiss Foundation Code) 최신판을 공동 집필하였다. 주요 연구 분야는 비영리 조직의 지배구조, 재정 건전성, 사회적 영향력 측정에 중점을 두고 있으며, *Nonprofit & Voluntary Sector Quarterly, European Management Journal* 등 주요 학술지에 다수의 논문을 발표했다.

제4장 가족, 기업, 사회공헌: 경쟁 목표에 대한 주주재단의 대응

Joel Bothello, Arthur Gautier, and Anne-Claire Pache

요약 이 장에서는 기업과 재단 간의 지배 및 지분 관계를 반전시키는 대체 모델인 기업재단 모델을 살펴본다. 다른 학자들이 이를 '산업재단' 또는 '재단 소유 기업(foundation-owned companies)'이라고 부르지만, 이 장에서는 이 모델을 '주주재단'이라고 명명한다. 이는 일반적으로 회사 설립자가 자신의 모든 주식을 새로 설립된 자선재단에 기부하여 재단이 기업의 전부 또는 다수의 지분을 소유하게 되는 구조이기 때문이다. 주주재단의 특이한 특징은 기존의 일반적인 기업재단과 비교할 때 다른 유형의 지배구조 과제를 동반한다. 이 모델에서는 이익 추구와 공익 추구 간의 본질적인 상충이 없지만, 재단의 리더들은 기업 대표, 가족 구성원, 자선 수혜자 등 다양한 이해관계자들로부터 나오는 상충되는 기대와 요구를 다루면서 제도적 복잡성에 직면한다. 본 연구에서는 덴마크, 독일, 프랑스 3개국에서 9개의 주주재단의 사례를 비교함으로써 국가 및 제도적 환경이 재단 지배구조에 미치는 영향을 강조하고, 경영자들이 상충되는 목표를 가진 상황에서 어떤 의사결정을 내리는지에 대한 통찰을 제공한다.

키워드 제도적 복잡성 - 혼합적 조직 - 기업 지배구조 - 주주재단

4.1 서론

기업 관련 재단은 전 세계적으로 자선활동의 상당 부분을 차지하며 그 중요성이 계속해서 커지고 있다. 미국에서만 보더라도, 기업 관련 재단은 전체 재단 수의 3%에 불과하지만, 전체 지원금 지급액의 9%를 차지하고 있다(Foundation Center, 2014). 영국에서는 126개의 기업재단이 전체 기업 기부의 18%를 담당하고 있으며(The Guardian, 2007), 유럽 대륙에서는 프랑스 기업들이 영리 활동과 복지

활동의 역사적 분리를 극복하고 독일 기업들에 버금가는 빠른 속도로 재단 설립을 확대하고 있다(Bundesverband Deutscher Stiftungen, 2016; ADMICAL, 2016). 이처럼 기업 관련 재단의 성장과 막대한 영향력, 기업 사회공헌, 기업의 사회적 책임(CSR), 지속가능성 경영의 발전으로 인해 최근 몇 년 동안 기업 관련 재단은 연구 및 실무 분야에서 주요 관심사가 되었다(Matten & Moon, 2008; Westhues & Einwiller, 2006; Dyllick & Hockerts, 2002; Porter & Kramer, 2002; Gautier & Pache, 2015).

그럼에도 불구하고 이 분야에 대한 연구는 기업 관련 재단에 대한 구체적인 정의에 따라 제한적으로 이루어지고 있다. 선행 연구에서는 일반적으로 이러한 재단을 광범위한 기업 사회공헌 활동의 일부에 포함되는 비과세 조직으로 이해해왔다. 즉, 일회성 기부와 같은 대안적 수단보다 체계적으로 특정 공익 목적을 달성하기 위해 기업이 설립한 조직으로 간주되어 왔다(Westhues & Einwiller, 2006; Werbel & Carter, 2002). 이러한 개념화에 따르면, 기업재단은 영리 조직의 전반적인 사회공헌 전략에 포함된 고정된 — 일정 수준의 통제를 받는 — 구성 요소로 간주된다. 기업 지배구조 업무에서 재단은 이타적이든 아니든 주체인 주주의 이익을 위한 대리인 역할을 하며, 경영진은 중개자 역할을 한다(Jensen & Meckling, 1976; Werbel & Carter, 2002). 그러나 선행 연구에서 설정한 이러한 매개변수 때문에 상대적으로 좁은 정의에서 벗어난 기업 관련 재단의 대안적 형태에 대해서는 거의 알려진 바가 없다.

본 연구에서는 기업과 재단 간의 통제 및 지분 관계를 전도시키는 대안적인 기업재단 모델을 검토함으로써 이 분야의 연구 부족 문제에 주목한다. 이 장에서는 이 모델을 '주주재단(Shareholder Foundations)'이라고 부른다(Prophil, 2015). 주주재단은 주로 게르만과 스칸디나비아에서 나타나고 있는 형태이지만 다른 유럽 국가에서도 증가하고 있다. 주주재단은 가족 기업의 창업자가 생전 또는 사후에 자신의 주식을 비가역적으로 기부할 수 있는 재단을 설립하기로 결정할 때 형성된다. 새로 설립된 재단은 완전히 독립적일 뿐만 아니라 일반적으로 직접 또는 지주회사를 통해 주력 기업의 주식과 의결권의 과반수 또는 전체 소유권을 행사한다(Thomsen & Rose, 2004; Thomsen, 1999; Kronke, 1988). 재단은 정해진 정관에 명시된 대로 설립자의 개인적 소망에 따라 공익 목적 사업으로 배당금을 사용한다. 가족 구성원(또는 설립자와 정서적 유대관계가 있는 사람)은 일반적으로 재단의 지배구조 이사회에 참여하거나 소액의 배당 수익을 받는 소수 주주로 참여하며, 이는 유산과 전통의 계승을 상징한다. 이에 따라 전통적인 기업 사회공헌 구조와는 달리, 이 모델에서는 기업이 재단의 이익을 위해 행동하는 대리인의 역할을 수행한다.

주주재단이 지닌 독특한 특징은 전통적인 기업재단과는 다른 형태의 지배구조 과제를 야기하며, 따라서 이 모델은 새로운 연구 영역을 열어준다. 첫째, 주주재단은 현대 기업의 사회공헌 연구에서 논란이 되고 있는 동기 문제, 특히 기업 기부가 주주의 부를 극대화하기 위해 도구적으로 실행되는지(즉, 시간이 지나면서 이익 증가로 구체화될 수 있는 평판과 정당성 이익을 통해) 아니면 진정으로 사회적 필요에 의해 추진되는지(Porter & Kramer, 2002; Gautier & Pache, 2015; Friedman, 2007)에 관한 논쟁의 여지가 있는 문제를 한 걸음 더 나아가게 한다. 이 모델은 주주재단이 기업에 대한 소유권을 보유하는 것으로 일반적인 기업이 재단을 설립하고 자금을 지원하는 방식과 반대라는 점을 고려할 때, 이 모델에서 부의 극대화는 장기적으로 공익을 위한 서비스와 연계되며, 심지어 가족 참여도 시간이 지남에 따라 감소한다(Prophil, 2015). 즉, 주주에게 제공되는 높은 수익이 자선활동 운영과 지원금 지출을 통해 재단의 사회적 목적을 추구하는 능력을 직접적으로 향상시키기 때문에 영리 활동과 자선활동을 혼합할 때 가정되는 기존의 상충 관계가 완화된다.

그러나 일반 기업재단과 비교했을 때 주주재단은 소유 구조에서 비롯된 더욱 복잡한 지배구조 상황에 직면할 가능성이 크다. 주주재단은 주로 세 집단의 이해관계자(가족 구성원, 기업 대표, 자선 수혜자)와 상호작용한다는 점을 고려할 때, 주주재단은 조직 잉여 가치와 자원에 대해 서로 경쟁하고 때로는 충돌하는 여러 대중의 요구를 처리해야 하는 '제도적 복잡성'의 환경 안에서 운영된다(Friedland & Alford, 1991; Thornton & Ocasio, 1999, 2008). 따라서 일반적인 기업재단에서는 나타나기 어려운 독특한 문제가 발생한다. 예를 들어, 지주회사의 이익 배분 결정과 관련하여 주주재단은 수익을 회사에 다시 투입하거나 사회적 사명을 수행하기 위해 배당금을 지급하거나 가족 구성원에게 이익을 분배하라는 압력과 어떻게 균형을 맞출 수 있을까? 다시 말해, 회사의 복지와 자선 수혜자의 이익 및 주주의 이익 유지 사이에서 어떻게 균형을 맞출 수 있을까?

본 연구에서는 주주재단이 여러 경쟁적 이해관계로 인해 발생하는 복잡성을 어떻게 관리하는지를 강조한다. 이를 위해 유사한 문제에 직면한 혼합적 조직에 대한 연구를 바탕으로 논의를 전개한다(Pache & Santos, 2010, Battilana & Dorado, 2010). 이러한 조직은 사회적 기업 또는 가족 기업으로 구성되며, 주주재단과 마찬가지로 다양한 목표를 달성하고 여러 이해관계자 그룹에 관심을 기울인다(Billis, 2010). 이 영역에서 연구자들은 경쟁적인 주장이 제도적 환경의 지배적인 규제 및 규범적 압력에 기반하고 있음을 강조하고(Scott, 2014), 혼합적 조직이 이해관계자의 기대에 가장 잘 적응하기 위해 지배구조를 어떻게 구성하는지 탐구했다(Pache & Santos, 2010, 2013). 본 연구를 이러한 기존의 연구 논의 가운데 위치시키며, 제도 환경의 요인들 가운데 주주재단이 서로 다른 이해관계자 집단으로부터 제기되는 상충되는 요구에 어떻게 대응하는지에 영향을 미친다는 점을 밝히고자 한다.

특히, 주주재단의 경우 국가 제도적 환경에 의해 대응 방식이 제약되거나 보상을 받는다는 사실을 입증한다. 3개국(덴마크, 독일, 프랑스)의 9개 주주재단에 대한 귀납적 사례 비교 접근법을 사용하여 주주재단이 새로운 혼합적 형태가 출현한 국가(프랑스)에서도 제도적 복잡성에 대한 대응 측면에서 재단 간에 높은 수준의 동질성이 있음을 발견했다. 반면, 주주 형태가 잘 확립되어 있고 사회적으로도 당연시되는 국가에서는 재단 간 대응 방식에 높은 수준의 이질성이 존재한다. 이 장에서는 이러한 차이를 각 국가에 존재하는 규제 제도 환경과 대응 패턴 간의 관계를 통해 설명한다.

또한, 본 연구는 이론적 의미뿐만 아니라 실질적인 시사점도 제시한다. 특히, 본 연구는 제도적 환경의 역할이 재단 지배구조에 미치는 영향을 전면에 내세우고, 이를 상충하는 목표가 있는 상황에 직면했을 때 재단 경영자가 내릴 의사 결정 유형과 연결시킨다. 이번 조사에서는 재단 경영자들이 기존의 규범이나 지배구조 '모범 사례(best practices)'가 아니라 규제 환경의 압력과 기회에 기반한 의사결정의 방향을 어떻게 수정하는지 간략하게 설명한다. 이 과정에서 특히 재단관리자의 의사결정은 법적, 정치적, 일정 부문의 문화적 영향으로 제약받을 뿐만 아니라 오히려 가능하게 하는 중요성을 강조한다.

4.2 주주재단 : 개요

기업 지배구조 문헌에서 "산업재단"이라고도 불리는 주주재단 모델은 주로 독일어권과 스칸디나비아 지역에서 나타나는 구조다(Thomsen, 2006, 2012; Sinani *et al.*, 2008). 앵글로색슨 국가의 일반적인 분산된 주주 소유 모델과 달리, 주주재단의 기업 지배구조는 단일 비영리 재단이 주식의 전부, 과반수 또는 의사결정에 영향력을 행사할 수 있는 수준의 소수의 지분을 보유하면서 경우에 따라 유사한 수준의 의결권도 가진다. 또한 재단이 중심 기업의 의결권을 비슷한 비율로 보유할 수도 있다. 항상 그런 것은 아니지만 창업자 가족은 소수의 주식 또는 의결권을 보유하는 경우가 많다. 재단은 설립자가 만든 정관에 따라 주주로서 받은 배당금을 하나 이상의 공익 목적에 사용한다. 이처럼 주주재단은 가족의 영향 아래에서 영리 기업 창업가가 비영리 조직을 운영하는 독특한 혼합 구조를 갖는다.

대부분의 경우, 주주재단의 기업 지배구조는 기업 활동과 자선활동의 장기적인 안정성을 보장하기 위해 새로 설립한 재단에 회사 소유권을 증여하기로 결정할 때 시작된다. 많은 경우 창업자는 명백한 상속인이 없거나 상속인에 대한 신뢰가 부족하며, 일부는 시간이 지남에 따라 소유권이 희석될 수 있는 상속세를 피하기 위해 증여를 고려한다. 그러나 모든 경우에 있어서 재단을 설립하고 회사 주식을 기부하는 것은 돌이킬 수 없는 행위이다. 따라서 새로 형성된 조직은 완전히 독립된 실체일 뿐만 아니라 의결권 보유를 통해 중심 기업에 대해 영구적으로 상당한 영향력 — 완전한 통제는 아니더라도 — 을 행사한다(Thomsen & Rose, 2004; Thomsen, 1999; Kronke, 1988).

주주재단이 소유한 기업은 독일어권 국가에도 존재하지만, 특히 덴마크에서 코펜하겐 증권거래소 시가총액의 6분의 1을 차지할 정도로 가장 두드러지게 나타나고 있다. 그러나 앵글로색슨 국가에서는 법적 제약이나 문화적 정당성 부족 때문에 주주재단이 거의 존재하지 않는다. 예를 들어 미국에서는 1969년 제정된 법률에 따라 재단이 기업에서 소유할 수 있는 의결권 있는 주식의 비율이 제한되어 있다(Thomsen, 2006, Hansmann & Thomsen, 2013).[4] 영국에서는 1980년대 웰컴 트러스트(the Wellcome Trust), 너필드 재단(the Nuffeld Foundation), 베어링 재단(the Baring Foundation) 등 주요 신탁 및 재단의 지배구조 실패 이후 재단 지배구조 모델이 금기시되고 있다. 앵글로색슨 세계에서는 이러한 희소성에도 불구하고 유럽 대륙에서 재단이 소유한 기업은 소유권이 분산된 기업만큼이나 재무적으로 좋은 성과를 내는 것으로 관찰되고 있으며, 실제로 소유 구조로 인해 장기적으로 더 안정적인 성과를 내는 것으로 알려져 있다(Thomsen, 1999; Thomsen & Rose, 2004). 또한, 이러한 기업들은 주로 국가적인 예술, 교육, 사회복지 프로젝트에 상당한 자선 기부를 하고 있으며, 특히 제약 연구 및 개발에도 독특한 방식으로 집중하는 경향이 있다. 자선활동은 일반적으로 교육, 의료, 환경 개발을 지원하는 '인프라 구축'을 목표로 한다. 그러나 주주재단은 경제학자들의 비판의 대상이 되기도 했는데, Thomsen & Rose(2004)가 "시장의 '보이지 않는 손'보다 '설립자의 의지'가 더 효율적으로 배분될 수 있는 자본을 효과적으로 고정

---

4 이러한 규제는 재단이 기업과 소유주의 조세 회피 수단으로 활용되는 것을 방지하려는 우려에서 비롯된 것으로, 보다 넓은 맥락에서는 재단에 대한 정치적 비판의 흐름 속에서 등장한 것이다(Zunz, 2012).

시켜 시장 통제 가능성을 제한한다."고 지적하였다.

지금까지 주주재단이 활용되는 동기는 크게 세 가지로 분류할 수 있다. 첫 번째는 '인내심 있는 자본'이라는 개념과 관련된 것으로, 재단의 소유권은 단기 수익보다는 장기 수익에 대한 기대를 포함하여 기업의 지배구조 결정에 대한 안정적이고 예측 가능한 패턴을 보장한다. 두 번째 동기는 자선적 동기로, 주주재단은 일반적으로 기업이 지역사회 및 사회 전체와 사회적 계약을 맺고 있다고 인식되는 국가에서 발견된다(Matten & Moon, 2008). 따라서 주주재단은 "이상적인 기업 경영의 수단과 공익의 수호자"와 같은 수단으로 간주된다(Thomsen & Rose, 2004). 마지막 동기는 자산 보호뿐만 아니라 개인 및 국가 유산과 관련이 있다. 재단의 설립은 승계 시 부과되는 과도한 상속세를 피할 수 있는 수단이며, 동시에 시간이 지남에 따라 소유권이 분산되는 것을 방지할 수 있다. 더 중요한 것은 자선가로서 설립자의 유산을 보존할 수 있다는 점이다. 이와 관련된 맥락에서 이러한 소유권은 기업의 국가 정체성을 유지하여 외국 기업의 인수를 방지하고 해당 지역 또는 국가 내 고용을 보호하는 데 기여한다.

주주재단은 앵글로색슨 국가를 제외한 많은 국가에서 널리 존재함에도 불구하고 이에 대한 연구는 지금까지 현저히 부족했다. 예외적으로 역사적인 독일 및 스칸디나비아의 법률 문헌(Kronke, 1988)과 현대 기업 지배구조 연구가 있다. 특히 후자는 재단소유 기업의 재무성과를 일반적인 분산 소유 기업의 재무 성과와 비교하는 연구이다(Hansmann & Thomsen, 2013; Thomsen, 2006; Thomsen & Rose, 2004). 이와 관련된 연구에서는 재단 경영자가 이윤을 추구하는 소유주 아래 있는 경영자에 비해 성과에 더 집중할 유인이 있는지 탐사하는 연구가 이루어지고 있다(Hansmann & Thomsen, 2013). 그러나 재무적 성과에 미치는 영향을 제외한 재단 지배구조 및 조직 구조의 특성은 지금까지 매우 제한적으로 이루어지고 있다.

특히 설립자 가족의 유산, 자선적 사명, 상업적 실행 가능성이 결합된 독특한 구조로 인해 주주재단은 목표를 추구할 때 내재된 갈등에 직면하게 된다. 예를 들어, 기업의 지속가능성과 자선활동이라는 두 가지 목적을 고려할 때, 재단 경영자는 수익 유지와 자선 기금 지출 사이에서 어떻게 균형을 잡을 수 있을까? 자선활동이 설립자 가족의 '개인적인 관심사(pet cause)'에 국한되지 않고 실제로 사회 전체의 복지 증진을 반영하기 위해 어떤 장치를 마련할 수 있을까? 또한, 재단 설립의 세 번째 동기가 설립자의 비전을 시간이 지나도 유지하는 것(재단 정관을 통해 구체화)이라는 점을 고려할 때, 설립자와 가족의 유산이 재단 구조와 운영 기능에 미치는 영향은 무엇일까? 본 연구에서는 주주재단의 지배구조가 어떻게 구성되어 있는지 살펴보고 이 세 가지 매우 다른 목적 – 업의 지속성, 공익적 사명, 그리고 설립자의 유산 유지 – 에 주목하고자 한다. 이를 위해 본 연구에서는 "제도적 논리(institutional logics)"라는 이론적 틀을 사용한다.

4.3 제도적 복잡성에 대한 조직적 대응

제도는 사회적으로 구성된 규칙, 규범, 기대의 집합으로 구성되며, 이는 개인에게 의미를 부여하고 구체적인 목표를 향한 방향뿐만 아니라 이를 달성하기 위한 수단도 제시한다(Friedland & Alford, 1991). 이러한 제도는 개인이 사회 세계에서 기능할 수 있도록 해석의 틀을 제공하고, 상호 양립 가능한 지침을 제공하는 제도와 결합되어, 개인의 의미 결정을 위한 일관된 '논리'를 제공하는 탄력적이고 안정적인 제도적 질서로 발전한다(Friedland & Alford, 1991; Thornton & Ocasio, 2008). 조직의 경우 이러한 제도적 질서는 조직 구성원들이 추구해야 할 사회적으로 가치 있는 결과와 이를 달성하기 위한 적절한 구조와 실행 방식을 규정한다. 제도를 준수하는 조직은 외부 환경으로부터 필요한 자원을 보다 원활히 확보할 수 있다(Lounsbury & Glynn, 2001; Suchman, 1995).

그러나 많은 영역에서 다양한 제도적 질서가 개인과 조직의 행동과 의미 결정에 영향력을 행사하여 '제도적 복잡성(institutional complexity)'이라는 상황을 초래한다(Scott, 2014; Greenwood *et al.*, 2011). 여기서 제도적 질서는 종종 제시하는 규범과 처방이 상호 충돌하거나 서로 양립할 수 없는 것으로 판명되어 어떤 제도 논리 간의 경쟁으로 이어진다(Reay & Hinings, 2009; Reay, 2005; Pache & Santos, 2013). 병원, 대학, 출판사, 교회 등 많은 유형의 조직에서 이러한 긴장을 경험한다(Reay & Hinings, 2009; Kodeih & Greenwood, 2013; Thornton & Ocasio, 1999). 상위 제도에 대한 논리 간 경쟁은 묵인과 타협에서 저항과 조작에 이르기까지 조직 구성원들의 다양한 대응으로 이어진다(Pache & Santos, 2010). 이처럼 제도적 복잡성에 관한 문헌은 구성원들이 서로 경쟁하거나 상충하는 제도적 요구에 직면했을 때 어떻게 주체성을 발휘하며 대응하는지를 이해할 수 있는 하나의 분석적 틀을 제시한다.

다양한 유형의 조직 중에서도 제도 간 논리 충돌은 혼합적 조직에서 가장 극명하게 드러난다(Battilana & Dorado, 2010; Pache & Santos, 2013). 위에 언급된 다른 조직과 달리 혼합적 조직은 여러 목표를 추구한다는 명시적인 목적을 가지고 서로 다른 제도적 논리의 요소를 의식적으로 통합하는 조직이다(Battilana & Dorado, 2010). 따라서 이러한 혼합적 조직은 본질적으로 모순의 장이며, 지배구조, 운영방식 또는 인적 자원 관행과 관련하여 다양한 측면에서 경쟁하고 상충하는 여러 제도적 요구가 드러난다. 이 분야의 기존 연구는 주로 사회적 기업에 초점을 맞추어 이러한 혼합적 조직이 사업 논리와 자선 논리에서 파생된 이중 처방에 대응하는 조직 활동, 구조 및 프로세스를 분석했다(Battilana & Lee, 2014; Battilana & Dorado, 2010; Pache & Santos, 2013; Jay, 2013). 이 분야에서 혼합적 조직에 대한 대응에 관한 기존 연구는 주로 상충하는 두 가지 제도적 요구 사이의 논리 관계를 탐구하는 데 국한되어 왔으며, 조직적 대응에 대한 거시적 차원의 영향에 대한 검토는 거의 없이 개인 또는 조직 차원의 설명으로 제한되어 왔다(Greenwood *et al.*, 2011; Pache & Santos, 2013).

Greenwood 등(2011)은 제도적 복잡성에 대한 검토에서 권위 구조가 제도적 복잡성에 대응하는 조직의 재량에 어떻게 영향을 미치는지에 대한 이해가 부족하다고 지적한다. 위 연구자들은 다양한 분야를 체계적으로 비교하기 위해 "각 분야의 제도적 인프라에 대한 보다 실질적이고 역동적인 설명을 통해 … 이들 간의 차이가 조직이 경험하는 복잡성에 어떤 영향을 미치는지 이해할 필요가 있다(Greenwood *et al.*, 2011)."고 주장한다. 그러나 이러한 주장은 그러한 집행 메커니즘이 초국가적 성격을 띤다고 가정하고 있으며, 이는 전문 협회나 인증기관과 같은 규범적 기관에는 해당될 수 있지만 강제적 권위의 구조는 국가 수준에 위치할 가능성이 훨씬 더 높다. 강제적 권위는 분야가 아닌 국가에 따라 다르므로 이러한 구분이 중요하다. 따라서 복잡성에 대한 다양한 대응을 포괄하여 국가별 제도의 독특한 구조를 설명해야 하며, 특히 조직에 강제적인 압력을 가하는 규제기관의 고유한 구성과 배열을 고려해야 한다(Scott, 2014).

본 연구에서는 제도적 복잡성의 개념을 활용하여 주주재단의 자원 배분이 어떠한 방식으로 구조화되는지를 설명하고, 제도가 이러한 배분 패턴에 어떠한 영향을 미치는지 파악한다. 덴마크, 독일, 프랑스의 주주재단에 대한 국가 간 사례 비교를 통해 이러한 조직이 사업, 자선, 유산 등 제도 논리로부터 제기되는 경쟁적 요구에 어떻게 대응하는지 살펴본다. 국가 내 대응 유사성과 국가 간 대응 차이를 설명하면서 국가 차원의 제도적 배열이 혼합적 조직의 특정 대응 패턴을 채택하도록 제약하거나 유인을 제공하는 역할을 한다는 사실을 입증한다. 보다 구체적으로, 본 연구는 이러한 제도가 혼합적 조직 내에서 다양한 제도 논리의 관리에 변화를 허용하는지 또는 동질적인 구조로 수렴하는지를 분석한다.

4.4 방법론

본 연구의 방법론은 3개국에 걸쳐 있는 9개 주주재단에 대한 비교 사례 연구이다. 해당 내용은 <표 4>, <표 5>, <표 6>에 제시되어 있으며, 데이터 수집은 두 단계로 이루어졌다. 첫 번째 단계는 탐색적 연구로, 서로 다른 제도적 논리들이 충돌하거나 경쟁이 드러날 수 있는 조직의 주요 의사결정 영역 또는 구조적 특징을 파악하는 것이 목표였다. 이를 위해 재단 관련 기존 보고서와 학술 연구(Herrmann & Franke, 2002; Kronke, 1988; Prophil, 2015; Thomsen, 2006, 2012)와 해당 주제에 대한 언론 기사 등을 활용했다.

표 3 주주재단의 세 가지 주요 차원에 대한 논리 규정

구분	유산 논리	자선 논리	사업 논리
이사회 구성	설립자의 가족/친구	주(state)를 대표하는 외부/시민사회 전문가	회사/기업 임원
이익 배분에 대한 영향력	(직접 또는 배당금을 통한) 가족에 대한 지출	주주에 대한 배당금 (특히 재단)	이익 재투자/부채 탕감
기부 대상	가족/설립자 가치	사회적/공익적 필요	핵심 비즈니스 관련

이 과정에서 본 연구는 세 가지 제도 논리 사이의 긴장이 두드러지는 주주재단의 세 가지 주요 차원을 확인하였다. <표 3>은 이사회 구성, 이익 배분에 대한 영향력, 기부 대상의 세 가지 차원에 따라 가족, 자선, 사업 등 서로 다른 논리 처방을 정리한 것이다. 세 가지 논리의 영향력을 비교하기 위해 각 차원마다 다른 측정 기준을 사용했다. 먼저, 이사회 구성의 경우, 가족 논리는 설립자와 정서적 유대관계가 있는 이사회 구성원(가족 또는 가까운 친구)의 비율을 통해 상속 및 증여의 관계가 있는지를, 자선 논리는 시민사회 또는 국가 대표의 비율을 통해 자선 논리(자선활동에 대해 자문을 제공하거나 '공익성' 이행을 감독하는 역할)를, 사업 논리는 기업 대표의 비율을 통해 측정하였다. 예를 들어 가족 구성원이 회사 임원을 겸직하는 경우와 같이 이사회 구성원은 복수의 속성을 지닐 수 있기 때문에, 구성원 1인에 대해 복수의 논리 '레이블'을 적용하였다. 이익 배분은 유산, 자선, 사업 논리가 경쟁하는 두 번째 차원이었으며, 따라서 다음과 같은 방법을 선택했다. 첫째, 가족 논리는 가족 구성원에게 지급되는 이익 분배 비율(일부 재단에서는 현금 흐름표의 별도 항목으로 기재됨), 둘째, 자선 논리는 재단의 자선활동에 기여하는 주주에게 지급된 배당금 비율, 셋째, 사업 논리는 기업에 재투자된 이익잉여금의 비

율을 측정 지표로 삼았다.[5]

기부 대상의 세 번째 차원에서는 기업의 핵심 사업과 직접적으로 연관된 지출은 사업 논리를 대표하는 것으로 분류하여 대의에 대한 지출을 구별했다. 반면, 설립자의 전기적 정보에 비추어 개인적 유산을 반영하는 '가족 논리(family/legacy logic)'에 기반한 지출은, 설립자의 개인적인 관심사(pet causes)에 해당하는 것으로 간주하였다. 일부 기부 대상은 가족 논리와 사업 논리를 모두 반영하는 경우도 있어, 복수의 분류로 표시될 수도 있다. 그리고 어느 쪽으로도 분류할 수 없는 나머지 지출은 가족이나 상업적 이해관계보다는 사회적 · 공익적 필요와 더 직접적으로 연계된 자선활동으로 분류했다.

두 번째 단계에서는 Eisenhardt 방식의 다중 사례 비교 접근법(Eisenhardt, 1989)을 적용하여 주주재단이 세 가지 제도적 논리에 따른 조직 처방에 어떻게 대응했는지 파악했다. 본 연구는 먼저 19세기부터 이러한 유형의 재단이 확립된 역사를 가지고 있는 덴마크와 독일을 대상으로 진행되었다. 이와 대조적으로 최근 10년 사이에 주주재단 형태가 법으로 도입된 프랑스의 재단도 살펴보았다. 각 국가 별로 세 개의 대표적인 재단을 선정하여 다음 절에서 설명한다. 규모, 설립연도, 산업, 소유권, 지배구조 등 재단마다 상당한 차이가 있다는 점을 고려할 때, 각국의 표본으로 매우 유사한 사례를 선정한 다음 이들 간에 일치하는 점을 찾아내는 것이 가장 적절한 전략이라고 판단했다. 이러한 방식으로 사례의 고유한 이질성을 활용하여 각 국가 내 주주재단 형태의 '전형적인' 응답으로 대응할 수 있는 유사점을 파악했다. 그 후 이러한 특징적인 응답을 다른 국가의 재단과 비교하는 작업을 진행했다.

5 일부 사례에서는 배당 정책이 재단이 아닌 기업 차원에서 수립되었으나, 이러한 경우에도 해당 배당 정책은 재단 또는 그 대표 기관의 승인을 받아야 했다.

표 4 덴마크 재단

재단명	지원 대상	지급된 지원금 (2016년 기준)	재단의 자기자본 평가액 (2016년 기준)	회사 지분 소유	회사 주식의 의결권
Novo Nordisk Foundation (1989)	의료, 생명공학 및 자연과학 분야 R&D	565백만€	336억€ (노보A/S 270억€ 포함)	Novo Nordisk: 27.5%, Novozymes: 25.5%	Novo Nordisk: 75%, Novozymes: 70.5%
Carlsberg Foundation (1884)	자연 과학, 사회 과학 및 인문학을 위한 사회적으로 유익한 프로젝트 R&D	30백만€	42억€	30%	75%
Hempel Foundation (1948)	도움이 필요한 어린이 교육, 지속 가능한 기술, 사회 통합	16백만€	7억 1,500만€	100%	100%

표 5 독일 재단

재단명	지원 대상	지급된 지원금 (2016년 기준)	재단의 자기자본 평가액 (2016년 기준)	회사 지분 소유	회사 주식의 의결권
Robert Bosch Foundation (1964)	건강, 과학, 사회, 교육, 국제 관계	109백만€	332억€	92%	0%
Bertelsmann Foundation (1977)	경제적 기회, 교육, 사회, 문화, 민주주의, 건강	55.6백만€	10.4억€	69%	0%
Carl Zeiss Foundation (1889)	자연과학 및 공학 분야의 교육 및 연구	~1천만€	14억€	Zeiss: 100% Schott: 100%	Zeiss: 100% Schott: 100%

표 6 프랑스 재단

재단명	지원 대상	지급된 지원금 (2016년 기준)	재단의 자기자본 가액 (2016년 기준)	회사 지분 소유	회사 주식의 의결권
Pierre Fabre Foundation (1999)	개발도상국 보건 종사자를 위한 교육 접근성	420만€	미정	86%	0%
Christophe and Rodolphe Mérieux Foundation(2001)	개발도상국의 전염병 연구, 과학 교육 및 훈련, 의료 서비스 접근성 향상	0.5백만€	1.5억€	32%	0%
Varenne Foundation (1988)	저널리즘, 미디어 교육, 언론의 자유, 연구 등 증진	미정	0.23억€	36%	0%

2015년 1월 중순 덴마크 코펜하겐에서 시작된 반구조화 인터뷰는 이후 몇 달에 걸쳐 독일과 프랑스에서 진행되었으며, 같은 해 12월에 마무리되었다. 총 20개의 재단 및 소유 재단의 경영진과 인터뷰를 진행했다. 그 대상으로 재단 및 기업의 경영진뿐만 아니라 자선 수혜자 대표 및 외부 전문가들과도 인터뷰를 진행했다. 재단, 보유 기업, 수혜자가 작성한 보고서와 문서 등이 포함된 2차 자료로 인터뷰 내용을 보완했다. 또한 국가 간 비교라는 접근 방식을 고려하여 각 국가의 세금 및 법률 규정을 개괄적으로 설명하는 자료를 수집하고, 각 국가의 경제 및 문화 제도를 설명하는 다른 문헌을 참고했다. 이러한 제도적, 경제적, 맥락적 요소는 국가 내 대응의 유사성과 국가 간 차이를 설명하는 데 중요한 역할을 한다.

4.4.1 재단 선정

덴마크

덴마크의 주주재단은 적어도 19세기 후반부터 덴마크의 사회적, 경제적 환경을 형성하는 데 중요한 역할을 해왔다. 2013년에는 1,350개의 주주재단이 덴마크 경제에서 자본의 10%를 차지했으며, Maersk, Lego, Carlsberg와 같은 상징적인 기업이 재단을 소유하는 것이 특징이다(Thomsen, 2006, 2012). 코펜하겐 증권거래소(CSE)에 상장된 대기업 중 시가총액의 68%는 재단의 지분이 차지하고 있다. 재단의 자선활동도 그에 못지않게 활발하며, 매년 주주재단은 "일반 공익(general interest)"으로 간주되는 목적에 약 8억 유로를 기부한다.

덴마크 내에서 각 산업 분야를 대표하는 리더급 세 개의 주주재단을 선정했다. 선정된 재단은 노보 노디스크 재단(Novo Nordisk Foundation), 칼스버그 재단(Carlsberg Foundation), 헴펠 재단(Hempel Foundation)이다. 이들 재단은 규모, 산업, 설립연도, 자금 조달 구조 등 다양한 측면에서 차이가 있었다. 자세한 내용은 <표 4>에 기술하였다.

독일

독일 또한 덴마크와 마찬가지로 주주재단 형태는 오랜 역사를 가지고 있으며, 일부 재단은 19세기 중반에 설립되었다. 독일에는 매우 유사한 여러 형태의 재단(독일어로 Stiftung)이 많이 있지만, 주주재단(독일어로 Unternehmensverbundene Stiftungen)으로 분류되는 재단의 수는 500~1,000개에 달하며,[6] 이 중 3분의 1이 2000년 이후 설립되었다.

덴마크와 마찬가지로 주주재단의 기부금은 반환되지 않으며, 정관은 재단 경영자가 따라야 할 법적 구속력 있는 지침을 제공한다. 그러나 덴마크와 달리 독일 주주재단은 세금 혜택을 받고자 하는 경우를 제외하고는 공익에 기여할 의무가 없다. 실제로 많은 소규모 주주재단은 설립자 및 가족의 이익을 보호하는 것이 유일한 목적이다. 독일에서는 자선활동이 입증된 재단을 중심으로 가장 눈에 띄는 3개 재단을 선정하여 연구에 포함시켰다(<표 5>).

프랑스

덴마크나 독일과 달리 프랑스는 주주재단 형태가 법적으로 허용된 지 10년밖에 되지 않았기 때문에 이러한 재단은 아직 초기 단계에 머물러 있다. 2005년 8월 5일, 프랑스 의회는 국가 평의회가 '공익'으로 인정한 재단에 영리 기업의 주식을 소유할 수 있는 권리를 허용하는 법이 통과되었다. 이 법은 프랑스 제약회사의 소유주인 상속인이 없는 기업가 Pierre Fabre에게 자신의 모든 주식을 재단에 유증할 수 있도록 하는 것을 목적으로 했다. Fabre와 그의 자문단들은 법적 변화에 영향을 미치는 데 중요한 역할을 했다. 현재 프랑스에서 기업을 소유한 주주재단은 세 곳뿐이다.[7] 그럼에도 불구하고 이 세 조직은 유산, 조직 구조, 산업 분야측면에서 매우 다르므로 덴마크 및 독일과 이질적인 표본을 형성하고 있다(<표 6>).

---

6 많은 재단이 그 활동과 조직 구조에 대해 보안을 중시하는 성향을 보이기 때문에, 주주형 재단의 정확한 수를 파악하는 것은 어렵다.

7 2017년에는 네 번째 주주형 재단인 Avril이 설립되었으며, 이 재단은 농업 대기업 SofiProtéol의 지분을 보유하고 있다. 다만, 이 사례는 가족적 요소가 없는 점에서 앞서 언급한 세 재단과는 다소 차이를 보인다. 해당 기업은 여러 협동조합의 연합체로, 농부들이 공동 투자자로 참여하고 있다.

표 7 덴마크의 논리 처방에 대한 조직적 대응

	재단	유산 논리	자선 논리	사업 논리
이사회 구성[a]	Novo Nordisk	0	낮음	높음
	Carlsberg	0	높음	중간
	Hempel	0	낮음	높음
수익 배분에 대한 영향력[b]	Novo Nordisk	0	중간	중간
	Carlsberg	0	중간	중간
	Hempel	0	높음	낮음
기부대상[c]	Novo Nordisk	중간	중간	중간
	Carlsberg	중간	중간	~0
	Hempel	중간	중간	중간

a 이사회 구성원 중 각 논리를 대표하는 비율: 〈25% (낮음); 25-49% (중간); 50-74% (중간); 75-100% (높음)
b 각 논리적 지침에 따라 할당된 이익 비율: 〈25% (낮음); 25-49% (중간); 50-74% (중간); 75-100% (높음)
c 각 논리적 지침에 따라 할당된 재단 예산 비율: 〈25% (낮음); 25-49% (중간); 50-74% (중간); 75-100% (높음)

4.5 결과

4.5.1 "성숙한" 영역의 규제 기관: 다양한 조직 대응을 위한 유인

덴마크

<표 7>은 덴마크 표본의 세 재단이 유산 논리의 처리와 관련하여 어떻게 일치하는지 보여준다. 이사회 구성과 이익 배분에 대한 영향력 측면에서 볼 때, 재단 자체, 중간 지주회사, 자회사 등 모든 기업 지배구조 기관에 가족 구성원이 포함되지 않은 것이 명확히 드러났다.

조사 대상 3개국 중 덴마크에서만 이러한 유산 논리가 부재했다. 이는 덴마크의 재단 관련 규정에서 정관 제정 이후 1세대 이후의 가족 구성원은 재단 운영에 관여할 수 없고 자선 수혜자가 될 수 없다고 명시하고 있기 때문일 수 있다. 이는 분석 대상에 포함된 덴마크 재단 중 두 곳인 노보 노디스크와 칼스버그가 회사 활동으로 인한 이익을 현금 흐름표에 배당금이나 소수 지분에 대한 지급으로 가족이나 상속인에게 지급하지 않는 이유를 설명해준다. 여기서 유산 논리의 억제 유사성은 규제 제약의 결과이다.

이는 두 회사에서 가족 대표가 없는 이유를 설명할 수 있지만, 데이터 수집 시점에 Hempel의 자녀가 살아 있었다는 점을 고려하면 헴펠 재단에 가족이 관여하지 않는 이유를 설명할 수 없다. 하지만 Hempel A/S의 한 임원이 이러한 특이한 현상에 대한 배경을 설명했다.

> 1976년, J.C. Hempel은 아들이 돈을 벌기 위해 다른 일을 하고 싶어 한다는 걸 깨달았다. Hempel은 아들이 돈을 원한다는 것이 위험하다는 것을 깨달았고 결국 회사가 증권거래소에 상장될 수도 있다고 우려했다. 그의 아들은 쿠데타를 시도했고, 33명의 경영자 중 아무도 Hempel에게 앞으로 일어날 일에 대해 경고하지 않았다는 것이 믿어지는가? Hempel은 모두를 불러 모아 아들을 포함해 전원 해고했다. 그는 회사 내규를 변경하여 가족 누구도 경영시스템에 참여할 수 없도록 했다. 배당금은 3대까지 지급되다가 이후 소액의 고정 금액으로 바뀌었다. 더 이상 자연 상속인이나 실제 주주는 없다.

위의 창업자 J.C. Hempel이 아들에게 상속하지 않은 일화는 덴마크의 상속 관련 법률이 프랑스의 법률과 달리 가족 구성원에게 어떠한 특권도 부여하지 않는다는 것을 보여준다. 따라서 기존 논리의 처방에서 벗어나는 것을 허용하는 것으로 인식될 수 있다.

흥미롭게도 세 사례 모두 이사회 구성과 수익 배분에서 유산 논리를 따르지 않았음에도 불구하고, 설립자의 '개인적인 관심사(pet causes)'는 세 사례 모두에서 여전히 두드러지고 그 성격이 놀라울 정도로 유사하다. 노보 노디스크 재단, 칼스버그 재단, 헴펠 재단 등 위 세 개의 재단 모두 각각 자연사 박물관(Natural History Museum), 나이 칼스버그 글립토텍(the Ny Carlsberg Glyptotek), J. C. 헴펠 유리 박물관(the J. C. Hempel glass museum) 등 덴마크 박물관에 대한 지원과 투자로 지출을 집중했다는 점이다. 그 이유는 법인 정관의 중요성과 관련이 있다. 정관의 규정을 유연하게 적용할 수는 있지만, 정관의 핵심 사회공헌 목적, 특히 주요 자선 대의는 변경할 수 없다. 예를 들어, 노보 노디스크 재단은 설립자의 관심사인 인슐린과 관련된 대의를 추구해야 하므로 인슐린 발견 90주년을 기념하기 위해 자연사 박물관을 설립했다. 드물기는 하지만, 재단이 정관을 고의로 위반하고, 그 위반이 설립 목적과 무관한 경우에도 정부에 이를 용인해 달라고 요청하는 사례도 존재한다. 코펜하겐 경영대학의 Anker Brink Lund 교수는 인터뷰에서 다음과 같이 언급했다. “주주재단의 경우 허가를 요청하는 것보다 용서를 구하는 것이 더 쉽다.”(A. Brink Lund, 2015, “personal communication”, 10월 19일).

반면, 이사회 내에서 기업의 이익과 자선/국가 이익의 대표성, 그리고 두 당사자 간의 이익 배분 방식에 있어서는 뚜렷한 패턴이 존재하지 않았다. 덴마크에서 주주재단 형태의 오랜 역사를 고려할 때, 그리고 실제로 본 연구에 포함된 3개 기업 중 2개 기업이 이 두 가지 측면에서 상대적으로 다양한 조직적 대응을 보인 것은 이례적인 결과인 것 같다. 그러나 인터뷰 참여자들에 따르면 이러한 차이는 다양성을 허용하는 덴마크의 규제 기관에 의해 설명될 수 있다고 한다. 첫 번째 규제는 재단이 공익을 지향하는 사명을 추구해야 한다는 요건과 관련이 있다. 이사회 구성과 관련하여 설립자가 재단 정관에 명시한 제약 사항 외에 기업 또는 자선 단체의 이익을 대변하는 사람들의 참여에 관한 법적 요건은 없다. 정관 규정의 다양성은 헴펠 재단 및 노보 노디스크 재단의 이사회에 기업 경험이 있는 구성원이 대다수인 반면, 칼스버그 재단은 과학자가 대다수를 차지하는 이유를 설명한다.

독일

재단 지배구조의 역사가 오래된 또 다른 국가인 독일은 덴마크에 비해 훨씬 더 이질적인 대응 패턴을 보였다. <표 8>은 세 가지 범주 모두에서 논리 처방에 대해 독일 재단이 얼마나 다양한 방식으로 대응하고 있는지 보여준다. 그러나 이러한 다양성은 독일의 규제 기관이 가지는 유연성, 더 나아가서는 여러 주(지방)에 권한이 분산된 것과도 관련이 있다. 첫째, 덴마크와 달리 독일에서는 기업 지배구조 문제에 대해 가족이 참여하는 것에 대한 법적 제한이 없다. 독일의 비영리 부문 전문가인 베르텔스만 재단(the Bertelsmann foundation)의 전 매니저는 “[참여]에 대한 법적 규제는 없다. 원하는 방식으로 이 구조를 만들 수 있다. 전원이 가족 구성원이 될 수도 있고 전원이 기업 구성원이 될 수도 있다." 따라서 보쉬 재단(the Bosch)과 베르텔스만 재단의 이사회는 지주회사 및 회사 자체의 이사회와 더불어 가족들이 강력한 존재감을 드러내지만, 자이스 재단(the Zeiss foundation)에는 가족 유산의 잔재가 거의 남아 있지 않다.

마찬가지로 이익 배분과 관련하여 가족 구성원은 기업으로부터 배당금을 받거나 직접 보상을 받는데, 보쉬 재단과 베르텔스만 재단 가족 구성원은 각각 해당 기업 지분의 7%와 19.1%를 보유하고 있다. 세 가지 사례에 대한 응답의 다양성을 더욱 복잡하게 만드는 요소는 재단이 반드시 공익을 위한 목표를 추구해야 한다는 법적 의무가 없다는 점이다. 독일의 재단은 자선 목적이 거의 없이도 가족의 이익을 추구할 수 있다. 특히 이사회 구성 및 수익금 분배와 관련하여 재단에 대한 법적 요건이 거의 없는 것도 조직마다 제도적 논리에 대해 상이하게 반응하게 되는 배경을 설명하는 데 도움이 된다.

표 8 독일의 논리 처방에 대한 조직적 대응

	재단	유산 논리	자선 논리	사업 논리
이사회 구성	Bosch	중간	낮음	중간
	Bertelsmann	중간	중간	중간
	Carl Zeiss	~0	낮음	높음
수익 배분에 대한 영향력	Bosch	낮음	낮음	높음
	Bertelsmann	낮음	낮음	중간
	Carl Zeiss	0	~중간	중간
기부대상	Bosch	중간	중간	중간
	Bertelsmann	중간	중간	중간[a]
	Carl Zeiss	~0	중간	중간

a 포트폴리오에는 CSR 프로그램이 포함된다.

덴마크와 마찬가지로 유일한 규제 요건은 정관에 명시된 설립자의 유언을 유지하는 것과 관련된 것이다. 그러나 독일에서는 정관 준수가 훨씬 더 엄격하게 적용되며, 이는 특히 기부 대상의 선정과 관련하여 눈에 띄게 나타난다. 여기서 보쉬 재단과 베르텔스만 재단의 기부활동은 특히 국제 관계의 발전이라는 공통된 주제와 창업자 및 그 가족의 핵심 관심사와 상당히 일치한다. 이 사례에서 예외인 자이스 재단의 경우, 이사회 구성, 수혜자 선정, 창립자의 유산 계승 측면 모두에서 이사회에 가족이 수혜자로 참여하거나 설립자의 의사와 관련하여 거의 개입하지 않거나 전혀 관여하지 않는 것이 특징이다. 이는 단순한 운영 철학이 아닌 역사적 배경에 기인하는 것이다. 제2차 세계대전 이후 동독 기업이었던 자이스는 대부분 소련에 의해 몰수되었으며, 재단은 해체된 후 1991년에 다시 재건되었다. 그럼에도 불구하고 세 재단은 자선활동 — 즉, 가족의 관심사나 기업의 핵심 사업과 겹치지 않는 순수한 자선활동 — 의 경우 유사한 반응을 보이고 있다. 이는 자이스 재단을 제외하고는 정관을 엄격하게 준수하는 데서 비롯된 것으로, 베르텔스만 재단의 제보자가 언급한 것처럼 덴마크와 달리 정관에는 유연성이 존재하지 않는다.

> 재단이 일단 설립되면 [정관]은 유연하지 않아 사실상 변경이 불가능하다. 특히 민법상 재단의 형태에서는 변경할 수 있는 구조가 아니기 때문에 재단의 활동 범위를 확대할 수 있을 뿐이다. 예를 들어, 기부금을 추가로 출연하면 새로운 중점 분야를 한두 개 추가하거나 기존 범위를 넓힐 수는 있지만, 기존 정해진 목적을 변경하거나 범위를 줄이거나 기존 사명을 철회할 수는 없는데, 이는 재단이 되돌릴 수 없는 증여(irreversible gift)로 간주되기 때문이다.

따라서 정관의 경직성은 재단에 설립자의 개인적 관심사와 자선 목적을 부과하고 있으며, 그 목적이 시대에 뒤떨어졌는지 여부와 무관하게 지속적으로 추구해야 하는 영구적인 의무가 있다. 이러한 특성은 독일 재단들이 자선 및 유산 논리의 영향을 강하게 받는 이유를 설명하는 데 도움이 될 수 있다. 그러나 이는 독일 재단들 사이에서 나타내는 유일한 공통점이며, 그 외 측면에는 세 집단이 매우 상이한 양상을 보인다.

4.5.2 "긴급한" 상황에서의 규제 기관: 동질적인 조직적 대응을 향한 융합 압력

<표 9>는 현재의 주주재단 형태가 도입된 지 10년밖에 되지 않은 프랑스의 세 가지 논리에 대한 응답을 요약한 것이다. 이러한 유형의 혼합적 조직에 대하여 아직 성숙하지 않은 제도적 맥락에서 주주재단에 대한 다양한 반응이 예상된다. 그러나 예상과 달리, 상당한 수준의 동질성이 관찰되는데, 이러한 현상은 프랑스 규제 제도가 초래한 융합 압력(convergence pressure)의 결과일 가능성이 높다.

첫째, 모든 재단은 설립자와 친족 또는 친구 관계 등 정서적 유대 관계를 맺고 있는 이사진의 비율이 25%에서 35% 사이로 유사한 특징이 있다. 둘째, 일반적으로 학자, 과학자, 비영리 단체 관리자, 정부 부처 공무원 등 공익 활동과 관련된 '자격을 갖춘 사람'의 비율이 이사회 내에서 40%에서 50% 사이로 높은 것이 특징이다. 정서적 유대 관계 인사의 비율은 프랑스에서 주주재단 형태가 초기 단계이기 때문에 설립자와 개인적인 친분이 있는 재단 관리인이 존재하기 때문일 수 있지만, 자격을 갖춘 인사의 비율은 프랑스에서 공인된 공익 재단에 자격을 갖춘 사람을 이사회에 포함하도록 규제를 부과한 결과이다. 또한, 강한 정서적 유대 관계와 규제의 조합만으로는 세 번째 범주에 속하는 기업 대표의 참여 비율이 낮은 현상을 설명할 수 없다. 이러한 낮은 기업 대표 참여율은 현재 복지국가로 자리 잡은 프랑스에서 영리 활동과 자선활동이 역사적으로 분리되어 왔고, 제도적으로 고착화되어 있기 때문이라고 생각한다(Gautier, 2018).

또한, 지원금과 프로그램에 대한 지출은 세 프랑스 재단 모두에서 눈에 띄게 유사한 양상을 보인다. 정관에 명시된 설립자의 개인적 관심사는 지출 항목에서 상당한 비중을 차지한다. 예를 들어, 피에르 파브르 재단(Pierre Fabre)의 지출 중 거의 절반은 설립자의 개인적인 관심사 중 하나인 겸상 적혈구 빈혈 퇴치를 위한 것이다. 세 재단 모두 지출의 다수는 기업의 핵심 사업과 밀접한 관련이 있

표 9 프랑스의 논리 처방에 대한 조직적 대응

	재단	유산 논리	자선 논리	사업 논리
이사회 구성	Pierre Fabre	중간	중간	낮음
	Mérieux	중간	중간	낮음
	Varenne	중간	중간	낮음
수익 배분에 대한 영향력	Pierre Fabre	0	낮음	중간
	Mérieux	중간	중간	중간
	Varenne	0	중간	~중간
기부대상	Pierre Fabre	중간	~0	높음
	Mérieux	중간	~0	높음
	Varenne	중간	~0	높음

는 사회적 목적에 사용된다. 파브르 재단과 메리 재단(Mérieux)의 경우 개발도상국에 의약품과 의료 서비스를 제공하고, 바렌 재단(Varenne)의 경우 언론 직업의 진흥과 관련된 분야를 지원한다. 이 세 재단의 지출은 설립자의 개인적인 관심사나 기업 관련 자선단체에 대한 지출이 거의 대부분을 차지하며, 그 외에 관련 없는 자선단체에 대한 지출은 거의 없다.

4.6 논의: 논리적 대응에 대한 국가 내 제도의 영향력

본 연구에서는 국가 내 제도적 장치가 제도적 복잡성에 대한 조직적 대응의 유사점과 차이점을 어떻게 설명할 수 있는지 살펴보고자 했다. 주주재단의 혼합적 조직 형태를 활용하여 덴마크, 독일, 프랑스의 조직 구성원들이 가족 논리, 상업 논리, 자선(공익) 논리 등과 같은 다양한 논리에 어떻게 대응했는지 설명했다. 본 연구는 각 국가별 규제 기관이 제도적 처방에 대한 특정 유형의 대응을 제한하거나 유인을 제공 특정 방향으로 유도하는 역할을 수행하고 있음을 확인하였다.

연구자들은 제도적 복잡성을 설정하는 데 있어 해당 분야의 성숙도가 중요하다고 지적한 바 있는데, 특히 "보다 성숙한 분야에서는 경쟁 논리 간의 긴장이 현장 수준에서 해소되었기 때문에 조직 수준에서의 제도적 복잡성은 [신흥 분야에 비해] 더 낮고 예측 가능성이 높다."고 언급했다(Greenwood *et al.*, 2011). 그러나 사례에서 알 수 있듯이 제도적 요구의 예측 가능성은 조직 집단 전반에서 나타나는 대응과 다소 괴리가 있다. 덴마크와 독일의 사례에서 알 수 있듯이, 서로 다른 논리 사이에 '휴전'이 확립된 성숙한 분야에서도 조직 단위에서 나타나는 대응 유형을 예측하는 데에는 한계가 있다. 이와는 대조적으로, 프랑스의 경우 신생 분야의 조직들은 주주재단 형태가 비교적 새로운 초기 특성임에도 불구하고 놀랍게도 유사한 대응 양상을 보였다.

본 연구에서는 조직이 제도적 복잡성에 대응하는 방식 — 그 대응의 발산과 수렴 — 이 단지 조직의 구조적 특성이나 구성원의 인지적 해석 과정에만 기인하는 것이 아니라고 제안한다. 또한 현장 또는 국가 차원에서 압력을 행사하는 제도, 특히 규제 제도와도 깊은 관련이 있다고 본다. 본 연구는 특정 제도의 설립과 수렴적 반응 패턴 사이의 인과관계를 직접적으로 도출하지는 않지만, 제도가 총체적으로 "인과 패턴의 묶음(bundle of causal patterns)"을 형성하며(Skocpol & Somers, 1980), 이러한 묶음이 제도적 복잡성에 대한 조직의 반응을 적어도 부분적으로 설명할 수 있다는 것을 확인하였다. 후속 연구에서는 국가 문화와 같은 규범적 요소와 문화적 인지적 요소의 역할을 분석하여 현장 또는 국가 수준의 역할 분석에 대한 연구를 확장할 수 있다(Scott, 2014).

본 연구는 영리 기업에 대한 의결권과 소유권을 행사하는 재단이라는 특정 맥락에 기반하고 있지만, 연구 결과는 보다 광범위하게 적용할 수 있다. 즉, 기존 일반적인 기업재단에서도 동일하게 존재하는 무수한 경쟁적 제도적 요구에 대한 조직의 대응이 국내 제도적 환경에 의해 영향 받을 수 있음을 보여준다. 따라서 본 연구는 실질적인 시사점 측면에서 재단 경영자가 제도적 환경의 규제 제약을 묵인하거나 전략적으로 활용함으로써 상충 목표를 어떻게 조율하는지를 강조한다.

하지만 본 연구는 보다 전략적인 선택의 중요한 역할도 밝혀냈다. 프랑스의 파브르 재단과 바렌 재단의 사례는 설립자들이 '특별 사례'로 인정받기 위해 펼친 호소와 로비 활동이 어떻게 규제 선례를 만들어 새로운 형태의 재단 설립에 유리하도록 규제 환경을 변화시킬 수 있는지를 보여준다. 마찬가지로 덴마크에서는 주요 주주재단의 대표들이 '자문위원회'를 구성하고, 향후 재단 관련 법안에 대해 덴마크 정부에 의견을 제시하는 역할을 수행하고 있다. 이를 볼 때, 재단 경영자는 단순한 제도의 수용자에 머무르지 않고, 자신들의 조직 정당성에 영향을 미치는 '게임의 규칙'을 만드는 주체이기도 하다.

참고문헌

ADMICAL. (2016). Le mécénat d'entreprise en France Résultats complets de l'enquête Admical - CSA. ADMICAL: Paris, France.

Battilana, J., & Dorado, S. (2010). Building sustainable hybrid organizations: The case of commercial microfinance organizations. *Academy of Management Journal, 53*(6), 1419-1440.

Battilana, J., & Lee, M. (2014). Advancing research on hybrid organizing - Insights from the study of social enterprises. *The Academy of Management Annals, 8*(1), 397-441.

Billis, D. (2010). *Hybrid organizations and the third sector: Challenges for practice, theory and policy*. New York, NY: Palgrave Macmillan.

Bundesverband Deutscher Stiftungen. (2016). Stiftungserrichtungen 1990-2015 in Deutschland. *Statistiken 2016*.
Available at: https://www.stiftungen.org/no_cache/de/forschung-statistik/statistiken.html. Accessed 12 Nov 2016.

Dyllick, T., & Hockerts, K. (2002). Beyond the business case for corporate sustainability. *Business Strategy and the Environment, 11*(2), 130-141.

Eisenhardt, K. M. (1989). Building theories from case study research. *The Academy of Management Review, 14*(4), 532-550.

Foundation Center. (2014). Foundation stats.
Available at: data.foundationcenter.org. Accessed 31 Oct 2016.

Friedland, R., & Alford, R. R. (1991). Bringing society back in: Symbols, practices and institutional contradictions. In P. J. DiMaggio & W. W. Powell (Eds.), *The new institutionalism in organizational analysis*. Chicago, IL: University of Chicago Press.

Friedman, M. (2007). The social responsibility of business is to increase its profits. In W. C. Zimmerli, M. Holzinger, & K. Richter (Eds.), *Corporate ethics and corporate gover-*

nance (pp. 173-178). Berlin, Germany: Springer Berlin Heidelberg.

Gautier, A. (2018). Historically contested concepts: A conceptual history of philanthropy in France, 1712-1914. *Theory and Society*. https://doi.org/10.1007/s11186-018-09335-z.

Gautier, A., & Pache, A. C. (2015). Research on corporate philanthropy: A review and assessment. *Journal of Business Ethics, 126*(3), 343-369.

Greenwood, R., *et al.* (2011). Institutional complexity and organizational responses. *The Academy of Management Annals, 5*(1), 317-371.

Hansmann, H., & Thomsen, S. (2013). Managerial distance and virtual ownership: The governance of industrial foundations. *ECGI—Finance Working Paper*, 372

Herrmann, M., & Franke, G. (2002). Performance and policy of foundation-owned firms in Germany. *European Financial Management, 8*(3), 261-279.

Jay, J. (2013). Navigating paradox as a mechanism of change and innovation in hybrid organizations. *Academy of Management Journal, 56*(1), 137-159.

Jensen, M. C., & Meckling, W. H. (1976). Theory of the firm: Managerial behavior, agency costs and ownership structure. *Journal of Financial Economics, 3*(4), 305-360.

Kodeih, F., & Greenwood, R. (2013). Responding to institutional complexity: The role of identity. *Organization Studies, 35*(1), 7-39.

Kronke, H. (1988). *Stiftungstypus und Unternehmensträgerstiftung: Eine rechtsvergleichende Untersuchung*. Tubingen, Germany: Mohr Siebeck.

Lounsbury, M., & Glynn, M. A. (2001). Cultural entrepreneurship: Stories, legitimacy, and the acquisition of resources. *Strategic Management Journal, 22*(6-7), 545-564.

Matten, D., & Moon, J. (2008). "Implicit" and "Explicit" CSR: A conceptual framework for a comparative understanding of corporate social responsibility. *Academy of Management Review, 33*(2), 404-424.

Pache, A. C., & Santos, F. M. (2010). When worlds collide: The internal dynamics of organizational responses. *Academy of Management Review, 35*(3), 455-476.

Pache, A. C., & Santos, F. (2013). Inside the hybrid organization: Selective coupling as a response to competing institutional logics. *Academy of Management Journal, 56*(4), 972-1001.

Porter, M. E., & Kramer, M. R. (2002). The competitive advantage of corporate philanthropy. *Harvard Business Review, 80*(12), 56-68. 133.

Prophil. (2015). *Les fondations actionnaires: Premiere etude Europeene*. Paris, France.

Reay, T. (2005). The recomposition of an organizational field: Health care in Alberta. *Organization Studies, 26*(3), 351-384.

Reay, T., & Hinings, C. R. (2009). Managing the rivalry of competing institutional logics. *Organization Studies, 30*(6), 629-652.

Scott, W. R. (2014). *Institutions and organizations: Ideas, interests, and identities.* Thousand Oaks, CA: SAGE Publications.

Sinani, E., *et al.* (2008). Corporate governance in Scandinavia: Comparing networks and formal institutions. *European Management Review, 5*(1), 27-40.

Skocpol, T., & Somers, M. (1980). The uses of comparative history in macrosocial inquiry. *Comparative Studies in Society and History, 22*(2), 174-197.

Suchman, M. C. (1995). Managing legitimacy: Strategic and institutional approaches. *Academy of Management Review, 20*(3), 571-610.

The Guardian. (2007). Q&A What is a corporate foundation? *The Guardian.* Available at: https://www.theguardian.com/society/2007/jun/13/societyguardian.societyguardian2

Thomsen, S. (1999). Corporate ownership by industrial foundations. *European Journal of Law and Economics, 7*, 117-136.

Thomsen, S. (2006). Industrial foundations. In K. Prewitt *et al.* (Eds.), *Legitimacy of philanthropic foundations: United States and European perspectives* (pp. 236-251). New York, NY: The Russell Sage Foundation.

Thomsen, S. (2012). *What do we know (and not know) about industrial foundations.* Center for Corporate Governance: Copenhagen, Denmark.

Thomsen, S., & Rose, C. (2004). Foundation ownership and financial performance: Do companies need owners? *European Journal of Law and Economics, 18*(3), 343-364.

Thornton, P. H., & Ocasio, W. (1999). Institutional logics and the historical contingency of power in organizations: Executive succession in the higher education publishing industry, 1958-1990. *American Journal of Sociology, 105*(3), 801-843.

Thornton, P.H., & Ocasio, W. (2008). Institutional logics. In *The sage handbook of organizational institutionalism* (pp. 99-129), Thousand Oaks, CA: SAGE Publications.

Werbel, J. D., & Carter, S. M. (2002). The CEO's influence on corporate foundation giving. *Journal of Business Ethics, 40*(1), 47-60.

Westhues, M., & Einwiller, S. (2006). Corporate foundations: Their role for corporate social responsibility. *Corporate Reputation Review, 9*(2), 144-153.

Zunz, O. (2012). *Philanthropy in America: A history*. Princeton, NJ: Princeton University Press.

Joel Bothello 캐나다 몬트리올 소재 콩코르디아 대학교(Concordia University) 존 몰슨 경영대학원(John Molson School of Business)의 경영학 조교수이다. 조직 이론을 기반으로 하는 연구를 수행 중이며, 주주재단, 사회적 기업 등 대안적 조직 형태가 전통적 기업과 비교하여 이해관계자 및 제도적 요구에 어떻게 대응하는지를 탐구하고 있다. 지속가능성 및 조직 이론 관련 다수의 논문을 발표하였다.

Arthur Gautier 프랑스 에섹 경영대학원(ESSEC Business School)의 조교수이자 에섹 필란트로피 석좌(ESSEC Philanthropy Chair)의 상임이사(Executive Director)이다. 주요 연구 분야는 개인 및 기업의 자선활동을 주제로 하며, 제도적 · 역사적 관점을 바탕으로 분석하고 있다. 이와 관련해 다수의 저서, 학술 논문, 보고서를 집필하였다.

Anne-Claire Pache 프랑스 에섹 경영대학원의 필란트로피 석좌 교수(Chaired Professor in Philanthropy)이다. 주요 연구 분야는 사회적 기업의 성장 과정과 그들이 속한 제도 환경과의 관계에 중점을 두고 있다. 관련 주제로 여러 권의 저서와 주요 경영학 저널에 논문을 발표하였다.

Part II

다양한 제도적 맥락에서의 기업재단

제5장 유럽의 기업재단

Theresa Gehringer and Georg von Schnurbein

요약 이 장의 목적은 기업재단의 현재 상황에 대해 알고 있는 것과 알지 못하는 것에 대해 통찰력을 제공하는 데 있다. 비록 유럽 전역의 모든 재단 부문에 속한 기업재단을 포괄적으로 다룰 수는 없지만, 이 분야에서 몇 가지 주목할 만한 흥미로운 발전을 살펴볼 수 있다. 기업재단은 주로 공익 재단이며 비영리 부문의 일부이기 때문에 본격적인 논의에 앞서 유럽 재단 부문에 대한 간략한 개요부터 제시한다. 이는 기업재단이 활동하는 환경에 대한 첫 인상을 제공하며, 기업재단의 수와 국가별 특성에 대한 단서를 파악하는 데에도 도움이 될 수 있다.

키워드 기업재단 - 혼합방법 연구 - 사례 연구 - 유럽 - 제도적 환경

5.1 서론

유럽의 재단 부문은 1980년대 이후 그 수와 규모가 급격히 성장했다(Anheier, 2018). 예를 들어 독일에서는 재단의 70% 이상이 1990년 통일 이후 설립되었으며(독일재단협회 Bundesverband Deutscher Stiftungen, 2014), 스페인의 경우 2014년 현재 활동 중인 재단의 70.65%가 설립된 지 20년 미만인 것으로 나타났다(Rubio Guerrero & Sosvilla Rivero, 2016). 이러한 통계를 종합해보면, 유럽 재단 부문은 젊고 활기찬 재단들이 주를 이루고 있는 것이 특징이다(Observatoire de la Fondation de France & CERPhi, 2015).

그럼에도 불구하고 유럽 재단 부문에 대한 유효하고 신뢰할 수 있는 데이터는 제한적이다. 이러한 지식 격차를 해소하기 위한 여러 시도가 있었지만, 특히 기업재단에 초점을 맞춘 연구는 여전히 소수에 불과하다. 유럽의 기업재단에 대

한 연구를 포괄적으로 검토하는 것은 기존의 연구들이 방법론 측면에서 서로 다르며, 대부분 불완전하거나 오래된 연구이기 때문에 불가능하다. 유럽 내 기업재단의 다양한 운영 모델이나 기능 방식에 대한 심화된 결론을 도출할 수 있는 구체적인 수치 자료 또한 존재하지 않는다.

이 장의 목적은 유럽의 기업재단에 대한 현재의 경험적, 이론적 지식을 개관하고 유럽 전역의 기업재단의 실제 운영의 다양성을 강조하는 것이다. 이 분야에서 몇 가지 흥미로운 사례에 주목할 수는 있지만, 이 장에서 모든 유럽 재단 부문의 기업재단에 대한 포괄적인 개요를 제공할 수는 없다.

5.2 유럽의 재단

5.2.1 구조 및 방법

유럽 내 기업재단에 대한 데이터가 제한적이기 때문에 기업재단 실태를 세 가지 관점에서 탐색적으로 접근하고자 한다. 먼저 유럽 내 기업재단의 현황을 살펴봄으로써 이 현상에 대한 정확한 이해를 돕는다. 기업재단은 주로 공익을 목적으로 하는 조직이므로 비영리 부문에 속하기 때문에 유럽 재단 부문에 대한 종합적인 관점부터 제시하는 것이 유용하다. 이를 통해 기업재단이 운영되는 제도적·사회적 환경에 대한 첫 인상을 파악하고, 나아가 재단의 수와 국가별 특성에 대한 결론을 도출하는 데 도움이 될 수 있다. 5.3에서는 학계의 기업재단 전문가와 각 국가별 재단 협회 대표를 대상으로 실시한 정성적 설문조사 결과를 제시한다. 5.4에서는 가용된 정보가 제한된 상황들 보완하기 위해 보다폰 재단(the Vodafone Foundation)의 사례를 통해 미시적 분석을 실시한다.

비록 이 접근 방식에는 인터뷰에 참여한 전문가들의 낮은 응답률 등 몇 가지 한계가 있지만, 이처럼 다양한 관점을 종합하여 유럽 내 기업재단의 현 상황에 대한 첫 번째 통찰력을 얻을 수 있으며, 이는 이러한 유형의 조직에 대한 이해를 넓히는 데 기여할 수 있다.

첫 번째 관점을 살펴보기 위해 2016년 10월에 유럽 20개국의 대학과 연구소의 연구자들에게 14개의 질문이 포함된 개방형 설문지를 발송하였다. 이 기관들은 현재 기업재단에 대한 연구를 수행하고 있으며, 국가별 재단 부문에 대한 포괄적인 관점을 가지고 있는 것으로 간주된다. 유럽 내에는 이 분야의 학계 전문가가 소수에 불과하기 때문에 적절하고 효과적인 방법인 의도적 표본 추출을 선택했다. 이 표본추출 방법은 무작위 선택이 아닌 특정 인물을 최종 샘플에 포함시키기 위해 사용되며, 연구자가 이미 연구 주제에 필요한 고유하고 중요한 지식을 가진 사례를 알고 있기 때문에 이를 보완하려는 경우에 적합하다(Robinson, 2014). 그 결과, 전체 설문 응답 또는 유용한 보고서에 대한 참조를 포함한 총 9개의 유의미한 응답을 확보할 수 있었다.

두 번째 관점의 경우, 설문조사 응답률이 저조하였기 때문에 2016년 12월에 1차, 2017년 5월에 2차로 나누어 각국 재단 협회의 대표자들에게 5개의 문항으로 구성된 개방형 설문지를 보냈다. 각국 재단 협회의 대표들은 자국의 재단 부문에 대한 전문가로서 실무적인 관점에서 전문 지식을 제공하였다. 총 18개 국가 협회에 연락하여 7개의 유용한 응답을 받았다(전체 인터뷰 대상 목록은 부록 A에 수록되어 있다). 이 두 가지 자료를 종합하여 유럽 16개국의 기업재단을 조사할 수 있었다.

세 번째 관점에서는 유럽 내 기업재단의 다양한 접근 방식과 운영 환경을 국가별로 설명하기 위해 보다폰 재단을 사례 연구 대상으로 활용했다. 이 재단을 사례로 선택한 몇 가지 이유가 있다. 첫째, 보다폰 재단은 유럽 14개국에 설립되었기 때문에 유럽 대륙을 포괄하여 폭 넓은 사례를 제공할 수 있다. 둘째, 기업의 재단으로 사례를 제한함으로써 기업재단의 역할과 운영에 영향을 미칠 수 있는 다양한 기업 문화와 경영 방식의 영향을 최소화할 수 있다. 마지막으로, 보다폰 재단은 모든 국가에서 동일한 통신 서비스를 제공한다. 이러한 서비스는 국가 간 차이가 없는 고도로 표준화된 서비스이기 때문에 재단 활동과 핵심 사업의 연결은 국가별로 다르지 않을 것으로 예상된다. 데이터 수집은 기업 웹사이트 및 기타 인터넷에 공개된 정보를 기반으로 한 온라인 조사를 통해 수행되었다. 또한 영국과 독일에 있는 보다폰 재단의 담당자에게 연락하여 추가 정보를 얻었다. 유럽 14개 보다폰 재단에 대해 로고와 사명 선언문, 설립연도, 이사회 규모, 2015년 연 지출 규모 등의 정보를 수집했다. 각국의 경제 상황에 대한 추가 분석을 위해 2015년 GDP 대비 공공사회지출 비율과 1인당 공공사회지출을 유로화로 표시한 자료를 수집했다.

5.2.2 유럽의 공익 재단

유럽 각국의 재단법은 국가마다 다르며 각 재단 부문의 발전 배경을 형성하는 주요 요인이다. 또한 유럽 회원국의 다양한 문화적 · 재정적 전통과 유럽 내에서 재단법이 통일되어 있지 않다는 사실은 유럽 전역에 걸쳐 재단의 정의에 상당한 차이가 있다는 것을 보여준다(EFC, 2015). 법적 요건은 재단의 목적, 설립을 위한 최소 자산 규모, 관리 기관, 재무 및 활동 보고서 등이 포함되어 있다(EFC, 2015). 이처럼 법적 정의에 큰 차이가 존재함에도 불구하고 Hopt 등(2009)은 재단의 가장 공통된 최소 특성을 결합한 기능적 정의를 통해 해결책을 찾았다. 이들에 따르면 재단은 "공식적인 회원이 없고, 국가 감독 기관의 감독을 받으며, 공익 목적을 위해 설립된 독립적인 조직 — 일반적으로 법인 — 을 의미한다. 설립자의 기부 자산에 기반하여 재단의 목적과 정관을 정하고, 공익 목적(일부 회원국에서는 모든 합법적 목적)을 수행하는 조직"으로 정의한다. 또한 재단은 회원이나 주주는 없지만 문화, 교육, 사회, 종교 또는 기타 공익 목적을 위해 재원을 배분한다. 재단의 활동은 재정 지원을 통한 지원금 지급(grant-making) 또는 자체 프로그램 수행을 통한 운영(operational)으로 이루어진다(McGill, 2016).

기업재단은 모든 재단 부문에서 필수적인 구성 요소이며, 다른 공익 재단들과 함께 포함된다. 이러한 기업재단의 설립 주체는 기업이며, 기업은 설립 시점에 일시적으로 자금을 출연하거나 매년 정기적으로 자금을 지원하는 방식으로 재단에 재원을 제공한다. 기업재단은 종종 기업의 자선활동(corporate philanthropy) 또는 기업 시민 의식(corporate citizenship)과 함께 언급되는데, 이에 대해서는 추후 설명할 예정이다.

총 재단 수에 대한 추정치는 표본에 포함된 국가에 따라 달라진다. 한편으로는 러시아, 터키, 동유럽 국가(에스토니아, 라트비아, 리투아니아 등), 유럽 소국(몰타, 리히텐슈타인 등)을 포함하거나 제외했는지에 따라 이러한 차이가 존재한다. 반면에 덴마크의 경우처럼 공익 재단의 정확한 숫자에 대한 신뢰할 수 있는 수치가 없는 국가도 있다. 덴마크에는 약 1,300개의 산업(주주)재단과 10,000개의 비산업(기업)재단이 있다. 그러나 이들 재단이 일반적인 자선 목적을 가지고 있는지, 상업 활동에 직접 관여하는지, 또는 설립자 가족만을 지원하는지에 대한 정보는 제공되지 않는다(Steen *et al.*, 2015). 이러한 정확한 정보의 부재로 인해 덴마크는 공익재단 총수 집계에서 제외되었다. 이와 같은 계산상의 문제는 5.4에서 다룰 기업재단의 수 추정에도 동일하게 적용된다.

25개 유럽 국가에서 수집한 자료에 따르면, 유럽 전역에는 152,057개의 공익재단이 등록되어 있는 것으로 나타났다(DAFNE, 2017; ERNOP, 2017; McGill, 2016; Observatoire de la Fondation de France & CERPhi, 2015; Mernier & Xhauflair, 2017; Rubio Guerrero & Sosvilla Rivero, 2016; Strečanský, 2012). 국가별 재단 수는 아일랜드의 35개에서 독일의 20,200개 재단에 이르기까지 다양하게 분포되어 있다. 재단 규모가 가장 큰 국가는 독일, 폴란드, 헝가리, 스웨덴 순이다.

2016년 10월에 실시된 이전 연구에 따르면 유럽 24개국에 등록된 공익 재단은 147,932개로 추산된다(McGill, 2016). 그 외 Observatoire de la Fondation de France & CERPhi(2015)에서 수집한 데이터에 따르면 유럽 10개국에 106,630개의 재단이 있는 것으로 추산된다.

현재 수치를 이전 연구와 비교하면(<표 10>), 서론에서 이미 언급한 것처럼 재단 수가 꾸준히 지속적으로 증가하고 있음을 알 수 있다. 예를 들어, 유럽연합의 5차 확대 이전 데이터를 사용한 2005년의 분석에서는 기존 15개 회원국의 재단 수가 62,000개로 추정되었다(EFC, 2005). 2009년의 또 다른 연구에서는 25개 유럽 국가를 대상으로 재단 수가 9만 개에서 11만 개에 이르는 것으로 나타났다(Hopt *et al.*, 2009).

표 10 시간 경과에 따른 주요 변수 비교

구분	연구 대상 국가 수	공익재단 수	자산 풀(10억€)	지출(10억€)
본 저자 연구(2017)	25	152,057	1,856.14 (17 of 25)	59.9 (19 of 25)
McGill (2016)	24[a]	147,932	511.3 (17 of 24)[b]	59.5 (18 of 24)[c]
Observatoire de la Fondation de France & CERPhi (2015)	10[d]	106,630	426 (10 of 10)	53.7 (10 of 10)
Hopt *et al.*(2009) (2005년 data)	25[e]	90,000~110,000	1,000 (25 of 25)	153 (25 of 25)
EFC(2005) (1999~2003년 data)	15[f]	62,000	174.3 (8 of 15)	51.0 (9 of 15)

a 오스트리아, 벨기에, 불가리아, 크로아티아, 체코, 핀란드, 프랑스, 독일, 헝가리, 아일랜드, 이탈리아, 리히텐슈타인, 네덜란드, 노르웨이, 폴란드, 포르투갈, 러시아, 슬로바키아 공화국, 스페인, 스웨덴, 스위스, 터키, 우크라이나, 영국.

b 데이터를 사용할 수 없는 7개 국가: 오스트리아, 불가리아, 크로아티아, 헝가리, 리히텐슈타인, 러시아, 우크라이나.

c 데이터를 사용할 수 없는 6개 국가: 벨기에, 불가리아, 크로아티아, 폴란드, 포르투갈, 우크라이나.

d 벨기에, 프랑스, 독일, 이탈리아, 네덜란드, 폴란드, 스페인, 스웨덴, 스위스, 영국.

e 오스트리아, 벨기에, 키프로스, 체코, 덴마크, 에스토니아, 핀란드, 프랑스, 독일, 그리스, 헝가리, 아일랜드, 이탈리아, 라트비아, 리투아니아, 몰타, 네덜란드, 폴란드, 포르투갈, 루마니아, 슬로바키아, 슬로베니아, 스페인, 스웨덴, 영국.

f 오스트리아, 벨기에, 덴마크, 핀란드, 프랑스, 독일, 그리스, 아일랜드, 이탈리아, 룩셈부르크, 네덜란드, 포르투갈, 스페인, 스웨덴, 영국.

이러한 증가는 급속한 발전과 경제적 중요성의 증가 등 다양한 요인에 기인하지만, 대체로 재단 외부 환경 또는 재단 부문의 내부 변화에서 비롯되었다(Anheier, 2018; Toepler, 2018). 첫째, 인구통계학적 요인으로 인해 전후 세대에서 다음 세대로, 점점 더 공익을 추구하는 조직으로 민간(또는 개인) 재산이 이전되었다. 둘째, 이러한 발전과 사회의 전반적인 기부 행태는 개인 부의 증가와 전반적인 번영 수준으로 인해 촉진되었다(Schuyt, 2010). 셋째, 2008~2009년 경제 불황의 결과로 많은 정부가 예술 · 문화와 같은 분야에 대한 공공 기금을 삭감하면서, 국가가 효과적으로 또는 충분히 투자할 수 없는 분야에 대해 재단과 같은 민간 주도적 활동의 역할이 더 필요하고 중요했다(Observatoire de la Fondation de France & CERPhi, 2015; von Schnurbein & Perez, 2018). 넷째, 벨기에(2002년), 스페인(1994년, 2003년) 등 거의 모든 중앙 및 동유럽 회원국에서 최근 몇 년 간 재단법과 세법이 개정되어 유연성이 높아지고 규제 요건이 완화되었다(Hopt *et al.*, 2009). 또한, 시민 의식과 자기 책임에 대한 인식이 높아지면서 개인과 기업의 재단 설립, 기부금 출연 또는 기부를 고려하는 경향이 강해졌다(Schuyt, 2010). 특히, 학계에서는 기업의 사회적 책임(CSR) 활동과 함께 기업의 자선 활동이 부각되고 장려되면서 이러한 현상이 두드러졌으나, 두 개념의 관계에 대해 논쟁이 활발하다(von Schnurbein *et al.*, 2016). 이러한 원인의 결과로 최근 몇 년 동안 많은 기업재단이 설립되었다는 것이다. 또한 재단 부문 자체도 사회에서의 역할을 인식하고 대중에게 적극적으로 활동을 홍보하기 시작하면서 재단의 추가 설립 또는 최소한 기부금 증가 등 긍정적인 영향으로 이어진 것으로 보인다(Observatoire de la Fondation de France & CERPhi, 2015).

유럽에서 CSR과 기업 자선활동이 증가하는 현상을 좀 더 자세히 살펴보면 이 개념이 유럽 차원에서 강력하게 지지되고 있음을 알 수 있다. 유럽연합 집행위원회, 유럽의회, 비즈니스 네트워크 및 기타 이해관계자들이 함께 협력하여 유럽 CSR 의제를 추진하고 있다(European Commission, 2011). EU 당국 외에도 비즈니스 네트워크 CSR Europe과 같은 여러 조직이 특히 유럽 CSR 전략의 개선에 힘쓰고 있으며, CSR 의제의 장기적인 이행 및 기업의 CSR 활동을 통한 사회에 대한 긍정적인 영향력 확대를 증진하기 위해 노력하고 있다.

이 절의 첫 번째 결론은 재단에 대한 데이터가 부족하고 비교하기 어렵다는 것이다. 그러나 이러한 한계에도 불구하고, 재단이 사회에서 매우 중요하며 유럽에서 관련 현상이 나타나고 있다는 것은 분명하다. 또한 이러한 추세가 기업의 사회적 책임 영역에서도 반영된다면, 재단을 통한 기업의 자선활동과 기업의 전략적 헌신이 사회에 눈에 띄는 영향을 미치며 점점 더 중요한 역할을 하고 있다는 것을 알 수 있다.

이것이 기업재단에 어떤 영향을 미칠 것으로 예상할 수 있을까? 기업재단은 대부분의 국가에서 공익 재단의 큰 부분을 차지하며, 재단 부문의 일부이므로, 네 가지 지표를 통해 기업재단과 관련하여 대략적인 수치를 예상하는 데 도움이 될 수 있다. 예를 들어 독일은 공익 재단의 수가 가장 많은 국가 중 하나로, 기업재단 수가 가장 많은 국가 중 하나라고 가정할 수 있다. 이에 대한 비교는 다음 절에서 제시할 예정이다.

5.3 유럽의 기업재단

전 세계 20여 개국 이상의 기업재단을 대표하는 70명을 대상으로 설문조사를 실시하여 장기적인 사회적 영향력을 발휘하는 기업재단의 다양한 전략을 살펴본 기업 시민성(CC, 2016)의 연구와 같이 글로벌 차원에서 이루어진 연구도 있다. 그러나 본 연구는 유럽의 기업재단만을 집중적으로 살펴볼 수는 없다.

유럽 자선 연구 네트워크(ERNOP)의 연구에 따르면 유럽 20개국에서 기업이 직접 또는 재단을 통해 기부한 규모는 어느 정도 파악할 수 있다. 2013년 한 해 동안 기업들이 자선 목적으로 기부한 금액의 추정치의 하한선은 약 2억 4천 6백만 달러에 달한다. 이는 가계, 기업, 재단 및 자선 복권에서 기부한 총액 약 9백 9십 3억 달러의 25%에 해당한다(ERNOP, 2017). 유럽 10개국[8]의 재단을 조사한 또 다른 연구에서는 기업이 설립자로 활동하는 비율이 특히 프랑스와 스페인에서 높게 나타났는데, 각각 전체 설립자의 25%와 16%를 차지한다. 반면 벨기에에서는 설립자 중 기업이 차지하는 비율이 1%에 불과하다(Observatoire de la Fondation de France & CERPhi, 2015).

국가별 재단 협회에서 이 주제를 다룰 경우, 주로 기업재단의 수와 규모에

8 벨기에, 프랑스, 독일, 이탈리아, 네덜란드, 폴란드, 스페인, 스웨덴, 스위스, 영국

대한 기본적인 정보를 제공한다. 예를 들어, 폴란드 기부자 포럼(Polish Donors Forum)은 폴란드의 기업재단에 관한 보고서를 세 번째 연속으로 발간하였으며, 이전 연구는 2007년과 2012년에 수행되었다. 최신 보고서에 따르면 폴란드에는 총 189개의 기업재단이 있으며, 이 중 74개 재단은 온라인 설문조사에 참여하였고 10개 재단은 심층 인터뷰에 응하였다. 이 연구는 기업재단의 주요 지원 분야, 수혜자, 재정, 고용 및 자원봉사에 대한 정보를 제공한다(Polish Donors Forum, 2017). 이 외에도 프랑스(EY & Les entreprises pour la Cité, 2016)와 스페인(Fundación Pricewaterhouse Coopers, 2016)에서도 개별적이고 주목할 만한 연구들이 간헐적으로 실시되었다.

5.3.1 수치 개요

국가별 전문가들의 답변을 통해 유럽 16개국의 기업재단 관련 수치를 다음 표에 정리하였다. 제한된 수의 기관에 초점을 맞추고 있지만, 이들 중 일부는 규모가 크고 사회적으로도 중요한 역할을 수행하고 있다. 라트비아와 리히텐슈타인의 경우처럼 일반적으로 알려진 기업재단이나 벨기에(Mernier & Xhauflair, 2017)의 경우처럼 기존 연구에 참여한 기업재단을 기준으로 산정한 수치로, 대중에게 잘 알려지지 않은 중소기업의 재단은 대부분 포함되지 않았다. 따라서 대부분의 국가에서 기업재단 수는 실제보다 적은 하한 추정치이며, 대략적인 수치로 이해해야 한다(<표 11>).

오스트리아는 재단 부문의 전반적인 제도적 틀이 기업재단의 존재에 큰 영향을 미치는 대표적인 사례 중 하나이다. 총 3,310개의 재단 중 대부분은 세대 간 기업의 승계를 위한 자산 보호 목적으로 설립된 민간재단이다. 공익 재단은 701개에 불과할 정도로 흔하지 않으며, 이에 따라 자선 목적을 지닌 기업재단도 희소한 편이다. 오스트리아 전문가에 따르면 현존하는 60~70개의 기업재단은 주로 은행 및 보험 업계에서 설립되어 대중은 거의 인식하지 못하고 있다고 한다. 이들 재단은 비영리 부문 내에서도 비영리조직(NPO)보다는 기업으로 간주된다.

표 11 공익재단과 기업재단의 비교

구분	공익재단(Public-Benefit Foundations, PbF) 수	기업재단 수
오스트리아	(2014년 총) 3,310 (2014년 PbF) 701	(2017년) 60-70
벨기에	(2015년 총) 1,751 (2015 PbF) 573	(2015년) 6-x
덴마크	-	(2016년, FoB[4]) 1,320 (2016년, 공익 목적의 FoB) 600~700개
프랑스	(2016년 총) 4,759[a] (2016년 PbF) 2,506	(2016년) 360 (후견재단[5]) 116 (정부로부터 공익성 인정받은 재단[6]) 34 (기금형 재단[7]) 207
독일	(2015년) 20,200	(2011년) 100-300
헝가리	(2016년) 15,995	(2012년) 50~1,500
아일랜드	(2016년) 35	(2016년) 6
이탈리아	(2013년) 6,220	(2016년) 44
라트비아	-	(2016년) 7-x
리히텐슈타인	(2014년) 1,239	(2017년) 5-x
네덜란드	(2013년) 7,500	(2016년) 75-100
폴란드	(2015년) 18,135	(2017년) 189
슬로바키아 공화국	(2010년) 426	(2011년) 85
스페인	(2013년 총) 14,196 (2013년 활성) 8,866	1,000 (전체 활성 재단의 약 11%)
스위스	(2016년) 13,172	(2017년) 160~200
영국	(2013년) 12,400	(2013년) 140

a 이 수치에는 알려지지 않은 수의 주(state) 재단이 포함되어 있음.

덴마크와 마찬가지로 기업의 전략 지분을 보유하면서 자산 보전이라는 1차적 목적 다음으로 과학, 예술 및 사회 분야의 주요한 재정 지원을 하는 여러 재단이 있다. 대표적인 사례로는 "Erste Stiftung"과 34개의 지역 "Sparkassestiftungen"이

[4] 번역자 주 : 공공 예산 기반재단(Fondations d'origine budgétaire)은 정부, 지방자치단체, 공공기관 등 공공 예산으로 설립되었다.

[5] 번역자 주 : 후견재단(Fondation sous égide)은 기존의 대형 재단 산하에서 운영되는데, 독립 법인은 아니며 설립과 관리가 간소화된 형태이다.

[6] 번역자 주 : 프랑스 정부로부터 공익성 인정받은 재단(reconnue d'utilité publique)은 법적 요건이 까다롭지만 세제 혜택 등 다양한 공공적 지원을 받을 수 있다.

[7] 번역자 주 : 기금형 재단(Endowment fund)은 자산을 보유하고 그 수익으로 공익 활동을 수행하며, 설립이 간단하고 운영의 유연성이 높다.

있으며, 이들은 각각 "Erste Bank" 및 "Sparkassen" 은행의 주요 주주다. 이들 재단은 2015년 한 해 동안 자선 목적을 위해 2,400만 달러를 기부한 바 있다(Fundraising Verband Austria, 2016).

슬로바키아도 유사한데, 대부분의 기업재단은 2004년부터 2008년 사이에 설립되었으며, 2%의 세금 지정 기부제도의 도입과 직접적인 관련이 있다. 슬로바키아의 세법은 법인 납세자를 대상으로 납부 세금의 2%를 자국 내 적격 비영리 단체나 시민 단체에 기부할 수 있는 기회를 제공했다. 그 결과, 특히 대기업들이 기업재단을 설립하고 2%의 세금을 해당 재단에 지정 기부하는 방식으로 이를 적극 활용했다. 2010년에는 상위 10개의 2% 세금 수혜 단체 중 6곳이 기업재단이었으며, 2014년에는 상위 20개 수혜 단체 중 12곳이 기업재단으로 나타났다. 이후 이 제도는 여러 차례 조정되었으며, 현재는 기업이 순이익에서 최소 세액의 0.5% 이상을 기부한 경우에 한해 소득세의 2%를 지정 기부할 수 있다. 이 조건을 충족하지 못하면 지정 기부 비율은 2%에서 1%로 줄어든다(Blaščák, 2016; Strečanský, 2012).

프랑스의 경우, 2016년 기준으로 법적으로 '기업재단'(fondation d'entreprise) 지위를 가진 재단은 총 360개였다. 여기에 더해, 법적 형태는 다르지만 기업에 의해 설립된 기타 재단들도 포함해야 한다. 예를 들어, 116개의 '후견 재단'(fondation sous égide), 34개의 '공익 재단'(fondation reconnue d'utilité publique), 207개의 기금(endowment funds)이 이에 해당한다. 이를 모두 포함하면, 프랑스 전체 재단의 약 20%가 기업재단으로 간주된다(EY & Les entreprises pour la Cité, 2016).

덴마크 전문가의 설명에 따르면 대부분의 덴마크 기업은 공식적인 재단을 설립하지 않고 후원 방식과 같은 CSR이나 마케팅 활동의 일부로 자선활동을 하고 있다. 덴마크는 재단이 기업의 지분을 보유하는 형태의 '재단 소유 기업'(Foundation-owned Businesses, FoBs), 또는 '산업재단'이나 '주주재단'이라 불리는 모델에 오랜 전통을 가지고 있다. 이러한 형태의 재단은 설립 기업의 지분에 대해 과반 혹은 전부의 의결권을 보유하고 있으며, 현재 덴마크에는 1,320개의 재단이 공식적으로 등록되어 있고, 이 중 약 절반이 지출을 활용하여 본업과 더불어 공익 목적의 사업 활동을 위해 사용하고 있다. 덴마크에는 머스크(Maersk), 레고(Lego), 노보 노디스크(Novo Nordisk)와 같은 세계적인 대기업이 소재하고 있으며, 이러한 주요 기업도 재단을 통해 사회적 기여를 하고 있다. Maersk의 경우 AP Møller 재단은 다양한 자선활동을 지원하며 덴마크의 대표적인 운송 및 물류 회사 중 하나인 AP Møller – Mærsk A/S의 의결권 지분 50% 이상을 소유하고 있다(AP Møller & Wife Chastine MC-Kinney Møller's Fund for General Purposes, 2017).

5.3.2 재정

현재까지 기업재단의 지출 규모와 자산 총액은 프랑스, 스페인, 폴란드 등 3개국을 제외하고는 분석이 거의 이루어지지 않았다. 전문가들에 따르면 데이터 부재의 한 가지 이유는 기업재단의 재정 구조가 매우 다양하기 때문인 것으로 보인다. 대부분의 재단은 기업이 출연한 자산에 대한 투자 수익, 기업의 정기 기부금, 기업과 연계된 기금, 기업 임직원이나 고객이 기부한 기부금, 현물 기부 등을 통해 1~3년 단위로 자금을 조달한다. 또한, 기업재단은 현금 기부에 대한 의무 보고 요건이 없는 경우가 많기 때문에 총 지출 규모를 파악하는 것이 거의 불가능하다.

첫 번째 예외는 프랑스에서 설립된 70개의 기업재단(정확히는 재단 65개, 기금 5개)을 분석한 연구이다(EY & Les entreprises pour la Cité, 2016). 이 연구에 따르면 재단의 연평균 예산은 약 140만 달러로 2014년 이후 7% 증가한 것으로 나타났다. 분석 대상 기업재단의 34%는 연간 예산이 110만 달러 초과, 22%는 57만 달러에서 110만 달러, 30%는 11만 달러에서 57만 달러, 나머지 14%는 11만 달러 이하의 예산을 보유하고 있다(EY & Les entreprises pour la Cité, 2016). 두 번째 연구는 스페인에서 가장 관련성이 높은 133개의 기업재단을 분석한 것으로, 스페인 내 기업재단은 약 1,000개로 추정된다(Fundación PricewaterhouseCoopers, 2016). 이들 재단의 연간 예산 총액은 10억 유로 이상으로, 이는 스페인 GDP의 0.1%에 해당한다. 이들 재단의 54%는 기업 임직원들의 자원봉사 활동도 운영하고 있다. 위 금액에 기업의 자원봉사 시간과 그에 따른 경제적 효과까지 포함한다면 재단의 사회적 영향력은 훨씬 더 커질 것이다. 주목할 점은 예산 집중도가 높다는 점이다. 상위 5개 기업재단이 전체 투자 예산의 75%를 차지하고 있어, 일부 대규모 재단이 전체 생태계에서 차지하는 비중이 매우 크다는 점을 보여준다. 따라서 이 보고서는 두 가지 이유로 인해 기업의 규모와 재단 설립 가능성 사이에 직접적인 연관성이 있다고 가정한다. 첫째, 스페인 증권거래소에 상장된 기업의 75%가 자체 재단을 보유하고 있으며, 둘째, 이 75% 중 기업의 규모가 클수록 재단을 보유할 가능성이 더 큰 것으로 보인다. 폴란드의 기업재단 재정 상황에 관한 세 번째 연구에 따르면 2016년 기준 69개 재단의 평균 예산은 20만 달러로 나타났다. 재단의 주요 재원은 설립 기업의 출연금이며, 절반 이상의 재단에서 창립자의 출연금이 전체 연간 예산의 최소 80%를 차지한다. 전체 재단 중에 3분의 1은 설립자 출연금이 연간 예산의 95% 이상을 차지하는 것으로 나타났다. 설립 기업의 직원들로부터의 기부는 상대적으로 드물지만, 약 4분의 1 이상의 재단이 이 지원을 받는다. 그러나 이 기부는 재정적 중요성은 낮은 편으로, 기업재단 예산의 평균 1%에 불과하다(Polish Donors Forum, 2017).

5.3.3 법적 모델과 기업재단의 시민사회와의 관계

기업 기부 또는 기업재단에 대한 법적 · 재정적 제도 분석 틀을 구체적으로 다룬 연구는 없지만, 간접적으로 살펴볼 수 있는 전 세계 193개국의 자선 기부에 대한 규제 및 세금 조건을 분석한 한 연구는 참고할 만하다(Quick *et al.*, 2014). 이 연구의 주요 결과 중 하나는 분석 대상인 UN 회원국 177개국 중 77%가 기업의 기부에 대해 어떤 형태로든 세제 혜택을 제공하고 있다는 점이다. 대륙별로 살펴보면, 유럽 국가 중 88%가 기업 기부에 대한 세금 보상을 제공한다. 흥미로운 점은 노르웨이가 유럽 국가 중 유일하게 개인 기부자에게는 세제 혜택을 제공하지만, 기업 기부에는 세제 혜택을 제공하지 않는다는 점이다. 연구에 따르면 세제 혜택의 유무와 기부금 비율 사이의 상관관계는 명확하지 않지만, 최소한 세제 혜택이 있다면 적어도 자선 기부를 위한 환경이 조성되는 것으로 볼 수 있다.

대부분의 국가에서 기업재단의 법적 지위는 그 사명이 공익을 목적으로 하는 경우 공익재단과 동일하다. 예외적으로 아일랜드는 기업재단의 법적 지위를 자선단체 지위(Charitable status)를 가진 보증한도 회사(company limited by guarantee)로 간주하여 자선 규제 준수와 더불어 모든 일반 기업 관련 법률이 적용된다. 기업재단이 공익 재단 그룹에 포함됨에 따라, 일부 국가의 재단 협회에서는 기업재단의 특수한 상황과 필요에 주목하여 기업재단을 위한 가이드라인과 권고 사항을 별도로 발표했다. 독일(Bundesverband Deutscher Stiftungen, 2016), 폴란드(Polish Donors Forum, 2015), 영국(ACF & Ellis, F., 2010, 2016; Charity Commission for England and Wales, 2009)이 대표적이다. 이 지침들은 스위스 재단 규범(Swiss Foundation Code)과 같은 일반 권고안에 보완적으로 적용된다. 스위스 재단 규범은 유럽에서 처음으로 제정된 것으로, 공익 재단을 위한 우수한 지배구조 원칙을 제시하며 재단 설립, 조직, 경영 및 감독, 재정과 투자 정책에 대해 세부적인 지침을 제공한다. 이 규범은 세 가지 주요 원칙과 29개의 권고 사항을 기반으로 한다(Sprecher *et al.*, 2016).

학문적 관점에서 볼 때, 재단의 우수한 지배구조 실천에 차이가 발생하는 원인은 다양하다. Rey-Garcia *et al.*(2012)의 연구에서는 이 주제를 살펴보고 기업재단의 책임성과 투명성을 평가하기 위해 자체 규제, 스캔들로 인한 사회적 압력 등 6가지 변수를 포함하는 도구를 제안한다. 스페인 재단 부문을 사례로 삼아 서로 다른 제도적 환경과 시간에 따른 차이를 설명하려고 노력한다.

전문가들의 견해에 따르면, 기업재단이 시민사회 및 경제 부문과 관련하여 자신을 바라보는 방식에는 여러 가지가 있다. 어떤 재단은 스스로 비영리 영역의 일부로 간주하고 기업과 독립적으로 다른 재단 및 비영리 단체와 함께 국내 또는 국제적 차원에서 활동하며 시민사회의 정체성에 더 집중한다. 반면, 다른 재단들은 사명, 자금, 인프라 등 여러 측면에서 회사와 밀접하게 연결되어 있지만 별도의 목적을 가지고 있기 때문에 시장과 시민사회가 만나는 지점에 자신을 위치시키는 경우도 있다. 또 다른 일부는 법적 독립성을 갖고 있지만 스스로 기업의 일부로 인식하며, 시장 정체성을 더 강하게 인식하고 있다. 이러한 두 가지 정체성은 항상 존재하지만, 어느 쪽에 더 무게를 두느냐에 따라 기업재단의 유형이 달라진다. Herlin & Pedersen(2013)은 덴마크의 한 기업재단의 사례를 들어 비정부기구와 같은 교차 부문 간 파트너십에서 기업재단의 역할에 대한 연구를 수행했다. 이들의 연구 결과는 기업재단이 시민사회와 경제 부문 간의 가교 역할을 하고 협력적 행동을 가능하게 하는 실제 잠재력에 대한 흥미로운 통찰력을 제공한다.

5.3.4 대중의 인식

설문조사에 참여한 전문가들에 따르면 기업재단에 대한 일반 대중의 인식은 문제로 지적되고 있다. 대부분의 국가에서 전체 공익 재단 수에 비해 상대적으로 적은 편이지만, 대중과 적극적으로 소통하는 기업재단이 소수에 불과하기 때문이다. 예를 들어, 영국의 로이드 은행 재단(Lloyds Bank Foundation for England and Wales)과 보다폰 재단은 매우 잘 알려져 있고 지원금 조성 프로그램으로 높은 평가를 받고 있다. 반면, 다른 재단들은 여전히 광범위한 홍보를 피하고 재단 부문 또는 특정 수혜자 그룹 내에서만 소통하는 경향이 있다. 예를 들어, 헝가리의 에르스테 재단(the Erste Foundation)과 벨룩스 재단(the Velux Foundation)은 제3섹터에서 높은 평가를 받고 있지만 일반 대중에게는 거의 알려지지 않았다. 또한 재단에 대한 대중의 인식이나 평판의 차이는 재단 자체의 성과보다는 기업 설립자의 평판에 더 큰 영향을 받는 경우가 많다.

5.3.5 주요 활동

인터뷰 참여자들은 기업재단의 활동을 주로 지원금 지급(grant-making)으로 간주했다. 특히 아일랜드, 이탈리아, 폴란드, 영국에서 이러한 경향이 두드러졌다. 일부 인터뷰 참여자들은 자국의 재단이 지원금 지급 프로그램과 자체 운영 활동(operational activities)을 모두 수행한다고 답했다. 덴마크, 헝가리, 네덜란드의 경우 특히 두드러진다.

기업 자원의 현물 기부 참여가 활발해지고 있다. 예를 들어 개인의 능력, 기술 등이 이에 해당한다. 특히 기업 자원봉사가 더욱 인기를 얻고 있다. 아일랜드, 이탈리아, 네덜란드에서는 대부분의 기업재단이 설립 기업의 직원들을 위한 광범위한 자원봉사 프로그램을 운영하고 있거나 준비 중이다. 급여 기부 프로그램 또한 기업들이 직원들에게 의미 있는 시간을 제공하고 사회 문제 해결에 기여할 수 있는 새로운 방법을 찾으면서 인기를 끌고 있는 것으로 보인다. 이러한 재단은 자원봉사 프로젝트를 조직하고 관리한다는 점에서 단순히 재정 지원만을 배분하는 기존의 지원금 지급 재단과 차별화된다. 기업재단이 가장 많이 지원하는 분야는 각 국가에서 공익 재단이 다루는 영역과 매우 유사하다. 예를 들어 프랑스에서는 교육, 소외계층 지원, 직업 통합, 헝가리에서는 교육, 건강 및 사회문제, 영국에서는 교육, 지역사회 · 사회복지, 아동 및 청소년 지원, 스위스에서는 사회문제, 예술 및 문화, 교육이 기업재단의 주요 기금 지원 분야이다. 폴란드에서는 기업재단의 절반 이상이 교육 및 양육, 건강 예방 및 사회 지원에 참여하고 있다. 일부 기업재단의 활동은 설립 기업의 비즈니스 및 CSR 전략과 연계되어 있으며, 설립 기업의 평판 관리나 브랜드 구축에 활용되는 것으로 추정할 수 있다. 폴란드 연구의 경우, 응답한 기업재단의 36%가 설립 기업과 동일한 분야에서 활동한다고 답했다(Polish Donors Forum, 2017). 이러한 견해는 많은 기업재단이 교육 및 연구와 같은 비즈니스 관련 활동에 보다 전략적인 방식으로 지원금을 사용하는 스위스의 경우에도 확인되었다(Purtschert *et al.*, 2007). 종종 기업재단은 설립 기업의 사회 참여도를 높이기 위한 기업 커뮤니케이션 도구로 활용되기도 한다.

5.3.6 경향성

인터뷰에 응한 학계 및 국가 협회 전문가들의 답변에 따르면, 일반적으로 재단 부문에 적용되는 모든 경향성은 기업재단에도 동일한 방식으로 영향을 미친다. 설립 기업과의 관계(독립성 및 통합 문제 포함), 직원 참여의 모범 사례는 최근 기업재단과 관련하여 점점 더 많은 논의가 이루어지고 있는 주제이다. 영향력 측정, 수혜자 선정 과정, 평가, 보고 및 직원 역량 문제와 같은 다른 주제는 다른 공익재단과 마찬가지로 기업재단에도 중요한 이슈로 남아 있다.

5.4 사례 연구 : 보다폰 재단(the Vodafone Foundations)

이 절에서는 유럽 각국에서 기업재단의 역할을 비교하기 위해 독특한 사례 연구를 사용한다. 앞서 살펴본 바와 같이 유럽 국가의 기업재단에 대한 정보가 부족하여 비교 분석이 어렵다. 따라서 본 연구는 한 기업의 재단에 집중하여 지배구조, 목적, 지출 규모, 경제적 중요성 측면에서 재단 간의 차이를 분석했다. 보다폰 그룹은 전 세계적으로 27개의 재단을 통해 사회 참여를 조직화했으며, 이 중 14개 재단은 유럽 국가에 기반을 두고 있다. 아래에서 설명하는 사회적 기원 이론(Anheier & Salamon, 1998)을 적용하여 유럽에서 기업재단의 구조와 활동에 대한 사회적, 정치적 환경이 미치는 영향을 이해하고자 한다.

5.4.1 사회적 기원 이론

Anheier & Salamon(1998)은 전 세계 비영리 부문에 대한 비교 연구를 바탕으로 사회적 기원 이론을 개발했다. 사회적 기원 이론은 사회 현상이 사회 내 제도적 선택과 복잡한 상호관계의 결과로 나타난다는 점을 설명한다(Esping-Andersen,

1990). 따라서 비영리 조직의 역할과 중요성은 그들이 활동하는 사회와 그 사회를 움직이는 사회적 힘을 통해 설명할 수 있다. Anheier & Salamon(1998)은 정부의 사회복지 지출 규모와 비영리 부문의 규모라는 두 가지 주요 차원을 기준으로 네 가지 유형의 비영리 체계를 구분했다. 정부의 사회복지 지출이 적고 비영리 부문이 상대적으로 큰 자유주의 모델은 공공복지의 보장 대신 자발적 참여 방식을 선호하는 사회를 설명한다. 중산층이 주도하며 전통적인 엘리트층과 노동계급의 운동은 약한 편이다. 반면, 사회민주주의 모델은 자유주의 모델과 반대되는 모델로 정부가 높은 세금으로 복지를 제공하고 노동계급 운동이 강한 정치적 영향력을 행사한다. 이에 따라 비영리 부문은 주로 사회서비스 등 보조적 역할에 머무른다. 기업주의 모델에서는 국가와 비영리 부문이 긴밀하게 협력하며, 사회복지 보호가 공동 결정과 절차를 통해 조직화된다. 마지막으로, 국가주의 모델은 많은 정책 영역에서 국가가 지배적인 역할을 하지만, 낮은 사회복지 보호는 비영리 부문을 통한 민간 활동으로 연결되지 않으며, 결과적으로 두 가지 형태의 활동은 모두 제한적으로 이루어진다.

이 네 가지 모델은 많은 연구에서 논의되어 왔으며 특정 국가의 분류에 대해서는 여러 저자들이 논쟁이 있으나, 본 연구에서는 Anheier & Salamon(1998)의 원저와 Einolf(2015)의 최근 분석을 기반으로 비영리 부문 분류를 진행한다 (<표 12>).

표 12 비영리 부문 체제의 모델(Anheier & Salamon, 1998)

정부 사회복지 지출	비영리 규모	
	작음	큼
낮음	국가주의(Statist)	자유주의(Liberal)
높음	사회민주주의(Social Democratic)	기업주의(Corporatist)

5.4.2 사례

보다폰 그룹은 4개 대륙 81개국에서 4억 6,200만 명의 사용자를 보유한 최대 규모의 글로벌 통신 기업 중 하나이다. "선한 연결(connecting for good)"이라는 사명을 가진 최초의 기업재단은 1989년 Vodafone Group Plc의 모국인 영국에서 설립되었다. 2016년 기준 전 세계에 27개의 기업재단이 있으며, 이 중 14개가 유럽 국가에 있다(Vodafone Group Plc, 2016). <표 13>에는 위 14개 재단에 대한 정보가 요약되어 있다. 각 재단은 특정 국가에서 독립적인 법인으로, 기업의 현지 지사와 밀접한 관계를 맺고 있다. 재단의 재원은 현지 회사 지사, 현지 직원, 그리고 영국에 본사를 둔 재단에서 국가별 재단으로 재정 지원이 이루어지는 등 다양한 경로를 통해 조성된다. 재단의 법적 형태는 국가별 법률에 따라 다를 수 있는데, 예를 들어 독일 보다폰 재단은 법적인 재단 형태가 아닌 유한책임회사("Stiftungs GmbH")로 조직되어 있다.

표 13 유럽 국가의 Vodafone Foundation 분류

Regime	자유주의	사회민주주의		기업주의					국가주의					
국가	영국	네덜란드	이탈리아	독일	아일랜드	스페인	포르투갈	몰타	그리스	루마니아	헝가리	체코	알바니아	터키
기준														
설립연도	1989	2002	2002	2003	2003	2002	2001	2003	2002	1998	2003	2006	2007	2007
이사회 규모	11	4	8	8	n.a.	10	4	4	n.a.	7	5	5	5	8
2015년 지급액(백만€)	44.4	0.632	4.4	4.5	0.666[a]	4.8	1.3	0.230	0.300[a]	2	0.266[a]	0.039	0.384	7
Vodafone 그룹 매출(백만€, 2015/2016년)[8]	8,428	1,890	6,008	10,626		4,959	973		848					2,959
GDP 대비 공공 사회지출 비율(2015/2016년)	21.5	22.0	28.9	25.3	16.1	24.6	24.1	18.2	27.0	14.8	20.16	19.4	nn	13.5
1인당 공공사회비용(€, 2015년)	9,595	12,166	7,987	10,494	8,623	5,661	4,470	3,593	4,242	1,114	2,121	2,927	nn	1,102

a 다년 간의 보고를 기반으로 한 예상 금액

[8] 번역자 주 : 자료가 수집된 회계연도 또는 조사 기간으로 일부 국가는 2015년, 또 다른 일부 국가는

위 14개 국가는 사회적 기원 이론의 네 가지 기본 모델을 모두 포함한다. 영국은 14개 국가 중 유일하게 자유주의 모델에 속하며, 네덜란드와 이탈리아는 사회민주주의 모델, 독일, 아일랜드, 스페인, 포르투갈, 몰타는 기업주의 모델, 그리스, 루마니아, 헝가리, 체코, 알바니아, 터키는 국가주의 모델에 속한다. 다음에서는 네 가지 체제 유형에 속한 재단의 구조와 운영 방식이 유사한지, 또는 다른 설명 요인이 있는지 분석한다.

5.4.3 분석 결과

14개 재단 중 거의 모든 재단은 거의 모두 보다폰 그룹의 상징 로고와 보다폰 재단이라는 이름, 그리고 국가명이 영문으로 표기되어 있다(네덜란드와 알바니아의 경우 영문명 제외). 로고 배열에는 약간의 차이가 있지만 모든 재단에서 브랜드 인지도가 높고 모기업과의 연관성이 확인된다. 기업주의 모델의 재단들만 전체 슬로건인 "선한 연결"과 다른 슬로건을 가지고 있다. 독일("사람과 아이디어의 발전 Menschen und Ideen fördern"), 포르투갈("더 나은 세상을 위해 Por um Mundo Melhor"), 몰타("지역사회 동원, 사회 변화 동원 mobilizing the community, mobilising social change") 등 국가별 기대에 따른 핵심 가치를 강조한다.

영국과 루마니아의 두 재단을 제외한 모든 재단은 2001년에서 2007년 사이에 설립되어 전반적으로 설립된 지 오래되지 않았다. 이는 현지의 필요성보다는 기업의 사회적 책임에 대한 기업의 전략적 결정이 더 크게 작용한 것으로 보인다. 보다폰 재단의 목적은 일반적으로 회사의 핵심 사업과 연관성이 있으며, 가장 중요한 아이디어는 기술에 대한 접근성을 제공하는 것이다. 영국의 재단은 "전 세계 사회 변화", "모바일을 통한 여성의 삶 변화", "에너지 혁신", "청년 역량과 일자리"와 같은 네 가지 주요 목표를 설정했다(Vodafone Group Plc, 2016). 이러한 목표는 모기업의 사회적 책임 목표와 동일하다. 첫 번째 목표를 달성하기

2016년 기준을 의미한다.

위한 한 가지 방법은 다른 나라에 재단을 설립하는 것이다.

재단 구조의 또 다른 흥미로운 측면은 이사회의 규모와 기업 이사진의 수이다. 이사회 규모 범위는 4~11명이다. 지원금 규모가 큰 재단의 경우 이사회 구성원이 더 많은 경향이 있으며, 영국 재단이 가장 많지만 복지 제도 유형에 따른 명확한 구분은 없다. 입수 가능한 정보에 따르면, 영국 재단의 경우 기업 이사회 구성원이 대다수인 반면, 대부분의 다른 재단에서는 기업 이사회 구성원이 소수인 것으로 나타났다.

두 사회민주주의 체제에 속한 재단의 목적은 모바일 기술을 활용하여 삶의 질을 향상시키려는 일반적인 목표에 초점을 맞추고 있다. 국가주의 체제를 가진 국가의 재단은 교육과 구호에 중점을 두고 있다. 터키 재단에서는 여성의 사회적 지위를 언급한다. 국가주의 체제 국가 중에서는 목적이 다양하다. 독일 재단과 아일랜드 재단은 교육에만 집중하는 반면, 스페인 재단은 장애인과 노인을 위한 지원, 포르투갈 재단과 몰타 재단은 해당 국가의 사회 문제 해결을 목표로 한다.

글로벌 관점을 가진 영국 재단을 제외한 모든 재단은 국가 차원의 사회 및 교육적 측면에 중점을 두고 있다. 모든 목적은 모기업과 영국 재단이 정의한 네 가지 주요 목표에 속하지만, 각 재단은 그중 일부만을 다루고 있다.

마지막으로 재단의 지출 규모를 분석해 보았다. 영국 재단의 지급액이 가장 크지만, 이 재단은 전 세계에 초점을 맞추고 있으며 다른 모든 재단을 지원한다. 다른 재단들 역시 현지 법인 자금으로 운영되며, 지출 규모는 45,000달러에서 790만 달러까지 매우 다양하다. 첫째, 국가의 규모와 그에 따른 시장 규모, 회사의 현지 지사의 참여도, 활동 분야에 따라 프로젝트 자금 조달에 필요한 금액에 차이가 나타난다.

기업 또는 공공에 미치는 영향을 확인하기 위해 재단의 지출 규모를 보다폰 그룹의 국가 수입 및 해당 국가의 공공 사회지출과 비교했다. 안타깝게도 모든 유럽 국가에 대한 수익은 별도로 공개되지 않았다. 사회적 기원 이론이 공공 사회지출의 차이를 설명한다는 것을 알 수 있다. 사회민주주의 국가들의 1인당 공공 사회지출이 가장 높고, 그 다음으로 기업주의 국가와 국가주의 국가가 그 뒤를 잇는 것으로 나타났다. 영국의 높은 공공 사회지출만이 이 이론을 뒷받침하지 않는다. 매출 자료가 확보된 국가에서 보다폰 그룹의 수익 구조가 다르게 나타나는데, 기업의 가장 중요한 시장은 독일, 영국, 이탈리아, 스페인으로 재단 지출의 대부분을 차지한다. 예외적으로, 터키는 수익 규모에 비해 재단 지출이 유독 높은 특이한 사례다.

5.4.4 논의

본 사례 연구는 유럽 국가에서 기업재단의 역할과 중요성에 대한 이해를 높이기 위해 진행됐다. 하나의 모기업의 설립에 집중함으로써 기업의 영향력을 일정하게 유지하면서도 다양한 복지국가 체제에 초점을 맞출 수 있었다. 분석 대상인 14개 재단은 Anheier & Salamon(1998)이 제안하고, Einolf(2015)가 추가로 논의한 네 가지 체제 유형을 모두 포괄했다. 이 결과는 이미 유럽 국가들에서 기업재단이 다양한 공공 영향력을 강조하고 있다는 것을 보여준다. 연구 결과에서 본 연구는 하나의 체제 유형에서 재단의 일관성에 대한 근거를 거의 찾을 수 없었다. 사회민주주의 및 기업주의 체제 국가의 재단은 단기간 내에 설립되었지만, 국가주의 체제 국가의 재단은 설립된 지 20년 이상의 역사를 가지고 있다. 하지만 설립연도별 차이는 사회적 영향보다는 기업 전략의 결과일 가능성이 더 크다. 사명과 관련해선 기업주의 체제 국가의 일부 재단만 목표가 다르다. 그러나 모든 목표는 영국의 주요 재단의 가장 중요한 포괄적 목적 범위 내에 있다. 또한, 공공 사회지출과 복지 체제 간에는 일부 중복되는 부분이 있지만, 이사회 규모와 지출 규모 측면에서 복지 국가 체제의 명확한 그림을 찾기 어렵다. 결론적으로, 기업재단의 역할과 구조는 그들이 활동하는 복지국가 체제보다는 모기업의 영향을 훨씬 더 많이 받는 것으로 보인다. 보다폰 그룹은 각 국가에서 재단을 통해 기업 시민 활동의 일부를 전개하고 있으며, 영국 재단이 일부 재원을 지원함으로써 각 국의 재단이 기업 전략과 연계될 수 있도록 한다. 그럼에도 불구하고 국가별 현실에 맞게 조정할 수 있다.

5.5 결론

본 연구는 유럽의 기업재단 현황에 대한 개요를 제공했다. 최근 몇 년 동안 재단에 대한 통계 자료는 개선되었지만, 기업재단에 대한 데이터는 여전히 부족하다. 첫 번째 발견은 기업재단에 대한 연구와 실무의 관심이 아직 크게 발전하지 않았다는 점이다. 지금까지 유럽에서 기업재단에 초점을 맞춘 학술 논문은 거의 없으며, 기타 보고서나 연구도 드물다. 그렇다고 해서 기업재단이 사회적으로 중요하지 않다는 의미는 아니다. 폴란드나 영국과 같은 일부 국가에서는 기업재단에 대한 심도 있는 연구나 행동 강령이 존재한다. 반면 프랑스나 덴마크와 같은 국가에서는 주주재단과 기업재단 등 다양한 기업 관련 재단에 특별한 관심을 두고 있다. 스페인, 독일, 스위스와 같은 국가에서는 기업재단에 관한 연구가 진행 중이며, 가까운 미래에 새로운 통찰을 제공할 것으로 기대된다.

두 번째 발견은 유럽 전체 재단 수에 비해 기업재단의 수가 적다는 점이다. 기업들은 기업 기부나 기업 자원봉사와 같은 다른 형태를 통해 기업의 책임을 다하는 경향이 있다. 한 가지 설명할 수 있는 것은 기업재단을 설립함으로써 더 높은 수준의 제도적 결과가 초래된다는 것이다. 대부분의 유럽 국가에서는 기업재단이 한 번 설립되면 쉽게 취소할 수 없기 때문이다. 따라서 기업재단은 모기업의 장기적인 약속이 필요하지만, 반면 기업 기부는 경제 상황에 맞춰 더 유연하게 조정할 수 있다. 후속 연구에서는 정렬 이론(Chorn, 1991)을 기반으로 기업재단과 모기업과의 관계를 더욱 정교하게 분석할 수 있다(Bethmann & von Schnurbein, 3장).

세 번째 발견은 기업재단이 특정 활동 분야에 집중하지 않는다는 점이다.

또한 이들은 유사한 목적과 활동을 가진 더 큰 규모의 지원금 재단 분야에 잘 통합되어 있다. 일부 국가에서는 연구, 교육 또는 일반적인 사회 문제와 같은 기업 관련 분야가 더 중요하지만, 일부 국가에서는 기업재단의 활동이 핵심 사업과 구별되어야 한다는 법적 경계를 설정하고 있다. Anheier(2018)는 재단이 사회에 미치는 장단점을 더 잘 이해하기 위해 재단에 대한 추가적인 비교 연구가 필요하다고 주장한다. 보다폰 그룹의 사례 연구를 바탕으로, 유럽의 기업재단은 주로 사회적 환경보다는 모기업에 의존한다는 사실을 밝혀냈다. 사회적 기원 이론을 적용한 결과, 복지 시스템이 다른 국가들 간에는 뚜렷한 차이가 없다는 것을 발견했다. 보다폰 그룹의 국가별 기업재단은 목적, 지출 규모, 이사회 규모 면에서 차이가 있지만, 이러한 차이는 사회적 영향으로 설명할 수 없다. 오히려 각 국가에서의 기업 전략과 현지 사업 성과에 따른 결과로 보인다.

결론적으로, 유럽의 기업재단은 지원금 지급 재단으로서의 역할과 기업의 사회적 책임 도구로서의 기능을 모두 포괄한다. 따라서 기업재단은 시민사회와 기업 세계 사이에 새로운 연결고리를 구축할 수 있는 잠재력을 가지고 있다.

부록 A 유럽의 기업재단 연구자, 재단협회, Vodafone 재단 명칭

연구자	국가별 재단 협회	Vodafone 재단
1. Denmark: CBS Center for Civil Society Studies 2. Italy: University of Verona/Chiara Leardini 3. Latvia: Foundation of the University of Latvia/Laila Kundziņa-Zvejniece 4. Portugal: Coimbra Business School/Maria Madalena Eça Guimarães de Abreu 5. Spain: University of A Coruña/Marta Rey-Garcia 6. Switzerland: Center for Philanthropy Studies 7. The Netherlands: Erasmus University Rotterdam/Lonneke Roza	1. Austria: Gemeinnützige Privatstiftung Philanthropie Österreich/Günther Lutschinger 2. France: Centre Français des Fonds et Fondations 3. Germany: Bundesverband Deutscher Stiftungen/Anke Pätsch and Birgit Radow 4. Hungary: Hungarian Donors Forum/Valeria Kojnok 5. Ireland: Philanthropy Ireland/Eilis Murray 6. Liechtenstein: Association of Liechtenstein Charitable Foundations e.V./Damar Bühler-Nigsch	1. Albania: Vodafone Albania Foundation 2. Czech Republic: Nadace Vodafone Ceskà republika 3. Germany: Vodafone Stiftung Deutschland 4. Greece: Vodafone Foundation 5. Hungary: Vodafone Magyarorszàg Alapitvàny 6. Ireland: Vodafone Ireland Foundation 7. Italy: Fondazione Vodafone Italia 8. Malta: Vodafone Malta Foundation 9. The Netherlands: Vodafone

연구자	국가별 재단 협회	Vodafone 재단
8. UK: The Researchery/Catherine Walker	7. UK: Association of Charitable Foundations (ACF)/David Emerson	Netherlands Foundation 10. Portugal: Fundação Vodafone Portugal 11. Romania: Fundatia Vodafone Romania 12. Spain: Fundaciòn Vodafone España 13. Turkey: Türkiye Vodafone Vakfi 14. UK: Vodafone UK Foundation

참고문헌

ACF (Association of Charitable Foundations), Ellis, F. (2010). Good practice for corporate foundations. [pdf] London: Association of Charitable Foundations. Available through: http://www.acf.org.uk/policy-practice/practice-publications/good-practice-for-corporate-foundations/. Accessed 6 Mar 2017.

ACF (Association of Charitable Foundations), Ellis, F. (2016). Good practice guide for corporate foundations. [pdf] London: Association of Charitable Foundations. Available at: http://www.acf.org.uk/downloads/publications/ACF121_Guide_to_Corporate_Foundations_Digital_SP.pdf. Accessed 6 Mar 2017.

Anheier, H. K. (2018). Philanthropic foundations in cross-national perspective: A comparative approach. American Behavioral Scientist, 62(12), 1591-1602.

Anheier, H. K., & Salamon, L. M. (1998). Social origins of civil society: Explaining the nonprofit sector cross-nationally. Voluntas: International Journal of Voluntary and Nonprofit Organizations, 9(3), 213-236.

AP Møller and Wife Chastine MC-Kinney Møller's Fund for General Purposes. (2017). About the fund. [online] Available at: https://www.apmollerfonde.dk/om-fonden.aspx. Accessed 2 June 2017.

Blaščák, F. (2016). The case of corporate percentage tax designation in Slovakia. In B. Strečanský & M. Török (Eds.), Assessment of the impact of the percentage tax designations: Past, present, future (pp. 62-65). Vienna: ERSTE Foundation.

Bundesverband Deutscher Stiftungen. (2014). Zahlen, Daten, Fakten zum deutschen

Stiftungswesen. [pdf] Berlin: Bundesverband Deutscher Stiftungen.
Available at: https://shop.stiftungen.org/media/mconnect_uploadfiles/z/d/zdf_ebook_final_webgr_e.pdf. Accessed 6 Mar 2017.

Bundesverband Deutscher Stiftungen. (2016). Zehn Empfehlungen für gemeinnützige Unternehmensstiftungen. [pdf] Berlin: Bundesverband Deutscher Stiftungen.
Available at: https://www.stiftungen.org/fileadmin/stiftungen_org/Verband/Was_wir_tun/Veranstaltungen/AK-Unternehmensstiftungen/Zehn-Empfehlungen-Unternehmensstiftungen-2016.pdf. Accessed 28 Feb 2017.

CC (Corporate Citizenship). (2016). The game changers - Corporate foundations in a changing world. London: Corporate Citizenship.
Available through: http://corporate-citizenship.com/our-insights/game-changers-corporate-foundations-changing-world/. Accessed 28 Feb 2017.

Charity Commission for England and Wales. (2009). A guide to corporate foundations. [pdf] London: Charity Commission for England and Wales.
Available at: https://www.gov.uk/government/uploads/system/uploads/attachment_data/file/351134/corporate-foundations-guide.pdf. Accessed 28 Feb 2017.

Chorn, N. (1991). The "Alignment" theory: Creating strategic fit. Management Decision, 29(1), 20-24.

CSR Europe. (n.d.) Bringing the European CSR strategy to the next stage 2015-2019. CSR Europe's Memorandum. [pdf] Brussels: CSR Europe.
Available at: http://www.csreurope.org/sites/default/files/publications/Memorandum_to_the_European_Commission.pdf. Accessed 12 June 2017.

DAFNE (Donors and Foundations Network Europe). (2017). Country profiles.
[online] Available at: http://DAFNE-online.eu/country_profile. Accessed 13 Mar 2017.

EFC (European Foundation Center). (2005). Foundation facts & figures across the EU - Associating private wealth for public benefit. [pdf] Brussels: European Foundation Center.
Available at: http://www.centre-francais-fondations.org/fondations-fonds-de-dotation/le-secteur-europe-et-monde/etudes-sur-les-fondations-en-europe/donnees-chiffrees-sur-les-fondations-de-lunion-europeenne-en-2005/at_download/file. Accessed 29 May 2017.

EFC (European Foundation Center). (2015). Comparative highlights of foundation laws. The operating environment for foundations in Europe. [pdf] Brussels: European Foundation Center.
Available at: http://efc.issuelab.org/resource/comparative_highlights_of_found

ation_laws_the_operating_environment_for_foundations_in_europe_2015. Accessed 22 May 2017.

Einolf, C. J. (2015). The social origins of nonprofit sector and charitable giving. In F. Handy & P. Wiepking (Eds.), The Palgrave handbook of global philanthropy (pp. 509-529). London: Palgrave Macmillan.

ERNOP (European Research Network on Philanthropy). (2017a). Countries. [online] Available at: http://ernop.eu/countries/. Accessed 13 Mar 2017.

ERNOP (European Research Network on Philanthropy). (2017b). Giving in Europe. The current state of research on giving by households, corporations, foundations and charity lotteries in Europe. [pdf] European Research Network on Philanthropy. Available at: http://ernop.eu/wp-content/uploads/2016/12/Factsheet-7-HR.pdf. Accessed 14 Mar 2017.

Esping-Andersen, G. (1990). The three worlds of welfare capitalism. Princeton: Princeton University Press.

European Commission. (2011). Communication from the commission to the European Parliament, the Council, the European Economic and Social Committee and the Committee of the Regions. A renewed EU strategy 2011-14 for Corporate Social Responsibility. [pdf] Brussels: European Commission.
Available at:http://eur-lex.europa.eu/LexUriServ/LexUriServ.do?uri=COM:2011:0681:FIN:EN:PDF. Accessed 12 June 2017.

EY (Ernst & Young Société d'Avocats), Les entreprises pour la Cité. (2016). Panorama des fondations et des fonds de dotation créés par des entreprises mécènes - 2016. Peut-on concilier performance et intérêt général?. [pdf] Paris: Ernst & Young Société d'Avocats, Les entreprises pour la Cité.
Available at: http://www.ey.com/Publication/vwLUAssets/ey-panorama-2016-des-fondations-et-des-fonds-de-dotation-crees-par-des-entreprises-mecenes/$FILE/ey-panorama-2016-des-fondations-et-des-fonds-de-dotation-crees-par-des-entreprises-mecenes.pdf. Accessed 14 Mar 2017.

Fundación PricewaterhouseCoopers. (2016). Fundaciones corporativas. El alma de las empresas. [pdf] Fundación PricewaterhouseCoopers.
Available at: http://www.pwc.es/es/fundacion/assets/fundaciones-corporativas-alma-empresas.pdf. Accessed 21 Mar 2017.

Fundraising Verband Austria. (2016). Gemeinnützige und nicht-gewinnorientierte Stiftungen als wichtiger Wirtschaftsfaktor. [pdf] Wien: Fundraising Verband Austria.
Available at: http://www.fundraising.at/LinkClick.aspx?fileticket=5oPOG2BKxZs%3D&tabid=394&language=de-DE. Accessed 31 May 2017.

Herlin, H., & Pedersen, J. T. (2013). Corporate foundations - Catalysts of NGO-business partnerships? Journal of Corporate Citizenship, 50, 58-90.

Hopt, K. J., von Hippel, T., Anheier, H. K., Then, V., Ebke, W., Reimer, E., & Vahlpahl, T. (2009). Feasibility study on a European Foundation Statute. [pdf] Heidelberg: Centre for Social Investment.
Available at: http://ec.europa.eu/internal_market/company/docs/eufoundation/fea-sibilitystudy_en.pdf. Accessed 20 Mar 2017.

McGill, L. T. (2016). European foundation sector report 2016. [pdf] Brussels: Donors and Foundations Network Europe.
Available at: http://DAFNE-online.eu/wp-content/uploads/2016/10/PBF-Report-2016-9-30-16.pdf. Accessed 13 Mar 2017.

Mernier, A., & Xhauflair, V. (2017). Les fondations en Belgique. Rapport 2017. [pdf] Liège: Centre d'Economie Sociale de HEC Liège.
Available at: http://labos.ulg.ac.be/philanthropie/wp-con-tent/uploads/sites/3/2017/02/Fondations-en-Belgique.pdf. Accessed 09 June 2017.

Observatoire de la Fondation de France, Centre d'Etude et de Recherche sur la Philanthropie (CERPhi). (2015). An overview of philanthropy in Europe. [pdf] Paris: Observatoire de la Fondation de France, Centre d'Etude et de Recherche sur la Philanthropie.
Available at: http://efc.issuelab.org/resource/an_overview_of_philanthropy_in_europe. Accessed 13 Mar 2017.

Polish Donors Forum. (2015). Standards for corporate foundations. Polish Donors Forum's handbook for board members and employees of corporate foundations. [pdf] Warsaw: Polish Donors Forum.
Available at: http://www.forumdarczyncow.pl/docs/standards_for_corporate_foundations_polish_donors_forum_2015.pdf. Accessed 20 Mar 2017.

Polish Donors Forum. (2017). Fundacje Koroporacyjne W Polsce. [pdf] Warsaw: Polish Donors Forum.
Available at: http://www.forumdarczyncow.pl/docs/news/fundacje_korporacyjne_w_polsce_2017_raport_forum_darczyncow.pdf. Accessed 18 Dec 2017.

Purtschert, R., von Schnurbein, G., & Beccarelli, C. (2007). Switzerland. In H. K. Anheier & S. Daly (Eds.), The politics of foundations. A comparative analysis (pp. 307-323). New York: Routledge.

Quick, E., Kruse, T. A., & Pickering, A., (2014). Rules to give by a global philanthropy legal environment index. [pdf] Washington: Nexus Network International, McDermott, McDermott Will & Emery LLP, Charities Aid Foundation.

Available at: http://www.nexusglobal.org/wp-content/uploads/2014/12/RULES-TO-GIVE-BY-FINAL-Print.pdf. Accessed 09 June 2017.

Rey-Garcia, M., Martin-Cavanna, J., & Alvarez-Gonzalez, L. I. (2012). Assessing and advancing foundation transparency: Corporate foundations as a case study. The Foundation Review, 4(3), 77-89.

Robinson, O. C. (2014). Sampling in interview-based qualitative research: A theoretical and practical guide. Qualitative Research in Psychology, 11(1), 25-41.

Rubio Guerrero, J. J., & SosvillaRivero, S. (2016). El Sector Fundacional en España: A tributos fundamentales (2008-2014). [pdf] Madrid: Asociación Española de Fundaciones. Available at: http://www.fundaciones.org/EPORTAL_DOCS/GENERAL/AEF/DOC-cw585d042d56ecf/ElsectorfundacionalenEspaNa-Atributosfundamentales-2008-2014.pdf. Accessed 09 June 2017.

Schuyt, T. (2010). Philanthropy in European welfare states: a challenging promise? International Review of Administrative Sciences, 76(4), 774-789.

Sprecher, T., Egger, P., & von Schnurbein, G. (2016). Swiss Foundation Code 2015 - Principles and recommendations for the establishment and management of grant-making foundations. Basel: Helbing Lichtenhahn Verlag.

Steen, T., Poulsen, T., & Børsting, C. (2015). Denmark country report. EUFORI study. [pdf] Luxembourg: Publications Office of the European Union.
Available at: http://euforistudy.eu/wp-content/uploads/2015/07/Denmark.pdf. Accessed 24 May 2017.

Strečanský, B. (2012). The situation of the third sector in Slovakia, the impacts of crisis, trends, mainstreams and challenges. [pdf] In Nizák, P., Csongor, A., Kákai, L., Péterfi, F., Sebestény, I. (Eds.), Civil Szemle (pp. 75-93). Budapest: Civil Szemle Alapítvány.
Available at: http://www.cpf.sk/files/files/Pages%20from%20Civil_Szemle_2012_3.pdf. Accessed 18 July 2017.

Toepler, S. (2018). Toward a comparative understanding of foundations. American Behavioral Scientist, 62(13), 1956-1971.

Vodafone Group Plc. (2016). Sustainable business report 2015/2016. [pdf] Newbury: Vodafone Group Plc.
Available at: http://www.vodafone.com/content/dam/vodafone-images/sustainabil-ity/downloads/report2016.pdf. Accessed 18 Feb 2017.

von Schnurbein, G., & Perez, M. (2018). Foundations in Switzerland: Between the American and the German cases. American Behavioral Scientist, 62(13), 1919-1932.

von Schnurbein, G., Seele, P., & Lock, I. (2016). Exclusive corporate philanthropy:

Rethinking the nexus of CSR and corporate philanthropy. Social Responsibility Journal, 12(2), 280-294.

Theresa Gehringer 바이로이트 대학교(University of Bayreuth)와 바젤 대학교(University of Basel)에서 경영학 및 지속가능발전을 전공했다. 2015년부터 바젤 대학교 필란트로피 연구 센터(Center for Philanthropy Studies, CEPS)에서 박사과정 연구원 겸 연구조교로 재직 중이며, 연구, 교육 과정 개발, 강의 등에 참여하고 있다. 주요 연구 분야는 기업 자선활동, 기업재단, 비영리조직(NPO)의 지속가능성이다.

Georg von Schnurbein 바젤 대학교 경제경영학부(Faculty of Business and Economics)의 재단 경영 부교수이자, 필란트로피 연구 센터(CEPS)의 창립 디렉터이다. 국제 자선 연구 분야의 여러 이사회에서 활동하고 있으며, 스위스 재단 코드(Swiss Foundation Code) 최신판을 공동 집필하였다. 주요 연구 분야는 비영리 조직의 지배구조, 재정 건전성, 사회적 영향력 측정에 중점을 두고 있으며, *Nonprofit & Voluntary Sector Quarterly, European Management Journal* 등 주요 학술지에 다수의 논문을 발표했다.

제6장 미국 내 기업재단

Joannie Tremblay-Boire

요약 미국에서 기업재단은 일반적으로 재단 부문과 비영리 부문의 일부로 간주된다. 기업재단은 제2차 세계대전 이후 등장하기 시작했으며, 초창기에는 기업의 사회공헌이 의도적으로 사업적 이해관계와 분리되어 있었다. 하지만 1980년대를 기점으로 그 경향이 바뀌었다. 미국에서는 기업재단을 대상으로 하는 규제는 없지만, 세무 당국에서는 기업재단을 민간재단(private foundation)으로 간주하여 규제를 적용하고 있다. 파운데이션 센터에 따르면, 2014년 기준으로 미국 재단의 약 3%가 기업재단(8만 6,726개 중 2,521개)을 차지한다고 보았다. 한 추산에 따르면, 미국 기업의 40%가 기업재단을 보유하고 있다고 한다. 이들 기업은 주로 지역사회에 기부하고, 비교적 논란이 적은 사안에 기부하며, 많은 수혜자에게 기부하는 경향이 있다. 이러한 전략은 지역사회에서의 좋은 의도를 창출하고, 더 잘 훈련된 노동력과 충성도 높은 고객층을 확보하는 데 도움이 된다. 아이러니하게도 기업재단 관계자들은 모기업과의 전략적 관계를 유지해야 한다는 압박을 받기 때문에 모기업 내부의 동료들로부터 재단 활동에 대한 지지를 얻는 데 어려움을 겪는 상황에 직면한다. 공익을 추구하는 것과 기업의 이익을 증진하는 것 사이에서 발생하는 이러한 긴장은 다른 어떤 종류의 재단이 겪지 않는 어려움이다.

키워드 기업재단 - 미국 - 제도적 환경

6.1 미국 기업재단 연구 현황

미국에서는 일반적으로 재단에 대한 학술적 연구가 제한적이다. 현재까지 자선 재단에 대한 연구는 주로 질적 연구에 집중되어 있으며, 미국의 대규모 범용 재단을 제외한 다른 재단에 대해서는 정보가 부족한 편이다. 재단 개별 사례, 재단 설립자의 동기에 대한 연구는 많이 이루어졌고, 특히 설립 이후의 업적(예: Carnegie(Lagemann, 1989), Rockefeller(Brown, 1979), Ford 등 잘 알려진 대형 독립 재단에 대한 연구)에 대한 연구가 다수 이루어졌다. 자선 역사학자들과 사회과학 학자들은 19세기 이후 미국에서 재단의 기여와 이를 둘러싼 논쟁에 대한 상세히 기록해 왔다(Weaver, 1967; Karl & Katz, 1981; Sealander, 1997; Anheier & Hammack, 2010; Hammack & Anheier, 2013). 그러나 이 제한된 연구의 대부분은 기업재단에 대해 언급하고는 있지만, 구체적으로 기업재단을 중심으로 다루고 있지는 않다.

미국의 재단에 관한 법적 체계에 대한 정보는 재단에 대한 주요 연방 규제 기관인 국세청(IRS) 및 각 주별로 법무장관 웹사이트를 통해 얻을 수 있다. 또한, 미국 재단 협의회(Council on Foundations)와 파운데이션 센터(Foundation Center)와 같은 단체에서는 재단에 대한 일반 정보, 보고서, 설명 통계를 제공한다.[9] 미국의 모든 재단은 세금 신고서를 공개적으로 제출해야 하며, 파운데이션 센터는 이러한 세금 신고 내용을 바탕으로 재단 부문에 대한 통계 정보를 제공한다.

비교 관점에서 보면, 미국의 기업재단에 대한 데이터와 연구는 다른 국가들에 비해 훨씬 더 발달되어 있다. 미국인들은 19세기부터 공공 문제를 해결하기 위해 재단을 설립하는 오랜 전통을 가지고 있기 때문이다. 하지만 빌 앤드 멜린다 게이츠 재단(the Bill and Melinda Gates Foundation)이나 월튼 패밀리 재단(the Walton Family Foundation)과 같은 거대 재단의 출현으로 재단의 경제적 영향력이 더욱 커지고 있다고 주장하는 사람들이 있음에도 불구하고, 재단이 역사적으로 선출직 공무원들로부터 받아온 비판적인 관심, 제도 내에서 국가와 시장 밖에 있는 재단의 독특한 지위에도 불구하고, 재단에 대한 학술 연구는 예상보다 훨씬 제한적이다. 최근 수십 년 동안 미국에서 비영리 및 NGO 조직 관련 문헌이 폭발적으로 증가하고 대학에서 비영리 조직 연구에만 전념하는 수십 개의 프로그램이 개설되었음에도 불구하고, 특정 유형의 비영리 조직으로서 재단에 대한 연구는 상대적으로 뒤처져 있다.

---

[9] 번역자 주 : 파운데이션 센터는 2019년 미국 가이드스타(Guidestar)와 합병하여 'Candid.'라는 새로운 단체로 설립되어 2025년 현재 운영 중이며, 자세한 정보는 Candid. 공식 웹사이트(https://candid.org/)에서 확인할 수 있다.

6.2 미국 재단의 간략한 역사

대부분의 미국인들은 20세기 초(1907년 러셀 세이지 재단(the Russell Sage Foundation), 1911년 뉴욕 카네기 재단(Carnegie Corporation), 1913년 록펠러 재단(Rockefeller Foundation) 설립)를 미국 재단의 결정적인 시기로 간주하지만, 역사학자들은 미국에서 재단의 시작은 훨씬 이전으로 거슬러 올라간다고 본다(Marts, 1953; Smith, 1999; Hammack & Anheier, 2013). 예를 들어, Hammack & Anheier(2013)는 재단에 대한 법적 정의를 "신탁 또는 법인이 보유한 자금의 기금으로, 원금과 수입을 자선 목적으로 장기간에 걸쳐 사용하는 것"으로 받아들인다면서, 이 정의를 충족하는 기부 사회공헌 단체가 헌법 작성 당시(1787년) 이미 펜실베이니아와 매사추세츠에 존재했다고 지적한다. 이러한 자선 기부금은 규모가 작고 한 가지 또는 몇 가지 제한된 목적을 위해 운영되는 경향이 있었다. 이에 비해 20세기 들어 등장한 새로운 재단은 ─ 당시 많은 다른 재단들이 전통적인 목표를 계속 추구했지만 ─ 더 큰 규모의 범용 조직이었으며, 종교적 목적보다는 효율성과 혁신, 즉 "과학적" 자선활동에 중점을 두었다(Bremner, 1988).

제2차 세계대전 이후, 의회와 대중은 재단에 대해 점점 더 의구심을 가지게 되었다. 비평가들은 특히 재단이 탈세(1950년 트루먼 대통령의 발언)와 부적절한 정치적 영향력(예: 1950년대 하원의 Cox and Reece Committees)에 이용된다고 주장했다(Hall, 2002; Kiger, 2000). 재단에 대한 적대감은 1969년 조세 개혁법(TRA)에서 절정에 달했다. 이 법은 "민간재단(private foundation)"에 대한 최초의 명시적인 정의를 제공하며, 민간재단에 대한 일련의 엄격한 규제를 도입했다. 투자 소득에 대한 소비세를 신설하고, 비영리 재단은 매년 자선 목적으로 최소한의 금액을 분배하도록 요구했으며(payout rule), 다른 자선 단체에 비해 민간재단에 기부할 때 공제받을 수 있는 개인 소득 비율을 줄였고, 자기 거래를 제한했다(1969년 TRA의 재단 관련 규정에 대한 자세한 설명은 Labovitz(1973), Smith & Chiechi(1974) 참조).

Frumkin(1998)은 1969년 TRA가 미국 민간재단의 전환점이 된 이유가, 이 법이 관료화 및 획일화로 이어져 창의성과 미래의 영향력을 억압했기 때문이라고 주장한다.

1969년 조세 개혁법의 조항으로 인해 재단에 대한 비판이 거세지자, 이를 우려한 존 록펠러 3세(John D. Rockefeller III)는 1973년 미국의 자선활동을 연구하기 위해 민간 자선 및 공공 필요 위원회(Commission on Private Philanthropy and Public Needs) — 필러 위원회(the Filer Commission)로 더 잘 알려진 — 를 설립했다. 이 위원회는 80개 이상의 연구 결과를 발표하고 수백 페이지에 달하는 권고안을 작성했다. 이 위원회의 가장 주목할 만한 공헌은 비영리 및 자원봉사 부문이 미국에서 뚜렷하고 중요한 부문이라는 점을 제시한 것이다(Billitteri, 2000).

재단에 대한 역사적 기록은 대부분 독립 재단, 예를 들어 클리블랜드 재단(the Cleveland Foundation)과 같은 지역사회(community) 재단에 초점을 맞추고 있다. 기업 사회공헌 활동을 구체적으로 살펴보면, 미국에서 가장 초기의 사례는 제2차 세계대전 이후로 거슬러 올라갈 수 있다. 1949년 포드 자동차 기금(Ford Motor Company Fund)과 1954년 GE의 기업 기부 매칭 프로그램(GE corporate gift-matching program)은 그 예이다. 법적으로 기업의 자선활동은 1880년대부터 기업의 권한을 넘어서는 것으로 간주되어 왔다. 올드 콜로니 철도 및 웨스 코크 철도 법원 판례(the Old Colony Railroad and the Wes Cork Railway court cases)가 그 예이다. 20세기 초, 기업들은 자선 기부를 했지만 그 기부는 반드시 기업에 직접적인 이익이 되어야 했다(Cousens, 1949). 즉, 기업은 공익을 증진하기 위해 기부한 것이 아니라, 직원 및 궁극적으로는 회사 자체에게 혜택을 주기 위해 기부한 것이다(Sharfman, 1994). 제1차 세계대전과 함께 일부 주에서는 기업이 사업과 관련이 없는 기부를 허용하기 시작했다(Sharfman, 1994). 그 후 1953년, 뉴저지 대법원은 A. P. 스미스 제조회사(A. P. Smith Manufacturing Company)가 프린스턴 대학교에 1,500달러를 기부하는 것이 허용된다고 판시했다. 주주들의 항의가 이어졌지만, 대법원은 이

사건을 심리하지 않았고, 기업의 역할이 주주의 이익 극대화를 넘어 더 넓은 의미의 '사회에 대한 의무'를 포함한다는 주장이 정당화되었다(Gramm, 1961). 이 판결은 미국에서 기업 자선활동의 토대를 마련한 중요한 전환점이었다. 1960년까지 46개 주와 관련 지역에서 기업의 자선활동을 명시적으로 허용하는 법률을 제정했다(Sharfman, 1994). McClimon(2004)은 이 시기를 이렇게 설명했다.

"기부금은 주로 CEO와 기타 고위 경영진과 친분이 있는 비영리 단체에 전달되거나, 제한 없는 운영 지원을 위해 소액이 여러 단체에 분산되어 전달되는 경우가 많았습니다. 대부분의 기업은 홍보나 인정을 원하지 않았으며, 단지 직원과 고객이 거주하고 일하는 지역사회를 위해 무언가를 돌려주고 그들의 삶을 개선하려는 목적이었습니다."

Smith(1994)에 따르면, 당시 기업들은 사업 활동과 무관한 자선 단체에 기부금을 전달함으로써 두 부문을 구분하고, 부적절하다는 인식을 피하려 했다. 그러나 1980년대부터 기업들은 자선활동을 사업 이익과 더 밀접하게 연결시키며, 보다 '전략적인' 자선활동으로 전환했다. AT&T 재단은 이러한 변화의 대표적인 사례로, 재단의 책임자인 레이놀드 레비(Reynold Levy)는 "재단 직원은 '야누스 얼굴'이 되어야 한다. 한 얼굴은 지역사회에 봉사하고, 다른 얼굴은 AT&T의 사업부에 봉사해야 한다."고 주장했다(Smith, 1994). 최근 몇 년 동안 미국 기업들은 직원들을 해고하면서 많은 것을 주는 해외 기업들에게 경쟁우위를 빼앗기면서 자선기부를 계속하는 것을 정당화할 수 있을지에 대한 중요한 딜레마에 직면해 있다.

6.3 기업재단 모델

미국에서 비영리 부문은 주로 연방 세법, 특히 면세 단체에 관한 규정을 담고 있는 섹션 501(c)에 의해 규제된다. 비영리 단체는 면세 신청서를 국세청(IRS)에 제출해야 하며, 미국 내 대부분의 면세 단체는 501(c)(3) 조항에 따른 조직으로 알려져 있다. 2015년 기준으로 IRS에 등록된 전체 비영리 단체의 약 4분의 3(약 120만 개)이 501(c)(3) 조항에 해당한다.[9] 이 정보는 국립 자선 통계 센터에서 수집한 것으로 정확한 수치는 이 센터에서 확인할 수 있다. 기업재단을 포함한 재단도 이 그룹에 속한다. 세법 501(c)(3) 조항에 따라 면세 혜택을 받으려면 비영리 단체가 공익을 위해 운영되어야 하며, 종교, 자선, 과학, 공공 안전, 문학, 교육, 아동 또는 동물 학대 방지 등 특정 목적을 위해 설립되어야 한다. 또한 정치 캠페인에 참여할 수 없으며 내부 로비 활동만 수행할 수 있다.

미국에는 기업재단을 대상으로 한 특별한 과세 규정은 없지만, 민간재단과 마찬가지로 일반적인 규제의 적용을 받는다. 연방 세법은 세법 501(c)(3) 섹션에 명시된 면세 단체를 '민간재단'과 '공공 자선 단체'로 구분한다. IRS는 세법 501(c)(3) 섹션에 따라 면세 자격이 있는 모든 단체를 자동으로 '민간재단'으로 간주한다. '공공 자선단체(public charity)' 지위를 얻으려면 단체는 공공 지원 테스트를 통과해야 한다. 이 테스트는 단체가 수입의 상당 부분을 일반 대중으로부터 받는지를 평가한다. 대부분의 기업재단은 다양한 출처에서 기부금을 받지 않기 때문에 '공공 자선단체'에 해당하지 않는다. 기업재단은 보통 모기업인 소수 또는 단일 출처로부터 모든 자금을 받는다. 그러나 기업재단이 정부 및 대중 등 다양한 출처로부터 재정 지원을 받는 경우, '민간재단'이 아닌 '공공 자선단체'로 지위를 변경할 수 있다.

IRS는 "민간재단" 범주 내에서 운영 재단과 비운영 재단(지원 재단이라고도 함)을 구분한다. 운영 재단은 주로 도서관이나 연구 시설 운영과 같은 자체 사회 공헌 활동을 수행하는 반면, 지원금을 지급하는 재단은 다른 비영리 단체에 자금을 배분하여 활동을 지원한다. 지원금을 지급하는 재단은 매년 자산의 최소 5%를 지원금으로 지급해야 한다. 미국 재단법에서는 일반적으로 재단의 자산 출처와 지배 구조에 따라 지원금을 지급하는 민간재단을 기업, 가족 또는 독립 재단

9 해당 통계는 국립 자선 통계센터(National Center for Charitable Statistics)에서 집계한 것이다. 정확한 수치는 http://nccsweb.urban.org/nonprofit-overview.php에서 확인할 수 있다.

(커뮤니티 재단은 공공 자선단체로 분류됨)으로 구분하지만, 이러한 분류는 법적 분류가 아니다. IRS는 기업, 가족, 독립 재단을 구분하지 않으며, 이들 모두를 '민간재단'으로 간주한다.

공공 자선단체와 달리, 민간재단은 이사회에 특수 관계인을 다수 포함할 수 있으며, 수입의 상당 부분을 공공으로부터 받을 의무가 없다. 그러나 민간재단은 공공 자선단체보다 더 엄격한 규제를 받으며, 세금 신고서(990-PF)를 더 철저하게 작성해야 하고, 세금 혜택도 제한적이다. 민간재단은 커뮤니티 재단과 같은 공공 자선 단체는 공개할 필요가 없는 모든 지원금과 수혜자를 공개해야 하며, 매년 자산의 5%를 공익 목적에 지출해야 한다. 또한, 순 투자 소득에 대해 2%의 소비세가 부과되며, 재단과 내부자(또는 "결격자")가 기업의 의결권 있는 주식의 20% 이상을 보유한 경우에도 소비세가 부과된다. 국세청에서는 결격자를 재단의 실질적 기부자(총 기부금 및 유산의 2% 초과 기부자), 재단 관리자, 재단의 실질적 기부자인 조직의 20% 초과 지분 소유자, 그들의 가족 구성원, 위에 언급된 개인들이 총 35% 이상 지분을 공동 보유한 법인, 동일한 인물들이 실질적으로 통제하는 민간재단, 그리고 정부 공무원 등으로 정의한다(자세한 사항은 IRS 사이트(https://www.irs.gov/irm/part7/irm_07-027-020.html) 참조).

법인 기부금 공제 한도는 세전 순이익의 10%를 초과할 수 없으며, 법인이 자신이 설립한 재단과의 자기거래는 금지된다. 자선단체나 재단에 기부하는 개인 기부자에 대해서도 별도의 기준이 적용된다. 개인은 공공 자선단체에 기부할 경우, 조정된 총소득의 최대 50%까지 소득세에서 공제받을 수 있지만, 민간재단에 기부하는 경우에는 최대 30%까지만 공제받을 수 있다(단, 민간운영재단에 대한 기부는 예외적으로 50%까지 공제 가능).

재단은 연방법 외에도 주법의 적용을 받는다. 일반적으로 비영리 조직은 연방정부로부터 면세 자격을(또는 지위를) 신청하기 전에 해당 주에 먼저 등록해야 한다. 주마다 법률이 크게 상이하므로, 재단은 활동하는 주의 법률을 준수해야 한다. 주법상 민간재단을 구성하는 주요 두 가지 형태는 자선신탁(charitable trust)

과 비영리 법인(not-for-profit corporation)이며, 가장 일반적인 형태는 비영리 법인이다. 신탁은 운영 구조나 자선 목적을 변경하려는 경우 법인보다 더 제한적이다. 신탁의 경우, 운영 구조나 목적을 변경하려면 법원의 절차를 거치거나 주 법무부 장관의 승인이 필요하지만, 법인의 경우에는 이사회에서 일반적으로 간단한 투표로 변경할 수 있다. 반면, 비영리 법인을 설립하는 데는 시간이 더 걸리고 비용이 더 소요되며, 회의록 작성, 정관 제출, 주정부 보고 등 더 많은 형식적 요건도 엄격하게 적용된다. 그러나 비영리 법인의 이사는 자선 신탁의 수탁자보다 개인적 책임으로부터 더 잘 보호받는다. 또한, 일부 재단에서 중요한 점은 신탁으로 구성된 경우, 기업이 해당 재단에 기부하더라도 그 기부금은 미국 내에서만 자선 목적으로 세금 공제 가능하다는 점이다. 반면 비영리 법인은 국제적 활동에 제한이 없다.

6.4 통계 자료

Guthrie(2010)는 미국 기업의 약 40%가 기업재단을 보유하고 있다고 추정하며, 다음과 같이 언급하였다.

> "미국 기업의 39% 이상이 기업재단 또는 기금을 소유하고 있으며, 그중 약 63%는 소외계층을 위한 프로젝트에, 46%는 예술 프로젝트에, 약 40%는 건강 관련 프로그램에 기부하고 있습니다. 나머지 재단들은 특별 행사(36%), 인프라(34%), 연구 프로젝트(29%) 등 다양한 목적에 중점을 두고 있습니다."

Foundation Center에 따르면, 2014년 기준으로 미국 재단의 약 3%가 기업재단으로, 전체 8만 6,726개 재단 중 2,521개가 해당된다. 이 기업재단들은 전체 재단의 자산(8,650억 달러)의 3%인 267억 달러를 보유하고 있으며, 전체 재단의 기부금(600억 달러) 중 9%인 51억 달러를 차지했다(Foundation Center, 2017). 일반적으로 미국 내 기업재단은 지원금을 지급하는 방식(grant-making)으로 설립되지만, 흥미롭게도 일부 제약 회사들은 도움이 필요한 사람들에게 의약품을 기부하기 위해 운영 재단(operating foundation)을 설립하기도 한다(Foundation Center, 2012).

2010년 기준, 미국 내 주요 기업재단 192개는 인도적 서비스(전체 지원금의 23%), 교육(21%), 공공 및 사회적 이익(20%) 부문에 집중했다(Foundation Center, 2012). 또한 전체 기부금의 30% 이상이 프로그램 지원에 사용되었고, 약 15%는 운영비 지원에 사용되었다(Foundation Center, 2012). 기업재단의 분야별 기부와 일반적인 기업의 분야별 기부를 비교해보자. 기업 자선활동 장려 위원회(Committee Encouraging Corporate Philanthropy, CECP)가 2016년 발간한 'Giving in Numbers' 보고서에 따르면 조사에 참여한 272개 기업(88%가 미국 소재)은 교육 분야(유치원부터 고등학교)에 29%, 보건 및 사회복지에 26%, 지역사회 및 경제 개발에 13%를 기부했다(CECP, 2016). 이 두 보고서에서 사용된 용어와 수치는 약간 차이가 있지만, 기업재단 기부와 기업 기부 모두 사회복지, 교육, 지역사회 기여에 중점을 둔다는 점은 명확하게 드러난다. 기업재단이 교육받은 인력을 필요로 하고, 지역사회에 환원하려는 의지를 가질 것으로 기대된다는 점에서 이러한 결과는 직관적으로 이해할 수 있다.

2010년 기준 기부금 상위 5개 기업재단(Foundation Center, 2012)은 사노피–아벤티스 환자 지원 재단(Sanof-Aventis Patient Assistance Foundation), 노바티스 환자 지원 재단(Novartis Patient Assistance Foundation), 뱅크 오브 아메리카 자선재단(Bank of America Charitable Foundation), 월마트 재단(Walmart Foundation), JP모건 체이스 재단(JPMorgan Chase Foundation)이었다. 그러나 2014년에는 기부금 상위 5개 기업재단 중 3개 재단은 동일했으며, 상위 5개 재단은 노바티스 환자 지원 재단, 웰스 파고 재단(Wells Fargo Foundation), 뱅크 오브 아메리카 자선재단, 월마트 재단, JP모건 체이스 재단으로 나타났다(Foundation Center, 2017). 흥미로운 점은 Foundation Center가 사노피–아벤티스 환자 지원 재단을 '기업' 재단이 아닌

'운영(operating)' 재단으로 재분류했다는 것이다. 만약 '기업'재단 카테고리를 유지했더라면 여전히 기업재단 중 가장 큰 규모였을 것이다.

2010년에는 기업재단의 수가 가장 많았던 분야는 은행 및 금융업으로 465개(17.1%)였으며 해당 분야의 기부 금액 또한 전체 기업재단 기부금의 가장 큰 비중인 22.1%를 차지했다(Foundation Center, 2012). 세인트루이스 연방 준비은행(Federal Reserve Bank of St. Louis)에 따르면, 금융, 보험, 부동산 산업은 미국 GDP의 약 20%를 차지한다. 따라서 기업재단에서 은행 및 금융 분야의 비중이 높은 것은 자선활동 이외의 경제적 영향력에 비례한다고 해석할 수 있다. 금융 기관들은 일반적으로 대중에게 좋은 평판을 유지하는 데 어려움을 겪고 있으며, 이러한 문제를 해결하기 위해 재단 설립과 같은 공익 활동을 통해 이미지를 제고하려는 동기를 가질 수 있다.

흥미롭게도 제약 부문은 전체 기업재단의 1%에 불과하지만, 전체 기업재단 기부금의 17% 이상을 담당하고 있다. 은행 및 금융업에 이어 두 번째로 많은 기부금 비중을 기록했다(Foundation Center, 2012). 많은 제약 재단은 '환자 지원(patient assistance)' 재단으로, 의약품에 대한 본인 부담금(co-pay)을 감당할 수 없는 고객에게 재정적 지원을 제공한다. 2016년, 미국 법무부는 제약 회사들이 이러한 재단을 통해 자사의 의약품 판매량과 가격을 높이기 위해 재단을 활용하고 있다는 의혹을 제기하며, 해당 재단들에 대한 조사를 시작했다(McCambridge, 2016).

2014년 기준으로 지역별로 기업재단의 수를 보면 뉴욕(210개), 캘리포니아(181개), 일리노이(163개), 펜실베이니아(136개), 매사추세츠(122개), 오하이오(119개), 위스콘신(113개)은 미국 기업재단 전체의 5% 이상을 차지했다. 특히 뉴욕, 캘리포니아, 일리노이, 오하이오는 Fortune 500대 기업 본사가 많은 주로 꾸준히 상위에 위치해 있으며, 이 지역들의 기업재단 수가 많은 것은 이들 기업의 집중도와 일치한다. 텍사스도 Fortune 500대 기업 수가 매우 많아, 이는 기업재단 수 기준으로는 위스콘신에 이어 107개의 많은 기업재단이 있다. 펜실베이니아, 매사추세츠, 위스콘신은 각각 다른 요인으로 설명할 수 있다. 펜실베이니아는 Andrew Carnegie의 자선 활동으로부터 시작된 유서 깊은 전통으로 잘 알려져 있으며, 피츠버그는 여전히 미국에서 가장 활발한 자선 활동이 이루어지는 도시 중 하나이다. 매사추세츠는 경제적으로 부유한 주로 보스턴의 명성 높은 대학들이 주요 대기업들을 유치하는 데 기여한다. Bernardo(2017)에 따르면 위스콘신은 미국에서 다섯 번째로 자선활동을 많이 하는 주이며, 이는 기업들의 사회공헌 활동 증가에도 영향을 미쳤을 가능성이 있다. 물론, 기업재단의 분포는 세금 환경, 인력 구성, 지역 자원의 풍부함 등의 다른 중요한 요인에 따라 매력적인 입지 조건으로 작용할 수 있다.

미국 Fortune 500대 기업의 기업재단이 초등 및 중등 교육을 위해 기부하는 경향에 대한 연구(Morsy, 2015)에 따르면, 기업재단은 개별 학교, 도시나 학군 단위에서 초점을 맞춰 기부하는 경향이 있다. 이는 기업재단이 자사의 지역사회에 선의를 베풀고 미래 인재를 양성하기 위해 지역사회 중심의 기부를 지향한다는 주장과 일치한다(Porter & Kramer, 2002; Fernandez & Hager, 2014). 또한, 기업재단은 교육 분야 중에서도 대체로 사회적으로 받아들여지기 쉽고, 상대적으로 논란의 여지가 적은 주제(예: 학교 선택권(school choice) 논쟁과 같은 민감한 주제는 회피)에 기부를 집중하는 경향이 있다. 이는 기업재단들이 기부 활동을 통해 일정 부분 자사의 사회적 합법성을 강화하려는 시도라는 주장과 일치한다(Morsy, 2015). Koushyar 등(2015)은 기업재단이 평균적으로 더 많은 수의 수혜 단체에 자금을 분산 지원하는 경향이 있으며, 같은 수혜 단체에 매년 지속적으로 자금을 지원하는 경우는 독립 재단에 비해 드물다. 이러한 경향 역시 기업재단이 지역사회 내 다양한 이해관계자의 요구를 포괄적으로 고려해 긍정적인 이미지를 형성하려는 전략이라는 주장과 일치한다.

6.5 배경 및 활동

미국에서 기업재단은 재단 부문뿐만 아니라 더 넓게는 비영리 부문의 중요한 부분으로 간주된다. Hammack(2006)은 재단을 "비영리, 비정부 부문의 필수적인 부분"이라고 설명한다. 재단은 법적으로 비영리 조직일 뿐만 아니라, 다른 비영리 조직들의 활동과 사명을 지원하는 주요 재정적 기반이기도 하다.

미국에서 재단은 오랫동안 다양한 비판의 대상이 되어 왔다. 재단은 자주 대중의 관심을 받아왔으며, 학자들뿐만 아니라 의회에서도 재단의 정당성과 특권적 지위에 대한 의문이 제기되어 왔다. 한편, 재단은 정부가 제공할 수 없거나 제공하지 않는 공공재를 제공하고(Prewitt, 2006), 고위험성이나 혁신적인 프로젝트, 옹호 활동을 지원하며 그 가치를 발휘한다(Karl & Katz, 1981; Lagemann, 1989; Hammack & Anheier, 2013). 또 다른 논리로 재단을 자발적 소비의 수단으로 보는 시각이 있기 때문에 민주주의 내에서 재단이 존재할 정당성이 있다고 주장한다. 예를 들어, "내가 내 돈으로 자동차를 살 수 있다면, 왜 Bill gates는 자선단체에 기부할 수 없는가?"와 같은 주장을 펼친다 (Anheier & Leat, 2013).[10]

또한 재단은 국가와 시장이라는 두 체제로부터 '외부'에 존재하며, 국가의 실패와 시장의 실패를 보완할 기회를 준다는 주장도 있다(Prewitt, 2006). 비영리 분야의 학자들이 널리 사용하는 이론에서, Weisbrod(1975)는 정부가 제공할 수 없거나 제공하지 않는 재화와 서비스(정부 실패)와 민간 부문이 제공하지 않는 재화와 서비스(시장 실패)를 제공하기 위해 재단과 같은 비영리 단체가 등장했다고 주장했다. 반면 재단의 투명성과 책임성 부족(Frumkin, 2006), 엘리트와 부유층으로만 구성된 이사회(Domhoff, 2002; Roelofs, 2003), 재단 설립자가 누리는 세금 혜

---

10 2013년에 《보스턴 리뷰(*Boston Review*)》는 민주주의 체제 내 재단의 역할에 대해 저명한 학자들이 참여한 포럼을 게재했다. 위 본문에서 다룬 논점들은 해당 포럼에서 제기된 주요 주장들과 맞닿아 있다. 관련 내용은 http://bostonreview.net/forum/foundations-philanthropydemocracy (접속일: 2019년 2월 10일)에서 확인할 수 있다.

택, 비영리 부문 및 정부나 국제기구 등 다른 행위자들이 초대형 재단의 의제에 종속될 위험성(예: Rushton and Williams (2011)의 글로벌 보건 정책에서의 초대형 재단 영향력 논의) 등 재단에 대한 우려를 반영하는 비판적 시각의 주장도 있다. 또한 재단은 종종 비밀스럽고 신비롭게 운영되어 사람들에게 불편함과 불신을 초래할 수 있다.[11] 학자들은 재단에 대한 정보가 부족하여 이를 '블랙박스'라고 지칭한다(Diaz, 1999; Faulk *et al.*, 2012; Reich, 2013). 본 연구자가 재단 관계자들과 인터뷰한 경험에 따르면, 재단 관계자들은 학자들과의 접촉에 대해 경계심을 갖고 있으며, 학자들이 재단에 대해 작성한 글에 대해 의구심을 가지는 경향이 있었다(Tremblay-Boire, 2015; Katz, 2016).

물론 기업재단도 일반적인 재단에 대한 비판의 대상에서 예외는 아니다. 그러나 기업재단에 대해 구체적이고 추가적으로 회의적인 시각도 존재하는 듯하다. 우선, 기업재단의 '의도'에 대해 의문이 제기된다. 기업이 재단을 단순히 기업 이미지, 브랜드 제고, 마케팅 수단이나, 직원 채용을 위한 위장을 위해 활용하는 것인지 의구심을 품는다. 즉, 지역사회를 진정으로 개선하려는 것인지 아니면 외형적인 포장에 불과한 것인지에 대한 의문이다(CoF, 2012; Morsy, 2015; Frumkin, 2006; Porter & Kramer, 2002; Prewitt, 2006). 또한 기업재단은 기업의 자원을 다른 목적에 전용하는 일종의 '주주에 대한 세금'과 같은 것이라는 비판도 받아왔다(Karnani, 2010; Masulis & Reza, 2014). Masulis & Reza(2014)는 1997년부터 2006년까지 Fortune 선정 500대 기업을 대상으로 한 연구에서 CEO들이 개인적인 이익을 위해 기업 기부를 활용한다는 경향을 발견했다. 특히 기업이 자선단체에 직접 기부하는 프로그램보다 기업재단을 통한 기부에서 더 심각하게 드러난다. "CEO들은 기회주의적으로 기부금을 재단으로 이전하는 것으로 보이며, 이러한 대규모 이전은 주주의 현금유동성을 크게 약화시킨다고 지적하였다(Masulis &

11 앞서 언급한 《보스턴 리뷰(Boston Review)》 포럼에 실린 학자들의 다양한 주장들을 다시 한번 참고하길 권한다. 전체 논의의 맥락을 보다 입체적으로 이해하는 데 도움이 될 것이다(http://bostonreview.net/forum/foundations-philanthropy-democracy).

Reza, 2014).” 저자들은 기업재단을 포함한 기업의 자선 활동이 기업 가치를 떨어뜨리고 주주에게는 손해를 끼치고, CEO의 개인적인 선호를 반영한 자선단체에 이익을 준다고 결론지었다. 요약하자면, 비평가들은 미국 내 기업재단이 충분히 헌신적이지 않다는 비판과 함께 수익 창출에도 충분히 집중하지 않는다는 상반된 비판을 동시에 받고 있는 어정쩡한 위치에 놓여 있다고 비판받고 있다.

6.6 기금을 지원하는 모기업과의 관계

미국에서 기업재단은 법적으로 모기업의 일부가 아닌 별도의 독립된 법인으로 존재한다. 모기업의 일부가 아니라 독립적인 조직으로, 기업재단은 개인이나 가족이 아닌 법인으로부터 자산을 제공받는다. 뱅크 오브 아메리카 자선재단(Bank of America Charitable Foundation), GE 재단(GE Foundation), 엑슨모빌 재단(ExxonMobil Foundation) 등은 그 예이다. 기업 임원들이 재단 이사회에서 활동하는 경우도 많다. 기업재단은 기금(endowment)을 보유할 수 있지만, 모기업으로부터 매년 기부금을 받는 경우가 많다. 기업은 수익성이 좋은 해에는 재단에 더 많은 기부를 하고, 수익성이 저조한 해에는 기부를 줄여 장기적인 기금 활용을 통해 경기 변동에서 대한 완충 역할로 기업을 보호할 수 있다. 반면, 사내 기업 기부 프로그램(in-house corporate giving programs)은 별도의 법인이 아니며, 면세 단체에 적용되는 IRS 법률의 적용을 받지 않는다(“기업재단의 모델(Models of Corporate Foundations)” 참조) 그리고 이러한 정보를 외부에 공개할 의무도 없고 기금 역시 보유하지 않는 경우가 대부분이다.

기업재단은 미국 내 다른 유형의 재단보다 기부금이 적거나 기부금이 아예 없는 ‘통과(pass-through)’ 재단으로 알려져 있지만, 실제 데이터는 이러한 주장을 뒷받침하지 않는다. 471개 재단(독립재단과 기업재단을 지역과 설립연도에 따라 매칭한 표본)을 대상으로 한 Koushyar 등(2015)의 연구에 따르면, 기업재단의 기부금은 독립 재단의 기부금보다 약간 적지만 그 차이는 통계적으로 유의미하지 않다. 오히려 해당 연구에서는 기업재단이 독립 재단보다 연간 약 3배 더 많은 기금을 조달한다는 사실을 발견했다. 마찬가지로, 2014년 Foundation Center의 데이터에 따르면 기업재단의 평균 자산(약 1,060만 달러/재단)은 운영 재단의 평균 자산(약 1,190만 달러/재단)보다는 약간 낮지만, 독립 재단(약 890만 달러/재단)보다는 약간 높았다. 특히 지역사회 재단은 재단당 평균 자산이 약 1억 3,000만 달러로 다른 유형들과 비교해 매우 큰 규모를 보인다. 따라서 적어도 미국에서는 기업재단의 '기금이 부족하다'라는 정의적 특징에 대해 다시 검토해볼 필요가 있다.

2006년에 발표된 미국 내 상위 10,000개 재단의 비용에 관한 보고서에 따르면, 기업재단은 독립재단과 지역사회 재단에 비해 직원과 이사진에게 보수를 지급하는 비율이 훨씬 낮았다(기업재단의 16%, 독립재단 34%, 지역사회 재단 61%)(Boris *et al.*, 2006). 또한 보수를 지급하는 재단 중에서 기업재단은 재단당 평균 보상이 가장 낮았다(Boris *et al.*, 2006). 하지만 각 재단에서 얼마나 많은 직원이나 이사가 보상을 받는지는 알 수 없기 때문에, 기업재단이 직원 수는 적지만 상대적으로 더 많은 보수를 지급할 가능성도 존재한다. 직관적으로 볼 때, 기업재단이 다른 유형의 재단보다 보수를 덜 지급한다는 결과는 직원 급여, 행정비용, 인프라 비용 등의 일부를 기업이 부담하는 것으로 이해할 수 있다. 그러나 이처럼 기업이 기업재단의 비용 일부를 부담하고 있을 가능성이 높기 때문에, 실제로 관리 비용과 보상에 얼마나 많은 지출을 하는지 파악하는 것은 매우 어렵다. 기업재단의 운영 실태에 대한 투명성과 파악가능성이 제한된다는 점이 문제로 지적될 수 있다.

어떤 기업이 별도의 기업재단을 설립할까? 위에서 언급한 대로, 미국 기업의 약 40%가 자체 재단을 보유하고 있다고 추정하기도 한다(Guthrie, 2010). Brown 등(2006)은 Fortune 500대 기업 중 재단을 보유한 기업(표본의 83.9%)과 재단을 보유하지 않은 기업을 비교했다. 그들은 설립된 지 오래된 기업과 직원 수가 많은 기업이 기업재단을 설립할 가능성이 더 높다는 사실을 발견했다. 이들 기업은 이사회 규모가 더 크고, 부채 비율이 더 낮으며, 재단이 없는 기업에 비해 기부 프로그램 운영에 기업 임원을 참여시킬 가능성이 훨씬 더 높다고 했다(Brown *et al.*, 2006). 재단 보유 여부에 따른 기업의 기부금 총액에는 유의미한 차이가 없는 것으로 나타났다.

미국재단협의회(The Council on Foundations, 2012)는 미국의 기업 사회공헌 전문가 및 리더들과 자문, 워크숍, 인터뷰를 진행하여 "영향력 증대, 가치 향상("Increasing Impact, Enhancing Value")이라는 제목의 보고서를 작성하였다. 이 보고서는 기업재단과 모기업의 관계에 대해 몇 가지 흥미로운 점을 제시했다. 참가자들은 기업 자선활동에 대한 시각이 분야 내에서 크게 엇갈리고 있다고 지적하였다. 일부는 자선활동은 본질적으로 '자선'에 집중되어야 하며, 기업 활동과는 분리되어야 한다고 보는 반면, 다른 일부는 자선활동이 기업 전략과 통합되어 기업과 사회 모두에 가치를 창출해야 한다는 점을 강조했다(CoF, 2012). 이에 따라, 모기업으로부터 완전히 독립적으로 운영되는 재단부터, 기업의 책임 부서 내에서 사업 경험이 있는 사람들이 관리하고 사업 계획과 밀접하게 통합된 재단까지 기업재단의 구조가 다양한 형태로 반영되었다. 이와 같이 서로 다른 접근 방식과 조직 구조는 각 기업재단이 어떠한 역할을 수행해야 하는지에 대한 근본적인 질문을 불러일으키고 있다. 또한, 재단의 사회공헌 활동을 기업 전략과 더 밀접하게 연계해야 한다는 압박이 커지고 있지만, 기업재단의 역할은 본업과는 간접적으로 관련된 사업 영역의 접점에 불과하다는 주장도 있기 때문에 회사동료들이 자신들을 무시한다고 느끼기도 한다고 지적했다(CoF, 2012).

의사결정 측면에서 보면, 기업재단의 지원금 결정에 누가 더 많은 영향력을 행사하는지에 대한 문헌은 불분명하다. 기업의 자선활동에 대한 CEO의 재량권을 제한하여, CEO가 자신의 사적 이익을 추구하는 것을 방지해야 한다는 주장이 있다(Masulis & Reza, 2014; Werbel & Carter, 2002). 하지만 모기업의 CEO가 재단의 주요 의사결정권자인 경우가 많다는 연구도 있다(Himmelstein, 1997; Barnard, 1997). 그리고 재단 회장이나 임원 이사가 주요 의사결정권자라는 연구도 있다

(Morsy, 2015). Werbel & Carter(2002)는 기업재단의 기부 우선순위에 대해 CEO가 미치는 영향력을 여러 번 언급했지만, CEO가 재단 이사회에 속하지 않을 경우 CEO의 기부 우선순위가 덜 중요해진다는 사실을 발견했다.

6.7 논의 및 전망

미국의 재단 환경은 활발하며, 기업재단도 그 예외는 아니다. 한 추산에 따르면 미국 기업의 약 40%가 자체 기업재단을 보유하고 있다. 기업재단은 전체 재단 수에서는 낮은 비율(3%)에 불과하지만, 전체 기부금의 9%를 차지하며 상대적으로 더 많은 금액을 기부하고 있다. 기업재단은 다양한 분야에 기부하지만, 모기업의 사업적 이익을 염두에 두는 경우가 많다. 이들은 주로 지역사회에 기부하고, 비교적 논란이 적은 사안에 집중하고, 많은 수혜자에게 기부하는 경향이 있다. 이러한 전략은 지역사회로부터 호감을 얻고, 기업에 더 잘 훈련된 인력을 양성하며, 충성도 높은 고객층을 형성하는 데 기여한다. 아이러니하게도, 기업재단 담당자들은 모기업과의 전략적 관계를 유지해야 한다는 압박을 받기 때문에, 종종 모기업 내부의 동료들로부터 재단 활동에 대한 지지를 얻는 데 어려움을 겪는다. 공익을 추구하는 것과 동시에 기업의 이익을 증진하는 것 사이의 갈등은 다른 유형의 재단이 직면하지 않는 고유한 도전 과제다. 따라서 재단 관계자, 임직원, 자원봉사자들이 이러한 도전에 어떻게 대응하는지에 대한 연구가 필요하다. 또한, 법적으로 독립된 재단과 달리, 기업 내부에서 기부 프로그램의 위치에 따라 행동과 전략이 달라질 수 있다.

이 장에서는 주로 재단, 특히 기업재단에 대한 광범위한 비판을 다뤘지만, 비영리 수혜자의 관점에서 재단을 논의한 적은 없었다. 사회운동 및 비영리 분야의 학자들은 제도화된 기부자(주로 재단과 정부)가 비영리 조직에 중요한 재정 자원을 제공하면서, 비영리 조직을 공동화(co-opt)한다고 주장한다. 문헌에 따르면, 비영리 조직이 외부 자금에 의존하면 수혜자의 필요에 맞춘 프로젝트를 선택하는 데 어려움을 겪고, 기부자를 대변해야 하며, 심지어 질적 성과보다 기부자에게 정량적 보고를 우선시하게 되어 본래의 사명을 완수하는 능력에 영향을 미친다고 한다(Brulle, 2000; Dowie, 2001; Ebrahim, 2005). 따라서 비영리 조직은 자신에게 자금을 지원하는 재단에 대해 정직한 평가를 기대하기 어려울 수도 있다. 자신을 먹여 살리는 손을 물지 않는다는 말처럼, 기부자와의 관계에서 진실을 밝히는 데 어려움을 겪을 가능성이 크다. 하지만 파트너의 관점에서 재단을 이해하면, 이러한 조직에 대한 시각을 달리할 수 있다. 특히 비영리 부문에서 기업재단이 다른 유형의 재단보다 더 '기업적인' 운영 방식으로의 전환이 진행됨에 따라 기업재단이 다른 유형의 재단과 비교하여 수혜자와 어떤 방식으로 상호작용을 하는지 살펴보는 연구는 흥미로울 것이다. 이러한 연구는 미국의 비영리 부문이 어떤 모습이어야 하는지, 그리고 그들이 무엇을 성취해야 하는지에 대한 논쟁에 중요한 함의를 가질 수 있다.

미국 재단에 관한 학술 문헌에서 중요한 문제 중 하나는 대부분의 연구 결과가 전체 재단 집단이 아닌 제한된 범위의 일부 재단에만 적용된다는 점이다. 질적 연구는 시간과 자원의 제약으로 인해 대개 규모가 크고 잘 알려진 재단에 집중하는 경향이 있다. 양적 연구는 자료 수집에 많은 시간이 소요되기 때문에 대부분 당시 가장 규모가 큰 재단 — 대표적인 예로는 Fortune 500대 기업이나 상장 기업 계열 재단 — 의 소규모 표본을 대상으로 하거나, 재단의 자체 보고서에 의존하는 경우가 많다. 이러한 접근 방식의 문제는 지금까지 충분히 연구되지 않은 재단과 자주 연구된 재단 간에 체계적인 운영 차이가 존재하는지를 알 수 없다는 데 있다. 이로 인해 자선재단에 대한 현재의 이해는 편향된 표본에 기반하여 부정확하거나, 근본적으로 잘못되었을 가능성도 있다. 후속 연구는 규모가 작거나 정보 부족으로 기존 연구에서 간과된 재단들을 포함하는 데 초점을 맞춰야 할 필요가 있다. 그러나 이러한 재단에 대한 자료를 수집하는 것은 어렵고, 궁극적으로 지금까지와는 다른 재단 환경에 대한 시각을 제시하는 데 한계가 있을 수 있다.

6.8 실무 관련성 및 제언

전반적으로 이 장에서는 통계 자료(예: 재단의 세금 신고서)와 학술 연구를 바탕으로 미국 내 기업재단에 대한 전반적인 개요를 제공하고자 했다. 또한, 기존 기업재단이나 미국에서 기업재단을 설립하려는 기업을 위한 몇 가지 실질적인 제언도 제시하고 있다.

첫째, '**6.2 미국 재단의 간략한 역사**' 부분에서 언급한 바와 같이, 미국 내 재단에서는 자기거래(self-dealing)가 금지되어 있다. 연방법의 자기거래 금지 규정은 기업재단에 특히 중요한데, 기업에서 직원을 이사회 이사나 자원봉사자로 선임하는 경우가 많기 때문이다. 이러한 개인들은 언제 기업을 대표하여 행동하고, 언제 재단을 대표하여 행동하는지를 명확하게 구분할 필요가 있다. 또한, 기업은 자신의 이익을 위해 재단 자산을 사용할 수 없다. 그러나 자기거래를 지나치게 조심하면, 재단이 기업과 점점 더 고립되면서 재단과 기업 전략 간의 연계가 약화될 수 있다. 따라서 기업재단의 직원과 임원은 법률 자문을 구해 자기거래의 의미와 관련 규정에 대해 충분히 이해하는 것이 바람직하다.

둘째, 이 장에서 명시적으로 다루지 않았지만, 협력은 일반적으로 비영리 조직에게 어려운 과제일 수 있으며, 재단도 마찬가지로 협력의 어려움을 겪을 수 있다는 점을 인지해야 한다. 협력을 맺은 조직은 항상 동일한 목표나 가치를 공유하는 것은 아니며, 종종 조직 내부에 최소한의 변화를 요구할 수 있고, 직원 및 자원봉사자는 이러한 변화에 저항할 수도 있다. 또한 서로 다른 파트너 간에 권력 관계에 의해 마찰이 발생할 수 있다. 연구에 따르면 기업재단은 경쟁 기업과의 협력을 꺼릴 수 있기 때문에 협력이 특히 어려울 수 있다고 한다(CoF, 2012). 하지만 기업재단의 리더들은 협력이 조직에 얼마나 큰 가치를 더할 수 있는지 잘 인식하고 있다. 또한 기업 리더들은 직면한 사회 및 환경 문제들이 점점 더 복잡해지고 있으며, 단일 조직으로는 이를 해결하기 어렵다는 사실을 인식하고 있다. 따라서 기업재단이 동료 조직들과 더 많은 의미 있는 협력을 할 수 있는 방법을 찾을 것이라고 낙관한다.

셋째, 이 장에서 언급한 연구(Koushyar *et al.*, 2015)에 따르면, 기업재단은 독립재단보다 연간 더 적은 금액과 더 많은 단체에 지원금을 제공하지만, 같은 비영리 단체에 반복적으로 지원금을 지급할 가능성이 낮은 것으로 나타났다. 이러한 접근은 다양한 지역 사회 구성원들과의 관계 형성을 통해 기업 관점에서는 타당할 수 있다. 기업재단이 소규모 비영리 단체를 보다 실질적이고 지속적으로 지원한다면 사회전반에 더 큰 영향을 미칠 수 있다는 점도 고려해 볼 필요가 있다. 재단은 지원금을 지급할 때 균형을 찾아야 한다. 동일한 소규모 수혜자 그룹에 대한 대규모 반복 지원금 지원은 의존성과 안일함을 초래할 수 있으며, 끊임없이 변화하는 수혜자에게 소규모 지원금을 지급하는 것은 유의미한 결과를 가져오기 어려울 수 있다. 따라서 기업재단은 두 극단 사이에서 적절한 위치를 찾아야 한다.

넷째, 이 장에서는 다른 기부 수단에 대해서는 언급하지 않았지만, 기업은 민간재단이 목표 달성에 적합한 수단인지, 아니면 직접 기부나 기부자 지정 기금과 같은 다른 기부 방식이 사업 및 사회적 목표 달성에 더 유리할 수 있는지 신중하게 결정해야 한다.

참고문헌

Anheier, H. K., & Hammack, D. C. (Eds.). (2010). *American foundations: Roles and contributions.* Washington, DC: Brookings Institution Press.

Anheier, H. K., & Leat, D. (2013). Philanthropic foundations: What rationales? *Social Research: An International Quarterly, 80*(2), 449-472.

Barnard, J. W. (1997). Corporate philanthropy, executives' pet charities and the agency problem. *New York Law School Law Review, 41*, 1147-1178.

Bernardo, R. (2017). 2017's most charitable states. WalletHub [online]. Available at: https://wal-lethub.com/edu/most-and-least-charitable-states/8555/. Accessed 30 Nov 2017.

Billitteri, T. J. (2000). Donors big and small propelled philanthropy in the 20th century. *The Chronicle of Philanthropy*, January 13.

Boris, E. T., Renz, L., Barve, A., Hager, M. A., & Hobor, G. (2006). *Foundation expenses & compensation*. Washington, D.C.: The Urban Institute, the Foundation Center, and Philanthropic Research, Inc..

Bremner, R. H. (1988). *American philanthropy* (2nd ed.). Chicago, IL: The University of Chicago Press.

Brown, E. R. (1979). *Rockefeller medicine men: Medicine and capitalism in the Progressive Era*. Berkeley: University of California Press.

Brown, W. O., Helland, E., & Smith, J. K. (2006). Corporate philanthropic practices. *Journal of Corporate Finance, 12*(5), 855-877.

Brulle, R. J. (2000). *Agency, democracy, and nature: The U.S. environmental movement from a critical theory perspective*. Cambridge, MA: MIT Press.

CECP. (2016). *Giving in numbers* (2016 ed.). New York, NY: CECP.

Council on Foundations (CoF). (2012). *Increasing impact, enhancing value*. Arlington, VA: Council on Foundations.

Cousens, T. W. (1949). How far corporations may contribute to charity. *Virginia Law Review, 35*(4), 401-424.

Diaz, W. A. (1999). The behavior of grantmaking foundations. In H. K. Anheier & S. Toepler (Eds.), *Private funds, public purpose: Philanthropic foundations in international perspective* (pp. 141-154). New York, NY: Kluwer Academic.

Domhoff, G. W. (2002). *Who rules America?: Power and politics*. Boston, MA: McGraw.

Dowie, M. (2001). *American foundations: An investigative history*. Cambridge, MA: MIT Press.

Ebrahim, A. (2005). Accountability myopia: Losing sight of organizational learning. *Nonprofit and Voluntary Sector Quarterly, 34*(1), 56-87.

Faulk, L., Lecy, J., & McGinnis, J. (2012). *A partial theory of nonprofit success in grant markets*. Presented at the annual conference of the Association for Research on Nonprofit Organization and Voluntary Action (ARNOVA), Indianapolis, Indiana.

Fernandez, K. M., & Hager, M. A. (2014). Public and private dimensions of grantmaking foundations. *Public Administration Quarterly, 38*(3), 405-439.

Foundation Center. (2012). *Key facts on corporate foundations*. New York: Foundation Center. Available at: http://foundationcenter.org/gainknowledge/research/nationaltre nds.html?_ga=1.68574232.841823220.1459433112. Accessed 31 Mar 2016.

Foundation Center. (2017). *Foundation stats*. [online] Foundation Center. Available at: http://data.foundationcenter.org/. Accessed 20 Dec 2016.

Frumkin, P. (1998). The long recoil from regulation: Private philanthropic foundations and the Tax Reform Act of 1969. *The American Review of Public Administration, 28*(3), 266-286.

Frumkin, P. (2006). *Strategic giving: The art and science of philanthropy*. Chicago: University of Chicago Press.

Gramm, C. J. (1961). Corporate donations to religious and educational bodies. *Notre Dame Law Review, 37*(2), 206-219.

Guthrie, D. (2010). Corporate philanthropy in the United States: What causes do corporations back? In E. S. Clemens & D. Guthrie *(Eds.), Politics and partnerships: Voluntary associations in America's political past and present* (pp. 183-204). Chicago, IL: University of Chicago Press.

Hall, P. D. (2002). *"Inventing the nonprofit sector" and other essays on philanthropy, voluntarism, and nonprofit organizations*. Baltimore, MD: Johns Hopkins University Press.

Hammack, David C. (2006). American Debates on the Legitimacy of Foundations. In: K. Prewitt, M. Dogan, S. Heydemann, and S. Toepler, eds., *The Legitimacy of Philanthropic Foundations: United States and European Perspectives*. New York, NY: Russell Sage Foundation, pp.49-98.

Hammack, D. C., & Anheier, H. K. (2013). *A versatile American institution: The changing ideals of realities of philanthropic foundations*. Washington: Brookings Institution Press. Hill.

Himmelstein, J. L. (1997). *Looking good and doing good: Corporate philanthropy and corporate power*. Bloomington: Indiana University Press

Karl, B. D., & Katz, S. N. (1981). *The American private philanthropic foundation and the public sphere 1890-1930*. Minerva, 19(2), 236-270.

Karnani, A. (2010). The case against corporate social responsibility. *The Wall Street Journal*, August 23.

Katz, S. N. (2016). Does philanthropy threaten democracy? *Stanford Social Innovation Review*, Fall, 70.

Kiger, J. C. (2000). *Philanthropic foundations in the twentieth century*. Wesport, CT: Greenwood Press.

Koushyar, J., Longhofer, W., & Roberts, P. W. (2015). A comparative analysis of corporate and independent foundations. *Sociological Science, 2*, 582-596.

Labovitz, J. R. (1973). 1969 Tax reform reconsidered. In F. Heinman (Ed.), *The future of foundations* (pp. 101-131). Englewood Cliffs, NJ: Prentice Hall.

Lagemann, E. C. (1989). *The politics of knowledge; the Carnegie Corporation, philanthropy, and public policy*. Middletown, CT: Wesleyan University Press.

Marts, A. C. (1953). *Philanthropy's role in civilization: Its contribution to human freedom*. New York, NY: Harper & Brothers.

Masulis, R. W., & Reza, S. W. (2014). Agency problems of corporate philanthropy. [online] *ECGI - Finance Working Paper No. 370*.
Available at SSRN: https://ssrn.com/abstract=2234221. Accessed 10 Jan 2017.

McCambridge, R. (2016). Philanthropy of pharmaceutical companies under DOJ scrutiny. *Nonprofit Quarterly* [online].
Available at: https://nonprofitquarterly.org/2016/08/02/philan-thropy-pharmaceutical-companies-doj-scrutiny/. Accessed 10 Dec 2017.

McClimon, T. J. (2004). The shape of corporate philanthropy yesterday and today. *GIA Reader, 15*(3).
Available at: https://www.giarts.org/article/shape-corporate-philanthropy- yesterday-and-today.

Morsy, L. (2015). Corporate philanthropic giving practices in US school education. *Voluntas: International Journal of Voluntary and Nonprofit Organizations, 26*(4), 1510-1528.

Porter, M. E., & Kramer, M. R. (2002). The competitive advantage of corporate philanthropy. *Harvard Business Review, 80*(12), 56-68.

Prewitt, K. (2006a). Foundations. In W. W. Powell & R. Steinberg (Eds.), *The nonprofit sector: A research handbook* (pp. 355-377). New Haven, CT: Yale University Press.

Prewitt, K. (2006b). American foundations: What justifies their unique privileges and powers. In K. Prewitt, M. Dogan, S. Heydemann, & S. Toepler (Eds.), *The legitimacy of philanthropic foundations: United States and European perspectives* (pp. 27-48). New York, NY: Russell Sage Foundation.

Reich, R. (2013). *Forum: What are foundations for? - Opening*. [online] Boston Review.
Available at: http://bostonreview.net/forum/foundations-philanthropy-democracy. Accessed 10 Jan 2017.

Roelofs, J. (2003). *Foundations and public policy: The mask of pluralism*. New York, NY: Albany.

Rushton, S., & Williams, O. (Eds.). (2011). *Partnerships and foundations in global health governance*. London, UK: Palgrave Macmillan.

Sealander, J. (1997). *Private wealth and public life; Foundation philanthropy and the reshaping of American social policy from the progressive era to the new deal*. Baltimore, MD: The Johns Hopkins University Press.

Sharfman, M. (1994). Changing institutional rules: The evolution of corporate philanthropy, 1883-1953. *Business & Society, 33*(3), 236-269.

Smith, N. C. (1994). The new corporate philanthropy. *Harvard Business Review, 72*(3), 105-114.

Smith, J. A. (1999). The evolving role of American foundations. In C. T. Clotfelter & T. Ehrlich (Eds.), *Philanthropy and the nonprofit sector in a changing America* (pp. 34-51). Bloomington, IN: Indiana University Press.

Smith, W. H., & Chiechi, C. P. (1974). *Private foundations: Before and after the Tax Reform Act of 1969*. Washington, DC: American Enterprise Institute. State University of New York Press.

Tremblay-Boire, J. (2015). *International grantmaking by American foundations*. PhD. University of Washington.

Weaver, W. (1967). *U.S. Philanthropic foundations: Their history, structure, management and record*. New York: Harper and Row.

Weisbrod, B. A. (1975). Toward a theory of the voluntary nonprofit sector in a three-sector economy. In S. Rose-Ackerman (Ed.), *The economics of nonprofit institutions* (pp. 21-44). New York, NY: Oxford University Press.

Werbel, J. D., & Carter, S. M. (2002). The CEO's influence on corporate foundation giving. *Journal of Business Ethics, 40*(1), 47-60.

Joannie Tremblay-Boire 미국 메릴랜드 대학교 칼리지파크 캠퍼스(University of Maryland, College Park) 공공정책대학원(School of Public Policy)의 조교수이다. 주요 연구 분야는 비정부기구(NGO), 비영리조직(NPO), 재단을 중심으로 이루어지고 있으며, 주요 연구 성과는 *Public Administration Review, Nonprofit and Voluntary Sector Quarterly, Voluntas* 등 유수 학술지에 게재되었다.

제7장 중국 기업재단은 시민사회를 강화하는가?

Lijun He and Qun Wang

요약 기업재단은 중국 기업과 기업가들이 자선활동을 펼치는 데 가장 많이 사용하는 수단 중 하나이다. 하지만 이러한 재단은 중국 시민사회의 발전에 어떤 역할을 하고 있으며 어떤 방식으로 발전에 기여하고 있을까? 이 장에서는 중국 기업재단의 역사, 규제, 설립 이유에 대해 간략히 소개한 후, 비영리 조직의 역할(서비스, 가치 수호, 옹호, 사회적 자본)을 중심으로 특히 서비스와 사회적 자본 차원에 초점을 맞추고 이를 평가한다. 실증데이터 분석 결과, 중국 기업재단은 시급한 사회 문제에 대한 사명 중심성, 자선활동에 대한 더 많은 지출, 사명 수행에 있어 적절한 자산 규모와 비교적 낮은 관리 비용 지출을 통해 시민사회를 강화해 왔다. 기업재단의 헌신을 통해 다양성 표현, 자원봉사 참여, 기부금 모집 능력의 지속적인 증가와 같은 공공 영역이 만들어지고 있다. 하지만 상근 직원의 수가 적고 상대적으로 낮은 성과 평가나 책임감으로 인해 시민사회에 대한 역할이 제한적일 수도 있다.

키워드 기업재단 - 중국 - 양적 연구 - 제도적 환경

7.1 서론

중국 사회공헌 부문의 급속한 발전에 국내외에서 많은 관심이 집중되고 있다. 지난 5년 동안 재단, 특히 비상설 재단의 수가 두 배 이상 증가했고, 2008년 쓰촨 성 대지진 이후 자선 기부금이 급증하여 2015년에는 1,575만 달러(또는 9,920만 위안[12])로 증가했으며, 같은 해에 천만 명의 중국인이 자원봉사활동에 참여했다(Yang, 2016). 2016년에는 비영리 단체 등록과 기금 모금의 문턱을 낮춰 더 많은 사람이 활동할 수 있는 시민사회의 영역을 확대하는 것을 목표로 하는 중국

---

12 본문에서는 미화(USD) 대비 위안화(RMB) 환율을 1:6.3으로 적용했다.

최초의 자선법이 시행되면서 지속적이고 제한적인 규제 장벽이 허물어지기 시작했다(The Wall Street Journal, 2016). 중국 기업과 기업가들은 이러한 견고한 성장과 극적인 변화의 핵심 동력이다. 알리바바의 이사회 의장인 마윈(Jack Ma)을 비롯한 중국의 가장 성공한 기업가들은 원 재단(One Foundation)[10] 과 같은 자선재단을 설립하고 운영하며, 사회공헌에 대해 연구 및 교육 기관을 지원하고, 중국 자선가들과 국제 사회 간의 대화를 장려하고, 지역 비영리단체와 사회적 기업가의 역량 강화를 지원하는 재단을 설립하고 있다. 이러한 새로운 형태의 기업가 정신을 바탕으로 한 사회공헌은 중국의 오랜 정부 통제 하에 있던 자선 단체와 비교해 "파괴적(Horvath & Powell, 2017)"이라 할 수 있다. 민간 자선 활동은 대중이 자선기부를 할 수 있는 대안을 제시하고(원 재단이 대표적인 사례), 자선가 및 비영리 재단은 "기부자의 이해관계에 따라 시민적 가치(civic values)를 형성하려 한다(Horvath & Powell, 2017)"며, 새롭게 합법화된 자선 단체를 통해 자신들의 기부금 사용에 대한 통제 권한을 강화하려 한다.

그러나 전반적으로 기업재단이 중국 시민사회의 발전에 어느 정도 역할을 하는지는 불분명하다. 선행 연구 결과들이 주로 중국 기업가와 기업의 사회공헌 활동의 동기와 자선 기부를 통한 정치적 자본 축적과의 연관성에 초점을 맞추었기 때문에 검토할 가치가 있다(Estes, 1998; Conference Board, 2012; Wang & Qian, 2011). 물론 기업 기부는 다른 종류의 기부와 마찬가지로 이타주의와 자기 이익의 융합에 의해 동기 부여된 행위로 이해하는 것이 타당하다. 그러나 기업재단이 창출하는 공공재는 정책 입안자와 시민 지도자들에게 기업의 영향력과 기업재단의 기여에 대한 통찰력을 제공한다는 점에서 평가되어야 한다. 더 중요한 것은 이러한 평가가 사회 서비스를 제공하고, "전 세계적으로 시민 참여를 강화"하며, 점점 축소되고 있는 "시민 영역을 방어"할 수 있는 기업의 잠재력을 조명하는 데 도움이 된다는 점이다(Niehaus, 2016).

---

[10] 번역자 주 : 중국의 유명 배우 이연걸(李连杰, Jet Li)이 설립한 공익 단체로 "하나로 시작된다(It starts from one)"라는 비전 아래 재난 구호, 아동 지원, 빈곤 퇴치 등 다양한 사회공헌 활동을 실시한다.

이 장은 총 5부로 구성되어 있다. 첫 번째 부분에서는 중국 기업재단의 역사적 발전 궤적, 기업 사회공헌 및 기업재단의 법적 정의와 개념, 기업재단 설립의 이점에 대해 설명한다. 두 번째 부분에서는 시민사회의 역할과 기업재단의 역할에 관한 문헌을 검토하고 분석을 위한 이론적 틀에 대한 설명과 함께 연구 방법을 설명한다. 세 번째 부분에서는 중국 기업재단의 전반적인 발전에 대한 설명적 데이터를 제공한다. 네 번째 부분에서는 서비스와 시민 참여 관점에서 중국 기업재단이 시민사회 발전에 기여하는 역할을 살펴본다. 마지막 부분에서는 연구 결과와 실질적인 시사점, 후속 연구에 대해 논의한다.

7.2 정의 및 법적 규정

7.2.1 배경

명나라 말기부터 중국 상인들은 지방 정부, 무역 협회, 자선 단체를 통해 아낌없이 기부했다(Fuma, 1997). 중화인민공화국(People's Republic of China, PRC)이 수립되면서 기업의 직접적인 기부는 중국이 개방과 개혁 정책을 수용한 1970년대의 개혁으로 거슬러 올라간다. 2000년대까지 20여 년 동안 거의 대부분 기업의 직접 기부는 1980년대에 시작된 정부 지원 재단을 통해 이루어졌다. 1990년대 초에 중국에 진출한 외국 기업들에 의해 기업의 사회적 책임(CSR)이 도입되었다(Zu & Song, 2009).

중국의 시장 경제가 발전하면서 신흥 민간 기업은 지방 정부와 준정부 기관을 통해 기부를 시작했다(Shue, 1998). 1995년 중국 민간 기업가 2,870명을 대상으로 한 전국 설문조사에서 87%가 과거에 기부를 한 적이 있다고 긍정적으로 답했다. 누적 기부금의 중앙값은 1,163달러로 최대 130만 달러였다(Ma & Parish, 2006). 그러나 1990년부터 2004년까지 기업재단의 수는 정체되어 있었으며, 이 기간 동안에는 재단이 새롭게 설립되지 않았다. 2004년 재단 운영에 관한 규제(이하 규제)가 제정 이후부터 기업재단 설립이 시작되어 지속적으로 증가했다. 지난 10년 동안 중국 기업재단은 2004년 6개에서 2011년 183개로 증가했으며, 2015년 말에는 610개에 달했다(China Foundation center, 2016).

7.2.2 기업재단 관련 법 및 규제

법에 따르면 중국의 재단은 크게 공익(public) 재단과 비공익(nonpublic) 재단의 두 가지 범주로 나뉜다. 공익 재단은 대중으로부터 기금을 모금할 수 있으며 전년도 총 수입의 70% 이상을 사용해야 하는 반면, 비공익 재단은 대중으로부터 기금을 모금할 수 없으며 전년도 잔여 기금의 8% 이상을 사용해야 한다. 중국의 공익 재단은 중국 빈곤 퇴치 기금(China Foundation for Poverty Alleviation, CFPA)과 같이 주로 정부가 승인한 재단으로 구성된다. 비공익 재단은 일반적으로 다음과 같이 구성된다. 기업, 지역사회, 대학, 독립 및 가족재단의 경우 비공익 재단을 설립하려면 "비공익 재단의 최초 기금은 미화 317,460달러(또는 200만 위안) 이상이어야 하며, 해당 기금을 경상 계좌에 보유해야 한다."고 규정하고 있다(MoCA, 2004, 제8조). 대부분의 공익 재단은 준정부 기관 또는 정부 단위가 설립했다. 예를 들어, 중국 적십자회는 중국 적십자회 재단을 설립했고 국무원 빈곤퇴치 및 개발 사무소는 중국 빈곤퇴치 재단을 설립했다. 소수의 예외적인 개인만이 자신의 재단을 공익재단으로 등록할 수 있었다. 국가 공익재단 설립의 경우 130만 달러(또는 800만 위안) 이상, 지역 공익재단 설립의 경우 634,921달러(또는 400만 위안) 이상의 최소 기금 기준이 엄격하고 높다. 또한 초기 기금이 318만 달러(또는 2천만 위안)를 초과하는 재단과 국가 재단은 민정부(Ministry of Civil Affairs)에 등록하여 감독을 받도록 규정하고 있다(「중국공익재단법」 제6조, 2004). 2016년 12월 31일 현재 중국에는 1,565개의 공익재단과 3,980개의 비공익재단을 포함하여 5,545개의 재단이 있다(Yang, 2017). 기업재단은 전체 재단의 19.17%(763개)를 차지한다(China Foundation Center, 2016).

기업재단은 위에서 설명한 비공익 재단과 관련된 최소 자선 지출(지급금) 및 자금 요건을 충족하는 것 외에도 지배구조, 관리 지출, 세금 면제 및 보고에 관한 다양한 규정을 준수해야 한다. 이제 비공익 재단 관련 규정 중 기업재단과 특히 관련 있는 다섯 가지 영역에 대해 설명한다.

지배구조 규정 제20조에서 제24조 규제에 따르면

- 이사회에는 5년 이하의 임기로 활동하는 5~25명의 위원이 포함되어야 한다.
- 비공익재단의 경우 이사회 구성원의 3분의 1을 가족으로 구성할 수 없다.
- 재단의 법적 대표자인 이사회 의장과 대표이사는 정부의 직원으로 겸직해서는 안 된다.

관리에 대한 지출 규제

제29조는 급여 및 사무실 관리자에 대한 연간 지출을 총 지출의 10% 이하로 제한하고 있다.

면세

재단은 등록 시 자동으로 면세 자격이 부여되는 것이 아니라 별도 인증서를 신청해야 한다. 중국 비영리단체는 세금 공제 및 면세를 위해 세무서에 각각 다른 신청서를 제출해야 한다. 세금 공제 허가의 경우,[13] 비영리 단체는 기부자에게 소득세 공제를 위한 영수증을 발행할 수 있다. 비영리단체는 소득세 의무를 면제[14] 받을 수 있다. 재정부와 국가세무총국은 2009년에 비영리 단체의 세금 면제에 관한 통지를 발표했다. 여기에는 비과세 소득으로 다음이 규정되어 있다.

- 개인 및 단체의 기부
- 정부 보조금(서비스 구매에 대한 정부 지급 제외)

13 중국 재정부는 재난 구호, 빈곤 완화, 교육, 과학, 문화, 보건, 환경 보호, 공공 인프라, 기타 사회복지 목적의 기부인 경우, 비영리조직에 세금 공제용 영수증 발급 허가를 부여한다.

14 중국 재정부는 요건을 충족한 비영리조직에 세금 면제 자격을 부여한다. 『중화인민공화국 법인소득세법 시행조례』에 따르면, '요건을 갖춘 비영리조직'이란 등록 요건을 갖추고, 공익 목적을 추구하며, 수익 사용과 관리비 지출이 법정 기준을 충족하는 조직을 의미한다.

- 관련 정부 규정에 명시된 멤버십 비용
- 비과세 소득 및 은행 예금 이자 소득

재단은 현재 영리 조직과 동일한 세율(25%)로 투자 이익에 대한 소득세를 납부해야 한다(The Conference Board, 2012).

보고 규제

제34조부터 제39조까지에 따라 재단은 연례 보고서를 감독 부서 및 담당 부서에 제출해야 한다. 연례 보고서에는 기본적인 조직, 재무 및 프로젝트 정보가 포함된다. 연례 보고서는 공인 회계법인의 감사를 받아야 하며, 감사를 거친 후 정부가 지정한 미디어 플랫폼에 게시해야 한다.

7.2.3 개념 및 정의

기업재단은 일반적으로 영리 기업이 설립한 비공익 재단이다. 모기업과는 별개로 기업재단은 주로 모기업의 기부를 통해 자금을 지원받으며, 이사회는 주로 모기업의 통제를 받는다(Anheier & List, 2005). 중국과 같은 신흥 경제의 경우, 기업가가 자금의 제공자인 회사 명의로 기부하고 개인 자선재단을 기업재단에 통합하는 경우도 있다. 기업재단은 모든 비공익 재단 중에서 가장 빠르게 성장하는 분야이다(China Foundation Center, 2016).

7.2.4 법인 재단 설립의 혜택 및 동기

중국에서 기업재단 설립은 여러 이점으로 인해 촉진된다. 첫째, 기업재단은 단순한 기업 기부를 통해서는 얻기 어려운 혜택을 얻을 수 있다. 일반적으로 기업의 직접 기부와 기업재단은 기업에 미치는 법적, 재무적, 경영상의 영향이 다르다. 법적 관점에서 볼 때, 중국 기업재단은 일단 설립되면 세금공제 또는 면제를 신청할 수 있다(Council on Foundations, 2016). 기업재단의 장점은 재단을 통해 기업이 세율이 높은 시기에 자선 기부금에 대한 세금 보고 시기를 최적으로 조정할 수 있으며, 같은 기간에 보고된 기부금을 납부할 의무가 없다는 것이다(Webb, 1994; Smith, 1993). 재무 관리 관점에서 볼 때, 기업은 필요한 지급금을 충당할 수 있는 충분한 자금이 있는 한 원하는 기간에 자금을 재단으로 이동하여 손익 계산서에 자선 기부금 관련 비용을 기록할 수 있다(Petrovits, 2006). 또한 기업재단은 기업의 사회적 책임(CSR) 부서를 경영자로부터 분리하여 경영자가 자신의 이익을 위해 기업 예산을 사용하는 것을 줄여준다. 재단을 설립하는 기업의 다른 이점으로는 선량한 시민으로서의 역할 수행, 순수 이윤 지향 기업보다 더 중립적이고 객관적인 기업으로 인식, 대중과의 소통 및 정체성 개선 등이 있다(Westhues & Einwiller, 2006).

기업재단 설립의 이점 외에도 기업들이 기업재단을 설립하는 동기로 다음 세 가지를 확인하였다. 첫째, 기업재단은 중국 기업이 전략적으로 자선활동을 수행할 수 있도록 돕는 역할을 한다. 여기서 전략적이란 경제적 수익과 사회적 수익을 모두 추구하는 기업을 의미한다(Porter & Kramer, 2002). 이러한 전략적 활동은 이해관계자 관계를 개선하거나 기업과 사회 모두에 이익이 되는 분야에 집중할 수 있다. 일부 중국 기업들은 기업재단을 이해관계자 관계 개선을 위한 확장된 수단으로 간주한다. 중국 암웨이 재단(Amway Foundation)의 전 이사는 말한다. "기업재단을 설립하면 자선 행사와 기부를 통해 중국 전역에 있는 수만 명의 직접 판매원들의 결속력을 전략적으로 높일 수 있다. 또한 공급업체와 기업 파트너들도 기꺼이 기업재단에 기부하고 아동 영양 프로젝트를 지원하고 있다(Kuang, 2015)."

또한 실증적 연구에 따르면 사업이 자선 활동과 연계된 중국 기업가들은 그렇지 않은 기업가들보다 재단을 설립할 가능성이 더 높다고 한다(He, 2015). 또한 중국 기업가들은 주로 재난이 발생했을 때 기부를 하는 것으로 나타났다. 재단을 설립하면 기업이 정기적으로 잘 계획되고 지속 가능한 사회공헌을 수행하는 데 도움이 될 수 있다(An, 2015).

둘째, 기업과는 별개의 법인인 기업재단은 기업의 이익과 사업 범위를 넘어서는 자선 사업을 추구할 수 있다. 예를 들어, 대규모 스포츠 행사의 자원봉사자 관리를 전문으로 하는 기업은 이러한 서비스가 핵심 사업에 비해 부수적인 성격이기 때문에 정부 기관이나 다른 비영리단체가 해당 전문성의 지원을 요청하더라도 이를 거절해야 할 수도 있다. 기업재단을 통해 프로그램으로 전환하여 전문 서비스를 제공할 수 있다(Kuang, 2015). 즉, 기업재단은 재량적 경영행위를 극대화하는 데 도움이 된다.

셋째, 중국에서 기업재단을 설립하는 것은 정치적 영향력의 결과일 수 있다. 연구에 따르면 중국 기업과 기업가의 기부는 사회적 · 정치적 순응을 위한 수단으로 사용되기도 한다(Fuma, 1997, Chen & Touve, 2011, Ma & Parish, 2006, Zhao *et al.*, 2014). 간단히 말해, 일부 기업은 정부가 요청하기 때문에 재단을 설립한다(The Conference Board, 2015). 예를 들어, 지방 정부는 재정 예산이 빠듯해지면, 종종 주요 기업가 및 기업에 기부를 요청한다. 광둥 성 빈곤 퇴치의 날이 대표적인 사례로, 이 날에는 많은 기업이 정부 자선단체의 기부를 요청받는다. 정부가 기업과 기업가들에게 재단 설립을 장려하는 이유는 정부가 기부를 더 쉽게 요청할 수 있도록 하기 위해서이다. 또한, 경험적 연구에 따르면 인민대표대회 또는 중국 인민정치협상회의 회원 등과 같은 정치적 소속이 있는 중국 기업가가 그렇지 않은 기업가보다 재단을 더 빨리 설립할 가능성이 높다고 한다(He, 2015).

7.3 문헌 검토, 이론적 틀 및 연구 방법

위에서 설명한 바와 같이 기업재단을 설립할 때 얻을 수 있는 혜택과 동기는 여러 가지가 있으며, 경제적 목적을 비롯해 다양하다. 동시에 기업재단은 자선 단체로 등록되기 때문에 기부자는 세금 공제 혜택을 받을 수 있다. 이러한 공적 지원을 정당화하기 위해서는 기업재단이 사회 발전에 기여하는 것이 중요하다. 본 절에서는 기업재단과 시민사회에 관한 기존 문헌을 살펴보고 이 장의 이론적 틀을 제시한다.

7.3.1 기업재단과 시민사회에 관한 문헌

특히 중국의 일반적인 CSR 형태로 자리 잡은 기업의 직접 기부는 기업의 재무성과, 가치, 대중의 평판 또는 정부 관계 사이의 연관성에 초점을 맞춰 광범위하게 분석되어 왔다(Song & Wang, 2010; Wang & Qian, 2011; Zhang *et al.*, 2016). 반면, 비영리 단체인 기업재단은 중국 내 기업이나 비영리 학자들로부터 충분한 조사를 받지 못하고 있다. 기업재단에 대한 기존 연구는 주로 지배구조 문제에 초점을 맞추고 있다(He, 2015). 기업재단에 대한 다른 연구 보고서로는 China Foundation center의 2016 기업재단 발전 보고서가 있다. 이 보고서는 기업재단의 현황에 대한 개요를 제공하고 투명성에 대한 우려를 제기한다(China Foundation center, 2016).

또한 CSR Asia에서 실시한 보고서에서는 중국에서 기업재단을 발전시키는 데 따르는 어려움을 설명한다. 여기에는 다음과 같은 과제가 포함된다(D'Ath & Berger, 2012).

- 중국 기업재단은 제한된 직원과 지역사회에 대한 제한된 지식으로 인해 지역사회 개발을 지원하거나 실행할 수 있는 조직적 역량이 부족한 것으로 나타났다.
- 중국 기업재단은 조직 등록, 기부 및 투자 분야에서 재단의 성장을 허용하는 정부 규제를 탐색하는 데 어려움을 겪고 있다.
- 재단은 모기업으로부터 독립성이 부족하다.
- 재단은 효과적인 파트너십과 지속 가능한 커뮤니티 투자를 구축하는 데 한계가 있다.
- 재단은 투명성과 신뢰성이 부족하다.
- 재단에는 프로그램을 모니터링하고 평가할 수 있는 도구와 인프라가 부족하다.
- 재단은 지역사회 개발 프로젝트를 성공적으로 수행하기 위해 정부 기관과 긍정적인 관계를 구축하는 데 어려움을 겪는다.

시민사회에 대한 기업 또는 기업가의 기여에 대한 연구는 제한적이다. 예를 들어, Cumming 등(2016)은 환경 측면에서 지속 가능성과 관련한 중국 기업의 노력을 종합적으로 정리했다. Kennedy(2009)는 중국 기업들이 산업협회를 통해 적극적인 정책 옹호 활동을 벌여왔으며, 사회운동에 대한 중앙 당국의 규제에 대응하여 산업 협회는 직접 로비, 언론에 영향력을 행사하고 자율성을 확대하려는 노력 등 로비 수단을 개발해 왔다는 사실을 발견했다. Xiao(2013)와 Yang(2012)은 각각 다른 관점에서 민족지학적 접근법을 활용하여 내몽골의 환경 보호 활동에 대한 중국 최고 기업가 그룹의 사회공헌적 개입을 기록하고 통찰력을 제공한다. 이들은 중국의 신흥 기업가들이 환경단체에 참여하는 등 자선활동을 통해 민주적 관행을 실험하고 있으며, 이를 통해 중국의 민주주의를 더 넓은 규모로 장려할 수 있는 새로운 공간을 만들고 있다고 주장한다. 일반적으로 기업 사회공헌과 기업가의 사회공헌 참여에 관한 대부분의 연구는 '자발적' 성격(Fuma, 1997; Chen & Touve, 2011)보다는 사회적, 정치적 적합성(Ma & Parish, 2006)에 더 초점을 맞추는 경향이 있다. 요약하자면, 기업재단과 시민사회의 역할은 아직 체계적으로 연구되지 않았으며 이 장에서는 문헌의 간극을 좁히고자 한다.

7.3.2 이론적 틀

개인, 가족, 다양한 유형의 조직이 공공선을 위해 노력하는 행동의 영역인 시민사회는 민간 및 자발적 조직의 조직적인 이니셔티브를 통해 강화되고 재정의된다. Salamon & Anheier(1999)는 가치 수호자, 서비스 제공자, 옹호자, 사회적 자본 구축자 등 시민사회를 강화하기 위한 비영리 단체의 역할을 정확히 짚어냈다. 시민사회를 향상시키는 데 있어 비영리 단체의 역할에 대한 설명은 <표 14>에 요약하였다.

표 14 시민사회에 기여하는 비영리단체의 역할

역할	설명
서비스 제공자	비영리 단체는 사회 또는 경제 문제에 최전선에서 대응하는 조직이다. 또한 비영리 조직은 공공의 신뢰 부족으로 인해 민간 시장을 통해 공급하기 어려운 집단 재화를 제공한다(Hansmann, 1987). 이러한 상황에서 비영리단체는 자원봉사와 자선 지원으로 인해 더 높은 품질의 집합적 재화, 더 큰 형평성, 저비용/고효율 서비스를 제공할 수 있는 잠재력을 가지고 있다(Salamon *et al.*, 2000).
가치 수호자	비영리 단체는 개인이 자신의 가치와 개성을 표현하고 표현의 자유를 행사할 수 있는 사적 행동의 영역을 보호하는 중요한 영역이다(Salamon & Anheier, 1999). 비영리 단체는 이러한 표현의 역할을 통해 사회의 다원주의와 다양성을 증진하는 데 중요한 역할을 한다(Salamon *et al.*, 2000).
옹호	비영리 단체는 공통의 관심사를 가진 사람들을 결집하고 사회 문제와 요구를 해결하기 위해 대중의 관심을 동원하여 사회 정책 또는 광범위한 사회 변화를 추진하기 위해 개인과 더 넓은 정치 과정 사이의 통로 역할을 한다(Salamon *et al.*, 2000).
사회적 자본	비영리 단체는 사회적 상호 작용을 장려하고 신뢰와 호혜성을 촉진하며 참여 민주주의를 구축함으로써 개인과 지역사회를 통합한다(Salamon & Anheier, 1999; Salamon *et al.*, 2000).

이 장에서는 시민사회에서 중국 기업재단의 역할을 살펴보기 위한 틀로서 <표 14>에 설명된 비영리 단체의 서비스 및 사회적 자본 역할에 주로 초점을 맞출 것이다. 서비스 제공자는 조직의 사명이 형평성 제고, 자선 프로젝트 지출에 대한 헌신, 서비스 프로그램 역량에 어느 정도 헌신하는지에 따라 측정된다. 전문성, 서비스 제공 또는 기부금 유치 능력, 서비스의 질, 재정적 지속가능성으로 대표되는 비영리단체의 역량은 사명을 수행하는 방식에 직접적인 영향을 미칠 뿐만 아니라 변화의 '주체'로서의 역할 여부도 반영한다. 전문적으로 운영되고 책임감이 높으며 재정적으로 건전한 비영리단체는 시민사회를 발전시킨다. 서비스 역량을 나타내는 중요한 지표인 재정적 지속 가능성은 자본금, 관리 비용, 운영 수익의 적정성으로 측정된다. 자기자본이 상대적으로 적은 비영리단체는 상대적으로 자기자본이 많은 비영리단체보다 재정적 충격으로 인한 수익 손실을 대체할 능력이 떨어질 수 있다(Greenlee & Trussel, 2000). 관리 비용이 높은 비영리단체는 비용 절감 조치를 취함으로써 수익 감소에 적응할 수 있다(Trussel & Parsons, 2008). Tuckman & Chang(1991)에 따르면, 영업이익률이 높은 비영리단체는 재정적 어려움에 처했을 때 활용할 수 있는 잠재적 잉여금이 더 크다고 한다.

사회적 자본 축적은 기업재단의 자원봉사 참여도를 조사하여 측정한다. <표 15>는 봉사와 사회적 자본에 초점을 맞춘 시민사회의 역할에 대한 측정치를 요약한 것이다.

표 15 서비스 및 사회적 자본 차원에 초점을 맞춘 시민사회의 측정 기준

시민사회에서의 역할	측정	
서비스	사명 중심성	기업재단이 사회에서 가장 도움이 필요한 사람들에게 서비스 제공 여부
	사명에 대한 헌신	공익 사업에 대한 지출 비율
	서비스 제공 능력	정규직 직원 수
	기부금 유치 능력	세금 혜택의 종류
	서비스 품질	받은 평가 등급
	재정적 지속 가능성	자본금, 관리 비용, 운영 수익의 적정성
	자기자본 비율	순 자산 / 총 자산
	관리 비용 비율	관리비용 / 총 비용
	영업(운영)이익률	(총 수익 - 총 비용) / 총 수익
사회적 자본	자원봉사자 참여	활동하는 자원봉사자 수

7.3.3 데이터 수집 방법론

이 분석을 위한 실증 데이터는 주로 중국 재단 연구 인프라(RICF)의 아카이브 데이터를 기반으로 한다. 이 데이터베이스는 조직 정보(설립연도, 사명 선언문, 이사회 구성원, 감사, 직원 등)와 재무 정보(기부금, 수입원, 지출 내역 등)의 두 가지 주요 데이터 유형으로 구성되어 있다. 여러 학자가 이 데이터 세트를 활용하여 중국 재단에 관한 출판물을 제작했다(Ma & DeDeo 2017, Wang & He 2018, Wei 2016).

표본 크기로, 2014년과 2016년의 데이터가 각각 3부와 4부에서 이 장의 주요 분석의 초점이 된다. 621개의 기업재단으로 구성된 2016년 데이터베이스는 중국 기업재단에 대한 가장 최근(2016년 10월 기준)의 개요를 제공한다.[15] 560개의

15 2016년 말 기준 실제 재단 수는 621개를 초과하지만, 본 연구프로젝트에서는 2016년 10월 기준 621개의 재단을 표본으로 사용했다.

기업재단과 3,681개의 비기업재단(공공 및 비공익 재단 모두 포함)으로 구성된 2014년 데이터베이스는 중국 기업재단의 시민사회에 대한 기여도를 조사하기 위해 위에서 파악한 각 측정 항목을 심층적으로 분석한다.

7.4 중국 기업재단 개요

7.4.1 재단 규모, 위치 및 범위

2016년 10월 기준 중국에는 총 621개의 기업재단이 있다. 대부분의 중국 기업재단(93%)은 지역 수준(regional level)에 등록되어 있으며, 국가 수준(national level)의 정부 기관인 민정부를 통해 등록한 재단은 약 7%에 불과하다. 지역 또는 국가 수준의 기업재단은 자선활동의 지리적 범위가 지역 또는 전국적이라는 측면에서 이해된다. 기업재단의 대부분(78%) 민정부의 지방수준(provincial level)에 등록되어 있다.

기업재단의 수는 중국의 지역별 경제 활동과 잘 일치하는 것으로 보인다. 중국 성 중 GDP 1위를 차지한 광둥 성은 중국 전체 기업재단의 22%인 138개를 보유하여 가장 많은 수의 기업재단을 보유하고 있다. GDP 기준 2위를 차지한 장쑤 성은 68개(전체의 11%)로 두 번째로 많은 기업재단을 보유하고 있다. 베이징과 저장 성과 같이 GDP가 높은 다른 지역에도 많은 수의 기업재단이 있다. 전반적으로 기업재단은 동부 연안에 많이 집중되어 있고 중국 내륙에는 드물게 분포되어 있다([그림 5]).

이러한 분포에는 시장 메커니즘, 규제 환경, 시민사회라는 세 가지 주요 이유가 있다. 중국 동부 연안에는 기업 밀집도가 높다. 확산 패턴에 대한 연구에 따르면 같은 산업 또는 같은 지역에 있는 기업 등 사회적으로 근접한 기업은 정보 획득의 용이성, 관행의 관련성 인식, 뒤처지는 것에 대한 압박감으로 인해 현지 기업은 더 빨리 채택할 수 있다(Davis & Greve, 1997). 또한 동부 연안의 지방 정부는 보다 완화된 규제 환경을 수용하고 있다. 예를 들어, 광둥 성은 비영리 재단에

그림 5 중국 내 기업재단의 지리적 분포

대해 정부 후원 단체임을 증명해야 하는 등록 자격 요건을 면제했다. 마지막으로, 동부 연안에서는 시민사회단체가 활발하게 활동하고 있어 기업재단들이 보다 유기적인 시스템을 구축할 수 있다.

중국 기업재단의 자선활동은 교육, 건강, 예술, 시민사회 개발, 환경 보호, 여성 및 아동, 공공 안전, 재난 구호, 영웅 행동에 대한 시상, 자원봉사, 과학 연구 등 매우 광범위하다. 중국은 기업재단법이 제정된 2004년 이후 기업재단이 꾸준히 성장하고 있다. 기업재단의 대부분은 2012년부터 2016년 사이에 47%가 새로 설립되었고 2007년부터 2011년 사이에 45%가 설립되는 등 신생 재단이 대부분이다. 2009년에는 쓰촨 성 지진에 대한 대규모 기부금과 그에 따른 적십자 스캔들(He, 2015)[11]로 인해 성장이 시작되었다. 이러한 성장은 또한 중국 사회공헌

---

[11] 번역자 주 : 2008년 쓰촨 성 대지진 이후 예술가 등 기부자들이 특정 지역(Qīngchéng Shān)의 학교 재건을 위해 중국적십자사에 기부한 8,472만 위안이 실제로는 다른 재난예방 및 지역사회 개발 프로젝트에 사용된 사실이 밝혀지며, 원래의 기부 목적과 다르게 사용된 데 대해 비판과 불신이 확산되었다.

의 성숙, 즉 주로 긴급 상황 중심의 개인 기부에서 합리적인 기관 기부로의 전환을 반영한다.

7.4.2 자원 및 금융 자산

초기 자산: 대부분의 중국 기업재단은 현지 민정부에 등록할 수 있는 최소 자금 요건인 317,460달러(또는 200만 위안) 수준에서 설립을 선택한다. 중국 기업재단이 설정한 초기 자산의 중앙값과 최빈값은 모두 317,460달러(또는 200만 위안)이다.

순자산: 중국 기업재단의 평균 순자산은 3,174,363달러(또는 19,998,487위안)이며, 중앙값은 475,163달러(또는 2,993,528위안)이다.

연간 수입: 중국 기업재단의 평균 연간 수입은 1,284,523달러(또는 8,092,501위안)이지만, 수입 중앙값은 153,502달러(또는 967,066위안)에 불과하여 평균 수입이 오른쪽으로 치우쳐 있다.

자본금, 관리 비용, 운영 수익의 적정성: 중국 기업재단의 연간 지출액은 매우 다양하다. 중국 기업재단의 연간 평균 지출액은 879,978달러(또는 5,543,860위안)이며, 최소 0달러에서 최대 36,728,884달러(또는 231,391,975위안)까지 다양하다.

7.5 중국 시민사회에 대한 기여

이 절에서는 중국 기업재단의 시민사회에 대한 기여에 초점을 맞추고자 한다. 이 주제를 분석하기 위해 2014년 데이터를 사용하였는데, 그 이유는 2014년 데이터에는 분석에 필요한 변수가 비교적 잘 완비되어 있고, 같은 해의 데이터를 일관성 있게 얻을 수 있기 때문이다. 다음의 데이터 분석에는 560개의 기업재단과 3,681개의 비기업재단이 포함되었다. 기업재단의 시민사회에 대한 기여도를 비기업재단과 비교하여 살펴볼 것이다. 이 장의 앞부분에서 설명한 것처럼, 기여도는 서비스 및 사회적 자본 차원에 따라 측정했다.

7.5.1 서비스

사명 중심성

중국 내 모든 재단의 전체 주요 사명 활동에서 기업재단의 사명 활동이 어느 정도 벗어나는지 조사하여 사명 중심성을 측정했다. 중국 기업재단이 수행한 공익적 역할은 모든 중국 재단과 비기업재단의 전반적인 양상과 큰 차이를 보이지 않았다. 특히, 모든 유형의 중국 재단의 상위 5개 사명 분야는 교육, 빈곤 퇴치, 문화, 과학 및 연구, 노인 돌봄이었다. 중국 기업재단은 교육, 빈곤 퇴치, 재난 구호, 보건 지원, 노인 돌봄을 우선순위에 두었다. 이러한 분야는 기업재단의 기부 동기, 즉 즉각적이고 널리 알려진 사회적 요구 충족을 통한 홍보 강화와 정부의 요구 및 사회복지해결을 위한 기부 요청에 부응함으로써 사회적, 정치적 순응을 반영하는 측면이 컸다. 흥미롭게도 비기업재단의 상위 5개 미션 분야는 노인 돌봄을 제외하면 모든 재단의 전체 미션 분야와 거의 동일했다. 기업재단과 마찬가지로 많은 비기업재단도 의료 지원에 중점을 두었지만, 재난 구호는 기업재단과 뚜렷한 차이를 보였다.

사명 헌신

자선활동에 대한 재정적 헌신 중국 기업재단의 자선활동에 대한 재정적 헌신, 즉 연간 총 지출액 중 자선활동에 대한 지출 비율을 조사하여 중국 기업재단의 서비스 역할을 살펴보았다. 데이터 분석 결과, 중국 기업재단의 평균 지출 비율은 약 90.2%, 중앙값은 95.6%로 높은 것으로 나타났다. 비기업재단과 비교했을 때 그 차이는 유의미하지 않았다($p = 0.6$).

표 16 중국 기업재단과 전체 재단의 주요 지표 비교

(a) 서비스 제공 능력: 직원 수로 측정			
전일제 직원 수	빈도 (기업재단)	빈도 (전체 재단)	백분율 (기업재단/전체 재단)
0명 이상 4명 이하	314	2,203	14.30%
5명 이상 9명 이하	50	514	9.70%
10명 이상 14명 이하	6	124	4.80%
15명 이상 19명 이하	2	29	6.90%
20명 이상 24명 이하	1	18	5.60%
25명 이상	1	35	3.00%
결측치	186	1,183	15.70%
(b) 기부금 유치 능력: 세제 혜택으로 측정			
세금 혜택 유형	빈도 (기업재단)	빈도 (전체 재단)	백분율 (기업재단/전체 재단)
기부금에 한하여 세금 공제	165	1,371	12.40%
소득세 면제에 한함	23	123	18.70%
세금 공제, 소득세 면제 모두	120	643	18.70%
없음	107	996	11.00%
결측치	145	1,108	13.00%
(c) 서비스 품질: 받은 평가 등급			
평가 등급	빈도 (기업재단)	빈도 (전체 재단)	백분율 (기업재단/전체 재단)
1A	4	42	9.50%
2A	4	61	6.60%
3A	52	390	13.30%
4A	35	302	11.60%
5A	16	188	8.50%
해당 없음*	259	1,968	13.16%
결측치**	190	1,290	14.70%

* 해당 없음 = 최근 5년 이내 미평가 또는 재단 설립 2년 미만

** 평가 결과가 없다고 해서 과거에 평가를 받지 않았다는 의미는 아니며, 단순히 작년에 평가를 받지 않았다는 의미일 수 있음.

(d) 자원봉사자 참여: 동원된 자원봉사자 수			
자원 봉사자 수	빈도 (기업재단)	빈도 (전체 재단)	백분율 (기업재단/전체 재단)
0명	175	1,576	11.10%
1명 이상 500명 이하	179	2,950	6.00%
500명 초과	23	110	21.00%
결측치	183	1,181	16.00%

서비스 제공 능력

연구에 따르면 인적 자본이 조직의 역량 강화에 주요 제약 요인으로 간주되기 때문에 직원 규모는 조직 역량을 측정하는 척도로 사용된다(The Conference Board, 2015). 중국 재단은 일반적으로 상근 직원 수가 제한되어 있어 정원이 적지만 직원 수(<표 16>(a)에서 볼 수 있듯이)에 비해 기업재단의 직원 수는 현저히 적다. 조사 대상 기업재단의 절반 이상이 0~4명의 정규직 직원을 보유하고 있었으며, 10명 이상의 직원을 보유한 기업재단은 약 10곳에 불과했다. 기업재단과 다른 유형의 재단에서 발견된 직원 수를 추가로 비교하기 위해 t-검정을 실시했다. 두 유형의 재단 간에는 유의미한 차이가 있었다($p = 0.0001$). 이 결과는 두 가지로 해석할 수 있다. 첫째, 중국 기업재단은 서비스를 제공하기 위해 기업자원을 활용한다. 관리 비용을 최소화하기 위해 기업재단의 직원은 대체로 모기업에서 파견되며, 이들은 공식적으로 기업 소속이다. 둘째, 기업재단은 직접 서비스를 제한적으로 제공하는 것으로 보이며 다른 비영리 단체나 정부 기관에 서비스를 아웃소싱하는 경향이 있다.

기부금 유치 능력

기업재단 세금 혜택의 유형을 살펴봄으로써 기부금 유치 능력을 측정했다. 이론적으로는 중국 비영리단체에 상당한 세제 혜택이 있지만, 불명확한 절차와 일관성 없는 가이드라인으로 인해 소수의 비영리단체만 신청하여 승인을 받았다(재단위원회, 2016). <표 16>(b)는 중국 전체 재단과 기업재단이 받은 세금 혜택의 유형별 분포를 보여준다. 기부금 영수증에 대한 세금 공제를 받았거나 세금 공제 발급 허가를 받은 중국 전체 재단 중 기업재단은 12.4%를 차지했다. 소득세 면제 허가를 받은 기업재단은 23개, 전체 중국 재단 수의 18.7%로 소득세 면세 혜택을 받았다. 비슷한 수의 기업재단이 기부금에 대한 세금 공제와 소득세 면제 라이선스를 모두 획득했다. 996개 재단 중 107개 재단, 즉 11%만이 아직 두 가지 세금 혜택 중 하나도 받지 못한 것으로 나타났다. Fisher의 정확도 검정(Fisher's exact test)을 실시하여 기업재단과 비기업재단 간의 차이가 유의미한지 확인하였다. 그 결과, 기업재단은 비기업재단과 소득세 면세 자격 취득에 있어 유의미한 차이가 있는 것으로 나타났다($p = 0.04$). 다른 세금 혜택 범주에 대해서는 유의미한 차이가 발견되지 않았다.

서비스 품질

재단은 일반적으로 5년마다 평가를 받는다(원하는 경우 더 자주 평가를 신청할 수 있음). 민정부는 건전하고 합법적이며 수준 높은 사회단체를 육성하기 위해 재단 및 기타 사회단체에 대한 평가를 실시한다. 기본 인프라, 내부 지배구조 및 관리, 업무 성과, 여론 등 네 가지 요소를 평가한다. 재단은 받은 점수에 따라 5단계로 등급이 매겨진다. 최고 수준은 5A, 최저 수준은 1A이다. <표 16>(c)는 전체 중국 재단과 기업재단에 대한 평가 결과를 보여준다. 표에서 볼 수 있듯이 5A 이상을 받은 기업재단은 8.5%, 4A는 11.6%, 3A는 13.3%를 차지했다. 일원배치 분산 분석(ANOVA)을 실시한 결과, 설립연차와 평가 등급은 유의미한 상관관계가 있는 것으로 나타났다($p < 0.01$). Pearson의 교차분석 검정(Pearson's chi-squared test)을 실시한 결과, 기업재단은 비기업재단과 평가 등급에서 유의미한 차이가 없는 것으로 나타났다($X^2 = 6.3642, p = 0.27$).

재정적 지속가능성

비영리단체의 재정적 지속가능성은 해당 단체가 사명을 효과적으로 수행할 수 있는지를 결정하는 핵심 요소이다. 예를 들어, 자기자본의 적정성과 영업이익률은 중단 없이 서비스를 제공할 수 있는 충분한 순자산과 잉여금을 보유하고 있는지를 나타내며, 관리비 비율은 운영 효율성을 나타낸다(Tuckman & Chang, 1991). <표 17>은 중국 기업재단의 자기자본, 관리비 비율, 영업이익률에 대한 통계를 보여준다. 전반적으로 기업재단은 비기업재단과 비교했을 때 우위가 뚜렷하게 나타나지 않았지만 임무를 수행하기에 적절한 자본을 보유하고 있었다. 중국 기업재단의 관리비 비율은 평균 4.2%, 중앙값 1.3%로, 중국 정부가 의무적으로 규정하고 있는 관리비 비율 10%에 크게 못 미치는 수치이다. 비기업재단과 비교할 때 기업재단의 관리비 비율은 통계적으로 유의미하게 낮은 것으로 나타났다($p = 0.008$). 관리 비용이 낮다는 것은 중국 기업재단이 수익 감소 상황에서 비용 절감 조치를 통해 어려움을 겪을 수 있음을 의미할 수도 있지만(Trussel & Parsons, 2008), 정부와 공공이 낮은 행정 비용을 원하는 중국 상황에서 기업재단의 직원 급여와 사무실 비용을 일반적으로 모기업에서 부담하기 때문에 기업재단이 다른 재단보다 유리하다는 것을 의미할 수도 있다. 영업이익률 최소값은 대부분 음수로 나타났다. 마이너스 비율은 중국 기업재단의 과도한 지출이 일반화되어 있음을 보여준다. 영업이익률이 음수인 재단이 많기 때문에 평균 영업이익률은 모두 음수로 치우쳐 있다. 중국 기업재단의 영업이익률 중앙값은 1%로 나타나, 지속가능한 사업 수행을 위해 사용할 수 있는 잉여금이 제한되어 있음을 시사한다. 그러나 낮은 영업이익률은 중국 내 모든 유형의 재단에 걸쳐 나타나고 있으며, 기업재단의 영업이익률은 다른 유형의 재단보다 크게 낮지 않았다.

표 17 중국 기업재단의 재정적 지속가능성

	관측치 수	1사분위수	중앙값	평균	3사분위수	최소값	최대값	표준편차
자기자본	430	0.99	1	1.05	1	-10.17	267.5	4.65
관리비 비율	430	0.003	0.0131	0.042	0.03	-1.17	1	0.13
영업이익률	430	-0.2	0.1	-505.1	0.5	-1,552,069.5	40.3	27,309.18

참고: 자기자본비율의 최대값과 최소값은 각각 1과 0이 될 것으로 예상된다. 표에 나타난 비정상적인 최대값과 최소값은 재단의 부채가 음수이기 때문에 발생하는 것으로, 이는 다른 사람이나 조직이 재단에 빚을 지고 있다는 것을 의미한다. 표의 음수 최소값은 일부 재단의 순자산이 음수이기 때문이다.

7.5.2 시민 참여

자원봉사자 참여

비영리 단체는 전통적으로 개인, 그룹, 커뮤니티 간의 연결을 통해 사회적 신뢰와 호혜의 유대를 구축한다. 기업재단은 자원봉사자, 특히 기업 자원봉사자를 동원하여 지역사회에서 봉사함으로써 자원봉사자, 기업, 지역사회 간의 사회적 신뢰 네트워크를 형성하여 시민사회에 기여할 수 있다. 사회적 신뢰와 사회적 네트워크는 민주주의의 중추적인 역할을 하며 집단 행동을 통해 사회문제를 해결한다(Backman & Smith, 2000). <표 16>(d)는 중국 내 기업재단의 자원봉사자 참여 현황을 보여준다. 이 표에 따르면 179개(또는 6%) 기업재단이 매년 1~500명의 자원봉사자를 참여시킨다고 보고했다. 흥미로운 점은 전체 중국 기업재단 110개 중 23개(21%) 재단이 매년 500명 이상의 자원봉사자를 참여시킨다고 답했다는 것이다.

7.6 논의 및 전망

중국 기업재단은 시민사회에 기여하고 있으며, 기여하고 있다면 어떤 방식으로 기여하고 있을까? 이 질문은 서비스 및 사회적 자본 차원에 대한 분석을 통해 살펴봤다. 다양한 척도 중에서 다음과 같은 사실을 발견했다. 중국 기업재단은 교육, 의료 지원, 빈곤 퇴치, 재난 구호 등 시민사회의 주요 이슈 해결에 전념하고 있으며, 연간 지출의 약 90%를 자선활동에 투입하고, 소득세 면제 허가를 훨씬 더 많이 받고, 사명 수행에 적절한 형평성을 유지하고, 관리 비용에 훨씬 적은 금액을 지출하고, 많은 수의 자원봉사자를 참여시키고 있다. 이러한 기부의 동기가 순전히 이타적인 것은 아니었지만, 중국 기업재단이 경제적 목표와 사회 전반의 개발 목표를 전략적으로 연계하여 상호 보완적인 서비스를 제공하고 이해관계자들을 참여시켜 사회적 요구를 해결할 수 있다는 점은 높이 평가할 만하다.

그러나 중국의 기업재단은 상근 직원 수가 적고 상대적으로 낮은 평가 등급으로 인해 시민사회의 발전을 저해할 수 있다. 재단이 급여와 관리에 10% 이상을 지출하는 것을 금지하는 현행법은 비영리 단체가 인재를 육성하고, 경쟁력 있는 보상을 제공하며, 전문 인력 구조를 개발하는 데 심각한 장애가 되고 있다. 자격을 갖춘 인력을 양성하기 위한 노력이 없다면 중국 시민사회는 "운영의 발전과 전문화에 계속 어려움을 겪을 것(The Conference Board, 2012)"이다. 본 연구는 중국의 기업재단이 성숙함에 따라 서비스 품질을 향상시킬 수 있을 것으로 기대한다. 현재 많은 기업재단이 최근에야 설립되어 평가를 신청하지 않았거나 평가 요건을 충족하기 어려울 수 있다. 또한 중국 기업재단의 영업이익률은 낮다. 이는 장기적인 기업 예산 계획, 다양한 기부자 유치, 기부금 조성 등을 통해 개선할 수 있다.

이러한 결과는 중국 기업재단에 대한 이전의 전문 업계 보고서와 대부분 일치한다. 예를 들어, 시민사회에서 중국 기업재단의 역할은 상근 정규직 직원이 부족하고(D'Ath & Berger, 2012, China Foundation Center, 2016), 수입 지속가능성에 어려움이 있다는 점(China Foundation Center, 2013)으로 인해 제한을 받고 있다.

그러나 본 연구는 또한 기업재단이 사회 문제를 해결하고 자원봉사를 동원하며 기부를 유치하는 능력이 점점 더 커지면서 공공의 공간이 만들어지고 있음을 발견했다. 또한, 본 연구는 중국 기업가와 기업재단이 아직 큰 규모나 대다수의 기업가들은 아니지만 가치 수호자로서의 역할과 서비스 제공에 다원주의를 도입하기 시작했다고 주장한다. 이 장에서는 기업재단이 중국 사회의 긴급한 필요를 충족하거나 정부의 의제를 발전시키는 사명에 우선순위를 두고 있음을 알 수 있다(Ma & Parish, 2006). 그러나 예술과 문화, 환경 보호, 비영리 부문 역량 강화, 연구 기관 지원에 대한 관심은 다양하지만, 점차 증가하고 있다. 이러한 관심은 어느 정도는 중국 기업가들과 기업재단의 설립자들이 기부하는 동기가 다양해졌음을 반영한다. 이는 순전히 정치적, 도덕적, 전략적 우선순위에서 개인의 풍요로움과 공익에 대한 다원적 '상상력'으로 변화하고 있음을 뜻한다. 가치 수호자 관점에서 중국 기업가들은 기업재단을 통해 철학적, 종교적 신념을 반영하고 중국 전통 문화를 되살리고 있다. 지난 30년 동안 대부분의 중국인은 돈과 물질적 이익을 열정적으로 추구해 왔다. 하지만 자본주의의 매력은 자칫 방향을 잃게 만들 수 있다. 중국 부유층 사이에서 영적 성취에 대한 욕구가 커지고 있다. 정신적 성취감을 찾기 위해 예술, 문화, 야외 활동에 관심을 가지면서 예술과 박물관, 시, 환경 보호, 사회 정의에 대한 자선활동으로 이어지기도 한다. 앞서 논의했듯이 기업재단의 사명 우선순위는 교육 및 기타 즉각적인 도움이 필요한 분야에 초점을 맞추고 있으며, 이는 중국의 전통 가치와 문화를 표현하고 보존하는 기업재단의 역할을 반영할 수 있다.

그럼에도 불구하고 이 장에서는 기업재단의 시민사회에 대한 기여를 다루는 데 있어 몇 가지 한계가 있다. 활용된 데이터는 순전히 양적 데이터에 국한되어 있으며, 재단의 기여에 대한 심층적인 이해를 제공하는 질적 데이터가 부족하여 연구 결과에 한계가 있다. 또한 시민사회에 대한 기여에 대한 통찰력을 더할 수 있는 옹호 역할과 같은 재단 프로젝트와 파트너에 대한 정보도 충분하지 않다. 이러한 한계는 주로 중국 비영리 부문 인프라 개발과 기업재단의 발달단계가 모두 초기 단계인 것에서 비롯된 것이다(D'Ath & Berger, 2012). 권위적인 중국 정치 환경과 고도로 순응적인 문화로 인해 중국 기업재단은 논란이 되는 사회적 또는 정치적 이슈에 거의 관여하지 않으며, 따라서 국가에 도전하는 옹호 활동은 제한적이다. 후속 연구에서는 옹호 활동을 하는 특이한 기업재단의 사례 연구에 초점을 맞출 수 있다.

이러한 한계에도 불구하고 본 연구 결과는 정책 입안자와 업계 전문가에게 실질적인 시사점을 제공한다.

- 정책 입안자들은 기업재단이 중국 시민사회 개선에 미치는 효과를 증진하기 위해 두 가지 영역을 고려할 수 있다.
  - 기업재단의 낮은 평가 등급은 책임성을 강화할 여지가 있음을 의미한다.
  - 중국 전체 재단과 마찬가지로 기업재단은 모기업의 간섭을 줄이면서 전문 인재를 유치하고 전문적으로 운영할 수 있도록 관리 비용의 10% 상한선을 없애는 정부의 우호적인 정책의 혜택을 받도록 해야 한다.
- 분야별 전문가를 위해 비영리 영역에 기업재단을 참여시켜 시민사회를 발전시킬 수 있는 높은 잠재력을 발휘할 수 있도록 노력해야 한다. 예를

들어

— 중국 기업재단의 정규직 직원 수가 매우 적고 기업재단이 면세 지위를 얻는 데 훨씬 더 관심이 많다는 점을 고려하면 기업재단은 직접 서비스 제공자에서 지원금 공급자로 전환할 수 있다.

— 기업재단은 또한 기업가들의 점점 더 다양해지는 시민 자선 관심사, 전반적인 사회 발전 분야와의 높은 연계성, 자원봉사자의 참여 역량으로 인해 기업과 전략적으로 적합한 자선 프로젝트의 매우 훌륭한 파트너가 될 수 있다.

— 기업재단은 다원주의를 증진하고 강력한 소셜 네트워크를 통해 더 많은 기부자의 참여를 장려한다는 측면에서 중국 시민사회에 큰 도움이 될 수 있다. 그러기 위해서는 기부자에게 세금 공제 영수증을 발급할 수 있는 법적 허가를 받아야 한다.

- 기업 사회공헌과 기업의 사회적 책임을 연구하는 학자들에게는 기업의 기부를 기업의 사회적 책임(CSR)을 통한 기부와 기업재단을 통한 기부라는 두 가지로 구분하는 것이 특히 흥미로울 것이다. 이 장의 앞부분에서 언급했듯이 두 가지 유형의 기부에 대한 동기, 근거, 구조는 서로 다르다. 기업재단은 일반 CSR 프로그램에 비해 기업에 대한 신뢰도와 평판을 더 많이 쌓을 수 있다. 기업재단은 비영리 분야의 영역에 속한다. 여기서 기업재단은 보다 민주적인 절차, 다양한 이사회, 엄격한 대중의 감시를 받는다. 이러한 독특한 사실을 바탕으로 중국 기업재단에 잠재적으로 적용될 수 있는 몇 가지 이론적 관점이 있다.

— 대리인 이론: 기업과는 별개의 기관으로서 기업재단의 관리자는 기업에 대해 재량권을 행사할 수 있다는 이론이다. 후속 연구에서는 기업재단의 재량적 행동을 조사하여 CSR 관리자와 무엇이 다른지 살펴볼 수 있다.

— 자원 의존 이론: 일부 중국 기업재단은 모기업의 파트너, 공급망, 고객 및

직원으로부터 상당한 기부금을 모금할 수 있다. 기부를 많이 받는 기업재단이 기부를 적게 받는 기업재단보다 더 투명한 경향이 있는가?

— 도구적 이해관계자 이론: 이 이론은 기업의 경제적, 사회적 목적 달성이 기업의 생존과 지속적인 수익성에 의해 동기 부여된다는 점을 강조한다. 이러한 동기는 투자자에게 높은 수준의 재무 투명성을 제공하는 등 책임감을 보여주는 다른 비즈니스 관행에도 반영될 가능성이 높다. 즉, 기업재단이 있는 기업은 기업의 재무 투명성 및 위법 행위와 관련이 있는가?

— 소유권 유형 및 기업 설립: 중국에서 국유기업(SOE)은 비국유기업과 구별된다는 것은 잘 알려진 사실이다. 두 유형의 기업 모두 중국 사회공헌의 견고한 성장에 적극적으로 기여하고 있다. 이사회 구조, 조직 역량, 책임성, 시민 참여, 사명 다양성, 지출, 프로젝트 파트너, 모금 역량 등의 측면에서 국영기업과 비국영기업이 설립한 자선단체는 어떻게 다른가?

• 후속 연구문제는 중국 기업과 기업가의 자선 선택에 대해서도 살펴볼 수 있다. 기업의 경우, 재단을 설립하는 것과 불우이웃에게 직접 기부하는 것, 자체 프로젝트를 실행하는 것 또는 자선 단체와 직접 파트너 관계를 맺고 있는가? 기업가의 경우 가족, 기업 또는 독립 재단을 설립하기로 하는 데 영향을 미치는 요인은 무엇인가? 가능한 요인으로는 대리인의 통제 정도(예: 기업가의 뒤를 잇는 가족, 재단의 이사진인 가족, 회사 주식의 지분), 지역사회의 특성(예: 정부와의 관계, 기업가와 기존 재단 간의 관계, 지역 엘리트의 결속력, 비영리 단체의 잘못된 행위에 대한 감시 단체 또는 언론의 보도) 등이 있다.

참고문헌

An, P. (2015). The founder of Midea: Be a world-class family foundation, *China Philanthropists Magazine*.
[Online] Available from: http://www.icixun.com/2015/1019/5180.html. Accessed 5 Aug 2017.

Anheier, H. K., & List, R. A. (2005). *A dictionary of civil society, philanthropy and the non-profit sector*. London: Routledge.

Backman, E. V., & Smith, S. R. (2000). Healthy organizations, unhealthy communities? *Nonprofit Management & Leadership, 10*(4), 355-373.

Chen, Y., & Touve, D. (2011). Conformity, political participation, and economic rewards: The case of Chinese private entrepreneurs. *Asia Pacific Journal of Management, 28*(3), 529-553.
[Online] Available from: https://doi.org/10.1007/s10490-009-9171-2.

China Foundation Center. (2013). Report on development trend of corporate foundations established by public-listed companies. *Report on development trend of corporate foundations established by public-listed companies.*

China Foundation Center. (2016). *Report on the Development of Chinese Corporate Foundations.* Beijing: The Author.

Conference Board. (2012). *Corporate philanthropy in China: A practitioner's guide for foreign donors.* Beijing: The Author.

Council on Foundations. (2016). *USIG country note-China.*
[Online] Available from: http://www.cof.org/content/china. Accessed 5 Aug 2017.

Cumming, D., Hou, W., & Lee, E. (2016). Business ethics and finance in Greater China: Synthesis and future directions in sustainability, CSR, and fraud. *Journal of Business Ethics, 138*(4), 601-626.
[Online] Available from: https://doi.org/10.1007/s10551-016-3288-2.

D'Ath, E. & Berger, M. (2012). *Corporate foundations in China: Recommendations for effective investment.*
[Online] Available from: http://www.csr-asia.com/download_files/CSR_Asia_CF_in_ChinaFINAL.pdf

Davis, G. F., & Greve, H. R. (1997). Corporate elite networks and governance changes in the 1980s. *American Journal of Sociology, 103*(1), 1-37.

Estes, R. J. (1998). Emerging Chinese foundations: The role of private philanthropy in the new China. *Regional Development Studies, 4*, 165-180.

Fuma, S. (1997). *A study of benevolent societies and benevolent halls in China.* Kyoto: Dōhōsha

Shuppan.

Greenlee, J. S., & Trussel, J. M. (2000). Predicting the financial vulnerability of charitable organizations. *Nonprofit Management & Leadership, 11*(2), 199-210.

Hansmann, H. (1987). Economic theories of nonprofit organizations. In W. Powell (Ed.), *The nonprofit sector: A research handbook*. New Haven: Yale University Press.

He, L. J. (2015). What drives change? Examining wealthy Chinese entrepreneurs' creation of foundations: An institutional entrepreneurship theory perspective. Doctoral dissertation, Indiana University-Purdue University-Indianapolis. [Online] Available from: https://scholarworks.iupui.edu/bitstream/handle/1805/7384/He_iupui_0104D_10035.pdf?sequence=1. Accessed 5 Aug 2017.

Horvath, A., & Powell, W. (2017). Contributory or disruptive: Do new forms of philanthropy erode democracy? *Stanford Social Innovation Review.* Available from https://ssir.org/articles/entry/disruptive_philanthropy. Accessed 9 Jan 2017.

Kennedy, S. (2009). Comparing formal and informal lobbying practices in China: The capital's ambivalent embrace of capitalists. *China Information., 23*(2), 195-222. [Online] Available from: https://doi.org/10.1177/0920203x09105125.

Kuang, J. N. Interviewed by: He, L J (15th November 2015).

Ma, J., & DeDeo, S. (2017). State power and elite autonomy in a networked civil society: The board interlocking of Chinese non-profits. *Social Networks,* 1-12.

Ma, D. L., & Parish, W. L. (2006). Tocquevillian moments: Charitable contributions by Chinese Private Entrepreneurs. *Social Forces, 85*(2), 943-964. [Online] Available from: https://doi.org/10.1353/sof.2007.0016.

Niehaus, M. (2016) Fortifying civic participation worldwide. *Stanford Social Innovation Review.* [Online] Available from: https://ssir.org/articles/entry/fortifying_civic_participation_world-wide. Accessed 5 Aug 2017.

Petrovits, C. M. (2006). Corporate-sponsored foundations and earnings management. *Journal of Accounting and Economics, 41*(3), 335-362. [Online] Available from: https://doi.org/10.1016/j.jacceco.2005.12.001.

Porter, M. E., & Kramer, M. R. (2002). The competitive advantage of corporate philanthropy. *Harvard Business Review, 80*(12), 56-58, 133.

Salamon, L. M., & Anheier, H. K. (1999). *Defining the nonprofit sector: A cross-national analysis.* Manchester: Manchester University Press.

Salamon, L. M., Hems, L. C., & Chinnock, K. (2000). *The nonprofit sector: For what and for whom?* Baltimore: Johns Hopkins Center for Civil Society Studies.

Shue, V. (1998). State power and the philanthropic impulse in China today. In E. A. Icchman (Ed.), *Philanthropy in the world's traditions* (pp. 332-354). Bloomington: Indiana University Press.

Smith, H. W. (1993). *To have or have not: a corporate foundation.* New York: Council for Aid to Education.

Song, L., & Wang, J. (2010). Market reactions and corporate philanthropy: A case study of the Wenchuan Earthquake in China. *Modern Economic Science., 32*(6), 82-88.

The Conference Board (2015). *Corporate philanthropy in China.*
[Online] Available from: https://www.avpn.asia/wp-content/uploads/2013/01/Corporate-Philanthropy-in-China.pdf. Accessed 5 Aug 2017.

The Wall Street Journal. (2016). The good and bad about China's new Charity Law. *The Wall Street Journal.* 16 March 2016.
[Online] Available from: http://blogs.wsj.com/chinarealtime/2016/03/16/the-good-and-bad-about-chinas-new-charity-law/. Accessed 5 Aug 2017.

Trussel, J. M., & Parsons, L. M. (2008). Financial reporting factors affecting donations to charitable organizations. *Advances in Accounting, 23*, 263-285.

Tuckman, H. P., & Chang, C. F. (1991). A methodology for measuring the financial vulnerability of charitable nonprofit organizations. *Nonprofit and Voluntary Sector Quarterly, 20*(4), 445-460.
[Online] Available from: https://doi.org/10.1177/089976409102000407.

Wang, H., & Qian, C. (2011). Corporate philanthropy and corporate financial performance: The roles of stakeholder response and political access. *Academy of Management Journal, 54*(6), 1159-1181.
[Online] Available from: https://doi.org/10.5465/amj.2009.0548.

Wang Q. & He, L. J. (2018) Are the wealthy also healthy? An empirical evaluation of the financial health of Chinese Foundations. *Chinese Public Administration Review, 9*(1) http://dx.doi.org/10.22140/cpar.v0i0.155

Webb, N. J. (1994). Tax and government policy implications for corporate foundation giving. *Nonprofit and Voluntary Sector Quarterly, 23*(1), 41-67.
[Online] Available from: https://doi.org/10.1177/0899764094231004.

Wei, Q. (2016). From direct involvement to indirect control? A multilevel analysis of factors influencing Chinese foundations' capacity for resource mobilization. *VOLUNTAS: International Journal of Voluntary and Nonprofit Organizations,* 1-17.

Westhues, M., & Einwiller, S. (2006). Corporate foundations: Their role for corporate social responsibility. *Corporate Reputation Review, 9*(2), 144-153.

Xiao, J. (2013). *Eco-conservation democratic experiment: A travelogue through Alxa League.* Beijing: Social Science Academic Press.

Yang, P. (2012). *Democracy in Philanthropy: The organization governance journey of Social Entrepreneur Ecology*. Beijing: CITIC Publishing Group.

Yang, T. (2016). *Bluebook of Philanthropy 2016*. Beijing: Social Science Academic Press.

Yang, T. (2017). *Bluebook of Philanthropy 2017*. Beijing: Social Science Academic Press.

Zhang, J. J., Marquis, C., & Qiao, K. (2016). Do political connections buffer firms form or bind firms to the government? A study of corporate donations of Chinese firms. *Organization Science, 6*, 18-25.

Zhao, S. M., Bai, X. M., & Zhao, Y. X. (2014). A study of Chinese entrepreneurs and philanthropic behavior. In M. L. Taylor, R. J. Storm, & D. O. Renz (Eds.), *Handbook of research on entrepreneurs' engagement in philanthropy* (pp. 234-267). Edward Elgar Publishing, Cheltenham.

Zu, L., & Song, L. (2009). Determinants of managerial value on corporate social responsibility: Evidence from China. *Journal of Business Ethics, 88*, 105-117.

Lijun He 오미디야 네트워크(Omidyar Network)의 중국 담당 고문(China Advisor)이다. 또한 중국 선전시 기업사회책임발전센터(Center of Corporate Social Responsibility Development Center)의 미국 수석 고문으로 활동하며, 시애틀 대학교(Seattle University) 공공서비스연구소(Institute of Public Service)에서 겸임 교수로도 재직 중이다. 2015년부터 2018년까지는 뉴욕 페이스 대학교(Pace University)에서 비영리 경영학 조교수로 근무했다. 주요 연구 분야는 기업가 정신과 자선활동, 임팩트 투자, 자선활동 윤리, 전략적 자선활동 등이다.

Qun Wang 인디애나 대학교 공공환경대학원(School of Public and Environmental Affairs)에서 공공정책 박사과정에 있으며, 강사로도 활동 중이다. 주요 연구 분야는 재단, 정부와 비영리 부문 간 관계, 비교정치 등이다.

제8장 러시아의 기업재단: 부문 개요

Irina Krasnopolskaya

요약 러시아에서 기업의 사회적 책임(CSR)은 생각만큼 새로운 현상은 아니다. 러시아 기업들 사이에서 CSR이 광범위하게 확산되어 있으며 상당한 예산이 투입되고 있음에도 불구하고 기업재단의 수는 수십 개로 제한되어 있다. 이 장에서는 CSR의 도구로서 기업재단의 제한된 확산에 대해 설명한다. 이 장은 이용 가능한 통계 자료, 기업의 사회 보고서 및 기업재단 대표와의 인터뷰를 기반으로 한다. 세 가지 측면을 살펴본다. 첫 번째는 기업재단의 규모, 자금 조달 모델, 지원금, 지원 대상 프로젝트 등 기업재단의 하위 부문에 대한 통계적 측면이다. 두 번째는 재단과 CSR에 관한 현행 법률과 세금 규정 등 제도적 맥락이다. 세 번째 측면은 기업재단의 하이브리드 역할, 사회 정책 및 비영리 부문에서의 재단 운영이다. 이 장은 신흥 러시아 시장에서 기업재단의 비교 우위와 약점에 대한 논의로 마무리된다.

키워드 기업재단 - 러시아 - 양적 연구 - 문헌 조사 - 제도적 환경

8.1 서론

기업은 현재 사회 부문에서 중요한 역할을 하고 있으며 소련 시대에는 사회 기반 시설에 상당한 기여를 했다(Abramov, 2005). 그러나 러시아 기업들 사이에서 CSR 관행이 널리 퍼져 있음에도 불구하고 다음과 같은 문제점이 있다. 상당한 CSR 예산을 투입하고 있지만, 기업재단의 수는 수십 개로 제한되어 있다는 것이다.

기업재단에 대한 지식과 데이터는 전체적으로 그 수가 적고 뚜렷한 법적 형태가 없는 등 여러 가지 이유로 부족하고 일관성이 없다. 러시아에서 기업재단에 대한 종합적인 조사가 수행된 적이 없으며, 러시아 경제학 문헌에서도 기업재단

은 다루어지지 않았다. 또한 학술 출판물에서도 연구 대상이 된 적이 없으며, 러시아어로 '기업재단'이라는 키워드를 사용한 출판물은 말 그대로 없다(EBSCO database, 2017). 그럼에도 불구하고, 기업재단은 CSR 관련 문헌에서 일부 학자들의 주목을 받았으나(Polischuk, 2009), 주로 실무자들에 의해 다뤄졌다. CSR에 관한 기존의 러시아 출판물은 대부분 설명적이고 CSR 순위의 결과를 제시한다(Ochareva, 2016; Liborakina, 2003). 대부분은 2000년대 초반에 출판되어 일부는 CSR의 사회적 역할을 조사했고(Peregudov, 2003), 다른 일부는 CSR과 정부의 관계를 조사했으며(Chirikova *et al.*, 2005), 다른 일부는 CSR에 대한 대중의 인식을 보여주는 여론조사 결과를 보고했다. 기존 문헌에서 지금까지 제공하지 않은 것은 기업재단 설립의 본질, 모기업과의 관계, CSR과의 책임 분담에 대한 통찰력이다.

이 장에서는 러시아의 기업재단 현황에 대한 개요를 제공하고, 기업 자체를 통해 운영되는 CSR과 비교하여 기업 사회공헌의 수단으로서의 기업재단 분포의 희소성에 대한 설명을 개발하는 것을 목표로 한다. 이를 위해 이 장에서는 먼저 기업재단의 현황, 모기업과의 관계 패턴, 독립성 수준을 조사한다. 둘째, 하위 그룹으로서의 기업재단과 비영리 부문에 대한 간략한 개요와 그 지역, 분포의 특성 및 일반적인 특징을 제시한다. 셋째, 이 장에서는 기업재단의 혼합적 성격에 영향을 미친 역사적, 사회적 요인과 사회 부문에 대한 통찰과 의미있는 사회적 역할을 고려한다.

본 연구는 2차 및 1차 자료를 기반으로 한다. 러시아의 기업재단 수가 제한적이기 때문에 거의 모든 기업재단에 대한 2차 자료를 분석하였다. 기업재단의 연례보고서와 정관을 분석하고 기업재단 대표자들과 국가 재단 우산 조직(umbrella association)[12] 의 대표를 대상으로 여러 차례 인터뷰를 실시했다.

---

[12] 번역자 주 : 우산 조직(umbrella association)은 여러 개별 단체나 조직을 대표하거나 조정하는 상위 연합 조직으로, 회원 단체들의 공동 이익을 대변하고 자원을 공유하거나 정책을 조율하는 역할을 한다.

8.2 운영 구조의 스펙트럼

기업재단은 법적으로 비영리 단체(NPO)이다. 그러나 러시아 법률은 이에 대한 명확한 정의를 제공하지 않는다. NPO로 운영되는 모든 유형의 재단은 동일한 법적 지위를 공유하므로 자선, 민간, 기업 및 기금 모금 재단은 동일한 연방법이 적용된다. 연방법 제135호 "사회공헌 활동 및 자선 단체에 관한 법률(1995년 8월 11일)"과 제7호 "비영리 단체에 관한 법률(1996년 1월 12일)"은 여러 차례 개정되어 재단의 활동을 규제하고 있다.

따라서 기업재단은 법적인 관점에서 볼 때 비영리 단체의 세분화된 형태이며, CSR 및 비영리 실무자 사이에서 일상적인 관행으로 볼 때 제도적 CSR 및 기업 사회공헌의 한 형태로 보인다. 기업재단은 법적으로 독립된 법인으로, 자선 및 사회 프로그램을 실행하기 위해 기업 또는 기업 그룹이 설립하고 재정적으로 지원하는 비영리 조직이며, 이는 CSR 및 비영리 부문에서 일반적으로 사용되는 정의이다. 설립자는 항상 기업 또는 기업 그룹이며, 재단에 대한 재정의 주요 흐름은 기업에서 제공한다. 설립자 회사의 지배권 지분을 소유한 기업재단은 발견되지 않았다. 이는 일반적으로 재단이 설립자 회사에 대한 통제권을 행사하는 네덜란드 및 덴마크의 관행과는 다른 러시아 기업재단과 차별화되는 점이다.

기업재단을 설립할지 여부를 결정하는 데에는 광범위한 요소가 있다. 현행법에서는 기업재단, CSR 또는 자선활동을 수행하는 기업에 대해 세금 공제나 기타 유인책을 제공하지 않는다. 법인이 아닌 개인이 기부한 금액은 세금 환급을 받을 수 있다.

세금 유인 자체는 기업 사회공헌의 규모와 직접적인 상관관계는 없지만, 일반적으로 CSR 개발에 우호적인 환경을 조성하는 데 기여한다. 재단 설립에 대한 재정적 또는 법적 인센티브가 없기 때문에 재단 설립은 기업 경영진의 자의적 판단에 따라 결정된다. 이는 기업재단에 위임할 사회 분야 목표의 규모와 성격,

그리고 일부를 재분배할 수 있는 기업 조직 구조의 유연성에 따라 역량을 외부 조직에 위탁할 수 있다.

일반적으로 기업재단은 높은 수준의 사회적 책임을 지고 있으며 좋은 시민성에 대한 추가적인 사회적 요구와 이러한 요구를 충족시키려는 대기업에서 설립한다(Longsdon & Wood, 2002; Waddock, 2004). 기업재단은 기업 시민의 개념과 맞닿아 있는 것으로 보인다. 기업재단은 선택된 사회 문제를 해결하기 위해 내부 및 외부 자원을 집중하는 것을 목표로 하며, 보다 숙련된 성과 중심 수단이다. 기업재단 설립은 기업이 특정 사회 문제 해결에 상당한 전문성을 확보하고 해당 분야에서 성과를 높이기 위한 계획을 수립한 후 CSR 목표를 추구하는 단계이다. 재단은 해당 사회 문제를 성공적으로 해결할 수 있는 자체 전문 인력과 조직 자원, 전문성 수준을 충분히 갖추고 있다고 간주된다. 기업재단이 특정 사회 문제에 집중한다는 결론은 조사 대상 기업의 대부분이 대내외 CSR 활동을 조직하는 공식적인 CSR 부서를 보유하고 있다는 사실에서 더욱 뒷받침된다. 기업은 직원과의 약속을 지속적으로 이행하고, 경우에 따라서는 대외적인 사회 프로그램을 계속 진행하기도 한다. 실제로 기업재단은 사회적 의무 이행을 제한하고 아웃소싱하는 수단이 아니라 오히려 전문성을 강화하여 진행 중인 여러 사회공헌 프로젝트 중 특정 사회 프로그램을 선정하는 단계이다.

다국적 기업의 영향력과 러시아 지사가 사회적 책임에 대한 본사 전략을 따라야 한다는 요구 사항도 자극제가 되고 있다. 따라서 Alcoa(알코아), Amway(암웨이), Deloitte(딜로이트), Auchan(오샹)과 같은 글로벌 기업재단의 현지 지사가 운영을 시작했고 일종의 트렌드 세터로 자리 잡았다. 이 과정은 소비에트 직후에 새로운 법적 형태가 만들어지던 러시아 비영리 부문의 발전 과정과 매우 유사하다. 그 후 1990년대에 새로운 비영리 기관들이 대거 생겨났고, 이들 중 상당수는 외국 정부와 재단의 지원을 받아 새로운 옹호 영역에서 활동했고, 서비스 제공 및 조직 역량도 향상되었다(Henderson, 2002; Skokova *et al.*, 2018).

기업재단을 설립하는 두 번째 이유는 오너 또는 고위 경영진이 특정 사회 문제 또는 일련의 이슈에 집중하고 이를 해결하기 위한 노력을 기울이기로 결정하기 때문이다. 이를 위해 기업은 사회 프로그램 또는 전체 기업 사회공헌의 관리를 별도의 단체에 아웃소싱한다.

기업재단 또는 다른 종류의 재단 설립은 전문 협회가 제공하는 조직적 지원과 전문성을 통해 촉진될 수 있다. 비영리 파트너십인 'Donors Forum'은 어느 정도 우산 조직으로 운영되며 재단 유형이나 CSR 자체를 차별하지 않고 CSR 및 재단 커뮤니티의 요구에 부응한다. 비즈니스, 개인, 기업 및 기부 재단 대표와 CSR 관리자가 포함되며 조직, 법률 및 연구 전문 지식을 제공한다.

8.3 러시아의 비영리 부문 및 기업재단 개요

이 절에서는 비영리 부문의 현황과 범위에 대한 이용 가능한 통계 데이터를 간략하게 소개하고 러시아 내 기업재단의 구조를 단순화하여 제시한다.

러시아 비영리 부문은 상대적으로 젊고 취약하며 여전히 시민 참여와 지역사회, 기업, 지방 정부의 지원이 크게 부족하다(Mersiyanova *et al.*, 2017; Skokova *et al.*, 2018). 이 부문은 1991년 소련 붕괴 이후 성장했으며, 외국 기부자들의 지원으로 조직 및 관리 역량을 어느 정도 갖추게 되었다(Sundstrom, 2006). 최초의 주요 규제 조항인 연방법 제7조 "비영리 단체에 관한 법률"은 1995년에 채택되었으며 수많은 개정을 거쳐 여전히 시행되고 있다. 즉, 러시아의 비영리 부문은 현재 공공 서비스 제공에서 두드러진 주체로 발전하고 있다(Ljubownikow & Crotty, 2016). 등록된 약 224,000개의 비영리 단체 중 약 60%(2017년 1월, 법무부)가 교육, 사회 서비스, 복지 및 보건을 포함한 사회 부문에서 활동하고 있으며(Wathen & Allard, 2014; Tarasenko, 2015), 정부 기관이 제공하는 서비스를 보완한다. 이와 함께 이 부문은 GDP의 0.9%에 불과하고 경제활동 인구의 약 1.2%의 노동력을 제공하는 등 경제에서 차지하는 비중은 여전히 상대적으로 작다(Salamon *et al.*, 2015).

법적으로 러시아에는 재단, 협회, 소비자 협동조합, 종교 단체, 노동조합 등 18개 이상의 공식적인 법적 형태의 NPO가 있다(2019). 재단은 비영리 부문 조직의 하위 그룹을 구성한다. 이 하위 그룹은 약 7,500개의 자선재단으로 구성되어 있으며(2017), 이 중 기업재단은 약 25개에 불과하다. 러시아에서는 연방 통계청에서 기업재단을 별도의 법인 유형으로 간주하지 않기 때문에 기업재단에 대한 신뢰할 수 있는 통계 정보가 부재한 상황이다. 또한 모든 기업재단이 연례 보고서를 발행하거나 웹사이트에 정확한 정보를 제공하지 않는 점도 데이터의 한계다. 중소기업은 주로 관찰되지 않는 경우가 많다. 따라서 본 연구진은 전문가의 추산과 문헌 조사 데이터에 의존하기 때문에 매우 대략적인 추정치만 제시할 수 있다.

러시아에서 사회적 책임을 다하는 기업의 수가 꾸준히 증가하고 있다는 점과 150개 이상의 기업이 전문적으로 CSR 프로그램을 체계적으로 실행하고 상당한 재원을 확보하고 있다는 점을 고려하면 기업재단의 수는 의외로 적어 보일 수 있다.

러시아에서는 대기업의 CSR만 눈에 띄고 보고되지만, 중소기업은 이름이 드러나지 않았을 뿐, CSR에 적극적으로 참여하고 있다. 중소기업은 전통적인 사회공헌, 금전적 지원, 현물 지원 등의 형태로 지역사회를 집중적으로 지원한다. 이러한 지원은 학교, 유치원, 고아원, 노인, 교회 등을 대상으로 이루어진다(Chernysheva, 2016). 기업은 도움이 필요한 개인적 요청이나 지역 및 지방자치단체 정부 관계자들이 대신 전달하는 요청에 지원하는 것으로 응답한다. 중소기업의 사회적 활동 규모나 범위에 대한 재무 데이터는 없지만, 전문가들은 러시아 전역에서 사회적 책임 활동이 광범위하고(러시아 기업의 60% 이상이 일부 사회적 책임 활동을 수행) 중요한 관행으로 자리 잡고 있다고 추정한다.

대기업과 달리 중소기업은 기업가와 분리될 수 없으며, 중소기업은 경제 주체와 지역사회 구성원으로서의 역할을 동시에 수행한다. 따라서 경제 활동은 사회적 네트워크와 지역적 배경에 크게 뿌리를 두고 있으며 이해관계자와의 공식적, 비공식적 관계에 의존한다. 이 경우 중소기업의 사회공헌은 금융, 물질적, 사회적 자본 네트워크에 대한 접근과 통합을 촉진하는 역할을 수행한다.

이용 가능한 데이터를 분석한 결과, 시기별로 설립된 기업재단의 수에는 큰 차이가 없는 것으로 나타났다. 기업재단의 약 1/3은 1990년대와 2000년대 중반에 산업(주로 광업, 석유 및 광물 가공) 기업이 설립했다. 예를 들어, LUKOIL과 MMK(OJSC Magnitogorsk Iron and Steel Work)는 1993년, NLMK(Novolipetsk Steel)는 1999년, 주식회사 금융 회사 Sistema는 2003년, RUSAL(알루미늄 광산 및 생산)은 2004년, Severstal(제철소)은 2005년, Renova(투자 및 자산 관리 회사그룹)는 2007년에 기업재단을 설립했다. 기업재단의 3분의 2가 2010년대 초반에 CSR 개발과 맞물려 설립되었다. 당시에는 비산업 기업, 대량 생산 기업, 금융 기업 등이 기업재단을 도입했는데, 이는 기업재단이 CSR 활동을 위한 보다 발전된 수단이라는 공통된 인식이 있었기 때문이다.

CSR 및 기업 사회공헌에 대한 재무 데이터는 매우 제한적이고 접근하기 어렵다. 많은 기업이 보안을 비롯한 여러 가지 이유로 재무 정보를 공개하지 않는다. 그러나 재무 데이터를 투명하게 공개하는 기업들은 2015년에 자선 및 사회지원 프로그램에 최소 200억 루블(미화 3억 2,800만 달러)을 지출했다(Boldureva, 2016). 예를 들어 2017년 러시아 연방의 보건 예산이 3,780억 루블(미화 62억 달러)이라는 점을 고려하면 외부 CSR은 사회복지 제공의 적지 않은 부분을 차지한다. 러시아에서 민간 사회공헌 활동은 대부분 비공식적인 성격이 강하기 때문에 기업의 사회공헌 활동이 전체 자선 기부의 대부분(최대 75%)을 차지한다(Mersiyanova *et al.*, 2015). 이는 개인 기부가 전체 자선기금 모금액에서 차지하는 비중이 큰 유럽의 관행과는 매우 다르다(CAF World Giving Index, 2017). 또한 중소기업은 대부분 비공식적이고 비정기적인 CSR 관련 활동을 많이 하고 있다. 앞서 언급한 요인들은 각각 CSR과 기업재단에 대한 통계 데이터의 불충분성과 불일치를 설명한다.

2015년 기업재단의 총 예산은 20억 5,500만 루블(3,200만 달러 이상)로 전체 재단 누적 예산(93억 8,000만 루블)의 5분의 1(22%)을 조금 넘었다(Ochareva, 2016). 이 장에서 분석한 오픈 액세스 데이터에 따르면 2015년 기업재단의 자선활동에 지출된 자원 규모는 32억 루블(약 5,250만 달러)이었다. 산업(중공업)을 모기업으로 둔 기업재단들은 소비재 관련재단보다 더 큰 예산을 보유한다([그림 6]). 소비재 관련 기업재단은 대중시장과 관련이 있고 산업은 중공업(광업)과 관련이 있다.

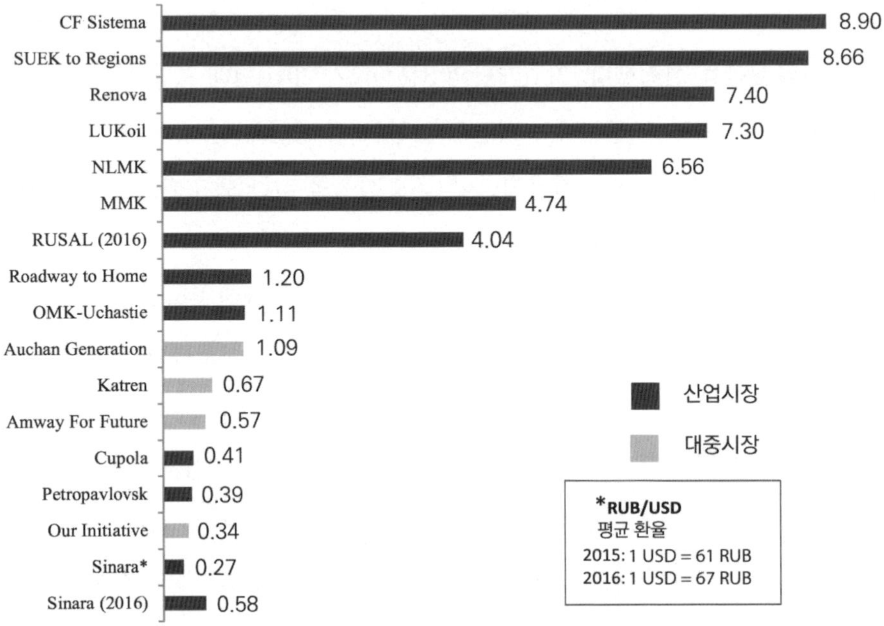

그림 6 중점 활동을 위한 재단의 예산: 산업 시장 대 대중시장(백만 달러 기준*)

기업재단의 직원 수는 서서히 증가하고 있다. 2013년 재단당 직원 수는 1~26명이었다. 2013년의 전체 직원 수는 133명으로 2012년의 111명에서 증가했다. 기업재단의 지리적 범위는 해당 모기업의 지리적 위치에 따라 전적으로 결정된다. 동일한 수의 재단이 전국적으로 그리고 지역 또는 지방 수준에서 운영된다. 연방 차원에서 운영하는 것은 광범위한 지역을 커버하는 대중 시장

기업의 경우 더 일반적이다. 반면 광업 및 광물 가공 기업의 기업재단은 일반적으로 해당 기업이 진출한 지역에서 운영된다. 해외 사업장 내에서 인도주의적 지원이나 문화 프로그램 지원과 같은 국제 프로그램을 지원하는 기업재단은 매우 드물며, 소수의 기업재단만이 해외 사업장 지역에서 국제 프로그램을 지원한다.

기업재단은 대중의 눈에 뚜렷한 이미지를 갖고 있지 않기 때문에 CSR보다는 자선재단과 함께 묶이는 경향이 있다. 실제로 지난 몇 년 동안 제3섹터, 자원봉사, 사회공헌을 활성화하기 위한 연방 정부의 집중적인 노력으로 인해 사회공헌과 CSR에 대한 이슈가 대중매체의 많은 관심을 받았다. 2012년까지 사회공헌에 대한 대중매체의 보도 건수는 2011년 30,756건에서 2012년 86,321건으로 전년 대비 두 배 이상 증가했다(Ochareva, 2016). 대부분의 메시지는 긍정적인 내용(58%)이었으며, 도움의 대상과 제공 방식에 관한 내용이었다. 기업재단은 전체 조사 기간 동안 1%의 출판물에서만 언급되어 안정적으로 유지되었다. 기금 모금과 민간재단은 대중 매체에서 가장 많은 관심을 받았다(각각 13%, 19%). 따라서 기업재단은 재단과 비영리 부문 전반에서 규모는 작지만 재정적으로 중요한 그룹을 구성하고 있다.

8.4 모기업과의 관계

재단 운영 구조의 특수성은 비재무적 배경, 모기업의 조직 구조 및 예산 배분의 유연성 등에 의해 크게 좌우된다. 기업재단을 설립하려면 기업 지배구조를 수정하고 고위 경영진의 적극적인 참여가 필요하다. 본 연구에서는 운영 구조의 차이에 따라 기업 설립을 분류했다. 기본적인 기준은 모기업으로부터의 운영 독립성과 예산 통합이었다. 스펙트럼의 한쪽 끝에는 "독립형" 기업재단 모델이 있고, 다른 쪽 끝에는 "통합형" 모델이 있다. 두 경우 모두 기업재단은 독립적인 법인이지만 모기업으로부터의 자율성 정도에 차이가 있다.

"독립형" 기업재단은 CSR, 광고 또는 커뮤니케이션 예산과는 별도로 특별 예산을 배정하여 설립된다. 이러한 재단은 기업 예산의 일부를 재단으로 이관하여 설립된다. 이러한 맥락에서 기업재단은 의제와 예산을 설정할 수 있으며 운영 측면에서 기업으로부터 상대적으로 독립적이다. 반면에 "통합형" 재단은 CSR, 광고 또는 홍보 부서에 높은 수준의 재정 및 관리 종속성을 가지고 설립된다. 이러한 경우 기업은 기업재단 운영을 위해 별도의 예산을 할당하지 않으며, 예를 들어 기업 CSR 예산의 일부에서 예산을 충당할 수 있다. 따라서 통합 재단의 의제와 목적은 CSR 부서에서 상당 부분 결정하거나 개발하기도 한다. 조사 대상 재단의 약 절반이 "통합형" 범주에 속하는 것으로 간주될 수 있다(Ochareva, 2016).

재단 이사회의 영향력은 일반적으로 재단의 모델과 재단의 조직 구조, 즉 기업의 다른 부서와의 관계에 해당한다. 반면에 이사회의 구성 자체는 재단의 독립성이나 통합 정도에 큰 영향을 미치지 않는다. 위에서 언급했듯이 기업재단은 내부 CSR 또는 다른 부서에 종속될 수도 있고, CSR 경영진으로부터 비교적 독립적으로 사명과 프로그램을 설정할 수도 있다. 첫 번째 경우, 재단의 이사회와 경영진은 모기업의 CSR 전략을 따른다. 두 번째 경우에는 재단의 사명이 우선시된다. 예를 들어, "The dome" 재단(Kinross Corp., 금 채굴 및 작업)은 사명과 프로그램을 가지고 있으며 CSR 부서와 독립적으로 운영되며 공동 행사는 거의 없다. 반면에 "사회 프로그램 센터" RUSAL(알루미늄 채굴 및 작업) 재단은 CSR 부서의 감독하에 운영되며 운영과 계획 모두에 있어 이 부서에 종속되어 있다.

극소수의 예외를 제외하고 재단의 이사회 구성원은 감독위원회나 이사회 및 감사위원회 위원과 마찬가지로 모기업의 최고 경영자, 소유주 및 임직원을 포함한 기업 또는 비즈니스 그룹의 대표로 구성된다. 이해관계자에게 실질적으로 개방되어 있는 기업재단은 거의 없으며, 이사회 또는 집행위원회에 지역 및 지자체 대표 또는 지역 커뮤니티 단체 대표를 포함하는 경우도 있다. 이러한 관행은 대규모 지역사회 개발 프로그램을 운영하는 재단의 경우, 사회 분야의 지역 또는 지자체 프로그램 및 지역사회 프로젝트와 협력해야 하기 때문에 발생할 수 있다. 설문조사에 참여한 모든 재단은 이사회, 상임이사 또는 집행위원회 구성원에 대한 정보를 공개했다.

재단의 사명과 운영의 자율성 정도에 관계없이 기업재단은 모기업의 재정적 지원에 매우 의존한다. 러시아 기업재단은 약간의 차이가 있지만 동일한 자금조달 모델에 의존한다. 예산의 가장 큰 비중, 그리고 종종 전체 예산이 기업에서 독점적으로 제공된다. 모기업으로부터의 연간 기부가 재단의 수익 구조에서 가장 큰 부분을 차지한다. 이러한 약정은 매우 유연하며 재단마다 다르지만, 순이익의 일정 비율과 같이 재단에 대한 고정된 자금 지원 공식을 확립한 기업은 소수에 불과하다. 일반적으로 예산은 매년 책정되며, 기업의 재정 상황에 따라 그 규모가 달라진다. 그러나 연간 변동폭이 크지 않고 예산이 증가하는 경향이 있다. 2008년부터 시작된 글로벌 경제 위기에도 기업들은 재단 예산을 크게 줄이지 않았다. 기업재단은 모금을 통해 다른 자원을 유치하고 다른 유형의 재단보다 훨씬 작은 규모로 기부금을 조성하거나 영리 활동을 할 수 있으며, 대부분의 재단은 예산 적자가 크지 않기 때문이다. 외부 이해관계자의 기부금은 다른 비영리단체나 지방 또는 지역 당국과 함께 시행하는 공동 프로젝트 또는 프로그램을 통해 들어온다. 그러나 이러한 공동 프로젝트는 비교적 드문 편이다. 경우에 따라서는 기부금이 없는 경우 재단의 수익금으로 수혜자에게 추가 지원을 제공하는 데 사용한다.

조사 대상 기업재단의 대부분은 모기업이 제공하는 다양한 서비스를 무상으로 이용하고 있다. 일반적으로 재단은 모기업의 사무실 공간, 미디어 관계 및 커뮤니케이션 리소스를 이용하고, 때로는 모기업의 운송 및 물류 역량을 이용하기도 한다. 재단의 실적은 일반적으로 모기업의 연례 보고서에 반영된다. 재단의 관리 비용을 모기업이 부담하는 것도 재단의 일반적인 관행이다. 그러나 모기업이 제공하는 이러한 서비스의 재정적 가치에 대한 정보는 부족하고 일관성이 없다.

8.5 운영: 영역 및 유형

러시아 법률은 기업의 사업 목표와 기업재단의 활동 간의 상호 연관성에 대해 어떠한 제한도 두지 않는다. 재단은 기업의 사업 목적과 직접적인 관련이 있거나 관련 없는 분야에서 활동을 수행할 수 있다. 대부분의 기업재단은 모기업으로부터 자금의 전부는 아니더라도 거의 대부분을 지원받지만, 모기업의 사업적 이익과 직접적인 연관성을 갖지 않는다. 오히려 두 기업의 활동은 서로 연관되어 있지만 별개다.

러시아 기업재단도 지역사회 개발 모델을 구현한다. 이 관점은 운영 지역과 시장에 매우 민감하며, 지역사회와 지역이 직접적인 수혜자가 된다. 이 접근 방식은 기업의 자선활동, CSR 프로그램 및 사회 부문에 대한 소유주의 개인적인 관심사의 조합을 기반으로 한다. 따라서 현재 기업재단이 지원하는 프로그램의 상당 부분은 아동, 의료, 스포츠, 문화 및 예술 등 사회적 취약 계층을 위한 교육, 지원 및 보호에 중점을 두고 있다([그림 7], Boldureva, 2016). 기업재단이 고객과 고용주 모두의 현재 또는 잠재적 그룹을 대상으로 하는 프로그램과 같이 보다 명확한 초점을 가진 프로그램을 실행하는 경우에는 예외가 있다. 이러한 프로그램에는 사회 투자 또는 사회적 기업가 정신 프로그램, 금융 역량 개발 과정 등이 있다(예: Sberbank Foundation에서 운영

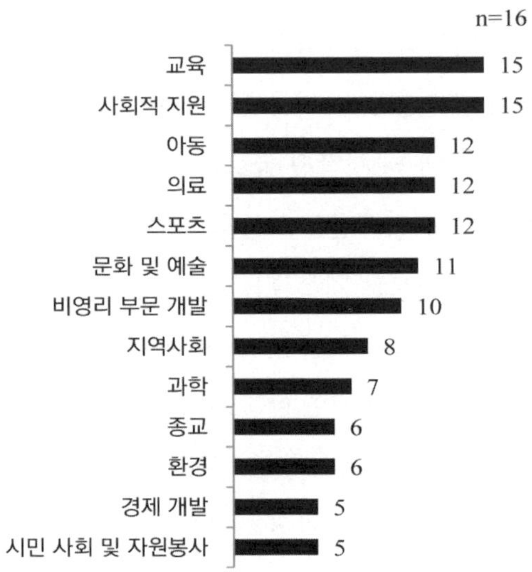

그림 7 기업재단이 지원하는 주요 분야

하는 프로그램).

러시아 대부분의 기업재단은 기부금을 회사의 지리적 존재 지역 내 시민사회 단체에 배분하는 기부 패턴을 시행하고 있다. 조사 대상 재단의 약 3분의 2가 주로 이 모델을 실행하고 있으며, 나머지 3분의 1은 자체적으로 재단을 운영하며 직원들과 함께 프로그램을 운영하고 있다. 재단은 일반적으로 운영과 지원금 지급 활동을 병행한다. 수혜자는 개인, 비영리 단체 또는 공공 기관이 될 수 있다. 조사 대상 재단에서 요청에 의한 자선 지원은 발견되지 않았지만, 기존 프로그램의 틀 내에서 자선 지원을 하는 경우는 꽤 자주 관찰되었다. 문헌 조사와 인터뷰 데이터에 따르면 운영 중인 기업재단은 대부분 '독립형' 유형으로, 프로그램을 설정하고 실행하는 데 있어 높은 수준의 자율성과 자유를 누리고 있는 것으로 나타났다.

지원금 공모는 일반적으로 승인 및 관리 단계와 사례에 따라 평가 단계에서 매우 개방적이고 투명하게 진행된다(Beam & Conlan, 2002). 재단은 정보 배포, 지원자 교육, 제안서 수집 및 평가, 대상자 선정, 완료된 프로그램 평가를 담당한다. 공모위원회는 정부 기관의 대표와 정부 기관에 있는 경우 이해 관계자, 지방 정부 또는 지역사회 단체의 대표로 구성된다. 경우에 따라 재단은 지원금 공모를 운영할 비영리 단체 한 곳을 선정하고 그 단체와 협력하기도 한다. 본 연구에서는 기부금 배분에 관한 엄격한 요구사항을 발견하지 못했다. 기부금 수령자에 대한 부정적인 선별은 드문 일이 아니었다. 기업재단은 극단적인 활동이나 정치 정당을 지원하지 않았다. 그러나 이 재단들은 'GONGOs'(정부가 조직한 비영리단체 government-organised NPOs)나 다른 유형의 조직에 대한 지원에는 아무런 제한을 두지 않았다.

모기업의 산업 혹은 부문과 재단이 지원하는 분야 또는 분야의 집합 간에 일정한 상관관계가 있음이 관찰됐다. "산업" 그룹은 주로 대형 광업 및 가공 기업이 설립한 재단으로 구성된다. 광업 회사는 러시아의 외딴 지역, 종종 작은 마을에서 운영되며, 해당 지역에서 가장 크거나 유일한 고용주이자 법인세 납세자 중 한 명인 경우가 많다. 이러한 산업은 도시를 형성하고 있기 때문에 해당 지역의 지자체에서 CSR 및 기업재단이 매우 중요하다. 다른 기업재단보다 '산업' 유형의 재단은 CSR 또는 기업재단 프로그램의 틀 안에서 지역의 사회 및 교통 인프라 지원과 복원을 위한 여러 가지 사회적 책임을 맡는 경우가 더 많다. 여기에는 교육, 의료, 취약 계층 지원 프로젝트와 함께 지방자치단체에 속한 시설 건설 또는 복원이 포함될 수 있다. 이러한 프로그램의 몇 가지 예는 다음과 같다.

- 지역 규모의 산업재단: 자선재단 "Kupol"("The Dome") (Kinross Gold Corporation). 주요 활동 – 천연자원 관리, 의료, 교육 및 훈련, 중소기업의 지속 가능한 발전 등 원주민의 전통을 지원하는 프로그램을 포함하여 지역의 사회 경제 발전에 기여하고 Chukotka 주민들의 문제를 해결하는 데 도움을 주는 재단이다.
- 산업, 지역 간 재단: 지역의 사회경제적 지원 재단 "SUEK – 지역으로"(SUEK JSC). 이 재단의 활동은 모회사가 진출한 지역의 생활수준을 높이는 것을 목표로 한다. 프로그램에는 교육, 지방 정부 개선, 저렴한 주택, 인프라 개선 및 개발, 환경, 의료, 스포츠 및 건강한 라이프스타일, 사회 활동 및 기업가 활동, 여가 및 문화의 발전 등이 포함된다.
- 산업 연방 재단: 자선재단 "Sistema"(AFK Sistema PAO). 재단은 과학, 교육, 문화 및 예술, 의료 및 사회 복지, 피트니스 및 스포츠 분야를 지원하고 발전시키기 위해 노력한다.

"산업" 기업재단은 지역 당국 및 원주민 협회와 같은 지역 수혜자 그룹의 대표와 긴밀히 협력하여 지원할 공동 프로젝트를 개발한다. 이러한 프로젝트는 사회 예산에 기여한다는 점에서 지역에도 도움이 되고, 사회적 목표를 달성하고 수혜자에게 도움을 제공한다는 점에서 기업재단 자체에도 도움이 된다. 인터뷰에 응한 기업재단 대표들은 지원 대상 인프라 및 사회 프로젝트와 관련하여 지역 당국과 자발적이고 파트너적인 협력 관계를 맺고 있다고 밝혔다. 명시적인 압력은 보고되지 않았으나, 힘의 관계를 충분히 묘사하는 데 다소 어려움이 있을 수 있다. 다음 절에서는 동형화(isomorphism)[13]와 수요 측 압력의 관점에서 기업과 기업재단, 그리고 지방 당국과의 관계를 살펴본다(Campbell, 2007, Brammer *et al.*, 2012).

다른 기업재단 그룹은 일반 대중을 대상으로 하는 대중 시장을 목표로 하거나 금융 분야에 기반을 두고 설립된 재단들로, 러시아와 국제 기업들이 설립한 재단을 포함한다. 이 그룹에 속하는 기업재단은 '산업분야' 재단과 달리 본사가 위치한 지역에서 직접 활동하거나 협력하지 않는다. 또한, 일반적으로 모기업의 이름을 따서 명명되는 반면, "산업분야" 기업재단은 주로 가장 영향력 있는 프로그램의 이름으로 알려져 있다. "대중시장" 기업재단은 모기업의 홍보 전략 중 하나로 간주된다. 따라서 이러한 재단은 다른 재단보다 긍정적인 이미지가 분명한 사회 프로젝트를 지원하는 경향이 있으며, 요양, 소외 계층 지원 등과 같이 논란이 되거나 복잡한 프로젝트는 '피하려고' 노력한다. 이러한 제한으로 인해 지원 대상 프로젝트가 무작위로 선정되거나 왜곡될 수 있다.

- 연방 규모 자체의 대중 시장 재단(Mass-market foundation of a federal scale): 자선재단 "우리의 이니셔티브"(M-Video). 어려운 가정에서 자라거나 고아원과 같은 시설 보호 시설에서 생활하는 어린이와 2차 세계 대전 참전 용사를 지원하는 등 사회적 지원을 목표로 하는 자선 프로젝트이다.
- 연방 단위의 활동 범위를 지닌 대중 시장 재단(Mass market foundation on a federal scale): 자선재단 아름다운 세상의 "아름다운 아이들"(M-Video). 이 재단은 의료 서비스 및 환경 캠페인을 위한 조직적, 재정적 지원을 제공한다.

기업재단은 특정 분야에서 활동하기 위해 다른 기업 또는 당국의 대표자와

---

[13] 번역자 주 : 동형화(isomorphism)는 조직이 환경의 기대나 압력에 따라 유사한 구조나 행동을 가지게 되는 과정을 의미한다. 제도적 환경 속에서 조직들이 정부 또는 타 조직과 비슷한 방식으로 운영되거나 유사한 정책이나 절차를 따르게 되는 현상을 뜻하는 개념이다.

파트너십을 맺는다. 당국을 포함한 파트너는 상호 관심 분야에서 재단의 프로젝트와 활동에 공동 자금을 조달한다. 그러나 공동 프로젝트는 원칙보다는 예외가 될 가능성이 높다. "산업분야" 재단은 지자체 및 지역 당국과의 사회경제적 협력 협약의 틀 내에서 해당 지역에서 공동 프로젝트를 수행할 수 있다. 이들은 교통 및 사회 기반 시설과 협력하고 교육 및 의료 기관 등을 지원한다. 이와 대조적으로 '대중 시장 및 금융' 재단은 다른 기업과 공동 프로젝트를 수행하는 경우가 더 많다. 이러한 프로젝트는 주로 기업 자원 봉사 및 환경 캠페인과 같은 자선 지원 및 자원봉사 활동과 관련이 있다. 기업의 직원들은 이러한 프로젝트에 자원봉사자 또는 기부자로서 적극적으로 참여한다. 이러한 프로젝트는 사회공헌 활동에 대한 평판, 즉 일반 대중과 지역 당국의 눈에 기업의 긍정적인 이미지 형성과 관계에 기여할 가능성이 높다.

8.6 논의

기업의 사회적 책임은 여러 측면에서 전통적으로 국가가 처리하던 문제에 대해 기업이 책임을 지는 것을 의미한다(Gainer, 2010). 기업재단은 이에 대한 생생한 예시를 제공한다. CSR은 국가와 시장의 경계를 모호하게 하고 공공 및 민간 행위자 간의 책임 배분을 달리하는 것을 의미한다(Davies *et al.*, 2016). 따라서 기업은 국가, 시장, 사회를 연결하는 하이브리드 제도적 행위자 중 하나가 된다(Haufler, 2008; Bruyn, 1999). 이러한 경향은 러시아의 맥락에서 두드러지게 나타나며, 몇 가지 사회적 변수가 그 원인으로 작용한다고 생각한다. 첫 번째는 소비에트 시대 기업의 독특한 사회적 역할이고, 두 번째는 현재 러시아 지역의 열악한 사회경제적 상황과 사회보장에 대한 대중의 기대이며, 세 번째는 기업의 사회적 기여에 대한 지방 당국의 기대이다. 기업재단은 기업이 사회적 약속을 이행하는 도구로서 당국과 시민 모두의 동형화 압력에 대응하는 것이다. 동형화는 조직의 정당성을 강화하고 대외적 안정성과 현지 시장 접근을 용이하게 한다.

8.6.1 소련 시기 기업의 사회적 역할

기업의 사회적 책임과 CSR 활동은 러시아에서 흔히 생각하는 것처럼 새로운 것이 아니다. 문헌에 따르면 사회적 책임은 1991년 이후에 발명된 것이 아니라 이전의 관행과 전통에서 파생되고 변형된 것이라고 한다(Davies *et al.*, 2016). 소련은 산업화된 국가였고 사회 구조에서 산업의 역할은 매우 중요했다. 소련 기업은 직원과 그 가족, 지역에 대한 여러 가지 사회적 의무를 지고 있었는데, 특히 기업이 마을을 형성하고 그 지역에서 가장 큰 고용주로 남아 있는 경우 더욱 그러했다. 사회적 약속에는 사회 기반 시설, 유치원, 학교 및 기타 교육 기관, 보건센터, 레크리에이션 공간 등의 조성이 포함되었다. 소련 기업들은 현재와 미래의 직원과 그 가족 모두에게 일정 수준의 사회 보장을 제공함으로써 시민들에게 사회적 안정을 제공했다.

소련이 붕괴되고 민영화가 도입되면서 상당수의 대기업이 정부의 직접적인 통제, 사회적 의무, 정부 계약에서 '해방'되었다. 산업계는 계획 경제에서 시장경제로 전환할 준비가 되어 있지 않았고, 그 결과 경제가 급격히 쇠퇴했다. 많은 지역의 주민들은 심각한 물질적, 정서적 어려움에 처해 있었다. 국가의 사회 활동과 지원은 사실상 중단되어 가장 기본적인 사회 보장조차 제공하지 못했다. 시민들의 지리적, 직업적 이동성이 낮기 때문에 기업은 지역 노동 시장에서 유일한 고용주였다. 이는 특히 단일 산업 도시에서 더욱 두드러진다(2016년 전체 319개 도시 중 94개 도시가 매우 열악한 사회경제적 환경에 처해 있었다, ICSS, 2017). 따라서 기업은 이러한 지역에서 최소한의 사회적 의무를 회복하기 위해 개입했다.

8.6.2 지역 당국의 기대

러시아 지역의 사회경제적 상황은 여전히 취약하지만(Zubarevich, 2015), 1990년대와 2000년대에는 훨씬 더 악화되어 지역 차원의 사회 안전망이 대부분 무너졌다. 따라서 지방 당국은 사회 부문과 인프라 예산을 확보하기 위해 기업에 접근했다. 어떤 경우에는 당국이 사회적 책임의 일부를 기업에 위임하기도 했다. 연구에 따르면 지방 또는 연방 당국이 기업에 가하는 공식적, 비공식적 압력이 있었음이 모두 밝혀졌다(Chirikova *et al.*, 2005). 공식적으로 정해진 세금 외에도 기업의 자원은 경우에 따라 지역 예산의 보충 재원이 되었다(Peregudov & Semenenko, 2009). 이러한 관점에서 사회적 책임과 기업 사회공헌은 국가에 대한 충성도를 나타내는 지표이며(Chebankova, 2013), 특정 지역에서 운영할 수 있는 정당성과 허가를 얻기 위해 공무원의 기대를 충족시키려는 시도이다(Matten & Moon, 2008; Campbell, 2007).

8.6.3 사회 부문에 대한 대중의 만족도 및 사회 보장에 대한 대중의 기대

소련 시기의 유산인 사회 보장에 대한 기대는 러시아인들 사이에서 매우 두드러진다. 실제로 현대 러시아에서는 교육, 의료, 사회 서비스, 레크리에이션 및 스포츠가 어느 정도는 일반 대중에게 '무료'로 제공되고 있다. 소련 붕괴 이후 민영화는 심각한 위반을 동반한 채 진행되었고, 대부분의 소련 기업은 저가로 민영화되었다(Leonard & Pitt-Watson, 2013). 대중은 민영화가 불공정했다고 확신한다. 사회 계층화와 소득 불평등은 기하급수적으로 증가했는데, 특히 "평탄하고" 평등했던 소련의 사회 계층화 구조와는 대조적이었다(Denisova *et al.*, 2012). 지니 계수는 1991년 0.260에서 1994년 0.409로 증가했으며 1998년 0.379(러시아 통계연감, 공식 문서, 1999)로 상승했다. 1990년대 초중반에 심각한 대중의 불만이 제기되었고, 시민들은 최소한의 개인 복지와 사회 정의를 회복하기 위해 기업이 '부당하게 얻은' 부를 공유하고, 재분배할 것을 요구했다(Polishchuk, 2006).

러시아의 현재 사회 부문의 상태는 다소 열악하며 대중은 의료 및 교육 상태에 크게 불만족하는 것으로 나타난다. 따라서 첫째는 정부가 둘째는 기업이 최소한의 사회 보장을 제공해야 한다는 기대가 있다. 이는 특히 광산업체가 있는 지역에서 두드러지게 나타나는데, 광산업체는 현지 노동 시장에서 중요한 역할을 담당하고 있기 때문이다.

따라서 기업의 사회적 책임은 여러 측면에서 시장이나 직접적인 경제적 이익을 고려하기보다는 사회적 요인에 의해 훨씬 더 많이 결정된다. 사회적 책임은 CSR과 기업재단의 두 가지 형태로 나타나며, 몇 가지 전략을 따른다. 첫 번째 전략은 기업의 비즈니스 관심 분야에서 현재의 사회경제적 협약을 수정하는 것이다. 다국적 기업과 러시아 대기업은 새로운 규칙을 만드는 경향이 있으며, 이는 향후 기업 활동에 유리한 사회 정치적 환경으로 이어질 수 있다(Zhao, 2012). 대다수 기업의 기업–정부 관계가 단기적이고 비효율적이기 때문에 실제 파트너십은 아직 개발되지 않았다(Chirikova, 2012). 두 번째 전략은 현재의 협약 내에서 직접적인 이점과 자원을 확보하는 것이다. 기업은 정부의 이익에 가깝고 동시에 기업 자체의 비즈니스 이익에 부합하는 사회 프로젝트에 참여한다. 이를 통해 이러한 분야에서 새로운 비즈니스 프로젝트를 제안하고 이에 대한 정부의 추가 지원을 받을 수 있는 기회를 얻을 수 있다. 세 번째 전략은 기업의 비즈니스 이익과 명백히 관련이 없는 자선활동이다. 자선활동은 당국과의 커뮤니케이션에서 기업의 위상을 높여준다. 기업은 이러한 자발적인 자선활동에 대한 대가로 더 권위 있는 정치적 지위와 감찰 및 직접적인 정치적 개입으로부터의 보호를 받을 수 있다. 따라서 기업의 사회적 책임은 경제적 또는 정치적 이점을 얻기 위해 정부와 파트너십 관계를 발전시키려는 시도와 필연적으로 연관될 수밖에 없다. 궁극적인 목표는 국가와 기업 간의 사회적 책임 영역을 '고정적으로' 구분하는 것일 수 있다. 따라서 기업은 지역의 일부 사회 기반 시설에 대한 책임을 지고 정부는 비즈니스 문제를 해결하는 데 도움을 준다.

8.7 결론 및 전망

러시아에서 기업재단은 모기업이 설립하고 주로 자금을 지원하는 별도의 비영리조직 그룹을 구성한다. 그러나 법과 세금의 관점에서 볼 때 기업재단은 특별한 유형의 재단으로 간주되지 않는다. 또한 기업은 재단을 설립할 뚜렷한 재정적 인센티브가 없다. 재단을 설립하기로 한 결정은 대부분 특정 자선 및 사회 프로그램을 발전된 수준에서 실행하는 데 집중하려는 모기업의 의지에 따라 결정된다.

러시아의 기업재단 수는 2016년 말 기준 약 25개이지만, 전체 재단 부문의 누적 예산 대비 사회 및 자선활동에 대한 기여도는 상당하다. 기업재단은 주로 모기업의 지원을 받고 있으며, 재단의 수익 구조는 특별히 다양하지 않다. 그럼에도 불구하고 대부분의 재단은 활동, 사명 및 목표와 관련하여 재정을 지원하는 모기업으로부터 자율성을 누리고 있다. 대부분의 프로그램은 기업의 영리 활동과 관련되어 있지만 기업과는 별개다. 기업재단의 3분의 2는 지원금을 지급하고 나머지는 운영비를 지급한다. 재단은 여러 가지 목표를 추구하며, 취약계층, 교육, 건강, 지역사회 개발을 위한 사회적 지원이 가장 두드러진다.

기업재단의 활동과 CSR은 일반적으로 지역적 요소가 중요하게 작용하며, 운영 패턴은 상황에 따라 영향을 받고 결정된다. 기업재단은 그 수는 적지만 자선 및 사회 프로그램의 전체 규모에 큰 기여를 하고 있다. 따라서 기업재단은 대중과 지방 당국의 외부 요구사항에 대한 기대를 충족하고 해당 분야(관심 분야)에서 활동할 수 있는 합법성과 접근성을 확보하기 위한 도구로 이해될 수 있다. 소련의 배경, 예산의 한계, 정부-기업 관계는 CSR의 성장과 기업재단 설립의 발판이 되었다.

기업재단의 활동은 앞으로도 줄어들지 않을 것이다. 러시아는 비영리 활동과 시민들의 자선활동에 우호적인 분위기를 조성해왔다. 최근 러시아 정부는 사회 부문의 서비스 제공에 비영리 단체를 참여시키기 위해 많은 노력을 기울이고 있다(Benevolenski & Toepler, 2017). 또한 시민들의 자선활동을 적극적으로 지원하고 있으며, 오늘날 널리 퍼져 있는 비공식적 관행과 달리 공식적인 사회공헌을 활성화하고 발전시키기 위한 노력을 기울이고 있다. 그동안 사회 부문의 상태는 여전히 만족스럽지 못하다. 따라서 상업적 조직과 공동 사회 프로젝트에 대한 파트너십을 유지하는 데 대한 국가의 관심은 계속될 것이다. 기업재단의 법적 형태는 이러한 목적뿐만 아니라 다양한 사회 문제를 전문적으로 해결하는 데 더 편리할 때가 있다. 그러나 재정 및 세금 인센티브가 없는 상황에서 기업재단의 수가 폭발적으로 증가할 가능성은 낮다.

이 장은 여러 측면에서 연구와 실무에 기여한다. 첫째, 실용적인 문제와 관련하여 이 장에서는 국제적으로나 러시아에서 실행된 기존 연구들의 초점이었던 기업재단에 대한 몇 가지 기초 연구 데이터를 제공한다. 이 장에서는 CSR과 관련하여 광범위한 기업재단 부문의 예상 범위와 재정 규모에 대한 정보를 제공함으로써 기업재단 부문이 어느 정도 가시화된다.

둘째, CSR, 비영리 부문, 공공 서비스 제공(Anheier, 2018; Toepler, 2018)의 광범위한 측면에서 기업재단의 실제 역할과 장단점에 대한 개념적 논의와 CSR 활동에서 이해관계자의 역할에 관한 연구에 기여한다. 이 장에서는 기업재단의 역량강화와 러시아 비영리 부문의 발전에 있어 재단의 역할에 대한 통찰력을 제공한다. 재단을 제도적 관점에서 살펴보고, 국가 기관과 복지 프로젝트의 일종의 수입원으로서 CSR과 재단의 역할을 이끌어내는 특정 결정 요인에 대해 자세히 설명하고 있다.

참고문헌

Abramov, R. (2005). Corporate social responsibility as an example of organizational isomorphism in the conditions of globalization. *Journal of Social Policy Studies, 3*(3), 327-347.

Anheier, H. K. (2018). Philanthropic foundations in cross-national perspective: A comparative approach. *American Behavioral Scientist, 62*, 1591-1602.

Beam, D., & Conlan, T. (2002). Grants. In L. Salamon (Ed.), *The tools of government: A guide to the new governance*. New York: Oxford University Press.

Benevolenski, V., & Toepler, S. (2017). Modernising social service delivery in Russia: Evolving government support for non-profit organisations. *Development in Practice, 27*(1), 64.

Boldureva A. (Ed.) (2016). *All about the leaders of 2016: On the materials of the project "leaders of corporate philanthropy - 2016"*. Donors Forum.

Brammer, S., Jackson, G., & Matten, D. (2012). Corporate social responsibility and institutional theory: New perspectives on private governance. *Socio-Economic Review, 10*, 3-28.

Bruyn, S. T. (1999). The moral economy. *Review of Social Economy, LVII*(1), 25-46.

CAF World Giving Index. A global view of giving trends (2017). Charities Aid Foundation 2017.
Available at: https://www.cafonline.org/docs/defaultsource/about-us-publications/cafworldgivingindex2017_2167a_web_210917.pdf

Campbell, J. L. (2007). Why would corporations behave in socially responsible ways? An institutional theory of corporate social responsibility. *Academy of Management Review, 32*, 946-967.

Chebankova, E. (2013). *Civil society in Putin's Russia*. London: Routledge.

Chernysheva, M. (2016). Charity of small- & medium-sized businesses in a Russian small town: An empirical analysis. *Journal of Economic Sociology, 17*(4), 129-163.

Chirikova, A. (2012). State and business: Interaction on the field of social policy in modern Russia. *Russia Reforming*, 11: Yearbook / ans. M. K. Gorshkov (Ed.). (The new chronograph).

Chirikova, A., *et al.* (2005). Biznis kak Subjekt Sotsial'noj Politiki (Business as a Social Policy Actor) (In Russian). Moscow: HSE Publishing House.

Davies, J. S., Holm-Hansen, J., Kononenko, V., & Røiseland, A. (2016). Network governance in Russia: An analytical framework. *East European Politics, 32*(2), 131-147.

Denisova, I., Eller, M., Frye, T., & Zhuravskaya, E. (2012). Everyone hates privatization, but why? Survey evidence from 28 post-communist countries. *Journal of Comparative Economics, 40*(1), 44-61.

Gainer, B. (2010). Corporate social responsibility. In R. Taylor (Ed.), *Third sector research.* New York: Springer.

Haufler, V. (2008). Civil society, corporate social responsibility, and conflict prevention. In J. W. Walker & A. S. Thompson (Eds.), *Critical mass: The emergence of global civil soci-*

ety (p. 169). New York: Wilfrid Laurier University Press.

Henderson, S. L. (2002). Selling civil society: Western aid and the nongovernmental organization sector in Russia. *Comparative Political Studies, 35*(2), 139-167.

Leonard, C. S., & Pitt-Watson, D. (2013). *Privatization and transition in Russia in the early 1990s'*. New York: Routledge.

Liborakina, M. (Ed.). (2003). *City and business: Creation of social responsibility of Russian companies*. Moscow: Foundation Institute for Urban Economics.

Ljubownikow, S., Crotty, J., & Rodgers, P. W. (2013). The state and civil society in Post-Soviet Russia: The development of a Russian-style civil society. *Progress in Development Studies, 13*(2), 153-166.

Ljubownikow, S., & Crotty, J. (2016). Nonprofit influence on public policy: Exploring nonprofit advocacy in Russia. *Non-Profit and Voluntary Sector Quarterly, 45*(2), 314-332.

Longsdon, J., & Wood, D. (2002). Business citizenship: From domestic to global level of analysis. *Business Ethics Quarterly, 12*(2), 155-158.

Matten, D., & Moon, J. (2008). "Implicit" and "explicit" CSR: A conceptual framework for a comparative understanding of corporate social responsibility. *Academy of Management Review, 33*, 404-424.

Mersiyanova, I., Jakobson, L., & Krasnopolskaya, I. (2015). Giving in Russia: The difficult shaping of the new nonprofit regime. In P. Wiepking & F. Handy (Eds.), *The Palgrave handbook of global philanthropy*. New York: Palgrave Macmillan.

Mersiyanova, I. V., Kononykhina, O., Sokolowski, W., & Salamon, L. M. (2017). Russia: A classic statist model. In L. M. Salamon (Ed.), *Explaining civil society development: A social origins approach*. (chap. 14) (pp. 223-236). Baltimore: Johns Hopkins University Press.

Ochareva, O. (2016). *Report on the status and development of foundations in Russia, 2015.* Donors Forum.

Overview of Russian Mono-Industry Towns (2017). Analytical Report. An Institute for Complex Strategical Research. Moscow.

Peregudov, S. (2003). *Corporations, society, state: Evolution of relations*. Moscow: Nauka Publishers.

Peregudov, S., & Semenenko, I. (2009). Business and the state in the social sphere: Confrontation or partnership? *World Economy and International Relations, 6*, 58-66.

Polischuk, L. (2009). Corporate social responsibility or government regulation: An analysis of institutional choice. *Problems of Economic Transition, 52*, 73-94.

Polishchuk, L. (2006). Businessmen and philanthropists. *Pro et Contra, 1*, 59-73.

Salamon, L., Benevolenski, V., & Jakobson, L. (2015). Penetrating the dual realities of government-nonprofit relations in Russia. *VOLUNTAS: International Journal of Voluntary and Nonprofit Organizations, 26*(6), 2178.

Skokova, Y., Pape, U., & Krasnopolskaya, I. (2018). The non-profit sector in today's Russia: Between confrontation and co-optation. *Europe-Asia Studies, 70*(4), 531-563.

Sundstrom, L. (2006). *Funding civil society: Foreign assistance and NGO development in Russia.* Stanford: Stanford University Press.

Tarasenko, A. (2015). Russian welfare reform and social NGOs: Strategies for claim-making and service provision in the case of Saint Petersburg. *East European Politics, 31*(3), 294.

Toepler, S. (2018). Toward a comparative understanding of foundations. *American Behavioral Scientist, 62*(13), 1956-1971.

Waddock, S. (2004). Parallel universes: Companies, academics and the progress of corporate citizenship. *Business and Society Review, 109*, 5-42.

Wathen, M., & Allard, S. (2014). Local nonprofit welfare provision: The United States and Russia. *Public Administration Issues,* (5), 7.

Zhao, M. (2012). CSR-based political legitimacy strategy: Managing the state by doing good in China and Russia. *Journal of Business Ethics, 11*(4), 439-460.

Zubarevich, N. (2015). The relations between the center and the regions. In M. Lipman & N. Petrov (Eds.), The State of Russia: What comes next? Palgrave Pivot, London.

Irina Krasnopolskaya 러시아 국립 고등경제대학교(National Research University Higher School of Economics) 시민사회 이니셔티브 평가 센터(The Centre for Civic Initiatives Assessment)의 선임연구원이다. 주요 연구 분야는 비영리 부문, 자원봉사 및 기업 자원봉사를 중심으로 이루어지며, 사회 혁신 및 그 측정에 대한 주제에도 초점을 맞추고 있다.

제9장 라틴 아메리카의 기업재단

Marta Rey-Garcia, Michael D. Layton, and Javier Martin-Cavanna

요약 이 장에서는 라틴 아메리카(중남미)의 기업재단의 진화, 배경, 현재 특성, 미래 전망에 대한 개요를 제공한다. 지난 30년 동안 기업재단의 수는 크게 증가했으며, 이는 역사적으로 가톨릭 자선과 국가의 온정주의 영향 아래 비공식적인 형태의 기부 문화가 주를 이루었고, 자선 활동에 불리한 법적 · 재정적 환경이 존재했던 상황과 대비된다. 이러한 성장은 민주화와 경제 자유화에 힘입어 지역 내 CSR 및 시민사회의 발전과 특히 미국을 중심으로 한 외국 기부자들의 격려와 함께 진행되어 왔다. 데이터가 부족하고 기업재단에 대한 단일 법적 또는 재정적 정의가 없기 때문에 이 장에서는 먼저 지역적 특성을 반영한 정의를 제시한 다음, 262개 기업재단에 대한 자체 데이터베이스를 포함하여 여러 출처를 통해 구축한 이 지역 최대 인구 국가인 브라질, 멕시코, 콜롬비아의 세 가지 사례 연구를 통해 기업재단에 접근한다. 본 연구는 6가지 지역적 공통점과 함께 제도화 부문 측면에서 선도적인 브라질, 미국 지원금 모델에 근접한 멕시코, 지역사회 개발에 참여하는 콜롬비아의 독특한 패턴 등 국가 간 중요한 차이점을 확인한다. 마지막으로 실용적, 연구적 시사점으로 장을 마무리한다.

키워드 기업재단 - 라틴 아메리카 - 기업의 사회적 책임 - 양적 연구 - 문헌 조사 - 기관 환경

9.1 서론

지난 30년 동안 라틴 아메리카(중남미)에서 기업재단의 수는 기업의 직접 사회 투자 프로그램의 성장과 더불어 이 지역에서 기업의 사회적 책임(CSR)이 전반적으로 발전하는 맥락에서 상당히 증가했다(Villar, 2015). 이 장의 목표는 라틴 아메리카에서 기업재단의 진화, 맥락, 현재 활동, 미래 관점에 대한 개요를 제공하는 것이다. 이 지역의 제도적 사회공헌에 대한 연구는 초기 단계에 있는 반면, 기업재단에 대한 연구는 거의 전무하지만, 자선활동이라는 광범위한 맥락에서 접

근한 Sanborn & Portocarrero(2006)와 Villar(2015)의 두 가지 획기적인 연구가 있다. 대부분의 국가에서는 재정 데이터를 포함한 재단 수에 대한 최신 연구조사 자료가 부족하며, 일부 국가만이 기업재단을 분리하여 집계하고 있다. 주요 기업재단을 파악할 수 있는 관련 자료는 공개적으로 이용 가능한 협회 회원 명부와 자선 및 민간 사회 투자 기관의 네트워크로 구성된다. 이들 중 기업재단만을 모아놓은 곳은 없지만, 가장 오래되고 규모가 큰 멕시코 사회공헌센터(CEMEFI)를 비롯한 일부 인프라는 이 지역에서 기업 자선활동의 제도화 과정을 주도하고 있다(<표 18>). 이들 기관의 자산과 지출 규모에 대한 가장 정확한 추정치는 자발적인 등록과 설문조사에서 나온 것으로, 기관의 참여 의지에 따라 그 범위가 본질적으로 제한된다. 한 가지 예외는 멕시코로, 세법에 따라 모든 면세 기관은 상세한 재무 데이터(예: 소득, 자산, 가장 중요한 지원금 지급)를 정부 투명성 웹사이트에 게시해야 한다(Layton, 2016). 이 투명성 조항을 통해 이 나라의 지원금 지급 재단을 파악할 수 있게 되었다.

표 18 지역 내 기업재단의 제도화를 이끄는 주요 시민사회 조직

국가	시민사회 조직	설립연도	멤버십
브라질	GIFE (Grupo de Institutos Fundações e Empresas / Group of Institutes, Foundations, and Corporations)	1995	기업재단(53%), 기업(18%), 가족재단(17%), 독립 또는 커뮤니티 재단(12%)을 포함한 125개 회원사(Velasco 등 2015)
멕시코	CEMEFI (Centro Mexicano para la Filantropía / Mexican Center for Philanthropy)	1988	협회, 재단, 기업, 개인을 포함한 341개 회원사*(Cemefi n.d.)
콜롬비아	AFE (Asociación de Fundaciones Empresariales / Association of Corporate Foundations)	2008	2017년 2월 기준 71개 기업 및 가족재단*(AFE n.d.)
아르헨티나	GDFE (Grupo de Fundaciones y Empresas / Group of Foundations and Corporations)	1995	24개 기업 및 독립 재단과 14개 기업* (GDFE n.d.)

* 2017년 2월 기준

이러한 한계를 염두에 두고 브라질, 멕시코, 콜롬비아의 세 가지 사례 연구를 통해 라틴 아메리카의 기업재단을 탐구하는 과제에 접근했다. 이 국가들을 선정한 기준은 두 가지이다. 첫째, 이들 국가는 인구 기준으로 이 지역에서 가장 큰 3개 국가이다. 둘째, 이들 국가는 최근 일부 탐색 연구와 부분적인 조사(비교 가능성은 제한적이지만 브라질의 경우 Velasco *et al.*, 2015 - GIFE 조사; Layton, 2013; 멕시코의 경우 Villar *et al.*, 2014, 2017; 콜롬비아의 경우 Fundacion Promigas, DIS 2012)가 수행되어 기업재단에 대한 가장 철저한 데이터를 제공한다. 이 지역에서 네 번째로 인구가 많은 국가인 아르헨티나의 경우는 아직 조사되지 않은 상태이다. 기업재단이 아르헨티나 전체 재단의 75%를 차지하는 것으로 추정되지만, 이용 가능한 연구들은 기업재단을 별도로 분류하지 않는다(Villar, 2015). 데이터 부족이 심각하기 때문에 앞서 언급한 연구들은 자선, 기업의 사회적 책임, 사회 투자 등 지역 차원의 광범위한 현상을 다루고 있으며 때로는 기업재단에 대한 미미하지만 가치 있는 통찰력을 담고 있는 학술 연구뿐만 아니라 실무 보고서를 포함한 여러 출처를 종합하여 분석했다. 브라질과 콜롬비아의 경우, 참고 연구는 기관·재단·기업 그룹(Group of Institutes, Foundations and Enterprises, 이하 'GIFE'[14]) 및 가족·기업재단 협회(Asociacion de Fundaciones Familiares y Empresariales, 이하 'AFE') 회원 명단과 기업 및 재단 웹사이트의 1차 자료, 이용 가능한 연례 보고서를 바탕으로 구축된 자체 데이터베이스의 정교함을 결합하여 이루어졌다. 그러나 이들 국가의 기업재단을 역사적, 사회적, 법적 배경과 비교하여 실증적으로 연결(매핑)하기 전에 다음 절에서 이러한 유형의 재단 개념화를 형성하는 지역적 특성에 대해 논의하는 것이 필수적이다.

[14] 번역자 주 : 브라질 사회적 투자 네트워크를 의미하며, 브라질 내에서의 기업재단, 비영리기관, 사회적 투자자들 간의 협력 촉진 등 미국의 Council on Foundation, 한국의 가이드스타 재단센터와 일부 유사한 역할을 담당한다.

9.2 지역 내 기업재단 개념

재단의 국가 간 차이를 설명하는 일반적인 접근 방식은 대부분 사회적 기원 이론(social origins theory)에서 비롯되었다. 이 접근법에 따르면 공공 정책과 제3섹터의 경제적 차원이 다양한 제3섹터 체제를 형성하고, 그 결과 재단의 규모와 공공 및 제3섹터 정책과의 관계에 따라 다양한 재단 모델이 형성된다(Salamon & Anheier, 1998; Anheier & Daly, 2007). 최근에는 조직 형태를 분류하는 기관 연구의 전통을 활용하여 맥락적, 조직적, 전략적 범주에 기반한 재단 유형의 통합적 프레임 워크를 제안하고 있다(Jung *et al.*, 2018). 그러나 체계적인 경험적 증거가 부족하기 때문에 이러한 이론적 접근법을 라틴 아메리카 재단에 엄격하게 적용하는 데는 한계가 있다.

기업재단의 특정 사례에서는 다른 지역적 맥락에서 나온 개념적 접근 방식을 새롭게 형성되고 변화하는 현실에 적용해서는 안 된다. 이 현실은 지역의 고유한 맥락과 조건에 깊이 뿌리내리고 있기 때문이다. 기업과 그 소유주 및 경영자의 자선활동 참여는 최근 가톨릭 자선단체와 국가로부터 독립된 가족 및 기업재단이 출현하는 데 중추적인 역할을 했다. 그러나 Salamon(2010)이 제시한 미국 기업 자선활동의 전형적인 'MBA 마인드셋'을 이 지역에 적용하는 것은 쉽지 않은 일이었다. 가부장적 자선 기부의 오랜 영향력을 반영하거나 단순히 홍보 이점에만 초점을 맞춘 전통적인 접근 방식이 특정 지역적 맥락에 따라 형성된 혁신적인 유형의 기업 참여와 여전히 공존하고 있다.

이러한 증거 부족과 급격한 변화의 징후가 나타나는 상황에서 라틴 아메리카의 기업재단에 대한 비교 연구를 발전시키기 위해서는 일관된 개념화와 데이터 수집 노력을 구조화하기 위한 표준화된 설명방법의 구축이라는 두 가지 시급한 요구가 해결되어야 한다. 한편으로는 전반적으로 적용되는 단일한 법적 또는 재정적 정의가 없고(Layton, 2010), 비영리단체의 법적 형태가 면세 목적과 무관할 수 있기 때문에(Nexus *et al.*, 2014), 본 연구에서 첫 번째 단계는 이 지역의 기업재단에 대한 운영적 정의를 제안하는 것으로 구성된다.

또한, 본 연구는 국제적으로 기업재단의 개념화에 영감을 준 미국 모델이 라틴 아메리카에서는 제한적으로 적용될 수 있다고 주장한다. 미국 모델에서 재단은 설립자, 즉 독립적이고 일반적으로 상장된 사기업인 챈들러 패러다임의 대규모, 다중단위, 관료적 구조, 전문적으로 관리되고 수직적으로 통합된 비즈니스 회사로부터 자산 및/또는 연간 증여를 받는다(Foundation Center, 2012). 또한 1969년 세제 개혁 이후 재단은 기업의 대주주가 될 수 없으며, 기업가 가족은 가족 사업, CSR 전략 및 기업재단과 독립된 가족재단을 설립하는 경향이 있다(Rey-Garcia & Puig, 2013).

라틴 아메리카에는 미국에서 영감을 받은 이 모델과 일치하는 기업재단이 다른 유형과 공존하고 있다. 실제로 지역적인 기업 소유의 특수성은 기업재단의 성격에 중요한 영향을 미친다. 첫째, 중남미 지역의 대다수 기업은 중소 규모이며, 상장 기업이 아니거나 가족 소유이다. 라틴 아메리카에서는 가족 기업이 주를 이루며, 이는 이중적인 효과가 있다. 많은 기업재단이 가족 기업과 연결되어 있으며, 일반적으로 기업과 가족 자선활동을 구분하는 경계가 불분명하다. 둘째, 종종 가족과 밀접하게 연결된 기업 그룹은 이 지역에서 널리 퍼져 있는 소유 구조이다(Barber & Dávila, 2009). 기업 그룹은 "법적으로 독립된 기업으로서 여러 (종종 서로 무관한) 산업에서 운영되며, 지속적인 공식적(예: 지분) 및 비공식적(예: 가족) 관계로 묶여 있는 기업"으로 정의된다(Khan & Yahveh, 2007). 많은 기업재단은 독립된 기업이 아닌 비즈니스 그룹과 연결되어 있으며 여러 계열사로부터 기부금을 받는다. 셋째, 국영기업(SOL), 즉 국가가 전체, 과반수 또는 유의미한 소수 지분을 통해 상당한 통제권을 가지고 있는 기업도 관련 지역 플레이어이다. 브라질, 콜롬비아, 멕시코, 베네수엘라의 대규모 상장 기업(Fortune 글로벌 500대 기업)의 매출에서 국영기업이 차지하는 비중은 2005년과 2014년 사이에 크게 증가하여

전 세계 지역 중 아시아에 이어 두 번째로 높다(Paws, 2015). 지역의 일부 대기업재단은 국영기업에 의해 지배되고 있다. 마지막으로, 일부 국가에서는 기업의 지분에 상당한 영향력을 행사하는 재단("지배 재단")이 허용된다. 이러한 뚜렷한 특징을 강조하기 위해 브라질, 멕시코, 콜롬비아의 최근 연구에서는 기업재단(fundaciones empresariales)이라는 용어 대신 기업사회공헌재단(fundaciones corporativas)이라는 용어를 사용하고 있다.

따라서 본 연구는 이러한 지역적 특성을 포괄하는 정의를 채택하여 기업재단을 고유한 법적 성격을 가지고, 이익의 배분 제한을 받으며, 공익 목적을 가진 비영리 조직으로 개념화하여 다음과 같이 정의한다.

(1) 기업의 지배를 받거나(민간 기업 또는 국영 기업, 독립 기업, 비즈니스 그룹 또는 협회 등 하나 또는 여러 기업의 지배를 받음), (2) 기부금 또는 배당금 등 자원의 대부분을 하나 또는 여러 기업으로부터 얻는다(Rey-Garcia *et al.*, 2018). 이러한 개념화는 조직 지배구조 이론과 자원 의존성 이론을 기반으로 하며, 재단을 설립한 사람이나 법적 형태에 관계없이 (1) 기업 자원에 대한 의존성을 넘어 기업과의 복잡한 연결성, (2) 영리–비영리 혼합적 성격, (3) 기업의 공익 목적 달성을 위한 도구적 성격이라는 세 가지 차별성을 인정한다(Rey-Garcia *et al.*, 2018). 따라서 하나 또는 여러 기업이 주요 자원 제공자이거나 하나 또는 여러 기업이 지배구조, 즉 전반적인 방향, 통제 및 책임을 보장하는 시스템과 프로세스를 궁극적으로 책임지는 경우의 재단은 기업형이다(Cornforth, 2012).

이러한 개념화는 비교 연구에서 연구 대상 집단을 식별하는 데 시사하는 바가 있다. 첫째, 기업재단은 이사회 결정을 통해 설립된 기업 설립 재단이나 기업 기부의 통로 역할을 하는 기업 후원 재단뿐만 아니라, 개별 기업가 또는 기업가 가족이 설립하고 현재 가족 기업으로부터 대부분의 자원을 얻거나, 기업 소유주 및 경영자가 이사로서 주요 직책을 맡아 기업의 통제 하에 운영되는 재단도 포함된다. 이러한 경우, 특히 재단에 가업의 지분을 증여하는 경우 기업가 일가와 기업의 이해관계가 얽혀 있어 이를 해소하기가 어렵다. 실제로 브라질에서는 일부 기업재단이 가족 자선활동의 수단으로 활용되기도 하는데, "많은 유력 가문이 가족재단을 설립하는 대신 회사를 통해 자선활동을 하는 것을 선택"할 정도다(Monteiro *et al.*, 2011). 둘째, 지배 또는 주주재단, 즉 영리기업의 주식 일부를 소유하여 직간접적으로 지배 또는 지배적 영향력을 행사할 수 있을 만큼의 지분을 소유한 재단(Rey-Garcia & Puig, 2013)도 소유한 기업으로부터의 배당금이 재단 자원의 대부분을 차지한다는 점에서 기업으로 간주할 수 있다. 이러한 유형의 기업재단은 회사를 미래에 보존하고 세금 효율적인 방식으로 지배권을 이전하기 위한 수단으로 사용된다. 이 지역에서는 소수이고 멕시코에서는 드물지만, 콜롬비아와 브라질의 경우 비교적 오래되고 영향력이 큰 대규모 사례에서 이를 확인할 수 있다. 셋째, 본 연구에는 자금을 지원하거나 통제하는 기업 또는 기업 그룹이 포함된다. 마지막으로, 본 연구에서의 개념 정의는 국가별 법적 형태에 의존하지 않는다. 실제로 GIFE의 운영 정의를 따르는 회원 중 62%는 비영리 협회로 법적으로 설립되었으며, 38%는 민간재단으로 설립된 반면, 가족재단은 47%~53%에 달한다(Velasco *et al.*, 2015). 이러한 협회의 회원(때로는 '기업 NGO'로 스스로를 규정하기도 함)은 대부분 동일한 비즈니스 그룹이나 기업에 속한 소수의 기업 또는 경영진으로 구성되며, 이들은 결국 기업재단을 통제하거나 재단의 자원 대부분을 제공한다.

9.3 역사적, 사회적, 법적 배경

이 지역의 자선활동의 역사적, 사회적, 법적 배경을 살펴보면 기업재단의 상대적으로 제한된 발전을 설명하는 데 큰 도움이 된다(Layton, 2010). 16세기부터 스페인 식민지 개척자들과 브라질 식민지 개척자들은 가톨릭 신앙과 그에 상응하는 자선적 가치와 관행을 가져왔으며, 이는 가부장적이고 비공식적인 관대함의 표현을 조장하는 데 상당히 지속적으로 영향을 주었다(Sanborn & Portocarrero, 2006). 19세기 독립과 함께 많은 정부들은 국가 건설의 핵심 요소로서 교회의 자선활동을 통제했다(Thompson & Landim, 1998). 20세기 대부분의 기간 동안 라틴 아메리카는 포퓰리즘 또는 권위주의 정권이 특징이었다. "국가는 스스로를 모든 사회적 재화의 원천이자 중재자로 정의"했고, 민간 자선활동의 발전은 억제되었다(Thompson & Landim, 1998). 그 세기가 끝나갈 무렵, 민주화와 경제 자유화 현상을 통해 이 지역에서 표현된 세계화가 지배적인 영향을 미쳤다. 정치 개혁은 시민사회의 발전을 가져왔고 경제 개혁은 엄청난 사적 부의 창출을 불러일으켰다. 이러한 변화는 외국 기부자들의 격려와 결합하여 모두 이 지역에서 더 큰 자선활동을 장려했다(Sanborn & Portocarrero, 2006).

교회나 국가의 박애주의에서 출발한 최초의 현대 기업 자선활동은 가족 경영의 대규모 현지 기업 그룹에서 시작되었으며, 이들 대부분은 미국 기업 및 재단과 밀접한 관계를 맺고 있었다. 베네수엘라 멘도사 그룹(The Venezuelan Mendoza Group)이 대표적인 사례다. 창립자인 Eugenio Mendoza는 북미 자선단체, 특히 록펠러 재단이 자신의 기업 사회공헌에 미친 영향을 항상 인정했다. 1940년대 초부터 그는 다른 지역 사업가들의 지원을 모아 1960년대 후반에 약 500개의 기업 회원을 보유한 United Way International의 계열사인 Dividendo Voluntario para la Comunidad 재단을 설립하는 등 공동 CSR 활동을 추진했다(Puig, 2016).

1968년 역사적으로 중요한 시기에 러셀 세이지 재단은 라틴 아메리카 18개국의 새로운 기관을 목록화한 최초의 시도인 『라틴 아메리카의 자선재단』을 발간했다(Stromberg, 1968). 그녀는 민간재단의 성장을 "사업가들이 재단이 제공하는 가능성과 이점에 대한 각성을 경험한 것"과 "민간 부문의 사회적 책임감이 커져가는 것"에 기인한다고 설명했다. 총 300개의 재단을 분류하였는데, 그중 225개는 '특정 목적', 즉 특정 기관이나 대의를 지원하기 위해 설립되었고, 25개는 기업이 설립했다. 또한 이 책에는 베네수엘라의 '사회 발전을 위한 기업의 책임'이라는 짧은 에세이를 쓴 Ivan Lansberg Henriquez(당시 Dividendo Voluntario Para la Comunidad의 대표)의 글도 포함되어 있다. Lansberg는 "기업 리더들은 우리처럼 심각한 불균형 사회에서 사회 진보를 정부만의 문제로 치부할 수 없다는 도전적인 사실을 깨달았다."고 주장한다. 그는 이어서 "기업의 기부를 단순한 자선활동으로 간주해서는 안 된다. 장기적인 투자"라고 말하며 언젠가는 모든 기업에 '사회 투자 부서'가 생길 것이라고 예측했다(Lansberg Henriquez, 1968).

다음 절에서 공유되는 데이터와 사례 연구에 따르면 이 지역에서 기업재단이 활성화된 시기는 특히 미국의 Business for Social Responsibility, 인터아메리카 재단(Inter-American Foundation), 포드 및 켈로그 재단(Ford and Kellogg Foundations), 시너지스 연구소(Synergos Institute), 아비나(Avina) 등 다수의 외국 기부자들이 포럼 엠프레사(Forum Empresa), 레드아메리카(RedEAmerica) 등 지역 네트워크를 통해 자선 인프라에 활발한 참여 및 투자가 이루어지던 시기와 일치했다(Puig, 2016). 기업은 세계화의 맥락에서 사회적 책임을 더욱 중요하게 생각하게 되었고, 이는 사회 문제 해결에 대한 가시성과 정당성을 높이고 지역 기업가 가족, 대규모 다국적 기업, 시민사회 단체를 통합하는 초국가적 네트워크의 구축을 촉진했다(Rey-Garcia & Puig, 2013).

이 지역에서 CSR 및 자선활동이 증가하고 기업재단의 수가 증가하고 있지만, 기업 사회공헌이 이기적이고 세금 혜택만을 추구한다는 인식과 NGO에 대한 불신은 여전하며(Monteiro *et al.*, 2011), 시급한 사회 문제도 여전히 존재한다. 브라질, 멕시코, 아르헨티나, 콜롬비아는 세계은행의 GDP 순위(2016년)에서 각각 9위, 15위, 21위, 39위를 차지할 정도로 이 지역의 경제 성장은 상당했지만 빈곤, 소외, 불평등은 여전히 지속되고 있다. 라틴 아메리카는 세계에서 가장 불평등한 지역이라는 모호한 불명예를 안고 있다(Bárcena Ibarra & Byanyima, 2016). 이러한 맥락에서 관련 이해관계자들이 기업 활동가들에게 진정한 사회 문제 해결을 위한 자선활동의 영향력을 설명하도록 압력이 증가하고 있다.

아이러니하게도 세제 혜택이 기업의 자선활동을 촉진한다는 주장이 빈번하게 제기되고 있지만, 아태 지역의 자선활동을 위한 법적, 재정적 틀은 제대로 갖춰지지 않은 경우가 많다. 일반적으로 비영리 및 자선활동에 대한 정책적 배경은 복잡하며, 그 집행 과정에서 종종 적대적인 태도가 드러난다(Appe & Layton, 2016). 자선활동을 규제하고 인센티브를 제공하는 가장 일반적인 방식인 세법은 국가마다 상당히 일관성이 없으며, 인센티브를 제공하지 않는 국가도 많고, 인센티브를 제공하는 국가도 기부금 수혜자를 좁게 선정하는 경우가 많다(Layton, 2010). 대부분의 국가에서 기부금으로 설립하는 것에 대한 인센티브가 거의 없고 자산 보호가 제한적이기 때문에 기부 재단은 일반적이지 않다(Hauser Institute, 2016). 따라서 전 세계적으로 자선활동을 장려하기 위한 재정적 인센티브의 사용은 이 지역에서 미약하다(Nexus *et al.*, 2014). 역설적이게도 유엔의 라틴 아메리카 및 카리브해 경제위원회(ECLAC)는 이 지역의 조세 시스템이 제대로 설계되지 않았고 회피와 탈세로 가득 차 있다고 설명한다(Bárcena Ibarra & Byanyima, 2016). 즉, 존재하는 재정 인센티브가 기업 기부자에게 큰 영향을 미치지 못할 가능성이 높다는 뜻이다.

요약하자면, 종교적 동기에서 기반한 강한 자선 전통이 라틴 아메리카 기업가들에게 관대함을 심어주었고, 정치적, 경제적으로 세계화의 영향과 국제적인 격려가 결합되어 다음 절에서 설명하는 것처럼 기업재단이 크게 성장하게 되었다.

9.4 지역 내 기업재단의 특성화: 이용 가능한 경험적 데이터

라틴 아메리카 기업재단의 주요 특성을 포함한 최신 재단 통계 총 조사가 지역 전체에 걸쳐 제공되지 않기 때문에 라틴 아메리카의 기업재단 수는 알려지지 않았다. 브라질에 대한 최상의 데이터는 GIFE 회원 명단을 바탕으로 여러 출처를 통해 구축한 65개 기업재단의 자체 데이터베이스를 통해 얻을 수 있다. 2017년 2월 기준 총 129개의 GIFE 회원 중 50%가 조금 넘는 재단이 운영 정의(GIFE, 출판연도 미제공)를 준수하고 있다. 이 데이터베이스는 최신 GIFE "센서스(Census)(GIFE, 출판연도 미제공)"의 데이터와 결합되었다. 회원들의 설문조사 응답을 기반으로 한 이 간행물은 2001년에 시작되어 2004, 2006, 2008, 2010, 2012, 2015년에 업데이트되었으며, 브라질은 재단에 대한 과거 데이터를 보유한 유일한 국가가 되었다. 2015년 GIFE는 총 125개 회원사 중 113개의 기업 및 개인 재단으로부터 응답을 받았다(Velasco *et al.*, 2015). 멕시코의 경우, 여러 출처에서 수집한 131개 재단 목록의 64개 설문조사 응답을 기반으로 한 연구와 세무 당국의 정보를 바탕으로 135개의 법인 재단을 포함하여 모든 국가 지원금 재단에 대한 분석을 결합한 것이 가장 유용한 데이터이다(Villar *et al.*, 2014). 콜롬비아의 경우, 여러 출처의 저자들이 구성한 AFE 회원인 62개 기업재단의 데이터베이스와 함께 129개 기업재단의 설문조사 응답을 바탕으로 한 Fundacion Promigas & Fundacion DIS(2012)가 가장 좋은 데이터를 제공한다(AFE, 출판연도 미제공). 브라질과 콜롬비아의 경우 집단 인프라에 속한 재단이 더 전문화된 경향이 있으므로 편향성을 인정해야 하지만, 이 장에 제시된 전체 데이터는 세 국가의 기업재단 부문의 상당 부분을 포괄한다고 가정하는 것이 합리적이다. 연구에 사용된 주요 데이터 출처는 <표 19>에 요약되어 있다.

표 19 기업재단(CF)에 접근하는 데 활용되는 주요 데이터 소스

국가	보조 출처		주요 출처	
	연구	표본 크기	출처	표본 크기
브라질	Velasco *et al.* (2015) - GIFE Census	113개 기업 및 독립 재단 (GIFE 회원)	GIFE 회원인 CF의 자체 데이터베이스* + 여러 출처	기업재단 65개
멕시코	Villar *et al.*(2014)	기업재단 64개		
	Villar *et al.*(2017)	공공 투명성 웹사이트에서 확인된 135개의 지원금 조성 기업재단		
콜롬비아	Fundación Promigas & Fundación DIS (2012)	기업재단 129개	AFE 회원인 CF의 자체 데이터베이스* + 여러 정보 출처	기업재단 62개

* 2017년 2월 기준

이용 가능한 국가별 연구는 서로 다른 개념화를 채택하고 있다는 점에서 비교하기 어렵다는 점에 유의해야 한다. 콜롬비아의 경우 참고 연구에서는 기업재단을 "기업, 비즈니스 그룹, 기업가 그룹 또는 기업가 가족에 의해 설립, 방향, 통제 및 자금이 지원되는 재단"으로 정의하고 있다(Fundación Promigas & Fundación DIS, 2012).

그러나 멕시코에서는 기업재단을 한 기업이 설립한 재단으로 제한적으로 정의하고 있다(콜롬비아 연구에서는 기업재단의 54%만이 이에 해당). 따라서 여러 기업 또는 기업가 그룹이 대부분의 자금을 지원하거나 통제하는 재단은 기업재단이 아니라 커뮤니티 재단으로 간주된다(Villar *et al.*, 2014). 브라질의 경우 기업 '재단 및 연구소'는 크게 "기업 또는 그 주주가 설립하고 지원하는 비영리 단체이다. 이들은 지원 기업과 관련된 사람들에 의해 관리된다."로 정의된다(Velasco *et al.*, 2015). 운영 정의에 따라 기업재단인 65개의 GIFE 회원 중 27개는 '기업재단'으로, 38개는 '기업 연구소'로 브랜드화되어 있다. 이 두 번째 브랜드는 1980년대 이후 관련성이 높아져 '재단'이라는 용어를 거의 대체할 정도이다(2011년 이후 설립된 32개 기업재단 중 GIFE 회원인 27개 재단이 '연구소'로 분류되어 있다). '연구소'는 브라질에서 법적 형태가 아니기 때문에 비영리 협회로 설립되는 경우가 가장 많다.

지역 내 기업재단에 대한 연구 의제 설정의 필요성으로 돌아가서, 첫 번째 연구 우선순위인 일관된 개념화는 데이터 수집 노력을 구조화하고, 지역 특성을 통합하며, 국가 간 비교를 가능하게 하는 표준화된 기술 변수(descriptors)를 설정하는 것으로 구성된다. 스페인 재단 부문의 첫 번째 조사를 위해 Rey-García & Alvarez(2011)가 제안한 기본 설명 변수에는 법적 형태, 연령, 규모, 지리적 범위, 설립자 유형, 국제 비영리 단체 분류(ICNPO)에 따른 활동 영역, 수혜자 유형(개인 또는 조직), 자금 출처, 활동 모델(지원금, 운영 또는 서비스 제공, 옹호), 자산, 수입 또는 지출이 포함된다.

현재 라틴 아메리카 재단에 대한 이러한 변수의 체계적인 수집은 GIFE가 회원을 대상으로 실시한 설문조사를 제외하고는 전무한 실정이다. 또한 기업재단의 경우, 이러한 기본 주요 변수에 기업재단과 지원 기업 간의 관계를 다양한 차원에서 더욱 심층적으로 특징짓는 추가 변수가 보완되어야 한다. 예를 들어 다음과 같은 주요 변수가 포함될 수 있다.

- **기업 기금 유형**
  회사의 연간 기부금/배당금, 이 경우 재단이 지배기업인지 비지배기업인지 자세히 설명한다.
- **설립자의 특성**
  기업/비즈니스 그룹/개인 기업가/기업가 가족/기업가 그룹
- **이사회 구성**
  기업의 소유주/기업의 임원/독립성
- **지원 기업의 특징**
  상장/비상장, 외국계 다국적 기업/다국적 기업/국내 기업/지방 기업, 개인 가족 소유/비가족 소유/국영 기업, 사업 분야 또는 산업
- **재단과 회사 간의 전략적 연계 정도**
  재단의 활동 영역/지리적 범위/수혜자 유형

표 20 라틴 아메리카 주요 3개국의 기업재단 설립 추이

<table>
<tr><td rowspan="3">브라질</td><td>1960년 이전</td><td>1961-1970</td><td>1971-1980</td><td>1981-1990</td><td>1991-2000</td><td>2000년 이후</td><td>계</td></tr>
<tr><td>5</td><td>2</td><td>3</td><td>11</td><td>12</td><td>32</td><td>65</td></tr>
<tr><td>8%</td><td>3%</td><td>5%</td><td>17%</td><td>18%</td><td>49%</td><td>100%</td></tr>
<tr><td rowspan="3">멕시코</td><td colspan="2">1970년 이전</td><td colspan="2">1971-1990</td><td>1991-2001</td><td>2001-2013</td><td>계</td></tr>
<tr><td colspan="2">0</td><td colspan="2">8</td><td>30</td><td>93</td><td>131</td></tr>
<tr><td colspan="2">0%</td><td colspan="2">6%</td><td>23%</td><td>71%</td><td>100%</td></tr>
<tr><td rowspan="3">콜롬비아</td><td colspan="2">1970년 이전</td><td>1971-1980</td><td>1981-1990</td><td>1991-2000</td><td>2001-2011</td><td>계</td></tr>
<tr><td colspan="2">13</td><td>13</td><td>19</td><td>36</td><td>48</td><td>129</td></tr>
<tr><td colspan="2">10%</td><td>10%</td><td>15%</td><td>28%</td><td>37%</td><td>100%</td></tr>
</table>

브라질 기업재단의 자체 데이터베이스, Fundacion Promigas & Fundacion DIS(2012), Villar *et al.*(2014), 저자의 재구성

사용 가능한 일부 데이터를 통해 분석 대상인 3개국에서 기업재단 부문의 대략적인 연령과 상대적인 규모를 추정할 수 있다. 특히 멕시코의 경우 기업재단의 94%가 1991년 이후에 설립되어 업력이 오래되지 않은 것으로 나타났다. 콜롬비아와 브라질은 1991년 이전에 설립된 기업재단의 비율이 각각 35%와 33%로 상대적으로 더 오래된 전통을 가지고 있다(<표 20>). 조직 수 측면에서 기업재단은 자선활동의 후발주자이지만 상대적으로 빠르게 성장하여 브라질과 콜롬비아의 전체 재단 부문에서 과반수를 차지하고 있다.

2011~2012년 동안 브라질에서 기업재단은 전체 재단의 67%를 차지했으며(2009/2010년 82%에서 감소), 콜롬비아에서는 65%, 멕시코에서는 33%를 차지했다(Villar, 2015). Villar 등(2017)의 연구에 따르면 2013년 멕시코에서 확인된 336개의 지원금 지급 재단 중 135개(40%)가 기업재단으로 분류되어 가장 많았고, 나머지 12개(4%)는 기업 협회로 분류되었다.

지출 규모와 관련하여 세무 당국의 데이터는 멕시코에서만 해당 데이터를 확인할 수 있었고 콜롬비아와 브라질은 확인할 수 없었다. 2013년 재단별 지원금 총액 3억 7,100만 달러 중 기업재단이 1억 3,200만 달러(36%), 비즈니스 협회가 약 1,300만 달러(3%)를 차지했다. 연간 지원금 지급액 기준으로 멕시코의 상위 10개 지원금 지급 재단 중 4개 — Vizcarra, FEMSA, Televisa, Wal—Mart de México — 가 기업재단이다(Villar *et al.*, 2017). 그러나 전체 기업 자선 지출의 맥락에서 볼 때 기업재단은 미미한 수준이다. 주요 자선활동 주체인 다국적 기업의 사례는 기업의 직접 투자와 비교했을 때 기업재단 지출이 얼마나 미미한지를 잘 보여준다. 멀티라티나 기업(multilatina companies)[15]은 라틴 아메리카에 본사를 두고 라틴 아메리카에 기반을 둔 주주가 지배하며 라틴 아메리카 내에서 중요한 사업을 유지하는 다국적 기업이다. 이들은 210만 명의 직원과 약 7,800억 달러

[15] 번역자 주 : 멀티라티나(multilatina)는 라틴 아메리카에 본사를 두고 있는 다국적 기업을 의미하는 용어로 이는 여러 라틴 아메리카 국가에서 운영되거나, 국제적으로 활동을 하는 라틴 아메리카 기반의 기업을 가리킨다.

(2012년 기준)의 연간 매출을 기록하며 최근 중남미 경제 성장의 주요 동력 중 하나로 자리 잡았다. 2012년 한 연구에 따르면 이들의 연간 직접 사회 투자 및 자선 기부금은 2억 2,400만~5억 6,900만 달러로 추정되며, 대부분 지역사회 관계에 의해 동기가 부여되고 현금 기부를 통해 제공된다. 라틴 아메리카 및 카리브해 지역의 100대 다국적 기업의 기부금 중 67.3%는 현지 학교와 비정부기구, 교사 및 청소년을 대상으로 하는 교육 분야에 집중되었으며, 브라질과 콜롬비아가 수혜국가 중 1위를 차지했다. 그러나 멀티라티나 기업의 총 현금 및 현물 기부금 중 기업재단의 기부는 5분의 1 미만이었다(18%). 그 대신 기업들은 사업 예산에서 대부분의 자원을 투자했다(Van Fleet *et al.*, 2012).

9.5 브라질 사례: 기업의 사회적 투자, 협력, 제도화

역사적으로 사회공헌은 공익을 위한 민간 차원의 이니셔티브로 이해되어 브라질 기업 문화에 속하지 않았다. 국가는 사회적 영역에서 지역 기업가들의 산발적이고 체계적이지 않은 자선 기부를 보호하는 역할을 했으며, 이는 경제에서 국가 개입의 광범위한 의존도와 일치했다. 1970년대의 민주적 전환, 특히 1980년대 경제의 세계화가 이루어지면서 기업들이 국가의 사회 발전에 참여하기 시작했다(De Melo Rico, 2004).

브라질에서 '제3섹터'의 건설은 1990년대 초에 시작되었다. 1990년대 중반과 2010년 사이에 재단의 수는 세 배로 증가했다. 초창기에는 포드, 켈로그, 모트 등 미국 재단이나 아비나와 같은 외국 단체의 지원이 신흥 자원봉사 부문의 인프라를 구축하는 데 핵심적인 역할을 했으며, 특히 GIFE는 미국 상공회의소(American Chamber of Commerce), Instituto Ethos, IDIS 회의에 참여한 바 있다(Monteiro *et al.*, 2011).

GIFE는 2001년부터 2년에 한 번씩 조사를 통해 수집한 재단의 경제 데이터를 발표하는 이 지역 유일의 자선 인프라이다(멕시코의 경제 데이터는 CEMEFI가 아닌 공공 세무 기관에서 제공함). 기타 관련 국가 인프라로는 1998년 브라질에 본사를 둔 기업들의 CSR을 촉진하기 위해 설립된 Instituto Ethos와 1999년 공공의 이익을 위해 재정, 금전, 인적, 기술, 경영 등 민간 자원의 자발적이고 전략적인 배분으로 정의되는 민간 사회 투자를 촉진하기 위해 설립된 IDIS[16]가 있다.

미국의 또 다른 수입품인 존스 홉킨스 비교 비영리 부문 프로젝트, 세계은행 및 기타 다자기구, 연방 정부가 추진한 행정 개혁과 함께 지역 비즈니스 주체들은 GIFE, Ethos 및 IDIS를 통해 부문별 구축 과정에서 주도적인 역할을 수행했다. 이러한 맥락에서 기업 자선활동은 사회 문제에 대한 비즈니스 접근 방식을 지지했으며, 첫 번째 국가적 특성인 기업 사회 투자 개념을 발전적으로 통합하고 비영리 단체의 전문화를 촉진하는 원동력이 되었다. 시민 참여를 위한 이 새로운 제도적 영역의 뚜렷한 특징은 다른 두 사회 부문과의 대립이 아닌 부문 간 협력으로, 이는 두 번째 국가 특성이다(Aguilar Calegare & Silva Junior, 2009).

재단 통계 총 조사가 없는 상황에서 GIFE 회원인 65개의 기업재단은 현재 브라질의 기업재단 총 조사를 대신하여 사용되었다. 브라질 기업재단의 특징은 재단의 목적이 매우 광범위하며, 특히 기업이 활동하는 지역사회의 지속 가능한 개발과 청소년 교육이 가장 주된 활동 분야라는 점이다. 다시 한 번 말하지만, 미국에서 정의하는 이상적인 기업재단의 정의는 브라질에서는 거의 찾아볼 수 없다(Schommer & Fischer, 1999). 예를 들어, 기업재단의 6%가 국영 기업과 관련이 있는데, 가장 오래된 기업재단 중 2개는 1990년대에 민영화된 국영 기업에서 시작되었고, 1개는 민영화가 이루어진 직후에 설립되었으며, 또 다른 1개는 여전히 국영 기업이 지배하고 있다. 또한 기업 설립의 45%는 이질적인 기원과 때로는 복잡한 지배 구조를 가진 비즈니스 그룹과 연결되어 있다. 일부는 기업 그룹에 속한 모든 기업이 설립했거나 자금을 지원받았고, 다른 일부는 지주회사가 제공한 자원에 의존해 설립되었다. 또 다른 일부는 창업 기업가가 특정 목표(예: 고향을 위

[16] 번역자 주 : "Instituto para o Desenvolvimento do Investimento Social"(IDIS)는 약어로, 사회투자 개발 연구소를 의미한다. 기업, 재단, 개인의 사회적 투자 효과를 높이기 위한 전략 수립, 평가, 컨설팅을 제공하며, 브라질 및 라틴 아메리카 내 임팩트 투자와 기부 문화 확산에 기여하고 있다.

한 병원 건립)를 가지고 설립했지만 현재는 (때로는 가족 소유의) 비즈니스 그룹 전반의 CSR 이니셔티브를 전달한다. 가족 소유의 비즈니스 그룹의 경우, 기업재단은 계열사 이사회 및 가족 자문단(예: 보토란팀 연구소(Instituto Votorantim))과 함께 그룹의 또 다른 지배구조 기관이 된다.

지배하거나 설립한 기업의 출신 국가를 보면 브라질이 3분의 2를 차지하며, 기타 중남미 국가 2개, 스페인 2개, 포르투갈 1개 등 자국 기업에서 설립된 법인은 29%에 불과하다. 지배/설립 법인의 지리적 범위와 관련하여 43%는 글로벌 다국적 기업, 26%는 다국적 기업, 30%는 국내 기업이다. 기업이 운영하는 부문 또는 산업과 관련하여 52%는 지역 차원에서 환경에 미치는 영향이 큰 부문(예: 광업, 철강, 장비, 제지, 농업, 에너지, 자동차, 건설, 건축 자재, 부동산)에 속하며 25%는 공공 규제 기관 및 감독 기관 또는 공공 계약자(은행, 통신 및 교통 인프라)에 의존하고 있다.

이러한 특징은 지역 비영리 단체, 특히 브라질에서 기업재단의 사업에 영향을 미치는 정부와의 협력에 대해 설명한다. 기업재단의 57%는 정부에 '공익단체(Organização da Sociedade Civil de Interesse Público, OSCIP)'로 신고했고, 35%는 연방 공공성 인증서를 획득했다(Velasco *et al.*, 2015). 이를 통해 민간 기부자는 기부에 대한 세제 혜택을 받거나 협약, 계약 및 공공 자금 지원을 통해 공공 부문과의 파트너십을 용이하게 이용할 수 있다.

사실 기업재단이 제3섹터를 활용하는 것에 대해 논란이 있는 것도 사실이다. 한편으로는 재단의 활동 모델이 대부분 운영적이며(<표 21>), 실제 목표와 활동 계획, 기대성과가 기업에 의해 수립되어 승리와 자기 성취라는 대중 담론을 불러일으키기도 한다(Borges *et al.*, 2007). 반면에, 이들은 전액 기부되는 경우가 드물기 때문에 수입 구조가 상당히 다양한 경향이 있다(<표 21>). 따라서 이들은 자체 프로그램을 통해 다른 제3섹터 조직과 민간 자원 및 공공 보조금을 놓고 경쟁한다(Bastos de Paula & Morilha Muritiba, 2014).

표 21 브라질 기업재단의 활동 모델 및 수입원

활동 모델	운영재단(Operating only)	45%
	지원재단(Grantmaking only)	7%
	혼합	48%
수입원 (총 수입 대비 %)	관련 기업으로부터의 기부	34%
	투자 수익(기부금 및 기타 자산에 대한 수익)[a]	43%[a]
	정부 지원금(보조금 및 계약)	10%
	제품 또는 서비스 판매	7%
	기타 개인 기부자	5%
	기타 수입원	1%

Velasco *et al.*(2015)에서 저자의 정교한 재구성

a 전액 기부한 대규모 이상치 데이터를 제외하면 총 소득에서 자체 자산 수익이 차지하는 비율은 17%로 떨어지고 관련 기업의 기부금으로 구성된 재원은 51%까지 올라간다.

표 22 브라질에서 가장 큰 기부 재단 현황

재단명	설립연도	관련 기업	기부금 추정치 (브라질 헤알(R$), 백만 단위)
Fundação Bradesco	1956	Banco Bradesco	34,500
Itaú Social	2000	Itaú Unibanco	2,400
Instituto Unibanco	1982	Itaú Unibanco	1,000
Fundação Maria Cecília Souto Vidigal	1965	Shareholder of former Banco Mercantil de São Paulo, founded by the Vidigal family	400
Instituto Alana	1994	Shareholder of Itaú Unibanco supported by the income from an endowment fund since 2013	280
Fundação Banco de Brasil	1986	Banco do Brasil	137

자체 데이터베이스 및 Levisky Negócios e Cultura(2017)에서 발췌한 내용

어쨌든 콜롬비아와 마찬가지로 브라질에도 전액 또는 상당 부분 기부된 기업재단의 사례가 몇 개 있으며, 그 중 일부는 지배 지분을 포함하고 있다. 실제로 기부금 규모 면에서 가장 큰 브라질 재단은 <표 22>에서 볼 수 있듯이 (이전에는) 금융 기업과 연결된 기업재단이다.

분석 대상 3개국 중 브라질은 규모와 전문화 정도, 그리고 분야별 논의에서 제도화 수준이 가장 높은 것으로 나타났는데, 이는 세 번째 국가적 특성이다. 최근 몇 년 동안 GIFE는 지배구조 및 투명성 문제와 전반적인 전략적 반영에 중점을 두어 왔으며, 이는 2011년 IDIS가 파악한 부문별 과제와도 일치한다. 지배구조 및 투명성 문제, 그리고 전반적인 전략적 반영에 있어 2011년 IDIS가 확인한 부문별 과제인 (1) 투명성, 모니터링 및 성과 평가의 부족, (2) 가족 사회공헌 전통의 부족, (3) 지역사회공헌 잠재력에 대한 지역사회 지도자들의 지식 부족, (4) 지원금 지급 부족, (5) 사회 변화에 대한 기부자들의 헌신 부족과 일관되게 나타난다(Monteiro *et al.*, 2011). GIFE는 기업재단 지배구조 모범 사례 가이드에서 전략 및 모니터링 역할을 담당하는 이사회를 독립적인 구성원으로 구성할 것을 권장하고 있다. 또한 (1) 사회투자와 공공정책의 연계, (2) 사회투자와 비즈니스의 연계, (3) 지원금 지급으로의 전환, (4) 평가, (5) 커뮤니케이션, (6) 시민사회단체의 강화, (7) 지배구조와 투명성, (8) 소셜 임팩트 비즈니스 등 회원들 사이에서 위와 같은 8가지 전략적 의제를 지지하고 있다(GIFE & IBGC, 2014).

그러나 2014년 GIFE 총 조사에 따르면 기업재단은 이러한 권고 사항 중 일부에 뒤처져 있는 것으로 나타났다. 이사회 구성원의 19%만이 독립적인 반면, 가족재단은 42%, 공동 기업재단은 61%에 달했다. 기업재단의 자원 중 51%가 자체 프로그램 운영에 투입되는 반면, 25%만이 다른 비영리 단체에 지원금을 지급하고 24%는 관리 비용에 사용된다. 지원 기업과의 연계와 관련해서는 재단이 보고한 바에 따르면 놀라울 정도로 낮은 수준이다. 기업재단의 48%는 활동 영역을 정의할 때 가끔씩만 기업 활동을 고려하고, 12%는 전혀 고려하지 않는다고 답했다. 또한 28%는 대상 수혜자를 선정할 때 기업 활동을 가끔씩만 고려하고 33%는 전혀 고려하지 않는다고 답했다. 또한 기업재단의 42%는 지리적 범위를 정의할 때 기업의 이해관계를 거의 고려하지 않는 것으로 나타났다. 반대로 기업재단의 80%는 재단이 지원 기업의 원칙과 가치에 영향을 미친다고 인식하고, 77%는 재단이 이해관계자와의 대화에 기여한다고 생각하며, 63%는 재단이 일반 대중과의 커뮤니케이션에 영향을 미친다고 인식하고 있다. 그러나 핵심 비즈니스 측면(생산적 프로세스, 고객 또는 공급업체 절차)에 대한 영향력은 상대적으로 낮게 인식하고 있다(Velasco *et al.*, 2015).

9.6 멕시코 사례: 현지 전통과 국제적 영향력

2002년 멕시코의 대표적인 자선가 중 한 명인 Manuel Arango는 "오랜 기부 전통"과 함께 "CSR의 가치에 대한 인식 증가"와 "CSR 활동 및 프로그램의 제도화 및 전문화"에 주목했다. 이러한 "기부 전통"은 "단순한 금전적(수표) 기부 활동을 넘어서는 더 넓은 의미의 사회적 투자 개념을 포함하는 프로그램"으로 확장 및 변화되는 것으로 설명하였다(Arango, 2002). 처음에는 기업 기부가, 그다음에는 CSR이라는 개념이 등장하여 기업재단의 설립을 촉진하는 데 도움이 되었다.

확장된 기업 사회공헌 활동의 출현은 국내 및 국제적 뿌리를 가지고 있다. 국내적으로는 "정부의 효율성이 감소하고 교회가 사회의 요구를 지원하는 일이 이전처럼 흔하지 않게 되면서 사회공헌 활동이 등장했다"(Viesca-Sada, 2004). 국제적으로 멕시코는 북미자유무역협정과 관련 미국–멕시코 소득세 협약으로 대표되는 개방적인 무역 정책과 외국인 투자에 대한 수용성을 가지고 있으며, 국경을 넘는 자선활동을 장려하는 특정 조항이 있다(USA-Mexico Foundation, 2013). 멕시코는 미국과의 근접성으로 인해 미국 기업 및 자선 단체의 영향력이 특히 강하다.

기업재단의 대부분은 1991년 이후에 설립되었으며, 71%는 2001년 이후에 설립되었다(<표 20>). 가장 주목할 만한 사실은 전체 멕시코 기업재단의 절반 이상(56%)이 2002년과 2008년 사이에 설립되었다는 점이다(Villar *et al.*, 2014). 다른 국가들도 21세기 들어 이 분야에서 가장 큰 성장을 보였지만, 브라질이나 콜롬비아는 멕시코처럼 급격한 성장세를 보이지는 않았다. 멕시코에서는 1970년 이전에는 기업재단이 하나도 설립되지 않았고 1990년까지 6%만이 설립되었는데, 이는 브라질이 당시 30% 가까이, 콜롬비아가 45%를 설립한 것과 대조적이다. 멕시코가 오랜 기부 전통을 가지고 있다는 Arango의 관찰과 이러한 수치를 어떻게 조화시킬 수 있을까? 초기에 멕시코의 사회공헌은 기업재단의 제도적 형태가 아니라 사립 대학(예: Tec de Monterrey and the Autonomous Technological Institute of Mexico or ITAM), 다른 유형의 재단(예: 멕시코 농촌개발재단(Rural Development Foundation)), 직접 기부 등을 통해 이루어졌다(Logsdon *et al.*, 2006). 1990년부터 브라질에서 기업재단의 성장을 촉진한 많은 주체들이 멕시코에서도 중요한 역할을 수행하면서 1988년에 출범한 Arango의 자체 프로젝트인 멕시코 자선 센터와 협력하여 CSR을 촉진하기 위한 연합인 AliaRSE를 만들었다. CSR의 한 측면으로서 기업 자선활동의 중요성을 인식하는 '기업 책임의 인증(Seal of Business Responsibility)' 연례행사를 개최했다(Holz & List, 2009).

표 23 멕시코 기업재단의 활동 모델

재단 예산(US %)	지원금만(%)	두 개 모두 운영(%)	프로그램 운영 전용(%)
$235,000 초과	25	64	11
$78,000 초과 - $235,000 이하	25	75	0
$20,000 초과 - $78,000 이하	50	50	0
$20,000 이하	0	0	100
모든 수준(소액부터 고액 가능)	28	61	11

Villar *et al.*(2014) 재구성

멕시코의 기업재단에 대해 자세히 살펴본 두 개의 최근 간행물이 있는데, 하나는 64개 재단을 대상으로 한 설문조사(Villar *et al.*, 2014)이고 다른 하나는 비영리 부문에 대한 공개적으로 이용 가능한 세금 데이터 분석을 통해 기업 사회공헌을 다른 재단과 비교 맥락에서 살펴본 것이다(Villar *et al.*, 2017).

재단의 가장 중요한 결정은 아마도 지원금을 지급할지, 프로그램을 운영할지, 아니면 두 가지를 모두 수행할지일 것이다. 멕시코의 경우, Villar *et al.*(2014)

의 연구에 따르면 기업재단의 89%가 기부를 하고 72%가 프로그램을 운영한다는 것을 발견했다. 세부적으로 보면 28%는 기부만 하고 11%는 프로그램만 운영하며 나머지(61%)는 두 개를 모두 운영하였다. <표 23>에서 볼 수 있듯이 이러한 결정은 재단의 예산 규모에 따라 크게 영향을 받는다.

기업에서 제휴 재단을 어떻게 지원하는지에 대한 질문에 재단 담당자들은 다음과 같이 응답했다. 88%는 연간 기부금 제공, 83%는 직원 지원 제공, 3분의 2는 사무실 공간 제공부터 물품 기부까지 현물 기부 제공, 44%는 기부금에 기여하며, 28%는 자사 직원들에게 기부를 요청했다. 이를 모두 합치면 기업이 기부한 금액이 재단 재원의 4분의 3을 차지한다. 멕시코 기업재단의 직원 수는 대부분 5명 이하(58%)이며, 19%는 6명에서 10명 사이, 24%는 10명 이상이다(Villar *et al.*, 2014).

최근 멕시코의 지원금 지급 재단에 대한 연구와 미국의 면세 법인 분류에 근거한 연구에 따르면, 지원금 지급의 우선순위 분야는 자선 및 자원봉사 3,900만 달러(27%), 인적 서비스 2,600만 달러(18%), 교육 2천만 달러(14%), 보건 1,300만 달러(9%), 정부 기관에 800만 달러로, 총 1억 7백만 달러 이상을 차지하여 기업재단 지원금의 거의 3/4에 달했다. 기업재단은 3개 주에 집중되어 있다. 멕시코시티에 76개(전체의 52%), 경제 중심 도시인 몬테레이가 있는 북부 누에보레온주에 18개(12%), 또 다른 주요 도시인 과달라하라가 있는 할리스코 주에 12개(8%)가 있다. 이 3개의 주에만 전체 기업재단의 4분의 3에 가까운 수가 있다. 나머지 29개 주 중 17개 주에는 1~5개의 기업재단이 있고 12개 주에는 기업재단이 없다(Villar *et al.*, 2017).

9.7 콜롬비아 사례: 교회, 가족, 지역사회와 연계하여 프로그램을 운영하는 오랜 전통의 기업재단

콜롬비아는 현지 기업재단의 수, 연륜, 중요성 측면에서 지역적 특성이 두드러진다. 베네수엘라를 기업 자선활동의 선도 국가로 간주하고 이 지역의 기업재단 발전에서 미국 재단의 역할을 지적하는 문헌(Puig, 2016)과 달리, 콜롬비아 모델은 분명히 자생적이며 콜롬비아에서 가장 관련성이 높은 두 개의 기업재단이 만들어진 1960년대로 거슬러 올라간다. Fundacion Carvajal(1961)과 Fundacion Social(1965, 그러나 1911년에 노동자 서클로 시작됨)은 대표적인 사례이다.

두 사례 모두 기업 그룹을 이끄는 지배 유형의 기업재단과 관련된 사례이다. Fundacion Social의 사례는 가톨릭의 자선 전통이 지역 자선 기관에 미친 주목할 만한 영향을 잘 보여준다. 이 기관은 1911년 갈리시아 예수회 신부에 의해 노동자 서클로 설립되어 1965년 자선재단으로 전환되었고, 2001년까지 예수회 교단의 통제하에 있었으며, 현재 자산 5억 3천만 달러, 510만 명 이상의 고객을 보유한 방코 카하 소셜과 다른 5개 금융 회사를 포함하여 콜롬비아에서 13번째로 큰 비즈니스 그룹을 이끌고 있다(Dávila *et al.*, 2014). 이 재단은 사업 자회사의 수익으로 비영리 자선활동에 자금을 지원한다.

카르바할 재단(Fundacion Carvajal)은 가족 경영 그룹과 연결된 지배 유형의 기업재단을 대표하는 기업이다. 1904년 칼리에서 설립된 Carvajal 그룹은 인쇄 및 편집 사업에서 다양한 서비스로 다각화하여 현재 라틴 아메리카 여러 국가와 미국, 스페인으로 활동 영역을 넓힌 가족 경영의 다국적 기업이다. Fundacion Carvajal은 1961년 Carvajal 가문이 그룹 지분의 40%를 재단에 출연하여 주요 주주가 되었다. 현재는 23%의 지분을 보유하고 있다. 재단의 목표, 이사회, 회장 등 재단의 운영은 비즈니스 그룹의 무결성과 가족의 단결을 목표로 하는 가족 사업을 관리하는 정관에 자세히 명시되어 있다(기업 및 재단 웹사이트, IFC 2011, Martin-Cavanna, 2008a, b).

Fundacion Carvajal은 콜롬비아 모델의 세 가지 주요 특징인 지역사회와 긴밀한 유대 관계를 맺고, 기업가 가족 및 비즈니스 그룹과 긴밀하게 연계되어 있으며, 기독교적 영감을 바탕으로 운영되는 재단이라는 특징을 구현하고 있다. 재단의 사명은 콜롬비아 카우카 밸리에서 소외된 사람들의 복지를 개선하는 것이며, 재단의 비전은 카르바할 가문이 후원하는 자선과 사회 정의라는 기독교적 가치에 기반을 두고 있다. 이 단체는 사회 개입에 대한 포괄적인 접근 방식을 통해 이 지역에서 마이크로 기업가 정신과 지역사회 개발 프로그램을 개척했으며, 2015년 48개 파트너와 협력하여 88개의 프로젝트를 개발했다. 이 재단의 혁신적인 성격은 이 지역의 다른 기업재단의 참고 자료가 되었다(Martin-Cavanna, 2008a, b; Carvajal, 2016).

콜롬비아는 기업재단과 가족재단 사이의 경계선을 그리기가 가장 어려운 국가일 것이다. 협회가 '가족재단'으로 분류한 AFE 회원 중 일부는 원래 가족 사업의 상당한 지분을 부여받아 지배 유형에 속하거나(Fundacion Carvajal 또는 살다리아가 콘차 재단(Fundacion Sadarriaga Concha)의 경우), 가족 사업을 관리하는 가족 위원회의 결정에 따라 매년 할당되는 기업 기부금으로 자금을 지원받기 때문에 사실상 기업재단이다(예: Fundación Corona 및 Fundación Mario Santo Domingo). 71개의 AFE 회원사 중 62개는 기업재단의 정의에 부합하며, 9개는 가족재단이다.

AFE 회원인 62개 기업재단 중 22개 재단이 상장 기업과 연결되어 있다. 관련 기업의 지리적 범위를 보면 20개는 국내, 14개는 지역, 15개는 다국적, 7개는 외국계 다국적 기업이다. 6개 AFE 회원사는 서로 다른 지리적 범위에서 활동하는 기업 그룹에 의해 만들어졌다. 현재 AFE에 속한 기업재단 중 4개만이 관련 기업의 지분을 상당수 또는 과반수 소유하고 있는 지배 유형에 속한다. 첫 번째 하위 범주에는 오르비스 그룹의 12%를 소유하고 있는 Fundación Carvajal과 Saldarriaga Concha foundation이 있다. 두 번째 하위 범주에는 소액 기업가에게 대출을 제공하는 소액 금융 기관인 WWB 은행의 85.7%를 소유하고 있는 Fundacion Social과 Fundacion WWB가 있다.

콜롬비아 기업재단에 대한 다른 설명과 관련하여, 본 연구는 가장 큰 샘플(2011년 Promigas & DIS에서 129개의 기업재단을 대상으로 조사한 샘플)을 참고 자료로 사용할 것이다. 대부분의 기업재단은 국가 기준으로 볼 때 규모가 큰 기업과 관련

표 24 콜롬비아 기업재단의 활동 모델, 수입원 및 활동 영역

활동 모델	운영 전용	29.9%
	지원금만 지급	5.7%
	혼합	64.4%
수입원 (총 수입 대비)	설립 모기업의 기부	57.8%
	투자 수익	20.3%
	설립 가족의 기여도	5.5%
	국제 협력	4.5%
	정부 보조금	4.2%
	개인 기부자	3.0%
	비가족 주주	2.4%
	공급업체	1.6%
	직원	0.7%
활동 영역	교육	80.5%
	지역사회 개발	60.4%
	경제 또는 비즈니스 개발	59.8%
	환경	42.5%
	사회통합	37.9%
	인권	36.8%
	예술, 문화 및 스포츠	35.6%
	영양	33.3%
	보건	32.2%

Fundacion Promigas & Fundacion DIS(2012) 재구성

이 있다. 실제로 콜롬비아 200대 기업 중 35%가 기업재단을 보유하고 있으며, 기업 규모가 커질수록 그 비중은 증가하여 10대 기업 중 7개 기업이 기업재단을 보유하고 있다. 기업재단의 대부분은 기업(54%)이 설립했으며, 기업가 가족(18.4%), 비즈니스 그룹(12.6%), 기업가 그룹(12.6%)이 설립한 재단이 그 뒤를 이었다. 1960년에서 1980년 사이에는 기업가 가족이나 기업가 그룹이 설립한 기업재단이 주를 이루었고, 1980년 이후에는 기업이나 기업 그룹이 설립한 기업재단의 비중이 크게 증가했다. 이러한 변화는 1990년대 다국적 기업의 진출로 인한 CSR의 인기와 콜롬비아 경제의 국제화가 맞물리면서 현지 및 외국 기업 모두에서 기업 후원 재단을 설립하게 된 것과 일치한다(Fundacion Promigas & Fundación DIS, 2012).

재단의 활동 모델에 대해서는 대부분 혼재되어 있으며, 대다수가 주로 운영한다고 답했다. 기업재단의 51.7%가 기부금에서 수익을 얻고 있지만, 대부분의 재단은 기부금을 받지 않고 현금 기부, 배당금, 제품 기부 또는 자산 기부와 같은

기업 기부금에 의존하는 경향이 있다. 1991년 이전에 설립된 기업재단은 배당금이 더 많은 비율을 차지하는 반면, 그 이후에 설립된 재단은 대부분 연간 기부금에 의존하는 경향이 있다. 국내에 만연한 사회적 불평등과 맞물려 기업재단의 주요 활동 분야는 교육, 지역사회, 경제 개발이다(<표 24>). 이사회 특성과 관련하여 기업재단의 60.9%가 외부 위원을 포함하고 있으며, 이 중에서 기업재단의 28%만이 독립적 위원을 포함하고 있다(Fundación Promigas 및 Fundación DIS 2012).

9.8 결론

라틴 아메리카에는 국가와 교회로부터 독립적이고 공익을 위한 공식적인 조직과 자발적인 민간 활동으로 이해되는 제도적 사회공헌의 전통이 강하지 않다. 역사적 기록은 주로 이 지역에 널리 퍼져 있는 기독교 문화, 사회복지 분야에서 가톨릭 교회의 강력한 존재감, 지역 엘리트들의 관련 이니셔티브에 기반한 비공식적인 자선활동에 관한 것이다. 그러나 지난 30년 동안 시민사회에 대한 재인식과 국가, 시장, 시민사회의 역할에 대한 새로운 이해가 확산되었다. 재단을 비롯한 NGO와 기타 시민사회 단체의 역할이 부각되었고, 자금 지원 경쟁이 치열해지면서 이들은 점점 더 기업가적 성향을 띠게 되었다. 지역사회 발전과 환경적 지속가능성을 위해 책임감 있게 행동하고 헌신해야 한다는 압박이 커지면서 국내외 기업에 대한 사회적 기대치도 진화했다.

본 연구는 라틴 아메리카 사회에서 기업의 새로운 역할에 따라 생겨난 혼합적 존재, 즉 근본적으로 다른 제도적 논리가 공존하는 비영리적 성격의 비즈니스 도구로서의 기업재단 설립을 개념화, 맥락화, 특성화하고자 노력했다. 이 탐구의 결과는 지역 수준에서 몇 가지 일반적인 특성을 가리킨다.

1. 라틴 아메리카 기업재단은 널리 퍼져 있지는 않지만 민간 사회 투자를 위한 뚜렷한 수단으로, 그리고 광범위한 CSR 전략의 부수적인 요소로 자리매김하고 있다.
2. 기업에 중요한 역할을 하고 자원 의존도가 높지만, 기업재단은 매우 이질적인 조직이

며 미국 재단에 비해 기업 그룹 및 기업가 가족과 더 큰 범위에서 연결되어 있다.

3. 이들은 자체적으로 네트워크를 형성하거나 재단 또는 비영리 단체를 홍보하기보다는 기업 및/또는 가족재단과 함께 자선 인프라에 참여한다.
4. 제3섹터에서 이들의 주요 역할은 시민사회단체에 자금을 지원하는 것이 아니라, 운영-지원금 혼합 모델을 통해 관련 이해관계자, 특히 공공 및 지역사회 주체와의 기업 관계를 관리하는 데 있다.
5. 기부 기업재단은 소수에 불과하며, 다양한 수입 구조의 맥락에서 연간 기업 기부금이 주요 수입원이다.
6. 기업재단이 감독자뿐만 아니라 자금 지원자 또는 파트너로서 정부에 제도적으로 근접해 있다는 점은 주목할 만하다.

이러한 공통적인 배경을 바탕으로 세 나라의 연구 결과에서 중요한 국가별 차이가 드러난다. 브라질과 멕시코에서는 제3섹터 구축이라는 광범위한 맥락에서 기업재단의 출현과 성장 과정에 대한 국제적 지원, 특히 미국의 지원의 관련성이 분명하게 드러난다. 그러나 이러한 지원의 영향이 자선활동의 국가적 전통과 관행, 그리고 현지 리더십의 중요성을 감소시키지는 않는다. 브라질의 기업재단은 비영리 단체를 운영하는 것처럼 위장하는 경향이 있다. 멕시코는 미국식 지원금 재단 모델이 뿌리내린 유일한 국가다. 콜롬비아는 기업재단이 지역사회 개발을 위한 시민사회 단체의 한 유형으로 활동하면서 좀 더 독특한 길을 걸어왔다.

브라질의 사례는 기업 자선활동의 제도화 측면에서 두드러지며, GIFE는 이 지역에서 추가적인 데이터 수집 노력을 위한 참고 자료가 되고 있다. 멕시코의 경우, 세무 당국의 데이터 공개를 통해 기부금 흐름에 대한 신뢰할 수 있고 상세한 정보를 제공하고 다른 유형에 비해 기업재단의 범위와 규모에 대한 비교 관점을 제공한다. 기업가 가족 및 가족재단과 떼려야 뗄 수 없는 콜롬비아에서 기업재단의 가시성이 높아진 데에는 AFE의 역할이 컸다.

본 연구는 기업재단에 대한 다양한 이해, 운영 모델, 사회적 기대가 공존하는 새로운 이질적이고 매우 풍부한 환경을 설명한다. 또한 학계와 실무에 대한 시사점을 제시한다. 연구 관점에서 볼 때, 이러한 제한적인 증거가 이 장에서 확인된 일부 주요 설명 요소, 특히 분리된 재무 데이터를 파악하고 후원 기업과 기업재단 간의 관계에서 중요한 문제(예: 후원 기업이 재단을 어떻게 관리하고 자금을 지원하는지, 기업의 특성과 전략이 재단 지배구조와 활동에 어떤 영향을 미치는지 등)를 조명해야 할 필요성을 감소시키지는 않는다. 그러나 추가적인 데이터 수집과 분류 작업은 기업재단과 후원 기업과의 관계를 체계적으로 기술하는 것뿐만 아니라 시민사회 행위자로서 재단이 속한 기업 참여의 진화 단계를 평가하는 데에도 노력해야 한다. Salamon(2010)이 개발한 '5P 프레임워크'(Proliferation(확산), Professionalization(전문화), Partnering(파트너십), Participation(참여), Penetration(침투))는 사회문제 해결에 있어 기업재단의 효과를 평가할 수 있는 유망한 장을 제공한다.

현실적인 관점에서 볼 때, 기업재단은 대기업에 대한 시민사회(대중 및 기타 비영리 단체)의 신뢰 부족이라는 배경으로 등장하고 있다. 이러한 신뢰 부족은 혁신적 발전을 저해할 수 있으며, 기업이나 기업가 가문 그리고 재단종사자들이 기업재단을 통해 사회공헌 활동을 펼칠 때, 이러한 점을 고려해야 한다. 혼합적 조직으로서 기업재단은 외부 이해관계자로부터 더 광범위하고 상충되는 요구에 직면하여, 이는 성과에 대한 다양한 개념에 따라 서로 다른 형태의 책임성을 포함한다. 라틴 아메리카의 기업재단은 기업의 도구성과 시민 참여 사이의 어려운 균형을 구현하고 있다.

참고문헌

Aguilar Calegare, M. G., & Silva Junior, N. (2009). A "construção" do terceiro setor no Brasil: da questão social à organizacional. *Revista Psicologia Política., 9*, 17.

Anheier, H. K., & Daly, S. (Eds.). (2007). *The politics of foundations. A comparative analysis.* Oxon: Routledge.

Appe, S. M., & Layton, M. D. (2016). Government and the nonprofit sector in Latin America. *Nonprofit Policy Forum, 7*(2), 117-135.

Arango, M. (2002). Philanthropy in Mexico: Challenges and opportunities. *ReVista: Harvard Review of Latin America, 1*(3). http://revista.drclas.harvard.edu/book/philanthropy-mexico. Accessed 17 Dec 2017.

Association of Corporate and Family Foundations of Colombia (AFE). (n.d.). http://afecolombia.org/es-es/InformacionEstadistica. Accessed 26 Dec 2016.

Barbero, M. I., & Dávila, C. (2009). Introduction: A view from Latin America. *Enterprises et Histoire, 54*(1).

Bárcena Ibarra, A., & Byanyima, W. (2016). Latin America is the world's most unequal region. Here's how to fix it. World Economic Forum. https://www.weforum.org/agenda/2016/01/inequality-is-getting-worse-in-latin-america-here-s-how-to-fix-it/. Accessed 8 Jan 2017.

Bastos de Paula, M., & Morilha Muritiba, P. (2014). Influencia dos Fundadores na Cultura Organizacional das Fundacões de Direito Privado. *Revista de Governança Corporativa, 1*(1).

Borges, J. F., Miranda, F., & Valadão Júnior, V. M. (2007, October-December). O Discurso Das Fundacões Corporativas: Caminhos de uma "Nova" Filantropia? *RAE-Revista de Administração de Empresas.*

Carvajal. (2016). Informe Social y Ambiental 2015. http://www.carvajal.com/informes/SocialAmbiental2015.pdf. Accessed 22 Dec 2016.

Cemefi. (n.d.). ¿Quées Cemefi? https://www.cemefi.org/archivos/mision.pdf. Accessed 8 Jan 2017.

Cornforth, C. (2012). Nonprofit governance research: Limitations of the focus on boards and suggestions for new directions. *Nonprofit and Voluntary Sector Quarterly, 41*(6), 1116-1135.

Dávila, J. C., Dávila, C., Grisales, L., & Schnarch, D. (2014). *Business goals and social commitment: Shaping organizational capabilities - Colombia's Fundación Social* (pp. 1984-2011). Bogotá: Ediciones Uniandes.

De Melo Rico, E. (2004). A responsabilidade social empresarial e o Estado: uma aliança para o desenvolvimento sustentável. *São Paulo em Perspectiva, 18*(4).

Foundation Center (FC). (2012). *Key facts on corporate foundations*. New York: FC. http://foun-dationcenter.org/gainknowledge/research/pdf/keyfacts_corp2012.pdf. Accessed 17 Dec 2017.

Fundación Promigas & Fundación DIS. (2012). *Las fundaciones empresariales en Colombia: Una mirada a su estructura y dinámicas*. Bogotá: Asociación de las Fundaciones Empresariales de Colombia.

Grupo de Fundaciones y Empresas (GDFE) (n.d.). Los socios GDFE. http://www.gdfe.org.ar/los-socios-gdfe. Accessed 26 Dec 2016.

Grupo de Institutos, Fundacões e Empresas (GIFE) (n.d.-a) Associados. http://gife.org.br/associa-dos/. Accessed 28 Feb 2017.

Grupo de Institutos, Fundacões e Empresas (GIFE) (n.d.-b). Censo GIFE Online. http://censo2012.gife.org.br/bloco1.asp?st=80&c=empresarial&f=&vi=&a=&aa=. Accessed 26 Dec 2016.

Grupo de Institutos, Fundacões e Empresas (GIFE) & Instituto Brasileiro de Governanca Corporativa (IBGC). (2014). *Guia das melhores práticas de governanca para fundacões e institutos empresariais*. 2 ed. São Paulo: IBGC e GIFE. http://gife.org.br/agendas-estrategicas/. Accessed 30 Dec 2016.

Hauser Institute for Civil Society at Harvard University. (2016). *From prosperity to purpose: Perspectives on philanthropy and social investment among wealthy individuals in Latin America*. UBS.

Holz, M., & List, R. (2009). Centro Mexicano para la Filantropia, AC (CEMEFI). In H. K. Anheier & S. Toepler (Eds.), *International encyclopedia of civil society*. New York: Springer Science & Business Media.

International Finance Corporation (IFC). (2011). Manual IFC de Gobierno de Empresas Familiares. http://semanaeconomica.com/familiasac/wp-content/uploads/sites/94/2015/09/FamilyBusinessGovernance_Handbook_Spanish-1.pdf. Accessed 22 Dec 2016.

Jung, T., Harrow, J., & Leat, D. (2018). Mapping philanthropic foundations' characteristics: Towards an international integrative framework of foundation types. *Nonprofit and Voluntary Sector Quarterly, 47*(5), 893-917.

Khanna, T., & Yafeh, Y. (2007). Business groups in emerging markets: Paragons or parasites? *Journal of Economic Literature, 45*(2), 331-372.

Lansberg Henriquez, I. (1968). Corporate responsibility in social Progress. In A. Stromberg

(Ed.), *Philanthropic foundations in Latin America* (pp. 183-187). New York: Russell Sage Foundation.

Layton, M. D. (2010). Philanthropy in Latin America. In H. K. Anheier & S. Toepler (Eds.), *International encyclopedia of civil society*. New York: Springer Science & Business Media.

Layton, M. D. (2013). Entidades Donantes Empresariales. In J. Butcher García-Colín (Ed.), *Generosidad en México: Fuentes, cauces y destinos*. México: Porrúa. Centro de Investigación y Estudios sobre Sociedad Civil, Instituto Tecnológico y de Estudios Superiores de Monterrey.

Layton, M. D. (2016). Regulation and self-regulation in the Mexican nonprofit sector. In A. Dunn, O. Breen, & M. Sidel (Eds.), *Regulatory waves: Comparative perspectives on state regulation and self-regulation policies in the nonprofit sector*. London: Cambridge University Press.

Levisky Negócios e Cultura. (2017). Conceitos e benefícios dos endowments como mecanismo de financiamento à cultura. *Guía do I Fórum Internacional de Endowments.* Culturais, com a parceria da Edelman Significa, IDIS e PLKC Advogados (June). http://www.leviskycultura.com.br/forum#guias

Logsdon, J., Thomas, D., & Van Buren, H. J. V. I. (2006). Corporate social responsibility in large Mexican firms. *Journal of Corporate Citizenship*, (21, 6), 51-60.

Martin-Cavanna, J. (2008a). Historia de una imprenta. In *Viaje a la otra orilla. Historias de los que trabajan por una América Latina mejor* (pp. 209-251). Bogotá: Edit. Norma.

Martin-Cavanna, J. (2008b, Mayo-Junio). Fundación Carvajal. Historia de un compromiso familiar, *Compromiso Empresarial.*

Monteiro, H., Kisil, M., & Woods, M. (2011). *Private social investment tendencies in Latin America.* São Paulo: IDIS - Instituto para o Desenvolvimento do Investimento Social.

Nexus Network International, McDermott, Will & Emery and Charities Aid Foundation (CAF). (2014). *Rules to give by: A global philanthropy legal environment index.*

Price Waterhouse Coopers (PwC). (2015). *State-owned enterprises: Catalysts for public value creation?* Public Sector Research Centre. www.psrc.pwc.com. Accessed 2 Dec 2016.

Puig, N. (2016). The origins of modern family foundations in Spanish - Speaking countries: A preliminary study. In P. Fernández Pérez & A. Lluch (Eds.), *Evolution of family business: Continuity and change in Latin America* (pp. 57-74). Cheltenham: Edward Elgar Publishing and Fundacion BBVA.

Rey-García, M., & Alvarez, L. I. (2011). Foundations and social economy: Conceptual approaches and socio-economic relevance. *CIRIEC-España, Revista de Economía Pública, Social y Cooperativa, 73*, 61-80.

Rey-Garcia, M., & Puig, N. (2013). Globalisation and the organisation of family philanthropy: A case of isomorphism? *Business History, 55*(6), 1019-1046.

Rey-Garcia, M., Sanzo, M. J., & Alvarez, L. I. (2018). To found or to fund? Comparing the performance of corporate and non-corporate foundations. *Nonprofit and Voluntary Sector Quarterly, 47*(3), 514-536.

Salamon, L. M. (2010). *Rethinking corporate social engagement: Lessons from Latin America*. Bloomfield: Kumarian Press.

Salamon, L. M., & Anheier, H. K. (1998). Social origins of civil society: Explaining the nonprofit sector cross-nationally. *VOLUNTAS: International Journal of Voluntary and Nonprofit Organizations, 9*(3), 213-248.

Sanborn, C., & Portocarrero, F. (Eds.). (2006). *Philanthropy and social change in Latin America* (David Rockefeller Center on Latin American Studies) (Vol. 16). RCLAS: Cambridge, MA.

Schommer, P. C., & Fischer, T. (1999). Cidadanía Empresarial no Brasil: os dilemas conceituais e a ação de três organizações baianas. *Organizações & Sociedade, 6*(15), 99.

Stromberg, A. (1968). *Philanthropic foundations in Latin America*. New York: Russell Sage Foundation.

Thompson, A. A., & Landim, L. (1998). Civil society and philanthropy in Latin America: From religious charity to the search for citizenship. In W. Ilchman, S. Katz, & E. Queen (Eds.), *Philanthropy in the world's traditions* (pp. 355-370). Bloomington: Indiana University Press.

U.S.-Mexico Foundation. (2013). Shared destiny, shared responsibility: Growing binational philanthropy for a stronger U.S.-Mexico partnership.

Van Fleet, J. W., Zinny, G. S., & Besharati, S. (2012). *Corporate social investments in education in Latin America & the Caribbean: Mapping the magnitude of Multilatinas' private dollars for public good*. Washington, DC: Brookings Institution. Center for Universal Education Working PAPER 5.

Velasco, A. C., Silva, A. L., De Império Lima, A. L., Szazi, E., Santiago, G., Moraes, M., Oliva, R., & Andrade, S. (2015). *Censo Gife 2014*. São Paulo: GIFE.

Viesca-Sada, A. (2004). The current state of philanthropy in Mexico and Central America. *Philanthropic Fundraising, 2004*(46), 13-25. https://doi.org/10.1002/pf.80.

Villar, R. (2015). Private funds for social transformation: Philanthropy and social investment in Latin America Today. Group of Foundations and Corporations in Argentina (GDFE), Group of Institutes, Foundations and Corporations of Brazil (GIFE), Association of Corporate and Family Foundations of Colombia (AFE) The Mexican Center for Philanthropy (Cemefi).

Villar, R., Butcher, J., Gandini, L., & Sordo, S. (2014). *Fundaciones Empresariales en México: un estudio exploratorio*. México, D.F.: Centro de Investigación y Estudios sobre Sociedad Civil en el Instituto Tecnológico de Monterrey y Centro Mexicano para la Filantropía.

Villar, R., Sordo, S., & Layton, M.D. (2017). Las Fundaciones Donantes: principales entidades donantes en México. In: Butcher García-Colín, J. (Ed.). *Generosidad en México II: Fuentes, cauces y destinos*, chapter 4. México, D.F.: Editorial Porrúa, Centro de Investigación y Estudios sobre Sociedad Civil, Instituto Tecnológico y de Estudios Superiores de Monterrey.

World Bank. (2016). GDP ranking. http://databank.worldbank.org/data/download/GDP.pdf. Accessed 22 Dec 2016.

Marta Rey-Garcia 스페인 아 코루냐 대학교(University of A Coruña)의 경영학 부교수(Associate Professor of Management)이다. 주요 연구 분야는 시민사회 조직, 비영리 부문, 필란트로피, 특히 재단을 중심으로 한 비교 연구에 초점을 두고 있다. 주요 연구 성과는 *Nonprofit and Voluntary Sector Quarterly, American Behavioral Scientist, Nonprofit Management and Leadership, Journal of Comparative Policy Analysis: Research and Practice, Management Decision* 등 학술지에 게재되었다.

Michael D. Layton 멕시코의 필란트로피 및 비영리 부문 분야의 대표적 전문가 중 한 명이다. 현재는 미주개발재단(Inter-American Foundation)에서 수석 프로그램 전문위원(Senior Program Specialist)으로 재직 중이다.

Javier Martín-Cavanna 스페인의 Compromiso y Transparencia 재단(Fundación Compromiso y Transparencia)의 이사로, 스페인 내 기업 및 가족재단의 투명성과 지배구조에 대한 연례 보고서의 기획자, 공동 저자이다.

Part III

기업재단에 대한 이해관계자의 관점

제10장 기업 기부의 아웃소싱: 기업이 사회공헌을 추진할 때 공동 기업재단[17]을 이용하면 얻을 수 있는 것과 없는 것

Stephanie Maas

요약 최근 몇 년 동안 기업 자선활동의 방식이 다양화되고 있다. 이 장에서는 사내(직접) 기업 기부와 아웃소싱(간접) 기업 기부를 구분하여 기업 자선활동을 직접 할 것인지 또는 외부에서 시행할 것인지 결정한다. 또한 기업 기부자들은 협력의 길을 택하여 여러 기업 기부자들의 이익을 동시에 추구하는 기업재단인 공동 기업재단(Collective Corporate Foundation, CCF)에 참여할 수 있다. 이 장에서는 기업이 공동 기업재단을 통해 기업 자선활동을 아웃소싱하는 이유와 그 결과에 대해 살펴보고자 한다. 본 연구는 네덜란드 로테르담의 단일 사례 연구를 기반으로 한다. 주요 데이터는 (이전의) 기부 단체와 비기부 단체를 포함한 다양한 이해관계자와의 19차례 인터뷰를 통해 얻었다. 본 연구는 기업 자선활동에 대한 기부 여부를 결정하는 기업 의사결정권자에게 (1) 가용 자원과 (2) 효율성의 필요라는 두 가지 근거를 제시한다. 둘째, 본 연구는 기업이 공동 기업재단을 활용한 기업 기부로 인해 (1) 통제력 상실, (2) 관여도 감소, (3) 조직 간의 1:1 관계 감소라는 세 가지 결과를 발견했다. 셋째, 본 연구는 확인된 이유와 결과 사이의 상충 관계를 파악한다. 이 장은 이러한 논리를 아웃소싱에 대한 전략적 관리 및 경제적 관점과 연관시키고, 연구의 한계와 기업 의사결정자 및 그 외의 사람들에게 주는 시사점을 논의함으로써 마무리하려 한다.

키워드 아웃소싱 - 질적 연구 - 공동 기부 - 기업 사회공헌활동

10.1 서론

[A 기업]이 자체 재단을 설립하고, [B 기업]도 재단을 설립하고, [C 기업]도 재단을 설립한다

[17] 번역자 주 : 이 책의 '일러두기(용어정리)' '4. 공동 기업재단' 참조.

고 상상해 보세요. 그럼에도 불구하고 실제로 이를 실현할 수 있는 대기업은 소수에 불과해요. 그렇게 할 수 있는 인력과 지식, 자본을 갖춘 곳은 소수에 불과합니다(협력기관 B, 대표).

최근 몇 년 동안 기업 자선활동의 '방법'이 다양화되었다. 시간이 지남에 따라 점점 더 많은 조직 형태와 자선 관행이 등장하고 기부 레퍼토리의 일부가 되면서 기업 자선활동의 환경은 점점 더 복잡해졌다. 전통적으로 기업은 비영리 단체에 직접 기부금을 지급한다. 그런 다음 기업 기부에 대한 책임은 CEO 또는 최고 경영진과 같은 기업 대리인에게 있거나(Gautier & Pache, 2015), 기업 기부를 구조화, 통합 및 원활하게 하는 특정 부서 — CSR, 홍보, 기업 또는 외부 커뮤니케이션 부서 — 에서 자선 책임을 수행한다(Altuntas & Turker, 2015; Husted, 2003). 오늘날에는 점점 더 많은 기업이 별도의 (외부) 수단을 통해 자발적으로 기부하고 있다. 자주 사용되는 수단은 기업재단으로, 기업 후원 또는 기업재단이라고도 불린다(Gautier & Pache, 2015; Petrovits, 2006; Webb, 1994). 기업은 비영리 단체에 간접적으로 기부하고 기업재단을 비영리 수혜자에게 최종 기부금을 전달하는 중개 수단으로 사용한다.

기업 자선활동의 방식이 다양해짐에 따라 사내(직접) 기업 기부와 외부 또는 위탁(간접) 기업 기부를 구분할 수 있다. 사내(직접) 기업 기부는 기업 내 특정 개인이나 부서가 기업 자선활동을 조직하고 관리하는 것을 말한다. 외부, 위탁(간접) 기업 기부는 다양한 유형의 기업재단 또는 제3자 공급업체와 같은 합법적인 별도의 수단을 통해 기업 자선활동을 조직하고 관리하는 것을 의미한다. 아웃소싱 결정은 제작 또는 구매 대안의 존재에 기원을 두고 있기 때문에 이 구분은 기업 기부를 직접 또는 외부에 대행 결정으로 되돌려 준다. Greer, Youngblood, & Gray Greer 등(1999)에 따르면 아웃소싱은 사내에서 수행할 수 있는 업무를 외부에서 반복적으로 수행하는 것을 말한다. Turnbull(2002)의 아웃소싱에 대한 정의에 따라 본 연구는 기업 자선활동의 맥락에서 아웃소싱을 기업 자선활동의 다양한 요소에 대한 책임을 법적으로 별도 법인 및/또는 제3자 공급업체에 맡기는 것으로 정의한다. 아웃소싱은 정부가 직접 서비스를 제공하는 대신 민간 기관에 서비스 공급을 위임하기로 결정할 수 있는 정부 계약과 유사하다(Ferris & Graddy, 1986).

기업이 외부에서 기부를 조직하고 관리할 수 있는 다양한 수단이 있다. 예를 들어, 제3자 중개기관(Lee, 2015)이나 기업재단(Rey-Garcia *et al.*, 2012) 등이 이에 포함된다. 기업은 기부를 개별적으로 형성하고 조직하며 관리하는 것뿐만 아니라, 같은 생각을 가진 기업들과 협력하여 — 자원의 공동 활용, 개인 이익에 대한 의혹 배제, 규모와 임계치 도달, 공동의 헌신 입증 등 — 기업 사회공헌 활동을 결합할 수도 있다. 기업 공동의 노력이 다양한 영역에서 개별적인 노력보다 비교우위를 가질 수 있다고 볼 수 있다. 따라서 기업이 공동 기부 전략을 선택하면 사회문제에 더 근본적인 영향을 미칠 수 있을 것으로 기대된다(Fourie & Eloff, 2005).

Porter & Kramer(2002)는 "기업 자선활동은 집단적 활동에 적합하다"고 말하며, "집단적 행동은 종종 상황을 해결하고 창출된 가치를 향상시키는 데 있어 단독 노력보다 더 효과적"이라고 설명한다. 기업재단과 기타 기업 사회공헌 단체들은 점점 더 결합하려 하거나 공동 기부 전략을 장려하고 채택하는 추세이다. 예를 들어, 여러 기업 기부자의 이익을 동시에 충족시키는 기업재단이 기업 사회공헌 환경에 등장하고 있다. 본 연구에서는 이렇게 여러 기부자가 참여하는 기업재단에 초점을 맞추고, 이를 공동 기업재단(Collective Corporate Foundation, CCF)이라고 명명한다. 따라서 공동 기업재단은 아웃소싱(외부) 및 집단적 기업 기부 관행의 한 예라고 할 수 있다.

10.1.1 연구 목적 및 사례 배경

본 연구의 문제는 다음과 같다. 기업이 공동 기업재단을 통해 기업 자선활동을 아웃소싱하는 이유와 그 결과는 무엇인가? 이를 통해 기업 의사결정권자들이 기업 기부를 결정할 때 개인 또는 공동 기부 전략 중 어떤 것을 선택할지 판단하는 근거를 살펴보고자 한다. 또한 기업이 별도의 단체를 통해 비영리 단체에 간접적으로 기부하기로 결정할 때 기업의[16] 그 선택이 어떤 의미를 갖는지 알아본다.

본 연구는 기업 사회공헌 기부를 결정해야 하는 기업 의사결정권자가 공동 기부 전략을 선택하는 데 있어 (1) 가용 자원의 양과 (2) 효율성의 필요라는 두 가지 근거를 제시한다. 이러한 근거는 아웃소싱에 대한 전략적 관리 및 경제적 관점과 관련이 있다. 전략적 관리 관점은 기업에 대한 자원 기반 관점과 자원 의존성 이론을 따르고, 경제적 관점은 거래 비용 경제학과 대리인 이론을 포함한다(Lee *et al.*, 2000). 또한 기업 사회공헌 사업을 공동 기업재단에 아웃소싱할 경우 (1) 통제력 상실, (2) 관여력 상실, (3) 조직의 일대일 대가 감소 등과 같은 세 가지 주요 결과를 확인할 수 있다.

본 연구는 이러한 근거와 결과를 네덜란드 로테르담 항구에 위치한 한 기업재단에 관한 하나의 도구적 사례 연구(Stake, 1995)를 통해 발견했다. 델타포트 기부재단(DeltaPORT Donation Foundation)은 1974년에 설립되었으며 Deltalinqs[17]의 전신인 산업 협회에 의해 설립되었다. 해당 재단은 항만 산업을 위한 기업재단의 역할을 수행하며, 지역사회에 기여하고 기업 기반을 구현하고 지역사회에 초래한 피해를 보상하기 위해 설립되었다. 이 재단은 스포츠, 문화, 복지 분야에서 활동하는 항만 주변 17개 지자체에 위치한 비영리 단체에 소액의 기부금을 제공한다. 이 재단은 기업이 참여하여 (공동으로) 기업 기부활동을 실행하고 형성할 수 있는 수단이 된다. 현재 82개 기업이 재단에 기부하고 있어, 이들을 기부 단체라고 부른다. 기부금은 직원 수에 따라 정해진 금액(직원 1인당 $13) 또는 설립 산업 협회와 합의한 금액으로 구성된다. 재단의 운영 예산($400,000)은 크게 두 가지 출처에서 나온다. (1) 기부 단체(55%)와 (2) 재단의 공식 파트너[18](45%)이다(DeltaPORT

16 본 연구에서 '기업(corporation)'이라는 용어를 마치 스스로 행동하는 주체처럼 의인화하여 사용하고 있으나, 실제로는 기업이 사람을 통해 운영된다는 점을 전제로 한다.

17 Deltalinqs는 항만 산업 협회로 로테르담 항구의 산업체들의 공동 이익을 위해 활발히 활동한다.

18 2007년 Deltalinqs는 로테르담 항만청(PoR)에 재단의 파트너로 참여해 줄 것을 제안했다. 로테르담 항만청은 공공 소유이지만 기업 형태로 운영되는 항만 개발 기관이다.

Donatiefonds, 2016). 기부단체의 일부 기업 대표는 업계를 대표하여 재단의 이사회 멤버로 활동하기도 한다. 일반적으로 기업재단의 기부자가 한 명이라면, 이 재단은 여러 명의 기부자가 있다. 따라서 재단은 여러 기업 기부자의 이익을 동시에 충족시킨다. 재단의 구조와 기능, 다양한 기부자의 이해관계를 고려할 때, 재단은 기업 자선활동을 위한 공동의 목소리를 낼 수 있다.

10.1.2 공동 기업재단

기업재단의 경계는 모호하며 논쟁의 여지가 있다. 기업재단에 관한 기존 문헌도 제한적이며, 기업재단을 명확히 정의하는 단일한 개념은 존재하지 않는다 (Rey-Garcia *et al.*, 2012). 기업재단은 다른 유형의 재단과 구별되는 몇 가지 특징이 있다. 첫째, 기업재단은 별도의 법인체이며, 종종 재단의 명칭 일부가 설립 기업의 이름을 포함하는 경우가 많다. 둘째, 기업재단은 운영 수입과 기타 자원의 대부분을 설립 기업의 기부금에서 얻는다. 셋째, 재단의 이사회에는 설립 기업의 소유주, 이사 또는 최고 관리자가 포함되는 경우가 많다(Rey-Garcia *et al.*, 2012). 좀 더 주관적인 정의에 따르면, 재단은 스스로 기업재단으로 규정해야 한다(Moody 등(2011)의 가족재단의 특징 참조). 델타포트 기부재단은 영리 법인이 직접 설립한 것은 아니지만, 운영 수입, 이사회 구성 등 대부분의 차별화된 특성을 충족한다. 기업재단으로서의 정체성은 델타포트 기부재단이 항만 산업을 위한 기업재단으로 묘사된다는 점에서 중요한 요소다. 이 재단은 모든 (기업) 기부자가 이용할 수 있는 것이 아니므로, 지역사회 재단과는 구별된다. 항만 지역에 위치한 기업과 설립 산업 협회의 회원사만 재단에 기부할 수 있다.

공동 기업재단은 비교적 최근에 등장한 새로운 현상이며, 아직 초기 단계에 있다. 유사한 이니셔티브로는 여러 기업이 공동으로 설립하거나 지원하는 공동 (기업)재단이 있으며, 이는 여러 기부자의 이익을 동시에 충족한다. 이러한 이니셔티브는 전 세계적으로 존재하며, 주로 특정 산업 클러스터나 산업 협회에서 나타난다. 예를 들어, 북미 장난감 산업의 자선활동을 위한 중심 역할을 하는 장난감 산업재단(Toy Industry Foundation, TIF)[18]이 있다. 이를 통해 기업들은 기금을 기부하여 자선 목표를 달성할 수 있다(Toy Association, n.d., Toy Industry Foundation, n.d.). 또 다른 사례로는, "거의 20년 동안 특수 직물 산업의 자선 단체의 목소리를 대변해 온" 미국의 산업 직물 재단(Industry Fabrics Foundation, n.d.)이 있다. 싱가포르에서는 싱가포르 비즈니스 연맹이 설립한 SBF 재단(Singapore Business Federation Foundation, SBF Foundation)이 있으며, 이는 비즈니스 커뮤니티의 공동 재단으로서 지역사회의 요구에 부응하고 있다(SBF Foundation, 2015). 아직 초기 단계이지만, 기업 공동 기금이나 별도의 기업 복수 기부 재단을 설립할 수 있는 가능성은 크다. 예를 들어, 중소기업이나 산업 클러스터는 기업 자선활동에서 협력적인 방향으로 나아갈 수 있다. 산업 클러스터[19]는 특정 지역이나 분야에서 상호 연결된 기업, 공급업체, 기관이 지리적으로 집중된 형태를 의미한다(Porter, 2000). 실리콘밸리와 같은 비즈니스 클러스터나 소규모 클러스터도 기업 기부에 대해 공동의 목소리를 낼 수 있다. 예를 들어, 소규모 소매업체 협회는 특정 지역의 소매업체들을 위한 공동 기업재단(CCF)을 설립하여 공동으로 기부할 수 있다.

10.1.3 기부

현재 기업 기부에 관한 대부분의 문헌은 개별 기업의 직접적인 기부에 대한 동기, 결정 요인, 과정, 결과 등 다양한 측면을 다루고 있다(Gautier & Pache, 2015; Liket & Simaens, 2015). 또한, 기업재단 설립의 근거를 조사한 연구도 부족한 편이다(Petrovits, 2006; Webb, 1994). 그러나 학계에서는 기업이 언제, 왜 간접적이고 집단적인 기부 전략에 참여하는지, 그리고 기업 기부를 형성하는 수단으로 공동 기

[18] 번역자 주 : Toy Industry Foundation(TIF)의 주요 목표는 어린이들에게 더 나은 기회를 제공하고, 기부 및 지원을 통해 그들의 삶을 개선하는 것으로 장난감을 기부하거나, 어린이들에게 교육적 가치가 있는 다양한 자원들을 제공하는 방식으로 활동한다.

19 비즈니스 또는 산업 클러스터란, 특정 지역이나 분야 내에서 상호 연결된 기업, 공급업체, 기관 등이 지리적으로 밀집해 있는 집합체를 의미한다(Porter, 2000).

업재단을 사용하는 이유를 충분히 다루지 않고 있다. 이 과정에서 간접 기부와 직접 기부의 차이점, 개별 기업 기부 전략과 공동 기업 기부 전략의 차이를 명확히 설명하지 못했다. 또한, 이러한 결정이 다양한 기업 기부 채널에 미치는 영향을 충분히 논의하지 않았다. 이 귀납적 연구는 이러한 연구의 공백을 메우기 위해 탐색적 통찰력을 제공하는 것을 목표로 한다. 특히, 기업 기부를 자체적으로 할지 또는 외부에 맡길지에 대한 결정의 관점에서 바라보고, 이를 개인적 기부와 공동 기부 결정으로 개념화하려는 점에서 새롭다. 따라서 이 장에서는 기업 기부의 개인적 또는 공동 결정뿐만 아니라, 기부 결정을 내리는 이유와 그에 따른 결과를 검토함으로써 기업 사회공헌 연구에 기여하고자 한다. 이해가 더욱 깊어지면, 기업 의사결정권자들이 자선활동에서 집중해야 할 부분을 명확히 하고, 사내 기부와 아웃소싱 기부, 개별 기부와 공동 기부 전략 간의 선택을 보다 효과적으로 할 수 있다. 한편, 이번 연구 결과는 공동 기업재단 및 기타 공동 또는 복수 기부단체가 운영의 질을 향상하는 데 도움을 줄 수 있다. 이는 기업이 기업 자선활동을 아웃소싱하는 기업으로부터 더 많은 자금을 유치하는 데 기여할 수 있다. 마찬가지로 이번 연구 결과는 지역사회 재단과 같은 외부 다중 기부자 재단 또는 기부 서클과 같은 공동 기부 활동에도 적용될 수 있다. 이는 기부자들의 동기와 결과물이 유사할 수 있기 때문이다.

10.2 방법론

10.2.1 데이터 수집

관심 있는 주제를 설명하기 위해 하나의 한정된 사례에 초점을 맞추었기 때문에, 본 연구는 하나의 도구적 사례 연구를 포함한다(Stake, 1995). 여러 데이터 소스를 활용하여 사례에 대한 심층적이고 맥락적인 이해를 구축했다(Yin, 2003). 1차 데이터는 (이전의) 기부단체, 설립 산업 협회 및 파트너 단체의 대표, (이전의) 재단 이사회 멤버의 표본으로부터 수집했다. 또한 재단에 기부할 수 있지만 사내 또는 개별적으로 기부를 유지하는 기업 즉, 비기부 단체도 포함했다. Deltalinqs의 대표이사는 연구에 공식적으로 동의했으며, 연구진은 CEO와 협력하여 의도적으로 최종 표본을 선정했다. 이 표본에는 관심 있는 현상에 참여할 수 있고, 기꺼이 참여할 의향이 있으며, 경험이 있는 개인이 포함되었다(Creswell & Plano Clark, 2011). 1차 데이터는 6건의 전화 인터뷰와 13건의 대면 인터뷰를 통해 인터뷰 대상자의 직장에서 수집했다. 19건의 인터뷰는 모두 반구조화 인터뷰로 진행되었으며, 체크리스트 형식으로 상위 주제와 주요 질문 목록이 미리 제시되었다. 주요 주제에는 사내 기부와 아웃소싱 기부, 개별 기부와 단체 기부 등과 같은 다양한 형태의 기업 기부에 대한 이유, 형태별 차이점, 서로의 장단점 등이 포함되었다. 인터뷰 대상자와 진정한 대화를 나누고, 편차를 허용하며, 인터뷰 전에 예상하지 못했던 문제를 탐구하였다. 질문은 인터뷰 대상자의 역할에 따라 지속적으로 조정되었다. 본 연구에서 공식적으로 인터뷰에 응한 응답자는 현 이사진 3명, 전 이사진 2명, 창립 협회 및 파트너 단체의 대표 3명과 2명, 기부 기관, 전 기부 기관, 비기부 기관의 기업 의사결정자 각각 4명, 3명, 1명 등을 포함하여 총 19명이었다. 시장, 홍보 전문가 등과 같은 지역사회 인사로서 이사회에 참여한 3명의 공동 기업재단 이사를 제외한 모든 인터뷰 대상자는 조직 내에서 기업 자선사업을 담당하고 있었다. 다른 인터뷰 참여자는 CEO, 중간 관리자 – 기업 커뮤니케이션, 대외 업무 또는 홍보 담당자 – 또는 관리 보조원이었다. 분석 대상에 대한 전체적인 관점을 파악하기 위해 여러 이해관계자를 인터뷰에 포함했으며, 여러 명의 인터뷰를 삼각 측량하여 데이터의 신뢰성을 높였다. 인터뷰는 2017년 4월과 5월에 진행되었으며, 인터뷰 시간은 30분에서 70분 사이였다. 총 인터뷰 시간은 14시간 이상이었으며, 모든 인터뷰는 그대로 녹음하고 필사하여 데이터 분석의 기초 자료로 활용했다.

또한, 기부 단체의 웹사이트와 CSR 보고서를 활용하여 공개적으로 이용 가능한 정보를 수집했다. 사례 연구의 맥락을 이해하기 위해 문서 증거를 활용하여 인터뷰 대상자와의 보다 깊이 있는 교류를 가능하게 했으며, 1차 데이터의 결과를 뒷받침하는 데 활용했다.

10.2.2 데이터 분석

데이터 분석은 주제별 분석 전략을 따른다(Braun & Clarke, 2006). 이러한 방식은 주제와 패턴을 찾는 질적 데이터를 분석하는 데 있어 접근하기 쉽고 이론적으로 유연한 접근 방식을 제공한다(Braun & Clarke, 2006). 본 연구에서는 연구자가 인터뷰 대상자의 경험, 의미, 현실을 그대로 받아들이고 전달할 수 있도록 현실주의/본질주의 패러다임이 채택되었다(Braun & Clarke, 2006). 귀납적 접근 방식을 사용하여 도출된 주제는 데이터 기반이며 데이터 자체와 밀접하게 연관되어 있다. 또한 연구자는 의미론적 접근(semantic themes)을 사용했다. 의미론적 접근 방식에서는 "데이터의 명시적 또는 표면적 의미 내에서 주제가 식별되며 분석가는 참가자가 말한 것 이상의 것을 찾지 않는다(Braun & Clarke 2006)." 분석에는 전체 데이터 집합을 파악하기 위해 녹취록을 완전히 읽는 것이 포함되었다. 그 다음에는 세그먼트를 다시 읽고 코딩하고, 주로 연구문제를 중심으로 유사한 주제 또는 노드의 광범위한 클러스터로 코드를 재코딩하고 그룹화하는 작업이 이어졌다.

10.3 사례 분석을 통해 도출된 주요 사실 및 관찰 결과

본 조사는 공동 기업재단을 통해 아웃소싱의 이유와 결과를 파악하고자 한다. 데이터 분석을 통해 5가지 핵심 주제가 도출되었으며, 그 결과 공동 기업 자선활동을 공동 이니셔티브에 아웃소싱할 때 발생하는 두 가지 비율과 세 가지 결과가 도출되었다. <표 25>는 5가지 주요 주제에 대한 설명과 함께 예시적인 설명을 제시한다. 아래에서는 이러한 이론적 근거와 결과가 존재하는 이유를 설명한다.[20]

---

20 각 인터뷰 대상자에는 고유한 식별 코드(예: 이사 A, 파트너 기관 대표 B, 전 기부 기관 CEO C 등)를 부여하였다. 이 코드는 인터뷰 대상자의 유형과 소속 조직 내 역할(이사, 설립 협회 대표, 파트너 기관 대표, 전 · 현 기부 기관, 비기부 기관 등), 그리고 해당 그룹 내에서 부여된 알파벳 순서로 구성된다.

표 25 사례분석을 뒷받침하는 근거 및 설명

논리적 근거	설명	주요 대표 의견
사용 가능한 자원의 양	기업 자선활동을 조직하는 데 사용할 수 있는 기업 자원의 양은 비핵심 활동에 해당하기 때문에 종종 제한적이다. 공동 기업재단을 통해 중소기업과 대기업 모두 문턱이 낮은 방식으로 기업 기부를 형성할 수 있다.	"[A 기업]이 자체 재단을 설립하면 [B 기업]도 재단을 설립하고, [C 기업]도 똑같이 할 것이라고 상상해보라. 그럼에도 불구하고 실제로 이를 실현할 수 있는 대기업은 소수에 불과하다. 그렇게 할 수 있는 인력과 지식, 자본을 갖춘 곳은 소수에 불과하다."(협력기관 B 대표)
효율성	기업 공동 재단을 통해 기업은 상대적으로 적은 자원을 투자하는 데 비해 자선활동의 관점에서 높은 수익을 얻을 수 있다.	"기업이 개별적으로 할 수 없는 일을 할 수 있다. 재정적으로도, 조직적으로도."(기부 단체 B의 CEO)
통제력 상실	기업 기부를 기업 공동 재단에 아웃소싱하는 경우, 기업은 자선활동과 활동에 대한 통제권을 재단에 넘기는 것이다.	"결국 어디에 기부하는지는 정확히 알 수 없지만, (재단이) 선의로 기부한다고 가정한다."[CFF] (기부 단체 D의 CEO)
참여의 손실	간접 기업 자선활동은 직접적인 기업 자선활동에 비해 기업 기부가 기업과 거리를 두고 이루어진다. 기업이 정책이나 의사 결정에 관여하지 않기 때문에 기업은 자선활동에 대한 관여도, 참여도, 헌신도가 떨어진다.	"물론 경기가 어려울 때 기업들은 '지금은 안 된다.'고 말할 수 있다. 기업 기부가 참여 중일 때보다, 그리고 매우 적극적으로 참여하고 있을 때보다 멀리 떨어져 있을 때 중단을 결정하기가 더 쉽고, 더 가능성이 높다."(파트너 단체 C 대표)
조직의 1:1 관계 감소	여러 기업 기부자에게 동시에 서비스를 제공하는 공동 기업재단의 경우, 기업은 자선활동에서 조직적인 1:1 관계를 형성할 가능성이 낮다.	"직접 하는 순간에는 훨씬 더 명확해진다. 그러면 우리[기업]가 직접 이니셔티브에 참여하게 된다."(기부 단체 B의 CEO) "하지만 재단에 요청하는 사람들이 [기업]과 직접적인 연관을 맺지 않을 수도 있기 때문에 직접적인 가시성은 떨어진다."(기부 단체 B, CEO)

10.3.1 논리적 근거

사용 가능한 자원의 양

집합적 기업재단을 통해 기업 자선활동을 아웃소싱하는 중요한 근거는 기업이 기부를 위해 사용할 수 있는 기업 자원의 양이다. 기업은 매주 또는 심지어 매일 많은 기부 요청을 받는다. 중소기업은 인력, 시간, 비용 측면에서 이러한 요청을 처리할 역량이 부족한 경우가 많다. 이사회 멤버 B는 이렇게 설명한다.

"항만에는 작업량이나 환적 규모[19]는 작지 않지만 조직 형태가 작은 소규모 기업이 많이

[19] 번역자 주 : 물류나 해운 분야 용어로, 화물이 한 항구에서 다른 선박으로 옮겨지는 양이나 규모를 말한다.

있습니다. 이런 기업들은 지역 환경 등과의 소통 활동을 할 수 있는 능력이 없습니다. 그런 기업들에게 이 [CCF]는 해결책을 제시합니다."

다국적 기업의 자회사의 경우에도 동일한 원칙이 적용된다. 항구에 위치한 자회사는 기업 기부와 같은 주변 활동에 참여할 수 있는 예산과 자원이 제한된 운영 자회사이다(대표적으로 C재단). 본국의 본사는 주변 활동을 담당하고, 주재국 자회사는 핵심 활동 수행에 더 집중하는 방식이다.

"현지 경영진은 정책 개발, 커뮤니케이션, 이해관계자 관리 측면에서 한계가 있습니다. 이러한 기업은 핵심 활동에 집중하여 운영, 약간의 리스크 관리, 안전 관리 등을 담당합니다. 하지만 CSR 담당자는 없습니다."(협력사 B 대표)

본사는 기업 자선활동을 조직할 수 있는 자원을 보유하고 있는 반면, 진출 국가의 자회사는 자선활동을 조직할 수 있는 자원이 제한되어 있다. 공동 기업재단은 자회사가 문턱이 낮은 방식으로 현지 기업 커뮤니티 참여와 기업 자선활동을 형성하고 참여할 수 있도록 하는 매개체 역할을 한다. 따라서 기업 자선활동을 외부에서 조직화하면 기업이 기부할 수 있다. 재단을 통해 기업 기부를 아웃소싱하는 경우, 기부 단체는 들어오는 기부 요청을 공동 기업재단에 소개할 수 있다. 이로써 재단은 기부 요청을 전달할 수 있는 수단을 제공하게 된다(이사 C). 이사 E가 설명했듯이, 이는 단순히 요청을 처리하는 문제를 넘어서는 것이다.

"개별적으로 관리하면 훨씬 더 많은 시간을 할애해야 합니다. 요청을 언제 승인하고 언제 거부할지, 자체 정책을 설정해야 하고, 전체 실행을 관리해야 합니다. 그리고 그것도 통제해야 합니다."

기업은 지역사회의 필요와 문제를 잘 모르는 경우가 많아(파트너 단체 대표 A) 기부 요청에 대해 적절한 결정을 내리지 못하는 경우가 많다고 한다. 기업이 사내에서 기업 자선활동을 조직하기로 결정한 경우, 충분한 정보를 바탕으로 올바른 결정을 내리기 위해 지역사회와 지속적으로 대화할 필요가 있다(기부 단체 대표 C). 기업이 이러한 대화를 회피할 경우, 결국 기업 대리인의 반려동물 자선단체 지원으로 끝날 수 있다(B 대표, 협회 설립자). 그러나 이러한 대화에 참여하는 것은 많은 시간이 소요되는 활동으로 사람들의 참여[21] 또는 기회비용이 많이 소요된다. 공동 기업재단은 이사회 구성으로 인해 기부자의 요청을 적절히 처리할 수 있는 역량을 갖추고 있다. 재단은 커뮤니티 대표를 통해 충분한 정보를 바탕으로 적절한 결정을 내릴 수 있는 모든 관련 지식을 갖추고 있다(CEO, 기부 단체 A). 전문 지식이 필요하기 때문에 아웃소싱이 필요하다. 이런 식으로 기업 기부는 다른 사람이 더 잘 수행할 수 있다는 점에서 아웃소싱하는 것이 합리적이다.

인터뷰 참여자들은 특히 다국적기업의 자회사가 지역사회와의 관계를 구축하기 위해 상당한 자원을 투자하여 지역사회의 니즈를 파악해야 한다고 설명했다. 이를 위해서는 자회사가 주변 활동을 위해 종종 부족한 자원을 투자해야 한다(파트너 단체 대표 B). 공동 기업재단을 통해 기업 자선활동을 아웃소싱하면 자회사가 지역사회에 편입될 수 있다.

> "또한 본사가 미국에 있는 글로벌 대기업도 있습니다만, 이러한 기업들은 현지 커뮤니티를 잘 알지 못합니다. 또한 기업의 인력도 점점 더 국제화되고 있습니다. 그래서 공동 기업재단의 일원이 되면 현지의 느낌을 유지할 수 있다고 생각합니다."(파트너 기관 C 대표)

모든 기업이 사내 또는 개별 기업재단(대표 B, 파트너 단체)을 통해 자선활동을 조직할 수 있는 자원과 역량을 갖추고 있다고 가정하는 것은 비현실적이다. 경제

21 참여 비용(participation costs)은 조직 내 의사결정에 소요되는 단순한 시간으로 해석할 수 있다.

적 압박으로 인해 많은 기업이 기업 기부의 대안으로 아웃소싱을 고려하고 있다. 공동 기업재단을 통해 기업은 전문성을 갖추고 가장 잘할 수 있는 핵심 비즈니스 활동에 자원을 집중할 수 있다. 따라서 중소기업과 대기업의 자회사가 제한된 자원으로 인해 기업 기부를 직접 조직할 수 없는 경우가 있다는 점을 고려할 때, 공동 기업재단은 새로운 자금을 사회공헌 테이블에 가져다준다.

효율성

효율성 또한 기업의 기부 결정과 개인 또는 집단 기부를 이해하는 데 있어 중요한 구성 요소이다. 외부 공동 기부 전략은 상대적으로 적은 투자로 높은 (사회적) 수익을 기업에 제공하는 전략이다. 기업 자선활동의 아웃소싱에 대한 효율성 근거는 적어도 세 가지 방식으로 나타난다.

첫째, 공동 기업재단을 통해 기업 기부를 형성하면 기부 단체가 기부 요청을 재단에 전달할 수 있다. 기부 단체는 종종 요청을 직접 고려하지 않고 재단에 의뢰하는 경우가 많다. A 이사는 이렇게 설명한다.

> "기업들이 개별적인 (기부) 요청에 대해 '죄송하지만 기업 자선활동은 공동 기업재단의 맥락에서 이루어지고 있으니 거기에 가서 몫을 받으세요.'라고 말하는 경우가 많기 때문에 소액 기부 요청이 많이 줄어들고 업무도 줄어듭니다."

따라서 재단은 조직에 들어오는 기부 요청을 효율적으로 전달할 수 있는 방법을 제공한다. 창립 협회의 C 대표는 다음과 같이 설명한다.

> "기업 입장에서도 많은 요청을 처리할 필요가 없기 때문에 효율성이 높아집니다. 기업 입장에서는 많은 요청을 받게 되고, 이를 깔끔하게 처리하려면 답변을 해줘야 한다. 어쨌든 회사에서 누군가는 시간을 소비하게 된다."

둘째, 공동 기업재단을 통한 기부 단체의 기부는 자선적 관점에서 기업에게 높은 (사회적) 수익을 가져다주는 것으로 나타났다. 공동 기업재단은 자선활동의 집합체이기 때문에 총 운영 예산이 누적된다. 즉, 개별 기업이 사내에서 개별적으로 기부를 조직할 때 사용할 수 있는 예산과 비교하여 더 많은 금액을 기부할 수 있다. 이는 고액 기부를 요청하는 비영리 단체의 수요를 충족시킬 수 있다는 것을 의미한다. CEO 기부 단체 B는 이렇게 설명한다.

> "또한 이니셔티브는 공동 기업재단을 통해 자신의 능력에 비해 더 쉽고 더 큰 규모로 지원받을 수 있습니다. 가끔 '나도 여기에 기여하고 싶다.'라고 말하는 이니셔티브를 볼 수 있지만, 소규모 기업으로서 무한정 참여할 수는 없습니다."

또한, 공동 기부로 인한 총 운영 예산이 많기 때문에 더 많은 기부 요청에 대응이 가능하고, 이에 따라 더 많은 비영리 단체에 재단의 기부가 이루어지고 있다. 예를 들어, 한 개별 기업이 지역 축구 협회, 지역 테니스 클럽, 로터리 클럽, 빙상장, 카드 협회 등을 지원하고 있다(대표 기부 단체 B, 대표 B, 창립 협회). 공동 기업재단의 자선활동은 지역사회 내에서 기업의 자선활동을 더 잘 드러낼 수 있게 한다. 따라서 기업의 자선활동의 영향력이 확대되고, 기업은 지원 대상 비영리단체의 범위가 넓어진다. 또한, 예산이 한정된 개별 기업은 금방 고갈될 수 있는 반면, 공동 기업재단 설립을 통해 기업은 연중 기부를 할 수 있다(대표 B, 설립 협회 B).

셋째, (외부) 재단을 통해 기업 자선활동을 조직하면 기업은 위험과 책임을 완화할 수 있다. 아웃소싱은 기업이 기부 활동과 관련된 위험과 불확실성을 제3자에게 이전할 수 있는 기회를 창출한다. 먼저, 기부 요청이 거절되는 경우, 기업이 요청을 거부하는 것은 결코 아니다. 거부 당사자는 공동 기업재단이며, 이는 거부 결정에 대한 비판이 기부단체(예: C, 재단 설립 협회)가 아닌 공동 기업재단을 향한다는 것을 의미한다. 또한 잘못된 결정이 내려진 경우(예: 지원되지 않아야 할 이니셔티브가 지원되거나 그 반대의 경우) 공동 기업재단이 책임을 진다.

10.3.2 결과

통제력 상실

공동 기업재단을 통해 간접적으로 기부하는 기업은 자선활동에 대한 통제력을 상실하는 경험을 하게 된다. 창립 협회의 C 대표는 다음과 같이 설명한다.

> "공동 기업재단을 이용하면 기부금 사용처에 대한 선택권을 이사회에 넘기게 됩니다. 따라서 간접적으로 기부하는 것입니다. 직접 기부하면 직접 결정을 내릴 수 있습니다."

기부단체(원칙)가 기업 자선활동의 권한을 재단(대리인)에 공식적으로 위임한다는 점에서 원칙—대리인 문제가 발생한다. 기업은 재단이 기업의 자선 이익에 부합하는 결정을 내릴 것이라고 믿고 선의로 재단을 지원한다(CEO 기부자 조직화 D). 재단을 모니터링하고 통제하기 위해 추가적인 대행사 비용이 발생할 수 있다. 통제력을 상실하면 기부 단체가 기부 단체의 규범과 가치를 충분히 준수하지 않는 비영리 단체를 지원할 가능성이 생긴다. 기업의 이익에 충분히 부합하지 않는 경우, 기업은 사내 자선활동을 재구성하기로 결정할 수 있다(경영지원, 전 기부단체 B 조직). 사내 기업 자선활동을 통해 기업은 기업의 자선 지출을 더 잘 통제할 수 있고 기업의 필요와 요구에 맞게 기업 기부를 형성하고 조정할 수 있다(개별 기부단체 C의 CEO).

참여의 상실

기업의 간접적인 공동 기부는 기업과 무관하거나 거리를 두고 기부를 진행한다. 따라서 기업은 사내 개별 자선활동에 비해 자선활동에 대한 관여도가 떨어진다. 기업이 비용을 절감해야 할 때, 아웃소싱을 통한 자선활동은 기업이 가장 먼저 중단하는 것 중 하나이다(파트너 단체 C 대표).

둘째, 이 특별한 사례에서 기업은 단순히 수표를 쓰는 활동[20]으로 제한되는 소극적인 기부 방식을 취한다. 기업이 자체적인 정책과 결정을 내리는 대신 이러한 소극적인 활동을 통해 기업의 기부를 형성하기 때문에, 공동 기업재단을 이용하는 것은 기업의 자선활동을 형성하는 쉬운 방법이자 기부 요청에 쉽게 대처할 수 있는 방법(중간 관리자, 비기부단체 A)으로 여겨질 수도 있다. 기부단체가 재단 및 재단 활동에 관여하는 정도가 낮기 때문에 재단 및 재단 운영에 대한 기업의 주인의식이 제한될 수 있다(C 대표, 참여 단체). 82개 기부 단체 중 3개 단체(3.6%)만이 기업 웹사이트나 CSR 보고서 내에서 공동 기업재단을 단독으로 언급하고 있으며, 4개 단체(4.9%)는 사내 기부 프로그램과 연계하여 언급하고 있다. 또한 22개 기부 단체(25.6%)는 자체적인 기부 프로그램만 언급하고 있으며, 54개 기부 단체(65.9%)는 기부 활동을 전혀 언급하지 않고 있다.

조직 내 1:1 관계 감소

아웃소싱 기업 자선활동은 기업과 거리를 두고 있다. 기부 단체 B의 CEO는 다음과 같이 설명한다.

> "공동 기업재단을 통해 기업 자선활동을 조직할 때는 지역 커뮤니티와 직접 조직할 때보다 우리 기업과의 연계성이 떨어진다. 이것이 바로 차이점이다."

이러한 간접성은 기부 단체가 기업 기부와 관련하여 인식하는 후광에 영향을 미친다. 기업은 공동 기업재단을 통한 외부 기부에 비해 개별 기업 기부 프로그램을 통한 직접적인 기업 기부에서 더 많은 조직적 1:1 대가를 받는다. 복수 기부자 재단을 통해 이루어진 명예 기부 요청은 재단의 이름으로 이루어진다. 따라서 기업의 이름이 언급되지 않기 때문에 기부 단체가 자선활동의 대가를 1:1로 받을 가능성은 거의 없다. 여기에는 경쟁사와의 차별화, 또는 브랜드 인지도와

[20] 번역자 주 : 수동적으로 수표를 쓰고 돈만 지급하는 수동적인 역할을 의미한다.

같은 잔여 효과가 포함된다. 수혜 비영리 단체는 물론 지역사회 전체가 재단을 지원하는 기부단체를 알지 못한다.

> "직접 지원하는 순간에는 훨씬 더 명확해집니다. 그러면 우리가 직접 이니셔티브에 참여하게 됩니다(기부 단체 B의 CEO).
>
> '이 예술품은 공동 기업재단(CCF)에서 기증한 것이다.'라는 표지판과 함께 멋진 작품이 기증된다면, 많은 사람들이 컴퓨터로 구글을 방문하여 [CCF]가 무엇을 하고 누가 지원하는지 확인하고 스스로 '[A 기업]에게 감사하고, 이 예술품을 제공해 준 [B 기업]에게 감사하다.'고 생각하진 않을 것 같아요."(이사회 멤버 C)

간접 및 공동 기부는 사내 및 개별 기업 기부에 비해 눈에 잘 띄지 않거나 숨겨져 있다. 따라서 기업 자선활동을 마케팅 관련 목적이나 차별화 수단으로 사용하려는 기업의 경우 공동 기업 기부를 아웃소싱하는 것은 부적절하다. 이러한 관점에서는 직접적이고 개별적인 기업 기부 프로그램이 훨씬 더 유익한다. 반면, 기부 단체가 자선활동에 대한 대가를 일대일로 받을 수 없는 경우에는 기부가 더 중립적이고 합법적인 것으로 인식된다. 기업의 공동 기부는 은밀하고 눈에 보이지 않기 때문에 기업은 숨겨진 의제를 위해 기업의 자선활동을 드러낼 수 없다(기부 단체 C의 중간 관리자).

10.4 논의

본 연구의 중심 주제는 기업 의사결정자들이 기부를 결정할 때, 그리고 개인 또는 공동 기업 기부를 결정할 때 어떤 요인들이 영향을 미치는지 이해하고 이러한 결정의 근거와 결과를 파악하는 것이다. [그림 8]은 순수한 직접 또는 사내 기부부터 하이브리드 채널(즉, 한 기업과 연결된 기업재단)을 통한 기업 기부, 순수한 간접 또는 아웃소싱 기업 기부까지 다양한 자선활동의 채널을 수평적 연결망

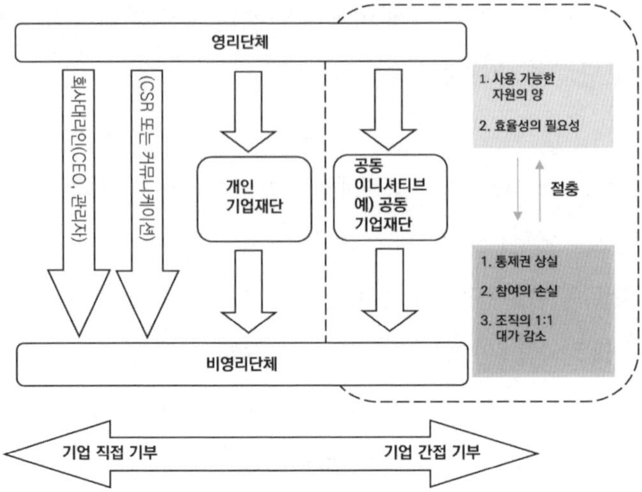

그림 8 기업 자선활동의 결정 과정

에 세로로 표시하고 있다. [그림 8]은 또한 그 이유(연한 회색으로 표시)와 결과(진한 회색으로 표시)를 보여준다.

기업의 의사 결정권자는 다양한 (중복되는) 이점과 근거를 위해 공동 기업재단을 고려한다. 첫째, 기업이 핵심 비즈니스 활동에 자원을 집중할 수 있다. 둘째, 기업이 가능한 한 효율적으로 기부를 조직할 수 있다. 기업은 기부 요청을 기업보다 해당 활동을 더 잘 수행할 수 있는 지식이 풍부한 제3자에게 수월하게 전달하고, 연중 더 많은 기부금을 모금하며, 기업은 제3자에 대한 위험과 책임을 완화할 수 있다. 이는 모두 공동 기업재단의 공동 전략이 개별적, 사내적으로 할 수 없는 기업 기부에 기업 기부자를 참여시키고, 더 광범위한 비영리 수혜자에게 노출되며, 기업 기부자가 원하는 효과적인 서비스를 제공할 수 있는 효율적인 방법이라는 믿음에 기반한다.

이러한 점에서 기업 기부를 위한 공동 기업재단은 개인 기부를 위한 수단으로서의 연맹(예: 비종교단체 United Way–미국공동모금회, 종교기반 연합조직)과 비교할 수 있다. Frumkin(2010)은 공동 기부 모델의 핵심은 "함께 모인 기금이 더 큰 영향을 미칠 수 있고 수혜 단체의 전문적인 선택이 더 큰 지역사회 혜택으로 이어질 수 있다는 주장"에 있다고 지적한다. 기업 자선활동을 공동 기업재단에 아웃소싱하는 것은 유행이 아니나 기업과 지역사회에 확실한 혜택을 제공한다.

본 연구의 결과에 따르면, (1) 기업 기부자는 공동 기업재단이 자체적으로 결정을 내리기 때문에 자선활동에 대한 통제력을 상실하고, (2) 기업 기부자는 공동 기업재단과 그 활동에 덜 관여하며, (3) 기업 기부자가 마케팅 관련 목적이나 차별화를 위한 수단으로 자선활동을 사용하려는 경우 여러 기업 기부자를 지원하는 공동 기업재단은 부적절하다는 결론을 내릴 수 있다. 앞서 언급한 이유와 (의도하지 않은) 결과 사이에는 절충점이 존재한다. 이러한 결과를 극복하고 더 많은 참여를 유도하고 통제권을 유지하려면 시간 또는 인력 등과 같은 더 많은 기업 자원을 투자해야 한다.

10.4.1 이론적 설명

아웃소싱에 관한 문헌은 전략적 관리 관점, 경제적 관점, 사회적 관점의 세 가지 주요 이론적 관점을 사용하여 제작 또는 구매 결정을 설명한다(Lee *et al.*, 2000). 전략적 관리 관점은 자원 기반 이론을 적용하고, 경제적 관점은 거래 비용 접근법에 초점을 맞추고, 사회적 관점은 고객과 서비스 제공자 간의 관계에 초점을 맞추고 권력–정치 이론과 사회 교환 이론을 적용한다.

두 가지 근거(즉, 가용 자원의 양과 효율성)는 전략적 관리 관점과 경제적 관점과 관련이 있다. 두 관점 모두 아웃소싱 연구에 가치 있는 기여를 하고 영향을 미쳤다(McIvor, 2009; Ndubisi, 2011). 첫째, 경제적 관점에는 거래 비용 경제학(Transaction Cost Economics, TCE)과 대리인 이론이 포함된다. TCE는 기업이 존재하는 이유에 초점을 맞춘다(Williamson, 1981). TCE는 기업이 내부적으로(즉, 기업 경계 내에서) 기능을 관리해야 하는 조건을 명시하고 외부 교류(즉, 기업 경계 외부)에 적합한 조건을 명시한다(Williamson, 1975). 아웃소싱 결정은 거래가 내부적으로 또는 외부에서 제3자에 의해 더 효율적으로 수행될 수 있는지 여부라는 핵심 질문으로 되돌아간다(Geyskens *et al.*, 2006). 거래 비용은 불확실성의 수준, 활동의 빈도 및 특이성과 관련이 있다(Williamson, 1981). 이러한 요소가 증가하면 아웃소싱의 거래 비용도 증가한다(예: 운영 비용 및 계약 비용). TCE에 따르면 기업은 비용을 최소화하기 위해 직접 수행(make) 또는 외부에 대행(buy)을 결정하며, 외부 거래 비용이 내부 거래 비용보다 낮을 경우 해당 활동을 아웃소싱한다(Ndubisi, 2011). 외부 거래 비용에는 조정 비용, 실제 아웃소싱 비용, 감독 및 통제 비용이 포함된다(Shook *et al.*, 2009). 이제 기업 기부의 다양한 채널과 관련된 거래 비용을 고려해 보고자 한다. 공동 기업재단을 통한 기업 기부의 아웃소싱은 상대적으로 낮은 외부 거래 비용(예: 수표 발행 및 기부 요청서 작성, 최소한의 모니터링 및 통제 비용 등)을 수반한다. 기업 기부를 사내에서 조직화할 때 발생하는 내부 거래 비용(예: 정책 결정, 의사 결정, 커뮤니티 관계 구축 및 유지, 실행 및 책임)은 훨씬 더 높다. 따라서 아웃소싱은 기업이 사내 기업 기부 프로그램과 관련된 높은 비용을 피하고 전문성을 확보하는 데 도움이 된다.

대리인 이론(Jensen & Meckling, 1976)은 아웃소싱에 대한 경제적 관점을 보완한다. 대리인 이론은 주인이 대리인에게 책임을 위임할 때 주인은 대리인을 모니터링해야 한다고 가정한다. 기업은 대리인이 더 효율적이라고 판단되고 주인이 신뢰하는 경우, 활동을 아웃소싱해야 한다(Ndubisi, 2011). 공동 기업재단은 기업 기부를 더 효율적으로 수행할 수 있는 것으로 간주되며, 기업 기부자가 자신을 대신하여 활동할 수 있도록 신뢰를 받아야 한다.

사례 결과를 이해하기 위한 보완적인 관점은 전략적 관리 관점이다. 이 관점은 자원 의존성 이론과 기업에 대한 자원 기반 관점(Resource-Based View, RBV)으로 구성된다. 자원 의존성 관점(Pfeffer & Salancik, 1978)에서 기업은 자원과 통제권을 획득하고 유지하려고 한다. 이를 통해 기업은 타인에 대한 의존도를 최소화하는 동시에 타인의 기업에 대한 의존도를 높이려고 한다. 아웃소싱 측면에서 볼 때, 활동을 수행하기 위한 자원이 부족한 기업은 이러한 자원을 얻기 위해 다른 당사자와의 관계를 모색해야 한다(Ndubisi, 2011). 본 연구는 기업이 사내에서 기부를 조직할 수 있는 자원이 부족한 경우가 많다는 것을 발견했다.

TCE가 기업의 존재 이유에 초점을 맞춘다면, RBV는 기업의 성과 차이가 발생하는 이유에 초점을 맞춘다. RBV에서 기업은 경쟁 우위를 창출할 수 있는 자원의 집합으로 간주되며(Peteraf, 1993), 핵심 활동과 주변 활동을 구분하게 된다. RBV의 연구 결과는 기업에게 "경쟁 우위를 창출하는 역량, 기능 또는 활동을 아웃소싱하지 말 것"(Ndubisi, 2011)을 알려준다. RBV는 기업이 비핵심 활동에 자원을 투입하기보다는 핵심 비즈니스 활동에 집중하고 지식과 전문성에 기반한 경쟁력을 활용하는 것이 더 효율적이라고 주장한다(Carey *et al.*, 2006). 사례 연구 결과에 따르면 중소기업과 대기업의 자회사는 핵심 활동에 집중하는 것으로 나타났다. 기업 자선활동은 주변적인 활동으로 간주되어 한정된 자원이 기업 기부에 투입되는 것으로 나타났다. 일부 기업은 일상적인 자선활동(예: 기부 요청 처리)을 아웃소싱하여 사내 기업 기부에 보다 전략적인 역할(예: 전략적 기부 및 직원 자원 봉사)을 부여하는 것이 타당하다.

사례 조사 결과를 바탕으로 다음과 같은 명제를 제안한다.

1. 자원이론관점(RBV)의 논리에 따르면, 기업 자선활동이 주변적인 활동으로 여겨질수록 기업 기부가 아웃소싱될 가능성이 커진다.
2. 자원 의존성 이론의 논리에 따르면, 기업 기부를 조직할 수 있는 자원이 한정되어 있을수록 기업 기부가 아웃소싱될가능성이 커진다.
3. 거래 비용 경제학(TCE)의 논리에 따르면, 외부 거래 비용이 기업 기부를 사내에서 수행하는 데 드는 비용보다 낮을수록 기업 기부가 아웃소싱될 가능성이 커진다.
4. 대리인 이론의 논리에 따르면, 상대방이 더 효율적이고 신뢰할 수 있다고 여겨질수록 기업의 기부가 아웃소싱될 가능성이 커진다.
5. 기업 기부를 단체나 재단에 아웃소싱하면 기업 기부에 대한 기업의 통제력이 약화된다.
6. 기업 기부를 단체 이니셔티브나 재단에 아웃소싱하면 기업 기부에 대한 기업의 관여

가 줄어들게 된다.

7. 기업 기부를 공동 이니셔티브나 재단에 아웃소싱하면 조직의 1:1 대가(예: 전략 및 마케팅 목적)가 줄어들게 된다.

10.5 결론, 제한점 및 후속 연구

10.5.1 권장 사항

Frumkin(2010)은 "전략적 기부의 본질"에서 개인의 기부 스타일을 결정하는 두 가지 핵심 요소로 (1) 참여 또는 관여의 정도, (2) 원하는 공개적 이미지를 설명한다. 연구 결과에 따르면, 기업 기부에도 유사한 차원들이 존재한다. 기업의 기부 스타일을 결정하는 네 가지 핵심 차원을 (1) 기업 기부가 핵심 또는 전사적 활동인지 여부, (2) 자원 규모 또는 효율성에 대한 요구 수준, (3) 통제 및 참여 정도, (4) 기업 기부를 마케팅 또는 차별화 수단으로 활용하려는 공개적 이미지 여부 등으로 설명한다. 따라서 기업 기부자는 기부 활동의 성격, 할당할 수 있는 자원의 규모, 기부 과정에서의 통제 및 참여 정도, 그리고 원하는 공개적 노출, 가시성 또는 프로필의 유형과 규모에 대해 중요한 결정을 내려야 한다. 또한 Frumkin(2010)과 마찬가지로, 이러한 선택들은 자선 활동의 동기에 의해 자주 형성된다.

먼저, 기업 의사결정자들은 기업 기부 활동이 회사 내에서 어떤 역할을 하는지 고려해야 한다. 기업 기부가 핵심 활동인지, 아니면 부수적인 활동인지 파악하는 것이 중요하다. 기업 기부가 핵심 활동으로 간주되면, 기업은 기부 분야에서 우수성을 추구하며 이를 통해 경쟁 우위를 확보하려고 한다. 이 경우, 기부 활동은 내부에서 관리되고 개별적인 전략을 수립해야 하며, 기부를 적절하게 조직할 수 있도록 충분한 자원이 확보되어야 한다. 반면, 기업 기부가 부수적인 활동이라면, 이는 기업에게 필수적인 요소가 아니며, 경쟁 우위를 위해 활용하려는 목적도 없다. 따라서 기부 활동은 공동 기업재단이나 다른 외부 기관에 아웃소싱할 수 있다. 둘째, 기업 기부를 위한 자원이 제한되어 있는 기업 의사결정권자와 기업 기부를 효율적으로 조직하고자 하는 기업에게는 아웃소싱을 고려하거나 공동 기부 전략을 추구할 것을 권장한다. 셋째, 기업 의사결정권자는 자신이 어느 정도까지 통제하고 관여할 것인지에 대해 깊이 생각해 볼 것을 권장한다. 통제권을 포기하고 싶지 않거나, 더 많이 관여하고자 하는 기업은 기업 기부를 사내 활동으로 유지해야 한다. 넷째, 기업 기부를 마케팅 또는 차별화 수단으로 활용하고자 하는 기업은 사내 및 개별적으로 기부를 조직할 것을 권장한다. 이러한 고려 사항 사이에는 절충점이 존재한다. 기업은 더 많은 자원이 필요하기 때문에 더 많은 투자를 하는 대신 더 많은 통제권, 더 많은 참여, 1:1 관계로 부수적 이익을 얻을 수 있으며, 이는 자원의 양과 기업 기부의 효율성에 영향을 미친다.

향상된 이해를 통해 기업 의사결정권자는 자선활동에 집중해야 할 부분을 파악할 수 있다. 또한, 기업 자선활동을 결정할 때, 그리고 개별 기부와 공동 기부 중 어느 쪽을 선택할지 결정할 때에도 도움이 된다. 또한, 연구 결과는 기업 자선활동을 자체적으로 조직할 자원이 부족한 기업에게 공동 기부 전략을 장려하고 기업이 함께 공동 기업재단을 설립하도록 자극할 수 있다. 또한, 거래 및 조직 관련 요인이 기업 기부의 직접 또는 외부 대행에 미치는 영향에 대한 경험적 증거를 제공함으로써 공동 기업재단이 운영의 질을 향상시키는 데 도움이 될 수 있다. 연구 결과의 중요한 요소들을 기업의사결정권자, 다수의 기부단체들에 알려주면 운영에 도움이 될 수 있다. 이는 다수의 기부재단이 자선사업을 아웃소싱하는 기업으로부터 자금을 유치하는 데 도움이 될 수 있다.

10.5.2 제한점

모든 연구가 그렇듯이 본 연구에도 제한점이 있다. 첫째, 본 연구는 내재적 한계를 지닌 사례 연구를 수반한다. 본 연구에 포함된 기업재단은 운영 재단(자체 프로그램 운영), 혼합재단이 아닌 지원재단(상당한 규모의 지원금을 배부하는 재단)이다(Anheier, 2001). 지원금 지급 재단은 자선 환경의 일부일 뿐이다. 재단의 협소한 운영에 내재된 수동적인 참여와 역학 관계로 인해 연구 결과가 협소하게 유지될 수 있다. 따라서 이 연구 결과를 다른 환경에 적용할 수 있는지에 대해서는 의문이 제기될 수 있다. 후속 연구에서는 본 연구 결과가 다른 여러 기부 재단(예: 커뮤니티 재단 및 연맹) 또는 공동 자선 개념(예: 기부 서클[22])에 어느 정도 적용 가능한지 검토할 수 있다. 또한 연구 결과는 네덜란드 시스템의 잠재적 특성으로 제한될 수 있으며 국가적 상황(예: 비영리 또는 시민사회 체제(Salamon & Anheier, 1998) 및 자선 역사 및 환경에 따라)에 따라 영향을 받을 수 있다.

둘째, 본 연구는 데이터 수집 및 분석과 관련된 한계를 수반한다. 질적 데이터 수집과 분석은 탐색적 연구의 유용한 출발점이지만, 이러한 방법에는 인터뷰와 인터뷰 대상자의 편견, 과잉 정보의 위험, 인터뷰 대상자의 기억과 지식에 국한된 한계 등 나름의 한계가 있다. 또한, 기업이 기업 자선활동을 형성하는 매개 수단으로 공동 기업재단을 사용하는 이유에 대한 질문은 기업이 기부에 참여하는 이유와 많은 공통점을 가지므로, 인터뷰 대상자는 사회적 바람직성 편향에 따른 바람직한 답변에 대한 명확한 인식을 가질 가능성이 있다. 이는 후속 연구에서 민족지학적(Ethnography) 또는 전체론적 접근 방식을 취함으로써 극복할 수 있을 것이다. 그럼에도 불구하고 익명성을 보장하여 응답자들이 솔직하게 이야기하도록 장려했다. 또한 기부 단체의 자선활동에 대한 더 많은 통찰력을 얻기 위해 기부 단체의 공개 문서에서 정보를 수집했다. 기업이 기부 사실을 공개적으로 알리지 않고 기부할 수도 있기 때문에 기부 단체의 노력 중 일부만 파악할 수 있었다. 또한, 연구 표본이 다양한 이해관계자를 포괄하고 있지만, 표본의 규모(예:

22 기업재단이 기업을 연결하는 역할을 하는 반면, 기부 서클(giving circles)은 개인들이 자원을 모아 함께 기부 대상을 결정하는 방식이다(Eikenberry, 2007). 이는 기부 참여가 비교적 용이하며(Eikenberry, 2007), 보다 효과적인 기부와 합리적 의사결정을 가능하게 하는 기회를 제공한다(Eikenberry & Breeze, 2015).

인터뷰 대상자 19명)에 대한 언급이 필요하다. 데이터 수집의 포화 상태를 달성하고 강력한 결과와 안정적인 패턴을 제공했지만, 더 많은 표본으로 연구를 수행하는 것이 흥미로울 것이다. 또한 응답자 선정이 편향적으로 이루어졌다는 점도 연구 결과의 일반화 가능성을 제한한다. 마지막으로, 주제별 분석에서 연구자는 데이터 세트에서 주제와 패턴을 식별하고 상호 연관성이 있는 주제를 선택하는 데 적극적인 역할을 했다(Taylor & Ussher, 2001).

10.5.3 후속 연구

후속 연구에서는 개별 기부 결정뿐만 아니라 공동 기부 전략에 대한 결정에 영향을 미칠 수 있는 다른 이유에 대한 통찰력을 제공할 수 있기를 바란다. 특정 분야 또는 업계의 저명한 기업이 공동 기업 기부를 지지하는 경우 동형적 압력이 작용할 수 있다. 이러한 집단적 이니셔티브에 대한 기부가 표준(관행)으로 자리 잡을 수 있으며, 기업 간의 (우호적인) 경쟁이 비기부 기업들 또한 기부할 수 있도록 자극할 수 있다. 본 연구는 아웃소싱과 관련된 전략적 관리 및 경제적 관점에 더 중점을 두었으므로 후속 연구에서는 아웃소싱과 공동 기부 전략의 근거를 탐구하기 위해 보다 사회적 관점을 취할 수 있다(Lee *et al.*, 2000). 이와 마찬가지로 몇 가지 주요 연구 결과는 후속 연구에 대한 질문을 제기한다. 첫째, 후속 연구에서는 기업 기부가 조직 성과에 기여하는 바를 조사할 수 있다. 어쩌면 이는 기부를 하느냐 마느냐의 문제가 아닐 수도 있다. 일부 기업은 일상적인 자선활동(예: 기부 요청 처리)을 아웃소싱하여 사내 기업 기부에 보다 전략적인 역할(예: 전략적 기부 및 직원 자원봉사에 집중)을 부여할 수 있다. 둘째, 공동 기업재단은 비영리 단체에도 영향을 미칠 수 있다. 한 가지 해결해야 할 질문은 공동 기부 이니셔티브가 비영리 단체의 거래 비용을 어느 정도 변화시키는가 하는 것이다. 예를 들어, 기업이 개별적으로 (그리고 사내에서) 기업 자선활동을 조직하는 경우 이를 개별적인 차원에서 다룰 수 있다. 여러 기업이 공동 기업재단을 통해 기업 자선활동을 펼칠 때 비영리 전문가에게도 이러한 시사점이 있는지 의문이다. 이러한 전문가는 공동 기업재단만 대상으로 하는가? 아니면 재단의 배후에 있는 개별 기업도 대상으로 하는가? 재단을 대상으로 한 요청이 받아들여지거나 거부될 경우 달라지는가? 또한 아웃소싱과 공동 기부가 모두 기업의 기부 과정과 결과에 가치를 더한다는 결론을 내렸을 때, 비영리 단체에도 가치를 더하는 것인지 의문이 생긴다. 실제로 기업의 개별적인 사내 기부에 비해 공동 기업재단에서 더 나은 의사결정이 이루어지며, 이것이 비영리 부문에 어떤 영향을 미칠 것인가? 셋째, 다양한 유형의 기업재단과 중개 기구가 존재한다는 점을 고려할 때, 기업이 활용할 수 있는 다양한 (개별 또는 집단) 기업 자선활동의 위탁 가능성에 대한 개요를 파악하는 것이 필요하다. [그림 8]에 대한 연구와 노력이 확장되고 심화될 수 있으며, 이는 기업의 기부 환경을 구성하게 된 더 많은 조직 형태, 전달 경로 또는 (기업) 자선 관행들을 포함할 수 있다. 기업기부 환경을 이해하고 기업 기부 레퍼토리 내에서 사용할 수 있는 다양한 기업 기부 전략을 조명하려는 광범위한 노력의 일환이 될 수 있다.

참고문헌

Altuntas, C., & Turker, D. (2015). Local or global: Analyzing the internationalization of social responsibility of corporate foundations. *International Marketing Review, 32*(5), 540-557.

Anheier, H. K. (2001). Foundations in Europe: A comparative perspective. *In Foundations in Europe: Society, management and law* (pp. 35-81). London: Directory of Social Change.

Braun, V., & Clarke, V. (2006). Using thematic analysis in psychology. *Qualitative Research in Psychology, 3*(2), 77-101.

Carey, P., Subramaniam, N., & Ching, K. C. W. (2006). Internal audit outsourcing in Australia. *Accounting and Finance, 46*(1), 11-30.

Creswell, J. W., & Plano Clark, V. L. (2011). *Designing and conducting mixed method research* (2nd ed.). Thousand Oaks: Sage Publishing.

DeltaPORT Donatiefonds. (2016). *Annual report.* [Online] Available at: http://www.deltaportdo-natiefonds.nl/wp-content/uploads/2011/12/Jaarverslag-2016.pdf. Accessed 19 Jan 2017.

Eikenberry, A. M. (2007). Philanthropy, voluntary association and governance beyond the state: Giving circles and challenges for democracy. *Administration and Society, 39*(7), 857-882.

Eikenberry, A. M., & Breeze, B. (2015). Growing philanthropy through collaboration: The landscape of giving circles in the United Kingdom and Ireland. *Voluntary Sector Review, 6*(1), 41-59.

Ferris, J., & Graddy, E. (1986). Contracting out: In what? With whom? *Public Administration Review, 46*(July/August), 332-344.

Fourie, A., & Eloff, T. (2005). The case for collective business action to achieve systems change. *Journal of Corporate Citizenship, 2005*(18), 39-48.

Frumkin, P. (2010). *The essence of strategic giving: A practical guide for donors and fundraisers.* Chicago: University of Chicago Press.

Gautier, A., & Pache, A. C. (2015). Research on corporate philanthropy: A review and assessment. *Journal of Business Ethics, 126*(3), 343-369.

Geyskens, I., Steenkamp, J. B. E., & Kumar, N. (2006). Make, buy, or ally: A transaction cost theory meta-analysis. *Academy of Management Journal, 49*(3), 519-543.

Greer, C. R., Youngblood, S. A., & Gray, D. A. (1999). Human resource management outsourcing: The make or buy decision. *The Academy of Management Executive, 13*(3), 85-96.

Husted, B. W. (2003). Governance choices for corporate social responsibility: To contribute, collaborate or internalize? *Long Range Planning, 36*(5), 481-498.

Industry Fabrics Foundation. (n.d.). *About us.* [Online] Available at: http://www.indfabfnd.com/about_us. Accessed 9 Sept 2017.

Jensen, M. C., & Meckling, W. H. (1976). Theory of the firm: Managerial behavior, agency costs and ownership structure. *Journal of Financial Economics, 3*(4), 305-360.

Lee, L. (2015). Understanding the role of the broker in business non-profit collaboration. *Social Responsibility Journal, 11*(2), 201-220.

Lee, J. N., Huynh, M. Q., Chi-wai, K. R., & Pi, S. M., (2000). *The evolution of outsourcing research: What is the next issue?* In Proceedings of the 33rd Annual Hawaii International Conference on System Sciences (pp. 10-pp). IEEE.

Liket, K., & Simaens, A. (2015). Battling the devolution in the research on corporate philanthropy. *Journal of Business Ethics, 126*(2), 285-308.

McIvor, R. (2009). How the transaction cost and resource-based theories of the firm inform outsourcing evaluation. *Journal of Operations Management, 27*(1), 45-61.

Moody, M., Lugo Knapp, A., & Corrado, M. (2011). What is a family foundation? *The Foundation Review, 3*(4), 47-61.

Ndubisi, N. O. (2011). Conflict handling, trust and commitment in outsourcing relationship: A Chinese and Indian study. *Industrial Marketing Management, 40*(1), 109-117.

Peteraf, M. (1993). The cornerstones of competitive advantage: A resource-based view. *Strategic Management Journal, 14*(3), 179-191.

Petrovits, C. M. (2006). Corporate-sponsored foundations and earnings management. *Journal of Accounting and Economics, 41*(3), 335-362.

Pfeffer, J., & Salancik, G. (1978). *The external control of organizations: A resource dependence perspective*. New York: Harper & Row.

Porter, M. E. (2000). Location, competition, and economic development: Local clusters in a global economy. *Economic Development Quarterly, 14*(1), 15-34.

Porter, M. E., & Kramer, M. R. (2002). The competitive advantage of corporate philanthropy. *Harvard Business Review, 80*(12), 56-68.

Rey-Garcia, M., Martin-Cavanna, J., & Alvarez-Gonzalez, L. I. (2012). Assessing and advancing foundation transparency: Corporate foundations as a case study. *The Foundation Review, 4*(3), 77-89.

Salamon, L. M., & Anheier, H. K. (1998). Social origins of civil society: Explaining the non-profit sector cross-nationally. *VOLUNTAS: International Journal of Voluntary and Nonprofit Organizations, 9*(3), 213-248.

SBF Foundation. (2015). Welcome address by Mrs. Therese Foo. [Online] Available at: https://www.sbf.org.sg/images/pdf/2015/Welcome_Address_SBFF_Fundraising_Dinner.pdf. Accessed 28 Jan 2019.

Shook, C. L., Adams, G. L., Ketchen, D. J., & Craihead, C. W. (2009). Towards a strategic toolbox for strategic sourcing. *Supply Chain Management: An International Journal, 14*(1), 3-10.

Stake, R. (1995). *The art of case research*. Newbury Park: Sage Publications.

Taylor, G. W., & Ussher, J. M. (2001). Making sense of S&M: A discourse analytic account. *Sexualities, 4*(3), 293-314.

Toy Association. (n.d.). *The Toy Association.* [Online] Available at: http://www.toyassociation.org/. Accessed 9 Sept 2017.

Toy Industry Foundation. (n.d.). *Get involved.* [Online] Available at: http://www.toy-industryfoundation.org/TIF/Get_Involve

d/TIF/Get_Involved/Get_Involved.aspx?section=landing&hkey=3c56da97-6574-4585-a705-5e3a234339fb#.WbkIik0UnmQ. Accessed 9 Sept 2017.

Turnbull, J. (2002). Inside outsourcing. *People management: Connected HR* (pp. 10-11).

Webb, N. J. (1994). Tax and government policy implications for corporate foundation giving. *Nonprofit and Voluntary Sector Quarterly, 23*(1), 41-67.

Williamson, O. E. (1975). *Markets and hierarchies: Analysis and antitrust implications, a study in the economics of internal organization*. New York: Free Press.

Williamson, O. E. (1981). The economics of organization: The transaction cost approach. *The American Journal of Sociology, 87*(3), 548-577.

Yin, R. K. (2003). *Case study research: Design and methods* (3rd ed.). Thousand Oaks: Sage Publishing.

Stephanie Maas 에라스무스 대학교 로테르담 경영대학원(Rotterdam School of Management) 기업-사회경영학과(Department of Business-Society Management)의 연구원이다. 주요 연구 분야는 현대적인 기부 형태를 중심으로, 개인 및 기업 차원의 기부 모두를 포함한다. 특히 신규 자원봉사 방식, 개인 기부의 변화, 그리고 기업재단, 집합적 기부, 중개 기관 등 현대적 기업 기부 채널을 폭넓게 분석하고 있다.

제11장 기업 시민 프로그램이 수혜자와 사회 전반에 미치는 사회적 영향: 사례 연구

Marjelle Vermeulen and Karen Maas

요약 Nationale-Nederlanden(NN)는 기업 시민 프로그램(CCP) "Future Matters" 내에서 여러 지역사회 투자 프로그램을 운영하고 있다. 이 중 하나가 사회 혁신 릴레이(Social Innovation Relay, SIR)[21]로, Junior Achievement Europe과 파트너십을 맺고 있으며, 기업 자원봉사 직원과 학생들로 구성된 고도로 발전된 국제 네트워크를 형성하고 있다. SIR은 기업가정신 교육을 통해 젊은이들의 기업가적 역량, 실질적인 비즈니스 경험, 재정적 회복력을 향상시키는 것을 목표로 한다. 직원 자원봉사(EV)에 관한 기존 연구는 주로 직원과 조직에 미치는 긍정적인 효과를 강조하는 데 집중해 왔다. 그러나 EV가 대상 그룹과 사회 전반에 미치는 영향에 대한 연구는 상대적으로 부족하다. 본 연구는 SIR 프로그램이 참여자에게 미치는 영향을 평가하여 이러한 연구 격차를 해소하고자 한다. 연구 결과, SIR 프로그램 수혜자들이 실제로 더 많은 기업가적 의도, 행동, 사회적 인식을 보인다는 사실을 발견했다. 주요 결과는 프로그램의 첫 번째 단계에서 달성된 것으로 나타났으며, 수혜자들의 기업가적 행동에 대한 기술과 인성이 프로그램 기간 동안 증가했다. 따라서 NN은 이 프로그램을 통해 수혜자들에게 사회적 영향력을 창출할 가능성이 높다.

키워드 사회적 영향 - 기업 시민 - 양적 연구 - 실험

11.1 서론

전 세계적으로 사회 및 환경 문제에 대한 관심이 높아지고 있다. 사회는 점

[21] 번역자 주 : 사회적 가치를 창출하고 사회 문제를 해결하기 위한 혁신적인 아이디어와 접근법을 개발하고 실행하는 활동으로 청소년, 학생, 창업자, 또는 일반 대중을 대상으로 하는 프로그램이나 프로젝트로, 사회적 문제에 대한 창의적인 해결책을 제공하는 것을 목표로 한다.

차 조직의 활동이 사회에 미치는 사회적, 환경적, 경제적 영향에 대해 책임질 것을 기대하고 있다(Eccles & Krzus, 2010; Maas, 2009). 또한 조직의 재무적 성과만을 고려하는 것이 아니라(van Duuren *et al.*, 2016; Toxopeus *et al.*, 2016), 조직의 행동과 그로 인한 (직·간접적) 환경 및 사회적 영향과 사회적 성과를 고려하는 투자자가 증가하고 있다(Lee & Lounsbury, 2011). 결과적으로 조직은 직원과 지역사회와 같은 비재무적 이해관계자의 요구와 이해관계도 고려해야 한다(Mahoney & Thorn, 2006). 시장과 시민사회의 성격이 점점 더 연결되면서(Roza, 2016) 경계가 모호해지고 있다.

기업의 사회적 책임(CSR)은 실무자들이 기업 책임(CR)이라고도 부르는데, 이러한 모호한 경계에 대한 기업의 대응을 구성하는 개념으로서 그 중요성이 점점 더 커지고 있다(Maas, 2009). 그러나 기업 책임의 조직적 동기는 기업마다 다르다. 기업 책임의 수익성(Idowu & Papasolomou, 2007), 이해관계자 관계 강화(Du *et al.*, 2010), 이미지 및 평판 구축(Villagra & López, 2013), 직원의 건강과 복지(Murillo & Lozano, 2006), 직원 관계 개선, 조직 커뮤니티 개선(Muthuri *et al.*, 2009), 지역사회 참여 및 대응의 정당성(Chen *et al.*, 2008), 개인 또는 조직 규범과의 일치(Santana, 2015), 사회적 영향(Maas & Liket, 2016) 등이 기업 책임 관행의 동기와 기대 효과로 언급된다. 기업 책임 관행과 관련된 다양한 동기와 마찬가지로, 조직별로 기업 책임 관행을 조직하는 방법도 다양하다. 예를 들어, 조직은 기업 사회공헌 전략의 일환으로 비영리 단체에 기부할 수도 있고, 사내 기업 책임 프로그램을 조직할 수도 있으며, 기업재단을 설립할 수도 있다(Monfort & Villagra, 2016). 기업재단은 "기업이 설립하고 재정적으로 지원하는 자선 단체로, 기업과 별개의 법인으로 설립되지만 기업과 밀접한 관계를 맺고 있는 것(Council of Foundation, n.d., Monfort & Villagra, 2016에서 재인용)"으로 정의할 수 있다. 기업재단은 기업 책임의 매개체 역할을 할 수 있으며, 모기업의 기업 책임 사명에 기여할 책임이 있다. 또한, 기업재단 내에서 많은 조직은 기업 책임 및 기업 자선활동을 위한 도구로 기업 시민 프로그램을 개발한다.

이 장에서는 기업 시민 프로그램과 그 영향력에 초점을 맞추며, 본 연구는 다음과 같이 구성된다. 먼저 기업 시민 프로그램을 소개한 후, 다음으로 기업 시민 프로그램의 사회적 영향력에 관한 기존 문헌을 살펴본다. 셋째, 특정 기업 시민 프로그램의 중요성과 가능성을 인정한 한 조직의 사례 연구를 설명한다. 넷째, 프로그램의 사회적 영향력에 대한 정량적, 실증적 분석을 수행하는 방법론을 설명한다. 다섯째, 연구 결과를 발표하고 마지막으로 결론과 후속 연구에 대한 제안을 논의하며 마무리한다.

11.2 기업 시민 프로그램의 영향

기업재단의 기본 아이디어와 재단에서 운영할 수 있는 기업 시민 프로그램의 주요 목적은 기업의 CR 약속을 지원하고 확장하는 것이다(Monfort & Villagra, 2016). 그러나 기업재단과 그 프로그램이 실제로 미치는 영향에 대한 연구는 아직 거의 없다. 다만, 기업 및 직원 자원봉사의 예상되는 영향에 관한 문헌은 점차 늘어나고 있다(Roza, 2016).

기업 자원봉사는 사회 문제에 대한 직원과 기업의 태도에 영향을 미치며, 기업이 다루는 사회 문제에 대한 정당성을 창출하기 때문에 종종 기업 시민 프로그램의 중요한 요소로 작용한다(Samuel *et al.*, 2016). 기업 자원봉사는 "기업이 직원들에게 자원봉사자로서 시간과 전문성을 제공하도록 장려하며, 자원봉사 활동은 직원의 공식 업무량과 시간 내외에서 수행될 수 있는 것(Haski-Leventhal *et al.*, 2010)"으로 정의된다.

현재 이용 가능한 연구들은 주로 기업 시민 프로그램에서 직원 자원봉사가 직원과 조직에 미치는 긍정적인 효과에 집중하고 있다. 이러한 효과에는 직무 동기 및 직무 만족도 증가, 결근율 감소(van Knippenberg & Sleebos, 2006), 조직 또는 사회적 기술 향상(Geroy *et al.*, 2000), 조직에 대한 태도 개선(van Knippenberg *et al.*, 2006;

de Gilder *et al.*, 2005), 창의성 증가(Geroy *et al.*, 2000), 팀워크 향상, 사회와 고용주에게 유용하고 필수적인 존재라는 인식 증가(Geroy *et al.*, 2000) 등이 있다.

안타깝게도 기업시민 프로그램에서 직원 자원봉사가 대상 그룹과 사회 전반에 미치는 영향에 대한 지식은 아직 초기 단계에 머물러 있다. 기존 연구들은 주로 기업의 관점, 기업 자원봉사자에 대한 인식, 직원 참여 측면에서 기업 자원봉사의 영향에 집중해 왔으나(Roza, 2016), 수혜자 문제에 대해서는 충분히 다루지 않고 있다(Samuel *et al.*, 2016). 이들은 기업 자원봉사가 모든 이해관계자에게 윈윈 효과가 있을 것이라는 주장에 수혜자 관점이 빠져 있다는 점에서 과도하게 단순화된 분석이라고 지적한다. 따라서 본 연구는 특정 기업시민 프로그램이 수혜자에게 미치는 사회적 영향을 평가함으로써 이러한 간극을 메우고자 한다.

11.3 사례 연구

기업시민 프로그램의 중요성과 가능성을 인정하는 기관 중 하나는 Nationale-Nederlanden(NN)이다. NN은 'Future Matters'라는 기업시민 프로그램을 통해 2020년까지 기업이 진출한 시장에서 10만 명의 젊은이들의 삶에 긍정적인 영향을 미치는 것을 목표로 다양한 글로벌 및 현지 파트너와 협력하고 있다. 이 프로그램의 일환으로, 글로벌 파트너인 Junior Achievement Europe(JA Europe)와 협력하여 사회 혁신 릴레이(SIR)라는 이니셔티브를 진행하고 있으며, 이 프로그램은 NN 직원들이 자발적으로 자신의 시간을 기부하는 형태로 운영된다.

기업시민 프로그램은 비즈니스에 도움이 되기 위한 (비즈니스 논리가 우세한) 혹은 사회에 도움이 되기 위한 (사회적 영향 논리가 우세한) 두 가지 논리로 개발될 수 있다. 실제로 비즈니스 논리나 사회적 영향 논리만으로 운영되는 기업시민 프로그램은 드물며, 두 가지 논리를 결합한 하이브리드 관점이 자주 보인다(Battilana *et al.*, 2012). NN은 사회적 가치 창출의 중요성을 인식하며, 보험회사로서 사회적 가치 창출이 장기적인 신뢰도를 위해 중요하다고 생각한다. NN의 기업시민 프로그램은 기업재단과 무관하지 않지만, 재단이라는 법적 수단이 없어도 자원봉사나 지역 자선단체를 위한 모금, 기부 등을 통해 사회적 영향력을 발휘할 수 있다고 보고 있다. NN은 재단이 없었다면 JA 유럽과의 협력 방식이 달라졌을 것이라고 생각한다. 따라서 본 연구는 기업재단을 통해 운영되는 기업시민 프로그램의 사회적 영향력에 대한 귀중한 통찰력을 제공할 수 있을 것이다.

SIR은 NN의 기업 자원봉사자 직원과 여러 나라에서 온 수천 명의 학생들로 구성된 국제적인 네트워크이다. 2016년에는 싱가포르, 폴란드, 네덜란드, 헝가리, 그리스, 스페인, 체코, 불가리아, 일본, 루마니아 등 총 10개국, 213개 학교에서 10,202명의 학생이 프로젝트에 참여했다. SIR은 젊은이들에게 (사회적) 기업가 정신을 교육하여 교육, 건강, 사회 통합, 생계 개발, 지속가능성 등의 사회적 필요를 해결하는 것을 목표로 한다. 이 프로그램은 청년들이 어떤 직업이나 사업에 종사하든 기업가 정신과 실용적인 기술이 도움이 될 것이라는 믿음에 근거하고 있으며, 이러한 젊은이들이 재정적으로 더 탄력적인 삶을 살 수 있도록 돕는다. 이는 결국 학생들에 대한 사회적 보조를 줄이는 데 기여할 것이다.

SIR 프로그램에서 NN 직원들은 청년들이 사회적 기업 창업을 위한 사업계획서를 작성할 수 있도록 교육하고, 안내하며 지원한다. 교육은 사례 지원, 온라인 퀴즈 등으로 구성되며, 프로그램 기간 동안 NN 직원들이 직접 진행한다. 프로그램의 첫 번째 단계에서는 학생들이 그룹을 구성하고 사례 연구를 통해 토론하며, 온라인 퀴즈를 풀고 지속 가능한 비즈니스 계획 아이디어를 제출한다. 제출된 아이디어 중 각 국가별로 20개의 우수 팀을 선정하고, 이들 팀은 두 번째 단계로 진행된다. 이 20개 팀은 NN 자원봉사자들의 멘토링을 통해 사업계획서 초안을 구체화하고 개선한다. 마지막으로 각 국가에서 최종 모임이 열리고, 각 팀은 자신들의 아이디어와 사업계획을 발표하며, 최고의 소셜 비즈니스 계획이 선정되어 시상된다.

NN은 SIR을 통해 사회와 NN 조직뿐만 아니라 관련 직원들에게도 긍정적인 영향을 미칠 수 있다고 믿는다. 이러한 주장은 기업가정신 교육 프로그램이 수혜자(학생)에게 긍정적인 결과를 창출한다는 연구 결과(Duval-Couetil, 2013)에 의해 뒷받침된다.

11.4 방법론 및 연구 설계

본 연구는 경험적이고 정량적인 접근 방식을 통해 NN의 기업시민 프로그램이 SIR 참가자들에게 미치는 영향을 분석한다. 연구는 14세에서 18세 사이의 고등학생 참가자들에게 제공되는 설문조사를 통해 데이터를 수집하며, 이를 바탕으로 사회적 영향력을 측정한다. 여기서 영향력은 "조직의 활동으로 인해 결과적으로 발생한 부분 중, 본래 일어날 수 있었던 것 이상으로 발생한 부분"을 의미한다(Clark *et al.*, 2004). 사회적 영향력은 '사회적', '환경적', '경제적' 세 가지 차원에서 사회에 미치는 귀속적 영향을 의미한다(Maas & Liket, 2011). NN은 환경 문제에 긍정적으로 기여한다고 주장하지 않기 때문에, 환경적 차원은 영향력 측정에 포함되지 않는다.

11.4.1 변화 이론

영향력 측정과 설문조사 개발을 시작하기 전에 기업시민 프로그램의 행동이 어떤 효과를 가져올 것인지 설명하는 변화 이론(ToC)을 개발했다. ToC는 입력에서 영향까지 이어지는 일련의 과정으로 구성된다. '영향 가치 사슬'이라고도 불리는 이 인과 사슬은 행동에 사용된 자원(투입), 행동 자체(프로젝트 또는 활동, 개입 또는 프로그램), 행동의 즉각적인 정량적 결과(산출), 사람, 조직, 자연 및 물리적 환경, 사회 시스템 및 제도의 직접적인 변화(결과)와 행동의 상위 효과(영향)로 구분된다(Clark *et al.*, 2004; Liket *et al.*, 2014). SIR의 ToC를 체계적으로 묘사하기 위해서는 기업시민 프로그램의 프로세스에 대한 정보가 필요하다. SIR의 실행 이면에 있는 ToC([그림 9])를 명시하면 프로그램이 어떻게 작동하는지, 얼마나 효과적인지 모니터링하고 추가적인 개선 기회를 파악하는 데 도움이 된다.

11.4.2 설문조사 개발

[그림 9]에서 볼 수 있듯이, SIR의 의도된 전반적인 영향은 장기적으로 참여 고등학생들의 사회적 요구를 개선하는 것이다. 그러나 가용 예산과 연구 기간 등의 제약으로 인해 고등학생들에게 미치는 이러한 장기적인 영향을 측정하는 것은 불가능하다. 따라서 이러한 의도된 영향은 영향 평가에서 제외되었다. 대신, 본 연구 기간 동안에는 궁극적인 결과 수준에 미치는 영향을 측정할 수 있다. 구체적으로, 참여 학생들이 더 많은 창업 의도를 갖고 더 많은 창업 행동을 보이는지 분석할 수 있다. 이를 위해 설문조사에 사용된 학술 문헌을 수집하고, 교육 및 훈련과 기업가적 행동 사이에 이미 실증적 증거가 있는지 분석하기 위해 질적 문헌 검토를 진행했다.

사회적 기업가적 행동과 의도에 대한 핵심 성과 지표는 프로그램의 초점이 사회적 기업에 맞춰져 있는 종속적인 문제로 간주되기 때문에 특별히 강조하지 않기로 했다. 이 프로그램의 주요 초점은 학생들의 미래 경제적 기회를 개선하고 재정적 회복력을 높이기 위해 기업가적 의도와 행동을 자극하는 것이다. 이 접근법의 장점은 본 연구의 결과가 일반 기업가정신이나 문화적 기업가정신 연구에도 유용하게 적용될 수 있다는 점이다. 그러나 프로그램의 사회적 측면에 관한 가치를 얻기 위해 참가자들의 사회적 인식에 대한 통찰력을 제공하는 5가지 질문을 포함시켰다.

기업가정신은 기업가적 의도와 기업가적 행동이라는 두 가지 측면으로 나눌 수 있다. 기존의 기업가정신 관련 설문조사들은 "기업가가 되는 것"에 초점을 맞추고 있는 경우가 많지만(Liñán & Chen, 2009), NN은 학생들이 "더 기업가적"이 되도록 자극하는 것을 목표로 한다. 따라서 문헌을 통해 기업가적 행동에 영

그림 9 사회 혁신 릴레이의 변화 이론(ToC)

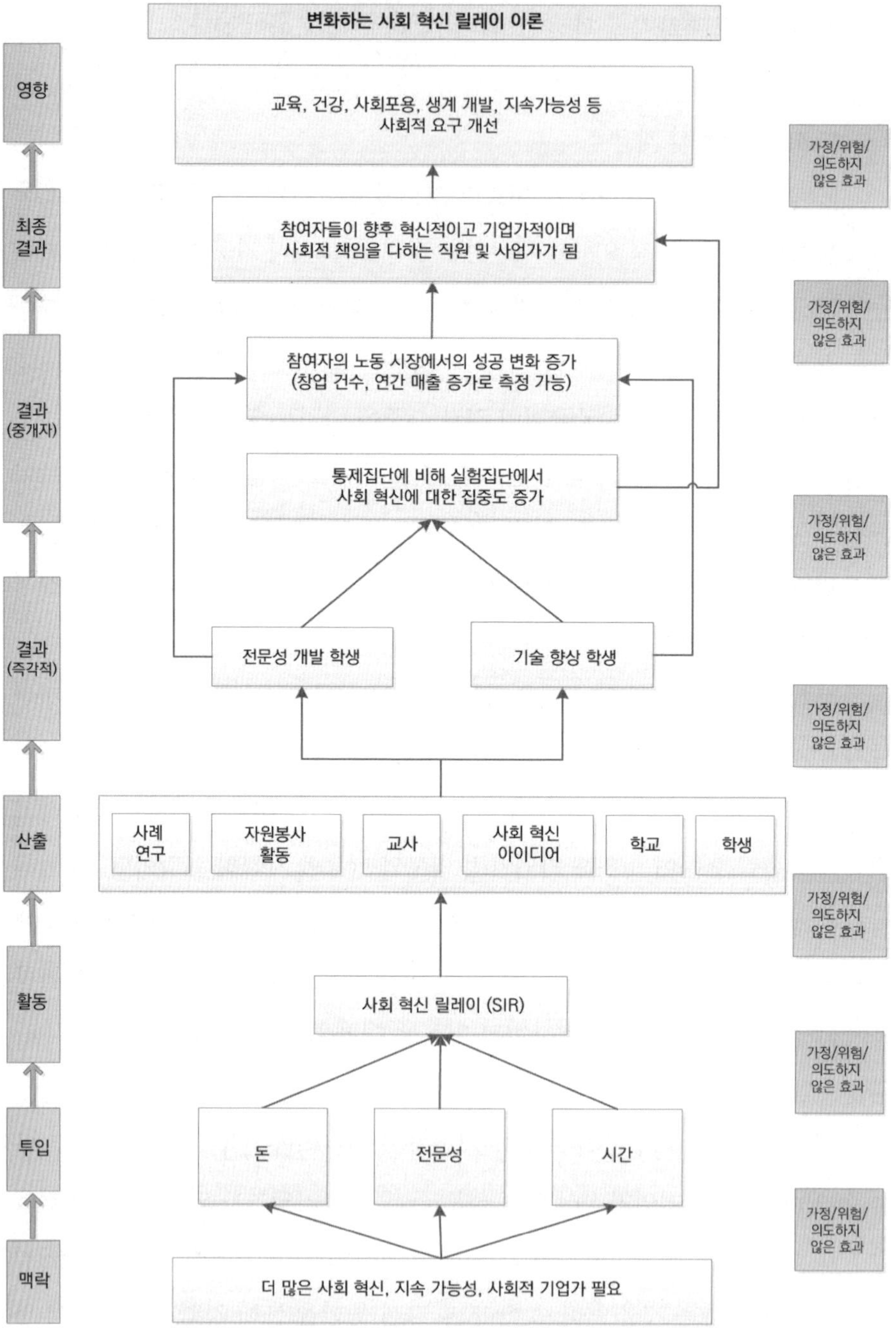

향을 미치는 지각 변수를 찾았다. 지각 변수는 개인의 주관적 인식을 설명하는 요소로, 객관적인 상황을 반영하지 않는다(Arenius & Minniti, 2005).

문헌에서 기업가정신과 관련된 설문조사의 틀은 다양하다. Wilson 등(2007)에 따르면, 기업가가 되기 위한 특성으로 기업가적 자기효능감, 의도, 교육을 꼽았다. Lüthje & Franke(2003)는 기업가적 특성을 위험 감수 성향, 통제 위치, 지각된 장벽, 지각된 지원 요인, 기업가정신에 대한 태도, 기업가적 의도 등 여섯 가지 요소로 구분했다. 이 분류는 성취 욕구, 통제 위치, 모호성에 대한 내성, 혁신성, 위험 감수 성향, 자신감을 기업가적 행동의 6가지 특성으로 본 Gürol & Atsan(2006)의 분류와 매우 일치한다. Entrialgo 등(2000)은 통제 유전자, 성취 욕구, 모호성에 대한 내성을 기업가정신의 지표로 보고 있다.

기업가적 의도 설문지(Entrepreneurial Intention Questionnaire, EIQ)[22]에서는 개인 태도, 지각된 행동 통제, 기업가적 의도, 기업가적 기술을 중요한 기업가적 특성으로 보고 있다(Liñán & Chen, 2009). 혁신성, 자율성, 적극성, 경쟁적 공격성 또한 기업가적 성향의 차원으로 볼 수 있다(Lumpkin & Dess, 1996). Arenius & Minniti(2005)는 기회 인식, 개인 능력에 대한 자신감, 실패에 대한 두려움, 다른 기업가를 아는 것을 기업가적 행동의 지각 변수로 보고 있으며, Kume 등(2013)은 기업가적 프로파일을 통제, 기업가적 자기효능감, 인내 동기, 혁신 동기로 형성하고 있다. 마지막으로 Koellinger 등(2007)은 지식/기술, 미개척 기회에 대한 인식, 실패에 대한 두려움, 기업가적 지인, 미래의 더 나은 사업 환경에 대한 신뢰, 미래의 더 나은 재정 상황에 대한 신뢰 등 6가지 지각적 기업가적 행동을 분석했다. 기업가적 행동과 의도에 대한 다양한 변수는 <표 26>으로 요약하였다.

---

[22] 번역자 주 : 개인이 기업가가 되고자 하는 의도, 즉 기업가적 의도를 측정하기 위한 도구로 창업을 고려하거나 창업을 목표로 하는 사람들의 동기, 태도, 행동 등을 파악하는 데 사용된다.

표 26 기업가의 행동 및 의도에 영향을 미치는 변수

기업가적 행동 및 의도에 대한 지표	
지표성취의 필요성	지식/기술
제어의 위치	기업가적 자기 효능감
모호함에 대한 허용	독립 동기
혁신성	기업가 교육
위험 감수 성향	개인적 태도
(기술 및 능력에 대한) 자신감	자율성(독립적 의사결정과 실행)
기회 인식	적극성(시장 변화에 앞서가는 태도)
실패에 대한 두려움	경쟁적 공격성(공격적으로 경쟁자를 압박)
미래 비즈니스 상황에 대한 낙관/신뢰	다른 기업가들에 대한 지식
미래 재정 상황에 대한 낙관/신뢰	

출처 : Gürol & Atsan(2006), Entrialgo *et al.*(2000), Arenius & Minniti(2005), Koellinger *et al.*(2007), Kume *et al.*(2013), Liñán & Chen(2009), Wilson *et al.*(2007), Lüthje & Franke(2003), Lumpkin & Dess(1996)

기업가적 의도 및 기업가적 행동에 관한 여러 연구들 간에는 겹치는 변수가 많다. 이에 따라 NN과 JA 유럽은 어떤 변수가 SIR의 목적에 가장 적합한지 논의했다. 창업 의도는 Wilson 등(2007)의 연구를 따르기로 하였고, 다양한 직업에 대한 관심 정도를 묻는 방식으로 측정했다. 창업이나 사업 소유는 선택지 중 하나로 포함됐다. 또한, Entrialgo 등(2000)이 사용한 성취 욕구, 통제 위치, 모호성에 대한 내성에 관한 질문을 반영했으며, Koellinger 등(2007)의 연구에서 다룬 실패에 대한 두려움과 더 나은 재정 상황에 대한 신뢰(분석에서는 이를 "낙관주의"라고 명명)에 관한 질문도 포함됐다. EIQ를 참고하여 기업가적 기술에 관한 질문을 추가했으며(Liñán, 2008; Liñán & Chen, 2009), 자신감은 능력과 기술에 대한 질문에서 이미 다뤄졌다고 판단해 따로 묻지 않았다.

통제 변수로는 학생들이 창업 결정을 내렸을 때 주변 사람들이 자랑스러워할지를 묻는 EIQ의 질문을 포함시켰고, 비즈니스를 운영하는 사람을 개인적으로 알고 있는지에 관한 질문도 추가했다(Koellinger *et al.*, 2007). 이러한 질문들은 대부분 이전에 대학생이나 성인을 대상으로 한 설문조사에서 사용된 것들이기 때문에, 청소년들이 이해하기 쉽도록 모든 문구를 수정했다. 네덜란드의 일부 학생

들을 대상으로 예비 조사(pilot test)를 진행해 질문이 이해하기 쉬운지 확인한 후, 일부 문구를 수정했다. 이 과정을 통해 각 국가의 코디네이터가 설문지를 번역하고, 각 국가에서 동일한 의미를 가진 문항을 사용할 수 있도록 했다.

11.4.3 측정

이 사례 연구의 주요 연구문제는 세 가지이다. 첫째, 본 연구의 목적은 NN 기업시민 프로그램이 수혜자에게 사회적 영향력을 창출하는지를 분석하는 것이다. 둘째, 본 연구는 교육 프로그램이 기업가 정신의 두 핵심 측면인 기업가적 행동과 기업가적 의도를 자극할 수 있는지에 대해 흥미로운 통찰력을 제공할 것이다. 셋째, 이 사례 연구는 NN 기업시민 프로그램이 수혜자들의 사회적 인식을 자극하는지 여부에 대한 정보를 제공할 것이다.

이 사례 연구는 세 가지 다른 연구문제를 다루고 있지만, 이들 질문의 중요한 논리는 유사하다. 각 질문은 지식을 제공함으로써 수혜자의 태도를 변화시킬 수 있고, 그 결과 실천이 변화할 수 있는지에 대한 해답을 찾고자 한다. 이 세 가지 연구문제에 대한 답을 찾기 위해 우리는 해당 가설을 개발했다. 이 KAP 접근법(지식, 태도, 실천)과 그에 해당하는 연구문제는 다음과 같다(<표 27>).

표 27 연구문제에 대한 KAP 접근 방식

	지식	태도	실천	가설
연구문제 1	SIR 프로그램을 통한 지식과 전문성 제공	수혜자의 기술과 능력에 대한 태도가 변화하고 있는가?	조직이 프로그램을 통해 수혜자를 위한 사회적 영향력을 창출하고 있는가?	
연구문제 2	SIR 프로그램을 통한 지식과 전문성 제공	수혜자들의 창업에 대한 태도(의도)가 변화하고 있는가?	수혜자들이 더 많은 창업 의도와 행동을 보이는가?	가설 1: 사회혁신 릴레이 프로그램 참여는 학생들의 기업가적 역량 향상으로 이어진다. 가설 2: 사회혁신 릴레이 프로그램 참여는 학생들의 창업 의지로 이어진다. 가설 3: 사회혁신 릴레이 프로그램 참여는 학생들의 기업가적 행동 증가로 이어진다.
연구문제 3	SIR 프로그램을 통한 지식과 전문성 제공	수혜자들의 사회 문제에 대한 태도가 변화하고 있는가?	수혜자들이 사회적으로 책임감 있는 인식과 행동을 보이는가?	가설 4: 사회혁신 릴레이 프로그램 참여는 학생들의 사회적 인식 개선으로 이어진다.

의도한 결과를 달성했는지 분석하기 위해 연구 설계에서는 세 가지 측정 시점을 설정한다. 다양한 측정 시점을 통해 학생들의 기술, 의도, 행동, 전문성이 시간이 지남에 따라 어떻게 발전하는지 분석할 수 있다. 또한, 프로그램의 1단계와 2단계의 효과를 평가하는 데에도 도움이 된다. 첫 번째 측정 시점(T0)은 등록 직후 이루어진다. 이 시점에서 설문조사는 모든 참여 학생에게 전송된다. 두 번째 측정 시점(T1)은 아이디어 제출 후 상위 20개 팀이 발표되기 전이다. 세 번째 측정 시점(T2)은 전국 결선 이후에 진행된다. T2의 설문조사에는 T0과 T1보다 적은 수의 학생이 참여한다. 마지막으로, 스페인, 루마니아, 네덜란드의 대조군을 포함시켜 프로그램과 그에 따른 결과 사이의 인과관계를 분석하고, 외부 활동이 영향을 미쳤는지 여부를 테스트한다.

11.5 결과

기업가 정신과 교육에 관한 학술 문헌에서 중요한 질문 중 하나는 기업가가 만들어질 수 있는지 아니면 태어날 수 있는지에 관한 것이다(Henry *et al.*, 2005). 설문조사 데이터를 바탕으로 이 주제에 대한 추가적인 지식을 얻기 위해 영향력 측정을 실시한다. 측정 결과는 기업시민 프로그램의 영향력에 관한 새로운 학문적 및 실무적 통찰을 제공한다. <표 28>에는 다양한 측정 시점에서 실험군과 대조군의 응답 수가 나와 있다.

11.5.1 가설 1 분석

교육 프로그램이 기업가적 기술에 미치는 영향에 관한 기존 문헌은 상이한 결과를 보여준다. Oosterbeek 등(2010)은 기업가 교육 프로그램이 참가자들의 기업가적 기술에 유의미한 영향을 미치지 않았다고 결론지었다. 반면, Botha 등(2006)은 여성에 초점을 맞춘 기업가정신 프로그램에서 참가자들이 더 많은 기업가적 기술과 지식을 습득했다고 보고했다. 또한, Bilán 등(2005)은 일부 기업가적 기술에서 유의미한 증가를 발견했다. 이러한 다양한 연구 결과로 인해 ‘기업가는 만들어지는가, 아니면 타고나는가?’라는 질문에 대한 일관성 있는 답을 찾기 어렵다(Henry *et al.*, 2005).

표 28 응답자 수

국가	T0	T1	T2	통제 T0	통제 T2	계
스페인	255	177	61	127	13	633
루마니아	173	49	41	79	10	352
네덜란드	592	79	21	73	9	774
일본	68	11	13	92		
헝가리	279	67	7	353		
그리스	122	7	0	129		
체코	37	86	17	140		
불가리아	134	62	46	242		
폴란드	87	129	55	271		
싱가포르	235	62	59	356		
계	1,982	729	320	279	32	3,342

본 연구에서는 설문조사 응답을 몇 가지 기본 요인으로 분류하여 분석을 진행했다. 그 결과, 기업가정신과 관련된 기술은 ‘커뮤니케이션 및 네트워크’와 ‘창의성 및 혁신’이라는 두 가지 주요 범주로 나눠졌다. 두 범주 모두에 대해 5점 리커트 척도를 사용하여 평균 점수를 계산하고, 평균의 합을 문항 수로 나눈 값으로 측정했다. 가설을 테스트하기 위해 데이터를 요약한 표를 작성했다. 그 결과, 실험군 학생들의 커뮤니케이션 및 네트워크 관련 기술과 창의성 관련 기술 모두에서 T0과 T1 사이에 유의미한 증가가 나타났다(<표 29>). 이는 SIR 프로그램의 첫 번째 단계에서 실험군의 기업가적 역량이 크게 향상되었음을 시사한다. 또한 T0과 T2 사이에서도 유의미한 증가를 발견했다. 그러나 프로그램의 두 번째 단계에 초점을 맞추었을 때, T1과 T2 사이에는 유의미한 효과를 발견하지 못했다. 대조군에서도 유의미한 결과를 찾지 못했다.

따라서 가설 1인 ‘사회혁신 릴레이 프로그램 참여가 학생들의 기업가적 역량 향상으로 이어진다.'는 가설은 채택되었다. 특히, 사회혁신 릴레이 프로그램의 첫 번째 단계에서 주요한 결과가 도출된 것으로 보인다.

표 29 가설 1의 평균 및 유의수준

실험집단	T0 평균	T1 평균	T2 평균
커뮤니케이션 네트워크 기술	3.75	3.84	3.93
창의성 기술	3.73	3.84	3.91
실험집단에 대한 유의 수준(0.05)	T0	T1	T2
	(A)	(B)	(C)
커뮤니케이션 네트워크 기술		A	A
창의성 기술		A	A

결과는 등분산을 가정한 양측 검정(two-sided test)을 기반으로 함.
유의미한 차이가 있는 각 쌍에 대해, 평균이 더 큰 범주에는 평균이 더 작은 범주의 키(기호)가 표시됨.
대문자(A, B, C)에 대한 유의도 수준: 0.05

11.5.2 가설 2 분석

Souitaris 등(2007)은 기업가정신 프로그램이 이공계 학생들의 창업 의도와 태도에 영향을 미친다는 사실을 발견했다. 이와 유사하게, Turker & Sonmez Selçuk(2009)은 교육과 구조적 지원 요인이 학생들의 창업 의도에 영향을 미친다고 밝혔으며, Fayolle 등(2006)은 기업가정신 교육 프로그램이 학생들의 창업 의도에 큰 영향을 미치고, 학생들의 지각된 행동 통제에는 긍정적인 영향을 미치지만 그다지 큰 영향을 미치지 않는다고 보고했다. 이러한 결과는 대학생을 대상으로 한 연구에서 도출된 것인데, 고등학생을 대상으로 한 본 연구의 결과도 유사한 경향을 보였다.

5점 리커트 척도를 기반으로 분석한 결과, 실험집단 학생들의 창업 의향이 T0, T1, T2 사이에서 유의미하게 증가한 것으로 나타났다(<표 30>). 이는 SIR 프로그램을 통해 학생들의 창업 의도가 유의미하게 증가했음을 의미한다. 구체적인 결과를 보면, 특히 첫 번째 단계(T0과 T1 사이)에서 유의미한 증가가 나타났고, 두 번째 단계인 T1과 T2 사이에서는 창업 의향이 증가했지만 그 증가는 T1과의 관련성에서는 큰 차이를 보이지 않았다. 또한 대조군에서는 유의미한 변화가 발견되지 않았다.

따라서 가설 2인 '사회혁신 릴레이 프로그램 참여가 학생들의 창업 의도로 이어진다.'는 가설이 채택되었다. 그러나 주요한 결과는 SIR 프로그램의 첫 번째 단계에서 달성된 것으로 보인다.

표 30 가설 2의 평균 및 유의수준

실험집단	T0 평균	T1 평균	T2 평균
기업가적 의도	3.80	3.94	4.03
실험집단에 대한 유의수준(0.05)	T0	T1	T2
기업가적 의도	(A)	(B)	(C)
		A	A

결과는 등분산을 가정한 양측 검정(two-sided test)을 기반으로 함.
유의미한 차이가 있는 각 쌍에 대해, 평균이 더 큰 범주에는 평균이 더 작은 범주의 키(기호)가 표시됨.
대문자(A, B, C)에 대한 유의도 수준: 0.05

11.5.3 가설 3 분석

학생들은 아직 기업가가 아니기 때문에 실제 기업가적 행동을 측정하는 것이 어렵다. 따라서 기업가적 행동을 측정하는 연구는 매우 제한적이다. 본 연구에서는 기업가적 행동과 연관된 특성의 변화를 분석했다. 통제력, 성취 욕구, 모호성에 대한 내성 등은 여러 하위 질문을 통해 측정되었으므로 요인 분석을 사용했다. 요인 분석 결과, 통제력은 개인의 영향권 밖의 외부 요소와 관련된 통제력과, 개인이 직접적인 영향력을 행사하는 내부 요소와 관련된 통제력의 두 가지 요소로 분류되었다.

통제력, 모호성에 대한 내성, 성취 욕구 등의 특성은 5점 리커트 척도로 평균 점수를 산출하여 분석에 사용했다. 지식, 실패에 대한 두려움, 낙관주의는 이미 하나의 질문을 기반으로 측정되었다. T0과 T1 사이에서 실험군에서는 성취 욕구, 통제력, 지식에 대한 욕구가 유의미하게 증가한 것을 확인할 수 있었다(<표 31>). 또한, SIR 프로그램의 첫 번째 단계에서 긍정적 인식이 유의미하게 감소한 것을 발견했다. 외부 관련 통제 위치에 대해서는 T0과 T1 사이에서 유의미한 증가가 있었다. 유의미한 감소가 있었음에도 불구하고, 이는 "역전"된 결과로 해석할 수 있다. T0과 T1 사이의 점수 감소는 학생들이 자신의 삶에 대한 통제력이 커졌다고 느끼고, 취업이 우연이 아니라 자신의 능력에 달려 있다고 믿기 시작했다는 것을 의미한다.

그러나 <표 31>을 보면 실패에 대한 두려움은 T0과 T1 사이에서 유의미한 관계가 없었으며, T1과 T2 사이에서도 유의미한 결과가 발견되지 않았다. 대조군에서는 긍정적 인식이 유의미하게 감소한 것만 확인되었다.

표 31 가설 3의 평균 및 유의수준

실험집단	T0	T1	T2	통제집단	통제_T0	통제_T2
특성	**평균**	**평균**	**평균**	**특성**	**평균**	**평균**
성취 욕구	3.71	3.84	3.83	성취 욕구	3.59	
통제 위치 - 자신	3.72	3.84	3.88	통제 위치 - 자신	3.80	
통제 위치 - 외부	2.93	2.81	2.87	통제 위치 - 외부	2.75	
모호함에 대한 허용	3.22	3.15	3.23	모호함에 대한 허용	3.12	2.5
지식	3.53	3.63	3.76	지식	3.48	2.97
실패에 대한 두려움	3.45	3.54	3.52	실패에 대한 두려움	3.38	3.38
긍정적 인식	3.67	3.54	3.52	긍정적 인식	3.54	2.97
실험집단 유의수준(0.05)	**T0**	**T1**	**T2**	**통제집단 유의수준(0.05)**	**통제_T0**	**통제_T2**
성취 욕구		A	A	성취 욕구		
통제 위치 - 자신		A	A	통제 위치 - 자신		
통제 위치 - 외부	B			통제 위치 - 외부		
모호함에 대한 허용	B			모호함에 대한 허용		
지식		A	A	지식		
실패에 대한 두려움				실패에 대한 두려움		
긍정적 인식	B			긍정적 인식	D	

결과는 등분산을 가정한 양측 검정(two-sided test)을 기반으로 함.
유의미한 차이가 있는 각 쌍에 대해, 평균이 더 큰 범주에는 평균이 더 작은 범주의 키(기호)가 표시됨.
대문자(A, B, C, D)에 대한 유의도 수준: 0.05

요약하면, 가설 3, '사회혁신 릴레이 프로그램 참여는 학생들의 기업가적 행동 증가로 이어진다.'는 가설은 부분적으로 채택되었다.

SIR 프로그램의 첫 번째 단계에 참여하면 기업가적 행동의 일부 특성인 성취 욕구, 통제 위치(자기 관련 및 외부 관련), 지식이 유의미하게 증가한다. 또한 성취 욕구(자기 관련), 통제 위치, 지식에 대해서는 프로그램 전반에 걸쳐(T2와 T0을 비교했을 때) 가설이 지지된다. 그러나 낙관주의와 모호성에 대한 내성 특성에서 T0과 T1 사이에 치료 그룹에서 유의미한 감소가 발견되었다. 이러한 낙관주의의 유의미한 감소는 학생들이 현실에 대한 감각이 향상되었음을 의미할 수 있다. SIR 프로그램의 두 번째 단계에 참여했을 때는 기업가적 행동 특성에 대한 유의미한 효과가 발견되지 않았다.

11.5.4 가설 4 분석

사회적 책임과 사회적 인식은 오늘날 매우 중요한 주제지만, 교육이 사회적 인식에 미치는 영향에 대한 실증적 연구는 여전히 제한적이다. 이미 Elias 등(1991)은 교육이 친사회적 행동을 자극할 수 있다는 결론을 내렸다. 본 연구의 결과도 이와 일치하는데, 사회적 인식과 관련된 다섯 가지 항목에서 교육 그룹이 T0와 T1 사이에 유의미한 증가를 보였기 때문이다 (<표 32>). T1과 T2 사이의 변화를 자세히 살펴보면, 몇 가지 요소에서만 유의미한 증가가 발견되었다.

요약하면, "사회 혁신이 무엇인지 알게 되었습니다."라는 질문의 결과 대조군에서는 유의미한 결과를 발견하지 못했다. 요약하면, 가설 4, "사회혁신 릴레이 프로그램 참여는 학생들의 사회적 인식 향상으로 이어진다."는 가설을 수용할 수 있다. T0과 T1 사이, 그리고 T0과 T2 사이에는 학생들의 사회적 인식의 다섯 가지 요소 모두에서 유의미한 증가를 보였다. T1과 T2 사이에는 사회 혁신에 대한 이해에서만 유의미한 증가를 확인할 수 있다. 이는 프로그램의 첫 번째 단계가 참여 학생들의 사회적 인식을 높이는 데 가장 중요하다는 것을 의미한다.

표 32 가설 4의 평균 및 유의수준

실험집단	T0	T1	T2
사회적 인식의 요소	**평균**	**평균**	**평균**
사회적 기업가가 무엇인지 알고 있다.	3.48	3.94	4.04
나는 사회혁신이 무엇인지 이해한다.	3.44	3.95	4.11
나는 지역사회에 어떤 사회 문제가 존재하는지 알고 있다.	3.74	3.99	4.09
나는 사회 및/또는 환경 문제를 해결하고 싶다.	3.68	4.00	4.06
나는 다른 사람들과 협력하여 사회 문제를 해결할 수 있다고 확신한다.	3.90	4.11	4.20
	T0	T1	T2
실험집단에 대한 유의수준(0.05)	(A)	(B)	(C)
사회적 기업가가 무엇인지 알고 있다.		A	A
나는 사회혁신이 무엇인지 이해한다.		A	A B
나는 지역사회에 어떤 사회 문제가 존재하는지 알고 있다.		A	A
나는 사회 및/또는 환경 문제를 해결하고 싶다.		A	A
나는 다른 사람들과 협력하여 사회 문제를 해결할 수 있다고 확신한다.		A	A

결과는 등분산을 가정한 양측 검정(two-sided test)을 기반으로 함.
유의미한 차이가 있는 각 쌍에 대해, 평균이 더 큰 범주에는 평균이 더 작은 범주의 키(기호)가 표시됨.
대문자(A, B, C)에 대한 유의도 수준: 0.05

11.5.5 기타 결과

수집된 모든 데이터를 바탕으로 창업 의도, 환경, 교육에 대한 몇 가지 중요한 결론을 도출할 수 있었다. 이러한 분석은 SIR 프로그램의 영향을 증명하는 데는 한계가 있지만, 귀중한 통찰력을 제공한다. 선형 회귀 분석에 따르면, 학생의 직접적인 환경이 학생의 창업 의도와 유의미한 관계가 있는 것으로 나타났다. 친구($p = 0.000$), 급우($p = 0.019$), 가족($p = 0.000$)의 의견은 학생의 창업 의도와 유의미한 관계를 보였다. 그러나 교사의 의견은 창업 의도와 유의미한 관계를 형성하지 않았다($p = 0.149$). 또한, 고등학생의 창업 의향과 주변에 사업을 하는 사람을 알고 있는지 여부 사이에도 유의미한 관계가 나타났다($p = 0.000$). 이는 Kume 등(2013)의 연구와 일치하는 결과로, 창업 의도는 부모, 가족, 친구의 의견에 의해 형성된다는 주장을 뒷받침한다.

11.6 결론 및 논의

기업시민 프로그램이 (기업) 자원봉사자 및 조직에 미치는 영향에 대한 연구는 많이 존재하지만, 프로그램이 수혜자에게 미치는 영향에 대한 연구는 상대적으로 적다. 따라서 본 연구는 사례 연구를 통해 기업시민 프로그램이 수혜자에게 미치는 사회적 영향을 탐구하고, 관련 연구 공백을 메우고자 했다. 본 연구는 실험군과 대조군을 포함한 영향력 측정을 수행하여 SIR이 참가자에게 미치는 영향을 분석했다. 그 결과, 기업시민 프로그램의 영향력에 대해 새로운 통찰력을 제공할 수 있었다.

본 연구는 세 가지 연구문제를 바탕으로 가설을 테스트했다. 그 결과, SIR 프로그램의 첫 번째 단계(강의실 사례 연구, 온라인 퀴즈, 지속 가능한 사업 계획 아이디어 제출)에 참여하면 기업가적 의도, 기업가적 기술, 사회적 인식, 그리고 '성취 욕구', '통제 위치', '지식' 등의 기업가적 행동 측면에서 향상이 나타났다. 또한, 첫 번째 단계에서는 낙관주의가 현저히 감소하는 현상이 나타났는데, 이는 학생들이 프로그램 진행을 통해 현실 감각이 향상되었음을 의미할 수 있다. 그러나 (e-)멘토링을 통해 기존 사업 계획을 개선하는 SIR 프로그램의 두 번째 단계에서는 유의미한 효과를 찾을 수 없었다. 유일한 유의미한 효과는 사회 혁신에 대한 이해와 관련된 것이었다.

따라서 SIR 프로그램의 수혜자들이 실제로 더 많은 기업가적 행동과 의도(연구문제 2)와 사회적 인식(연구문제 3)을 보인다는 결론을 도출할 수 있다. 연구 결과에 따르면, 주요 성과는 프로그램의 첫 번째 단계에서 달성되는 것으로 나타났다. 이에 따라 프로그램 두 번째 단계의 부가적 가치를 파악하기 위해 참가자들과의 심층적인 대화가 필요하다. 또한, 참가자들과의 집단 면접(Focus Group Interview)을 통해 프로그램의 기본 메커니즘을 이해하는 데 도움이 될 수 있다. 이를 통해 NN은 고등학생들의 요구사항을 더 잘 파악하고, 프로그램을 최적화할 수 있을 것이다.

또한, 프로그램 기간 동안 수혜자들의 기술과 기업가적 행동 특성이 향상된 결과, 고등학생들이 습득한 기술과 지식을 통해 진학 및 향후 직장에서 차이를 보일 수 있기 때문에, NN이 프로그램을 통해 수혜자들에게 사회적 영향력을 창출할 가능성이 있다(연구문제 1). 그러나 프로그램의 전반적인 사회적 영향력(사회적 필요 개선)에 대한 직접적인 증거는 아직 부족한 상황이다.

11.6.1 기업재단에 대한 시사점

이 기업 시민 프로그램 사례 연구는 기업재단에 어떻게 도움이 될 수 있을까? 기업 시민 프로그램과 마찬가지로 기업 자원봉사는 기업재단의 중요한 요소다. 기업 시민 프로그램과 기업재단 모두 사회 문제 해결을 목표로 한다. 현재 NN의 실무에서는 기업 자원봉사를 통해 사회적 영향력을 발휘하기 위해 반드시 재단이라는 법적 수단이 필요한 것은 아니지만, NN이 재단이 아니었다면 프로그램 실행에 차이가 있었을 수 있다. 따라서 이러한 결과는 기업재단에서 실행되는 기업 시민 프로그램에도 유용한 통찰력을 제공할 수 있다.

기존 연구는 주로 기업 자원봉사가 직원과 조직에 미치는 긍정적인 효과에 초점을 맞췄다. 하지만 이 사례 연구는 기업 자원봉사가 수혜자에게 미치는 영향과 관점에 대한 통찰력을 제공하는 방법을 보여준다. 기업재단은 이 사례를 통해 자원봉사 프로그램이 수혜자에게 미치는 영향을 더 명확하게 파악할 수 있다.

또한, 이 사례 연구는 사회적 영향 측정의 중요성을 강조하고, 그 방법론을 제시한다는 점에서 기업재단에 중요한 의미를 가진다. 사례 연구는 기업재단이 프로그램이나 활동의 효과를 평가하는 데 영향력 측정을 어떻게 적용할 수 있는지 보여준다. 이는 측정이 증명 과정에서 중요한 역할을 한다는 점을 시사한다. 기업 시민 프로그램과 기업재단의 활동을 정당화하는 데 도움이 될 뿐만 아니라, 활동을 개선하는 데도 유용하다. 이런 종류의 측정은 기업재단이 더 많은 영향력을 배우고, 전략적으로 집중하며, 의도한 긍정적인 영향을 관리하고 최적화하는 데 도움이 된다.

따라서 기업재단은 이 사례 연구를 참고해 자체적인 사회적 영향력 분석을 시작하는 것이 좋다. 실무자들은 기업재단 내에서 실행되는 기업 시민 프로그램의 사회적 영향력에 대한 더 많은 증거를 만들 수 있을 것이다. 또한, 기업재단은 측정을 통해 증명하고 개선하는 데 도움이 되는 이점을 얻을 수 있다. 특히 영향력 평가의 학습적 관점은 매우 중요하다. 기업재단이 영향력 측정을 통해 학습하고, 그 결과를 바탕으로 영향력을 관리하면 활동의 성공 가능성이 높아질 것이다.

하지만 기업재단이 NN의 사례 연구를 바탕으로 자체적으로 사회적 영향력 측정을 시작할 경우, '만능' 방법론은 없다는 점을 명심해야 한다. 기업재단이 획일적인 방법론을 적용하면 해당 재단과 전혀 관련 없는 요소를 측정할 가능성이 있다. 따라서 기업재단은 특정 조직의 사명, 목표, 활동 및 의도된 영향력에 맞는 연구 방법론을 개발해야 한다.

11.6.2 제한점 및 후속 연구

이 영향력 측정은 기업재단과 관련 없는 기업 시민 프로그램에 초점을 맞추고 있다. 기업재단과 마찬가지로 NN의 기업 시민 프로그램도 사명을 가지고 파트너(주로 자선단체)와 협력하여 이 사명에 부합하는 영향력을 공동으로 창출하기 위해 노력한다. 만약 JA 유럽에서 수행한 작업이 재단과 연계되었더라면 다르게 실행되었을 가능성이 크다. 따라서 재단이 SIR 프로그램을 실행한다고 해도 그 효과는 크게 달라지지 않을 것이다. 기업재단과의 주요 차이점은 세금 구조, 외부 이사회 자문, 기부금과 같은 조직적 요소에서 찾을 수 있다. 이 점에서 이번 측정이 기업재단의 잠재적 영향력에 대한 귀중한 정보를 제공한다고 볼 수 있다.

조사 결과에 따르면, 기업 시민 프로그램 내 이니셔티브는 재단 내에서 실행되든 외부에서 실행되든 직원뿐만 아니라 사회에도 가치가 있을 수 있다. 그러나 기업 시민 프로그램이 수혜자에게 미치는 영향에 대한 현재의 지식 수준으로는 결과를 일반화하기 어렵다. 후속 연구에서는 기업재단 내에서 실행되는 기업 시민 프로그램의 사회적 영향에 대한 더 많은 증거를 확보하는 데 집중할 수 있을 것이다.

회귀분석 결과, 학생들의 가까운 환경이 창업 의향과 유의미한 관계를 보인다는 사실이 밝혀졌지만, 이 결과는 데이터 세트에 기반한 것으로 통제 변수를 구현하지 않았다. 학생의 창업 의도에 영향을 미치는 다른 요인들, 예를 들어 국가별 창업 문화 등이 존재한다는 점을 고려해야 한다. 또 다른 한계는 무작위 추출이 아닌 대조군 구성이다. 대조군을 구성하기 위해 JA 유럽의 국제 및 지역 코디네이터와 참여 학교의 교사들에게 의존할 수밖에 없었고, 이로 인해 대조군 구성에 대한 충분한 모니터링이 어려웠다. 그 결과 대조군에서 낮은 수의 응답을 받았다. 또한 T0과 T2 사이에 응답자의 중도 탈락이 많았고, 설문조사에서 성별을 묻지 않아 남학생과 여학생에 따른 다른 효과를 분석할 수 없었다. 후속 연구에서는 이러한 문제를 해결할 수 있을 것이다.

연구의 제한점에도 불구하고 이번 연구가 기존 지식에 기여했다고 생각하며, 기업 프로그램이 수혜자 및 궁극적으로 사회 전반에 미치는 영향에 대한 추가 연구의 토대를 마련할 수 있기를 바란다.

참고문헌

Arenius, P., & Minniti, M. (2005). Perceptual variables and nascent entrepreneurship. *Small Business Economics, 24*(3), 233-247.

Battilana, J., Lee, M., Walker, J., & Dorsey, C. (2012). In search of the hybrid ideal. *Stanford Social Innovation Review, 10*(3), 50-55.

Bilán, S. G., Kisenwether, E. C., Rzasa, S. E., & Wise, J. C. (2005). Developing and assessing students' entrepreneurial skills and mind-set. *Journal of Engineering Education,*

94(2), 233-243.

Botha, M., Nieman, G., & van Vuuren, J. (2006). Enhancing female entrepreneurship by enabling access to skills. *The International Entrepreneurship and Management Journal, 2*(4), 479-493.

Chen, J. C., Patten, D. M., & Roberts, R. W. (2008). Corporate charitable contributions: A corporate social performance or legitimacy strategy? *Journal of Business Ethics, 82*(1), 131-144.

Clark, C., Rosenzweig, W., Long, D., & Olsen, S. (2004). *Double bottom line project report: Assessing social impact in double bottom line ventures. Methods catalog.* New York: Columbia Business School.
Retrieved at http://www.shidler.hawaii.edu/Portals/1/resources/DoubleBottomLine.pdf.

de Gilder, D., Schuyt, T. N., & Breedijk, M. (2005). Effects of an employee volunteering program on the work force: The ABN-AMRO Case. *Journal of Business Ethics, 61*(2), 143-152.

Du, S., Bhattacharya, C. B., & Sen, S. (2010). Maximizing business returns to corporate social responsibility (CSR): The role of CSR communication. *International Journal of Management Reviews, 12*(1), 8-19.

Duval-Couetil, N. (2013). Assessing the impact of entrepreneurship education programs: Challenges and approaches. *Journal of Small Business Management, 51*(3), 394-409.

Eccles, R. G., & Krzus, M. P. (2010). *One report: Integrated reporting for a sustainable strategy.* Hoboken: Wiley.

Elias, M. J., Gara, M. A., Schuyler, T. F., Branden-Muller, L. R., & Sayette, M. A. (1991). The promotion of social competence: Longitudinal study of a preventive school-based program. *The American Journal of Orthopsychiatry, 61*(3), 409.

Entrialgo, M., Fernández, E., & Vázquez, C. J. (2000). Characteristics of managers as determinants of entrepreneurial orientation: Some Spanish evidence. *Enterprise and Innovation Management Studies, 1*(2), 187-205.

Fayolle, A., Gailly, B., & Lassas-Clerc, N. (2006). Assessing the impact of entrepreneurship education programmes: A new methodology. *Journal of European Industrial Training, 30*(9), 701-720.

Geroy, G. D., Wright, P. C., & Jacoby, L. (2000). Toward a conceptual framework of employee volunteerism: An aid for the human resource manager. *Management Decision, 38*(4), 280-287.

Gürol, Y., & Atsan, N. (2006). Entrepreneurial characteristics amongst university students: Some insights for entrepreneurship education and training in Turkey. *Education and Training, 48*(1), 25-38.

Haski-Leventhal, D., Meijs, L. C., & Hustinx, L. (2010). The third-party model: Enhancing volunteering through governments, corporations and educational institutes. *Journal of Social Policy, 39*(1), 139-158.

Henry, C., Hill, F., & Leitch, C. (2005). Entrepreneurship education and training: Can entrepreneurship be taught? Part I. *Education and Training, 47*(2), 98-111.

Idowu, S. O., & Papasolomou, I. (2007). Are the corporate social responsibility matters based on good intentions or false pretences? An empirical study of the motivations behind the issuing of CSR reports by UK companies. *Corporate Governance: The international Journal of Business in Society, 7*(2), 136-147.

Koellinger, P., Minniti, M., & Schade, C. (2007). "I think I can, I think I can": Overconfidence and entrepreneurial behavior. *Journal of Economic Psychology, 28*(4), 502-527.

Kume, A., Kume, V., & Shahini, B. (2013). Entrepreneurial characteristics amongst university students in Albania. *European Scientific Journal, 9*, 16.

Lee, M. D. P., & Lounsbury, M. (2011). Domesticating radical rant and rage: An exploration of the consequences of environmental shareholder resolutions on corporate environmental performance. *Business & Society, 50*(1), 155-188.

Liket, K. C., Rey-Garcia, M., & Maas, K. E. (2014). Why Aren't Evaluations Working and What to Do About It A Framework for Negotiating Meaningful Evaluation in Nonprofits. *American Journal of Evaluation, 35*(2), 171-188.

Liñán, F. (2008). Skill and value perceptions: how do they affect entrepreneurial intentions?. *International Entrepreneurship and Management Journal 4*(3), 257-272.

Liñán, F., & Chen, Y. W. (2009). Development and cross-cultural application of a specific instrument to measure entrepreneurial intentions. *Entrepreneurship Theory and Practice, 33*(3), 593-617.

Lumpkin, G. T., & Dess, G. G. (1996). Clarifying the entrepreneurial orientation construct and linking it to performance. *Academy of Management Review, 21*(1), 135-172.

Lüthje, C., & Franke, N. (2003). The 'making' of an entrepreneur: Testing a model of entrepreneurial intent among engineering students at MIT. *R&D Management, 33*(2), 135-147.

Maas, K. (2009). Corporate social performance: From output measurement to impact measurement. (No. EPS-2009-182-STR, ERIM Ph.D. Series). Rotterdam: Erasmus University Rotterdam.

Maas, K., & Liket, K. (2011). Talk the walk: Measuring the impact of strategic philanthropy. *Journal of Business Ethics, 100*(3), 445-464.

Maas, K. E. H., & Liket, K. C. (2016). Strategic philanthropy: A happy marriage of business and society? *Business & Society, 55*(6), 889-921.

Mahoney, L. S., & Thorn, L. (2006). An examination of the structure of executive compensation and corporate social responsibility: A Canadian investigation. *Journal of Business Ethics, 69*(2), 149-162.

Monfort, A., & Villagra, N. (2016). Corporate social responsability and corporate foundations in building responsible brands. *El profesional de la Información (EPI), 25*(5), 767-777.

Murillo, D., & Lozano, J. M. (2006). SMEs and CSR: An approach to CSR in their own words. *Journal of Business Ethics, 67*(3), 227-240.

Muthuri, J. N., Matten, D., & Moon, J. (2009). Employee volunteering and social capital: Contributions to corporate social responsibility. *British Journal of Management, 20*, 75-89.

Oosterbeek, H., Van Praag, M., & IJsselstein, A. (2010). The impact of entrepreneurship education on entrepreneurship skills and motivation. *European Economic Review, 54*(3), 442-454.

Roza, L. (2016). *Employee Engagement in Corporate Social Responsibility. A collection of essays.* (No. EPS-2016-396-ORG). Rotterdam: Erasmus University.

Samuel, O., Roza, L., & Meijs, L. (2016). Exploring partnerships from the perspective of HSO beneficiaries: The case of corporate volunteering. *Human Service Organizations: Management, Leadership & Governance, 40*(3), 220-237.

Santana, A. (2015). Disentangling the knot: Variable mixing of four motivations for firms' use of social practices. *Business & Society, 54*(6), 763-793.

Souitaris, V., Zerbinati, S., & Al-Laham, A. (2007). Do entrepreneurship programmes raise entrepreneurial intention of science and engineering students? The effect of learning, inspiration and resources. *Journal of Business Venturing, 22*(4), 566-591.

Toxopeus, H. S., Maas, K. E., & Liket, K. C. (2016). *Innovating for impact investing. Principles and practice of impact investing: A catalytic revolution* (pp. 174-187). Sheffield: Greenleaf.

Turker, D., & Sonmez Selçuk, S. (2009). Which factors affect entrepreneurial intention of university students? *Journal of European Industrial Training, 33*(2), 142-159.

van Duuren, E., Plantinga, A., & Scholtens, B. (2016). ESG integration and the investment management process: Fundamental investing reinvented. *Journal of Business Ethics, 138*(3), 525-533.

van Knippenberg, D., & Sleebos, E. (2006). Organizational identification versus organizational commitment: Self-definition, social exchange, and job attitudes. *Journal of*

Organizational Behavior, 27(5), 571-584.

van Knippenberg, B., Martin, L., & Tyler, T. (2006). Process-orientation versus outcome-orientation during organizational change: The role of organizational identification. *Journal of Organizational Behavior, 27*(6), 685-704.

Villagra, N., & López, B. (2013). Analysis of values and communication of the responsible brands. Corporate Brand strategies for sustainability/Análisis de los valores y la comunicación de las Marcas responsables. Estrategias de las marcas corporativas en el contexto de la Sostenibilidad. *Communications Society, 26*(1), 196-221.

Wilson, F., Kickul, J., & Marlino, D. (2007). Gender, entrepreneurial self-efficacy, and entrepreneurial career intentions: Implications for entrepreneurship education. *Entrepreneurship Theory and Practice, 31*(3), 387-406.

Marjelle Vermeulen 임팩트 센터 에라스무스(Impact Centre Erasmus, ICE)에서 사회적 영향에 대한 박사과정 연구원으로 활동 중이며, 에라스무스 대학교 역사문화커뮤니케이션대학(ESHCC)에서 동시에 연구를 진행하고 있다.

Karen Maas 오픈대학교(Open University)에서 회계학 및 지속가능성 교수직을 맡고 있으며, 임팩트 센터 에라스무스(ICE)의 학술 책임자(Academic Director)와 ESAA의 경영자 CSR 교육 프로그램의 과학적 책임자(Scientific Director)로도 활동하고 있다. 주요 연구 분야는 CSR, 임팩트 투자, 사회적 기업가정신에 관한 정량적 및 정성적 평가와 영향력 측정이다.

제12장 "사람들의 마음, 손, 지갑을 사로잡다"
: 자원봉사 활성화 수단으로서의 기업재단

Debbie Haski-Leventhal

요약 이 장에서는 기업재단이 자원봉사를 활성화하는 역할을 조명한다. 이 주제에 대한 문헌은 제한적이기 때문에, 기업재단이 자원봉사를 촉진하는 동기, 자원봉사가 어떻게 이루어지는지, 그리고 자원봉사를 활성화하는 데 있어 기업재단과 기업의 사회적 책임(CSR) 부서 간의 차이에 대한 이해가 부족하다. 이러한 문제에 대한 초기 이해를 돕기 위해 호주에서 실시한 혼합 방법 연구가 진행되었으며, 본 연구는 직원 설문조사, 3건의 심층 사례 연구, 40개의 기업재단 및 CSR 보고서에 대한 문헌 분석을 포함하고 있다. 연구 결과에 따르면, 기업재단은 개인 자원봉사를 어느 정도 장려하지만, 주로 기업 자원봉사에 초점을 맞추고 있다. 기업들은 자원봉사를 장려하기 위해 유급 휴가 제공, 직원 주도형 기업 자원봉사, 매칭 펀드 등의 다양한 방식을 활용하고 있다. 최근에는 기술 기반 자원봉사, 국제 기업 자원봉사, 전략적 CSR, 사회적 영향력 측정 등 기업 자원봉사에 새로운 변화가 나타나고 있다. 일부에서는 기업재단과 CSR 부서 간의 경계가 모호하다는 점을 인정하지만, 주요 차이는 동기와 전략적 접근 방식에서 차이를 보인다는 것이다. 연구 결과의 기여도와 실무에 대한 시사점도 논의한다.

키워드 기업재단 - 기업 자원봉사 - 혼합방법 연구 - 기업의 사회적 책임

12.1 서론

기업재단은 기업이 설립한 비영리 단체로, 일반적으로 기업의 이름, 자금, 이사회, 행정 및 잠재적 직원 참여를 통해 회사와 연결된다(Westhues & Einwiller, 2006). 기업재단은 모기업과 지역사회 사이의 경계 조직으로 간주되며(Herlin & Pedersen, 2013), 사회적 기업과 유사하게 영리와 비영리 사이의 하이브리드 조직으로 볼 수 있다(Doherty *et al.*, 2014). 전 세계적으로 기업재단은 기업의 사회적 책

임(CSR)을 강화하는 기업의 자선활동의 일환으로, 임직원이 돈(예: 급여 기부) 또는 시간(예: 기업 자원봉사)을 기부하는 활동을 지원한다.

따라서 기업 자원봉사(Corporate Volunteering, CV)는 많은 기업재단에서 중요한 활동으로 홍보되고 있다. 자원봉사는 다른 사람, 그룹, 또는 조직에 이익을 주기 위해 자유롭게 시간을 제공하는 활동을 의미하며, 그 범위는 가족과 친구를 넘어서기도 한다(Cnaan *et al.*, 1996; Wilson, 2000). 자원봉사는 시민사회의 핵심 요소로, 저렴한 비용으로 지역사회에 중요한 서비스를 제공하는 데 필수적이다(Wilson, 2012). 구체적으로 말하면, 기업 자원봉사는 고용주의 지원을 받는 자원봉사의 한 형태로, 직원들이 고용주의 지역사회 서비스의 일환으로 근무시간에 자신의 시간, 지식, 또는 기술을 지역사회에 제공하는 활동이다(Bussell & Forbes, 2008). 기업 자원봉사는 일반적으로 조직 외부에서 직원들의 자발적 활동을 장려하기 위해 개발되는 조직 지원 프로그램을 통해 이루어진다(Kotler & Lee, 2005). Rodell(2013, 2015)은 기업 자원봉사와 개인 자원봉사를 구분했으며, 기업 자원봉사는 기본적으로 회사 주도의 자원봉사 활동인 반면, 개인 자원봉사는 직원 개인의 자발적 활동으로 설명된다.

기업재단이 기업 임직원 및 개인 자원봉사를 촉진하는 데 관여할 경우, 제3자 조직으로서 자원봉사를 확대하는 데 중요한 역할을 할 수 있다(Haski-Leventhal *et al.*, 2010). 그러나 자원봉사가 어떻게 이루어지고 있는지, 기업과 기업재단이 자원봉사 기회를 제공하는 동기, 그리고 직원들의 개인 및 기업 자원봉사를 향상시키는 데 있어 기업재단과 CSR 부서 간의 차이에 대한 이해는 아직 부족하다. 따라서 이 장에서는 혼합 방법을 사용하여 다음과 같은 연구문제에 답하고자 한다. 기업재단은 어떻게 그리고 왜 자원봉사를 장려하는가? 자원봉사를 촉진하는 맥락에서 기업재단과 CSR 부서 간에는 어떤 차이가 있는가?

12.2 기업재단

Petrovits(2006)는 기업재단 또는 기업이 후원하는 민간재단을 기업이 자선 활동을 관리하기 위해 설립한 별도의 법인으로 정의했다. 기업재단은 공익 목적만을 추구하며(von Schnurbein, 2009), 공개를 통해 책임감을 입증하고 정부 또는 법적 규정을 준수해야 한다(Grant, 2012). 즉, 기업재단은 기업의 자선 단체로서 사회적, 법적, 정부의 기대에 부응하면서 기업의 이익을 추구하는 데 중요한 역할을 한다(Brown, 2006).

모기업과의 관계에도 불구하고 기업재단은 일반적으로 다른 기업 기부 프로그램과는 별개의 독립된 기관이다. 기업재단의 독립성은 사내 CSR 부서와 비교할 때 재정적, 운영적 연대를 보장한다. 경계 조직으로서 기업재단은 네트워킹 능력과 사회적 기대에 대한 포괄적인 감각을 촉진한다(Herlin & Pedersen, 2013). Brown(2006)은 기업재단이 선거 기반의 지지를 필요로 하지 않으며, 자금 확보를 위해 기업과 직접적으로 경쟁하지 않기 때문에 기업의 이익과 부합하지 않는 이익을 추구하고 혁신적인 이니셔티브를 추진할 수 있는 잠재력을 가지고 있다고 주장했다(Adloff, 2009).

Anheier(2001)는 기업재단의 두 가지 주요 모델인 지원금 지급 재단과 운영 재단을 구분했다. 지원금 지급 재단은 비영리 단체를 지원하기 위해 재정 지원을 제공하는 반면, 운영 재단은 기업의 자원봉사 프로그램을 조직하고 필요한 자원을 모은다. Ostrower(2006)는 다양한 태도와 행동(예: 적극적 지향성, 역량 강화, 옹호 등)을 기준으로 기업재단을 분류했다.

기업재단은 종종 CSR 이니셔티브(사회공헌 포함)를 모기업 외부에 위치시킨다(Griffin, 2014). O'Mahony(2008)는 기업재단이 이중 책임을 지닌 경계 조직으로, 비즈니스와 커뮤니티의 다양한 이해관계를 모두 수용할 수 있다고 설명했다. 이를 통해 기업은 자선활동의 잠재적 이점을 얻고, 기업재단의 목표와 활동이 기업에 미치는 영향을 더욱 효과적으로 통합할 수 있다(Bronn, 2009). 기업재단은 지역사회에 대한 기업의 헌신을 강화하고, 사회적 가치 창출을 위한 도구로 작용하며, 기업의 CSR 활동을 통합하는 제도적 수단으로 제시된다(Westhues & Einwiller, 2006; Fombrun, 1990).

몇몇 연구자들은 기업재단 설립의 이유를 평판 향상과 계몽된 자기 이익과 관련지었다(Ricks, 2005). 기업재단은 CSR에 대한 기업의 의지를 직원 및 기타 이해관계자에게 전달하고(Westhues & Einwiller, 2006), 직원들이 이러한 노력에 참여하게 하여 기업에 대한 헌신을 높이는 역할을 한다(Chong, 2009). 기업재단은 교육 및 개발 기회를 제공함으로써 직원들의 활동 참여를 개선하여 사기와 회사에 대한 헌신을 향상시키고 동일시하는 것을 목표로 한다(Ostrower, 2006).

비즈니스 활동의 글로벌화와 함께 기업재단과 기업 철학도 글로벌화되고 있다. 모기업이 글로벌 규모로 사업을 확장하고 선진국과 개발도상국 모두에 진출함으로써 기업재단은 글로벌 입지를 확보하고 더 넓은 지역에 걸쳐 CSR 활동을 펼칠 수 있게 되었다(Kramer 2006). 기업이 활동하는 국가에 자회사나 지사에서 점점 더 많은 기업재단을 설립하고 있다. 따라서 일부 기업재단은 직원들에게 다른 국가, 특히 모기업의 다른 지역에서 자원봉사를 할 수 있는 기회(국제 자원봉사)를 제공하기도 한다(Diprose, 2012).

12.3 CSR 및 기업 자원 봉사

CSR에 대한 학계와 경영계의 관심이 높아지면서 지난 수십 년 동안 많은 기업이 기업재단 또는 CSR 부서를 통해 CSR 관행을 공식적으로 채택하기 시작했다. CSR은 기업 활동을 현재 지배적인 사회적 규범, 가치, 성과 기대치에 부합하는 수준으로 끌어올리기 위한 수단으로 간주된다(Aguinis & Glavas, 2012; Carroll, 1979). 기업재단은 전략적 CSR 원칙을 적용할 때 지역사회 참여를 모기업과 관련된 핵심 비즈니스 및 이슈와 연계하기 위해 노력한다(Werther & Chandler, 2011).

연구자들은 CSR의 다양한 동인과 동기를 파악했다(Aguinis & Glavas, 2012). Aguilera(2007)는 도구적, 관계적, 도덕적, 상호 작용적 동기를 포함하는 4가지 모델 프레임워크를 제시했다. 또한 직원 참여를 포함한 조직의 이익을 달성하는 것을 목표로 하는 CSR의 내부 동인(Sprinkle & Maines, 2010)과 일반적으로 외부 이해관계자의 기대에 기반한 외부 동인(Sharma, 2005)을 구분했다.

기업 자원봉사 프로그램은 좋은 기업 시민으로서 기업에 대한 긍정적인 평판을 창출하고 유지하기 위해 직원을 CSR에 참여시키고 CSR 수준을 향상시키는 효과적인 방법으로 간주된다(Grant, 2012; Marquis, 2007). 기업 자원봉사는 보다 진정성 있고 지역사회 중심적인 것으로 간주되므로 다른 CSR 활동보다 더 나은 결과를 가져올 가능성이 높다(Kotler & Lee, 2005; Plewa, 2015). 기업 자원봉사는 전통적으로 개인적인 행위로 여겨지는 자원봉사를 전문 영역의 정책과 통합한 결과인 경우가 많다(van der Voort, 2009). 기업 자원봉사는 기업, 지역사회, 직원의 '삼각형'으로 인식될 수 있으며(Lee & Higgins, 2001), 세 그룹 모두 이러한 활동을 통해 이익을 얻을 수 있다. 기업 자원봉사는 기업이 지역사회에 실질적인 기여를 하고, 직원들을 참여시키며, 직원 참여, 팀 빌딩, 브랜딩 등의 형태로 추가적인 혜택을 받을 수 있다는 점에서 기업에게 이점이 있다(Lee & Higgins, 2001). 또한 기업 자원봉사는 비영리 단체와 지역사회 단체가 지원과 자원을 제공 받음으로써 그들의 대의에 대한 인식을 높이고 강력한 네트워크를 구축할 수 있기 때문에 지역사회에도 혜택을 제공한다(Haski-Leventhal *et al.*, 2010). 마지막으로, 기업 자원봉사는 직원들의 참여와 만족, 의미부여, 직원과 고용주 간의 일치감을 조성한다(Haski-Leventhal *et al.*, 2017; Rodell, 2015). 그러나 회사와 기업재단의 시간과 비용, 직원 개인의 시간과 정서적 어려움, 수혜자와 커뮤니티의 비전문적 서비스 가능성 등 부정적인 측면도 있을 수 있다(Haski-Leventhal, 2018). 또한 직원들은 때때로 자발적 활동에 참여해야 한다는 압박감이나 강압을 느끼기도 하며, 일부 직원은 이러한 활동을 업무와 분리되어야 하는 개인 활동으로 간주할 수도 있다(Rodell, 2015).

또한 기업 자원봉사는 고용주가 주도하거나 직원이 주도할 수 있다(Mirvis, 2012). 고용주가 주도하는 기업 자원봉사는 기업 내부의 자발적 활동을 위해 개발된 지원 프로그램(Kotler & Lee, 2005) 또는 기업 외부의 자원봉사를 위한 지원 프로그램일 수 있다. 또한 자원 봉사자를 찾는 중개자 역할을 할 수도 있다.

지역사회 봉사, 아웃리치 또는 사회적 책임 활동(Grant, 2012; Marquis, 2007)의 일환으로 직원들에게 회사 외부에서 기회를 제공하기도 한다(Benjamin, 2001). 때때로 기업과 기업재단은 직원들의 이니셔티브를 수용하고 직원들이 스스로 선택한 대의를 위해 독립적으로 자원봉사를 할 수 있도록 허용하기도 한다(Sprinkle & Maines, 2010). 미국 기업을 대상으로 한 연구에 따르면 대부분의 기업 자원봉사 프로그램은 직원들에 의해 준비, 시작, 실행되는 것으로 나타났다(Wainwright, 2005).

기업(때로는 기업재단)은 팀 자원봉사의 시작과 조정, 자원봉사를 위한 유급 휴가 제공, 프로젝트에 대한 기금 매칭, 직원들의 자원봉사 프로그램 참여 인정 및 시상, 근무 교대 일정 조정을 통한 직원 휴식 시간 제공 등 다양한 방식으로 기업의 자원봉사 활동을 지원한다(Basil & Erlandson, 2008; Haski-Leventhal *et al.*, 2017; Plewa, 2015; Rodell, 2015).

12.4 방법

앞서 언급한 연구문제와 기업재단 및 기업 자원봉사에 대한 지식의 격차를 해소하기 위해 2016년 호주에서 기업 자원봉사 활동에 관한 기업재단 및 CSR 부서를 비교하는 혼합 방법 연구가 진행됐다. 인터뷰와 문서 분석을 통한 질적 방법이 활용되었으며, 세 조직의 기업재단 및 CSR 담당자를 대상으로 반구조화 인터뷰(DiCicco-Bloom & Crabtree, 2006)가 실시되었다. 또한 문서 분석은 호주 내 다른 20개 기업재단 및 20개 CSR 부서의 연례 보고서를 사용하여 수행되었다.

정성적 데이터 외에도 2016년 2월부터 8월까지 호주 내 7개 조직의 직원들에게 온라인 설문지를 배포하여 개인과 기업의 자원봉사, 동기, CSR에 대한 인식과 태도를 조사했다. 첫 번째 기업재단(CF1)의 117개 설문조사를 포함하여 총 522개의 설문지가 회수되었다.

12.4.1 표본 추출

기업재단이 어떻게 자원봉사를 향상시키는지 이해하기 위해 이론적 표본 추출 방법을 사용한 사례 연구를 진행했다. 분석된 사례에 대한 심층적인 이해를 바탕으로, 사례 연구는 이론적 구성, 명제 또는 중간 범위 이론의 개발을 촉진하는 방법으로 활용될 수 있다(Strauss & Corbin, 1994).

본 연구에는 세 개의 기업재단이 포함되었다. 첫 번째 기업재단(CF1)은 호주의 한 소프트웨어 대기업에 속하며, 직원들의 기업 자원봉사 참여를 적극적으로 장려하고 있다. CF1은 2008년에 설립되었고(모기업은 2002년에 설립됨), 다양한 이니셔티브를 운영하며 자선단체 및 사회단체에 지원금을 지급하여 비전을 실현하고 있다. CF1의 세 가지 주요 목표는 (1) 개발도상국의 교육 성과 개선, (2) 기술 기반 자원봉사의 증가, (3) 자선단체와 사회단체의 이익을 위한 자사 제품 활용이다. CF1은 특히 개발도상국 1~2개국에서 교육에 중점을 두고 있으며, 117명의 직원이 개인 및 기업 자원봉사에 관한 온라인 설문조사에 응답했다.

두 번째 기업재단(CF2)은 호주의 대형 금융 서비스 회사에 속한다. 이 회사는 1969년 시드니에서 설립되었고, 재단은 1985년에 설립되어 16년의 차이가 있다. 2016년에는 전 세계 1,500개 단체에 약 3,000만 달러를 기부하고, 직원들이 46,000시간을 기부했다. 총 기부금은 2억 7천만 호주 달러를 넘었다. 자선단체가 이 재단으로부터 기부금을 받기 위한 기준 중 하나는 모기업의 직원들이 기업 자원봉사에 참여해야 한다는 것이다.

세 번째 기업재단(CF3)은 호주 시드니에 본사를 둔 다국적 부동산 및 인프라 회사에 속해 있다. 이 재단은 회사 설립(1958년) 25년 후인 1983년에 설립되었으며, 세 개의 기업재단 중 가장 오래된 재단이다. 1996년부터 매년 자원봉사의 날을 시작했으며, 이후 60만 시간 이상의 기업 자원봉사가 이루어졌다. CF3의 초점은 직원과 지역사회 모두를 위한 "신체적, 정신적, 정서적 웰빙을 유지하고 향상시키는 것"에 있다. 주요 활동으로는 노숙자 쉼터 제공, 청소년 및 퇴역 군인 멘토링, 교육 기회 제공, 자연재해 피해 복구 지원 등이 포함된다.

또한, 인터뷰 대상자 중 한 명은 다른 기업재단(CF4)을 7년간 이끌었으며, 이 재단 역시 인터뷰에 참여했다. 모기업인 대형 항공사의 직원들이 설문조사에 응답했으며, 기업재단의 보고서는 문서 분석을 통해 추가로 분석되었다.

12.4.2 절차

데이터는 온라인 설문조사, 문서 분석, 그리고 각각 30~60분간 진행된 세 차례의 오디오 녹음 반구조화 인터뷰를 통해 수집됐다. 반구조화 인터뷰는 미리 정해진 개방형 질문을 포함하며, 인터뷰 진행 중 면접관과 피면접자 간의 대화에 따라 추가 질문이 등장한다(DiCicco-Bloom & Crabtree, 2006). 인터뷰에서는 재단의 역사, 모기업과의 관계, 목표 및 비전에 대해 질문했으며, 이후에는 재단이 기업 자원봉사와 모기업 임직원의 개인 자원봉사를 어떻게 활성화하고 있는지, 어떤 프로그램을 개발했는지, 진행 중인 기업 자원봉사 프로그램의 종류, 임직원에게 제공하는 지원 등 다양한 주제에 집중했다. 또한, 기업재단 담당자에게는 기업 자원봉사와 관련하여 기업재단과 CSR 부서의 차이점에 대해서도 질문했다.

그 다음, 다른 호주 재단과 함께 이들 재단의 공개 보고서에 대해 문서 분석(Bowen, 2009)을 진행하여 총 20개의 기업재단을 분석했다. Bowen(2009)에 따르면, 문서 분석은 인쇄물과 전자 자료를 포함한 문서를 체계적으로 검토하고 평가하는 절차로, 데이터를 조사하고 해석하여 의미를 도출하고 경험적 지식을 얻기 위한 과정이다. CSR 부서를 갖춘 기업의 보고서를 분석하고, 두 부서를 비교하는 데에도 문서 분석이 활용되었다.

질적 데이터 분석은 근거 이론 코드화 원칙을 바탕으로 수행되었으며, 특히 동시 데이터 수집 및 분석과 관련된 지속적인 비교 프로세스를 중심으로 진행됐다(Charmaz, 2008). 우선 각 사례 내에서 주요 주제를 식별한 후, 사례 간 주제 분석과 최종 분석을 수행했다. 인터뷰 과정에서 기업 자원봉사에 관한 최근의 변화와 트렌드(예: 기술 기반 자원봉사), 전략적 CSR 초점 등 반복되는 주제들이 나타났다. 또한, 정량적 데이터를 분석하여 기업재단이 주도하는 조직과 CSR 부서가 주도하는 조직 간의 기업 자원봉사 참여 수준을 비교했다. 기업 자원봉사에 관한 설문조사의 개방형 질문도 분석하였다.

12.5 결과

12.5.1 기업재단이 자원봉사를 강화하는 방법

참여한 기업재단 대부분은 기업 자원봉사에 초점을 맞추었지만, 일부는 개인 자원봉사를 활동의 일부로 포함하기도 했다. 기업 자원봉사는 일반적으로 기업재단의 자선적 책임의 중요한 부분으로 간주된다.

기업재단을 통한 기업 자원봉사의 높은 수준과 CSR의 비교

조사 결과, CSR 부서만 있는 기업에 비해 CF가 있는 기업의 자원봉사 참여 수준이 더 높은 것으로 나타났다. 예를 들어, CF1의 모기업에서는 직원의 75%가 개인적으로, 90.6%가 직장을 통해 자원봉사에 참여한 것으로 나타났다(직장을 통해 매우 자주 자원봉사한다 15.4%, 자주 한다 25.6%, 가끔 한다 23.9%, 드물게 한다 25.6%). 직장을 통해 자원봉사한 적이 없다는 응답은 9.4%에 불과했다. CSR 부서만 있는 다른 기업들과 비교했을 때, 이러한 참여율은 훨씬 높은 수치를 보였다. 예를 들어, CSR 부서만 있는 한 통신 회사의 경우, 직원의 36%가 자원봉사를 한 적이 없다고 응답했다. CSR이 잘 알려진 한 다국적 금융 서비스 회사에서는 26.5%가 자원봉사를 한 적이 없었다. 전체 설문 참여자의 34.7%가 자원봉사를 한 적이 없다고 응답한 가운데, CF1을 통한 자원봉사 비율이 다른 기업들에 비해 월등히 높은 것으로 나타났다($X^2 = 108.182$, $df = 24$, $p < 0.001$).

자원봉사 문화를 조성하는 기업재단

본 연구에 참여한 기업재단들은 기업 자원봉사의 참여 확대라는 목표를 달성하기 위해, 모기업의 자원봉사 문화를 조성하고 홍보하는 데 있어 기업 자원봉사의 중요성에 대해 논의했다. 자원봉사를 장려함으로써 기업 자원봉사에 대한 문화와 인식을 바꾸고, 이를 통해 더 많은 사람들이 기업 자원봉사에 참여하도록 유도할 수 있다는 것이다. CF1은 이에 대해 다음과 같이 설명했다.

> "우리는 초창기부터 자원봉사의 문화를 만드는 것이 목표였습니다. 자원봉사를 해본 적이 없는 많은 사람들이 자원봉사를 매우 어렵고 위협적인 일로 여깁니다. 그래서 우리가 하고 싶은 것은 사람들이 자원봉사의 가치가 무엇인지 소중히 여길 수 있도록 먼저 그런 문화를 만드는 것입니다. 우리는 자원봉사를 뜻하는 단어조차도 '재단답게'라고 부릅니다."

또 다른 기업재단은 참여와 소통의 문화를 조성하기 위해 매년 자원봉사의 날을 통해 직원들이 자원봉사에 참여하고 있다고 말했다.

> "지난 21년 동안 커뮤니티의 날은 직원들이 지역사회 활동에 참여하는 주요 방법 중 하나였습니다. 커뮤니티 데이는 일 년 중 가장 중요한 날로, 하루 동안 5,000~6,000명이 이 행사에 자원봉사로 참여합니다. 조직 전체가 한 장소에 모이며, 계약업체와 계약직 직원들도 참석합니다."

자원봉사의 사회화

또한, CF1은 직원들이 입사하자마자 기업 자원봉사 활동에 참여하도록 유도하는 것이 얼마나 중요한지 설명했다. CF1은 각 직원에게 5일의 유급 휴가를 제공하여 자원봉사를 할 수 있도록 한다. 자원봉사를 해본 적이 없는 직원들이 자원봉사에 참여하도록 유도하는 것이 항상 쉬운 일은 아니기 때문에, CF1은 저

숙련 자원봉사부터 시작해 점차 기술 기반 자원봉사로 '업그레이드'하는 과정을 거친다고 밝혔다.

"직원들은 1년에 5일의 유급 휴가를 받아 자원봉사를 할 수 있지만, 우리는 자원봉사를 한 번도 해본 적이 없는 직원들이 안전한 환경에서 자원봉사를 할 수 있도록 하는 데 초점을 맞추고 있습니다. 박스 포장, 나무 심기 등 기술 수준이 낮은 사람들도 할 수 있는 일들을 제공합니다. 직원들이 봉사활동을 하고 돌아와서 '정말 좋았다', '우리도 기술을 활용해 더 많은 가치를 창출하고 싶다'고 말하는 것을 발견할 수 있습니다. 그렇게 되면 자연스럽게 다음 단계인 기술 기반 자원봉사로 넘어갑니다."

자원봉사를 위한 유급 휴가

문헌과 실무자들이 기업의 자원봉사 참여를 늘리는 데 유용하다고 자주 언급하는 것 중 하나는 직원들에게 자원봉사를 위한 유급 휴가를 제공하는 것이다. 예를 들어, CF1은 모기업의 모든 직원에게 5일의 유급 자원봉사 휴가를 제공하며, 근무 시간 중에도 유연하게 자원봉사를 할 수 있도록 지원하고 있다. 이는 직원들의 자원봉사를 장려하는 데 큰 도움이 된다고 볼 수 있다. 다른 기업재단들도 비슷한 사례와 결과를 공유했다.

"또한 '웰빙 휴가'라는 제도도 제공합니다. 직원들은 분기마다 하루를 쉬거나 추가적으로 휴가를 사용할 수 있다. 많은 사람들이 자원봉사를 위해 휴가를 사용합니다. 커뮤니티의 날 같은 날에는 모두가 하루를 쉬는데, 이 날은 사람들의 정상적인 근무일로 간주됩니다. 자원봉사 휴가도 제공됩니다."(CF3)

반면, CF2는 모든 직원에게 자원봉사를 위한 유급 휴가를 제공하지 않으며, 관리자의 재량에 따라 휴가를 사용할 수 있도록 하고 있다.

“당사는 유급 휴가를 제공하지 않습니다. 그러나 직원이 근무 시간 중에 자원봉사를 할 수 있도록 허용하는 것은 관리자의 재량에 달려 있습니다. 기본적으로 근무 시간 중 자원봉사를 하기 때문에 유급 휴가를 제공하는 방식입니다.”(CF2)

개인 자원봉사의 장려

기업 자원봉사를 장려하는 것 외에도 기업재단은 개인 자원봉사를 장려하지만, 그 방식은 좀 더 제한적이다.

“우리는 [개인 자원봉사]를 장려하는 것뿐만 아니라, 직원들이 자원봉사를 할 수 있도록 지원도 아끼지 않습니다. 예를 들어, 주말 근무 등을 통해 직원들이 자원봉사에 참여할 수 있도록 돕고 있습니다.”(CF3)

또 다른 기업재단 담당자는 직원들이 자원봉사자로 전환한 경험이 퇴사 후에도 지속될 수 있다고 생각한다.

“기업 자원봉사는 자원봉사를 해본 적이 없는 사람들에게 좋은 기회라고 생각합니다. 대다수는 자원봉사를 해본 적이 없어서 그저 시작하게 만들면 되고, 퇴사 후에도 회사 밖에서 자원봉사를 하는 모습을 볼 수 있습니다.”(CF1)

하지만 일부 직원은 회사 차원의 봉사활동보다는 개인 차원의 봉사를 선호하기도 한다. 예를 들어, 온라인 설문조사에서 한 직원은 “직장 밖, 즉 일상적인 업무 환경 밖에서 좋은 일을 하는 것을 선호한다.”고 답했다. 직장 밖에서 자원봉사를 장려함으로써 기업재단은 이러한 수요를 충족시키고, 전반적인 자원봉사 비율과 참여 가능성을 높일 수 있다.

직원 주도의 기업 자원봉사

기업 자원봉사는 고용주가 주도할 수도 있고, 직원이 주도할 수도 있다. 본 연구에 참여한 모든 기업재단은 이 두 가지 방법을 모두 활용했으며, 직원들이 직접 프로젝트와 자원봉사 이니셔티브를 제안하도록 장려했다.

> "[직원]들은 기금을 신청할 수 있습니다. 파트너십을 체결한 특정 프로젝트는 재단 예산에서 3년 동안 각각 지원되었습니다. 직원들이 주도하는 재단이기 때문에 중점 지원 분야나 자선단체 목록이 정해져 있지 않습니다. 우리는 기본적으로 직원들이 열정을 가지고 있는 활동을 할 수 있도록 권한을 부여하고, 기부와 모금, 자원봉사, 비영리 단체의 이사회에 참여하는 등 어떤 형태로든 환원할 수 있도록 합니다."(CF2)

직원 주도의 기업 자원봉사를 한다고 해서 기업재단이 직원들을 위한 기회를 마련하지 않는다는 의미는 아니다. 아래 기업재단이 설명한 것처럼, 이는 직원들이 자원봉사 기회를 자발적으로 찾도록 장려하는 방식이다.

> "우리는 직원들이 실제로 관심을 가질 만한 활동으로 직원들에게 실제 기회를 홍보할 수 있는 좋은 플랫폼이 있습니다. 따라서 직원들은 알림을 받고, 가능한 자원봉사 기회에 대한 정보를 얻어야 하며, 기본적으로 직원들이 자선단체에 연락해 직접 관계를 형성합니다. 비공식적인 이사회 등록부도 있습니다. 비영리 단체의 이사회에 참여하고자 하는 직원들의 명단을 수집하고, 해당 분야의 기회를 찾아서 그들이 원하는 기회를 연결해주고자 노력합니다. 이는 일종의 적극적인 접근이지만, 일부 직원들은 웹사이트를 방문해 기회를 찾는 데 적극적이지 않습니다."(CF2)

자원봉사와 기부

많은 기업재단에서는 기업 자원봉사와 기부를 연계하는 경우가 많다. 이는 직원들이 자원봉사하는 단체에 지원금을 지급하거나, 자원봉사 시간과 기부금을 매칭하거나, 직원들에게 기업 자원봉사 프로그램을 시작하도록 지원금을 지급하는 방식으로 이루어진다. 또한, 직원들에게 시간을 기부하는 것 외에 추가로 기부를 요청하기도 한다.

"먼저 사람들의 마음을 사로잡은 다음, 손과 머리를 사로잡고 지갑을 사로잡아야 합니다. 저에게는 그것이 가장 이상적인 여정이었고, 우리는 이를 자원봉사를 위한 경험이라고 생각합니다. 어떤 사람은 자연스럽게 기부에 바로 뛰어들고, 어떤 사람은 기술 봉사에 바로 뛰어들기도 하지만, 사람들은 점진적으로 나아간다고 생각합니다."(CF1)

12.5.2 최근 변화와 트렌드

CF와 기업 자원봉사의 성격은 지난 20년 동안 큰 변화와 변화를 겪어왔다. 본 연구에서는 최근 기업 자원봉사의 트렌드로 기술 기반 자원봉사, 전략적 CSR, 연례적인 자원봉사의 날에서 벗어나 보다 의미 있고 지속적인 기업 자원봉사로의 전환, 영향력 측정, 기업 자원봉사의 글로벌화 등을 살펴본다.

기술 기반 자원봉사

기술 기반 자원봉사는 직원들이 평상시 업무에 적용하는 기술을 기업 자원봉사에 활용할 때 발생한다. 기부의 효과와 영향력이 더욱 커지기 때문에 기업재단과 모기업의 입장에서는 바람직한 방식이다.

"예를 들어, 10명의 직원이 나무를 심고 있다고 가정했을 때, 모든 직원이 뛰어난 소프트웨어 개발자로 구성되어 있다면 그들의 기술이 제대로 활용되지 않아 영향력이 미미할 수 있습니다. 반면, 특정 기술 분야에서 뛰어난 영향력을 발휘하는 사람들이 있을 수도 있습니다. 무엇을 더 중요하게 생각해야 할까요? 궁극적인 목표는 사람들이 그들의 기술 세트를 자원봉사 활동에 적용하도록 하는 것입니다."(CF1)

이러한 접근은 설문조사에서의 일부 공개 응답에도 반영되었다.

> "[CF1]은 제가 NGO에서 자원봉사를 하고 제 기술을 발휘할 수 있도록 매우 지지하고 지원합니다."

다른 재단의 보고서에서도 직원 주도의 기술 기반 자원봉사에 대한 증언을 찾아볼 수 있었다. 하나의 대형 은행의 기업재단의 예시는 다음과 같다.

> "2003년부터 직원들이 금융 이해력과 돈 관리 기술에 관한 세미나를 점점 더 많이 개최하고 있습니다. 특히 두 가지 주요 금융 이해력 프로그램은 직원 주도로 시작되었으며, 많은 직원들이 케이프 요크의 금융 포용성 이니셔티브(Cape York fnancial inclusion initiative)에 참여했습니다."

세계화와 국제 자원 봉사

세계화가 진행됨에 따라 기업재단과 기업의 자선 활동도 글로벌화되고 있으며, 국제 자원봉사가 증가하는 추세다. CF3은 모기업과 함께 글로벌 기업으로 도약하면서, 이는 사회공헌 활동에도 영향을 미쳤다.

> "처음 설립 당시에는 호주에서만 운영되었지만 지금은 전 세계로 진출했습니다. […] 2010년과 2011년에 쓰나미로 큰 피해를 입은 일본과 파트너십을 맺었습니다. 매 분기마다 30~40명으로 구성된 자원봉사단을 파견하여 지역사회와 지속적으로 협력하고 있습니다."(CF3)

국제 자원봉사로의 전환은 CF1의 모기업인 CF1의 직원 설문조사에도 반영되었다.

- “작년에 해외 자원봉사에 참여했었죠. 올해는 국내에서만 참여할 수 있었습니다.”
- “저는 [CF1]의 기부금에 대한 실사를 수행하기 위해 직장에서 주최한 캄보디아 여행에 참여했습니다.”

전략적 CSR

기업재단과 CSR 부서 모두에서 일어나고 있는 또 다른 변화는 전략적 CSR로의 전환이다. ‘무작위적인 자선 행위’에서 벗어나 회사의 핵심 운영 및 사명과 연계된 기부로 나아가고 있다. CF2는 지난 몇 년 동안 회사의 자선 활동이 어떻게 더 전략적으로 변모했는지 돌아봤다.

> “초기에는 전략적 접근이라기보다는 회장과 고위 경영진의 개인적 선택이 더 큰 영향을 미쳤습니다. 당시에는 일부 고위 임원이 본인이 열정을 갖고 있는 단체에 수표를 기부하는 방식이 주를 이뤘습니다. 그러나 10~15년 전쯤 우리는 재단 활동을 기업과 연계하는 것이 훨씬 더 효과적이라는 점을 인식하게 되었습니다. 이는 직원들에게도 훨씬 자연스럽게 받아들여졌습니다. 우리는 고위 임원이 주도하던 기부 방식에서 벗어나, 전 세계 어느 곳의 등록된 자선단체를 위해 직원들이 자발적으로 모금 활동을 하고, 그 기부금에 회사가 매칭을 제공하며, 관리자들이 직원이 보유한 역량을 지역사회 단체에 환원할 수 있도록 지원하는 방식으로 전환하는, 이른바 ‘주도권 전환 모델(flip model)[23]’을 도입하게 되었습니다.”(CF2)

기업재단은 모기업과 일치하는 목표를 개발했지만, 외부인에게는 그 일치 여부가 명확하지 않을 수 있다. 예를 들어, 이 건설 회사는 정신 건강이 업계에서 중요한 이슈이기 때문에 안전과 정신 건강에 많은 초점을 맞추었다.

---

[23] 번역자 주 : 기존의 위계적 기부 방식에서 벗어나, 조직 구성원에게 자율성을 부여하고 참여를 유도하는 구조 전환 모델을 의미한다.

“우리는 정신 건강, 신체 건강과 같은 부분에 훨씬 더 집중해 왔어요. 최근 우리가 훨씬 더 집중하고 있는 이니셔티브는 정신 건강입니다. 재단을 통해 정신 건강 프로그램을 운영하고 있으며, 회복 탄력성, 스트레스, 전략적 관리, 자살 예방 프로그램 등 다양한 프로그램을 진행하고 있습니다. 또한 재단은 전 세계적으로 정신 건강 프로그램을 제공하는 다른 단체와도 협력하고 있습니다.”(CF3)

따라서 이 재단은 무작위적인 자선 활동에서 벗어나 집중적이고 전략적인 자선 활동으로 전환했다.

“사람들과 연결되지 않으면, 자금은 무작위로 쓰이기보다 특정한 방향으로만 흐르게 됩니다. 만약 우리가 브랜딩이나 마케팅 전략에 따라 단지 무작위로 어떤 활동을 시작한다면, 사람들은 그것을 이해하지 못하고 공감하기도 어려울 것입니다. 결국 이는 사회적 원인(cause)을 형성하고, 그 원인에 긍정적인 영향을 미치려는 우리의 노력 — 즉, 해당 분야에서 변화를 만들어내고자 하는 자선단체나 전문가들과의 협력 — 에도 장애가 됩니다.”(CF3)

연례 자원봉사의 날 변화

연례 자원봉사 활동의 변화 중 또 다른 중요한 점은, 때로는 전 세계적으로 자원봉사를 하는 것이 가장 효과적인 기부 방법이 아닐 수 있다는 인식이 확산된 것이다. 비영리 단체의 요구는 하루 이상의 기부 활동을 필요로 하고, 많은 직원들이 1년에 한 번 이상 자원봉사를 하고 싶어 했다. 이에 CF3은 “커뮤니티 데이”라는 연례 자원봉사의 날에서 벗어나, 직원들이 연중 언제든지 자원봉사를 할 수 있는 “커뮤니티 365” 프로그램으로 전환했다.

“직원들의 피드백은 연례 자원봉사의 날을 넘어 더 많은 커뮤니티 데이를 진행하자는 것이었습니다. 하루가 아닌 더 긴 시간을 할애하면 24시간이 아닌 학교 전체에 더 큰 도움을 줄 수 있기 때문입니다. 직원들은 더 많은 시간을 원했고, 더 긴 시간 동안 파트너십을 맺어 실제로 영향력을 발휘하며 자신의 기술을 더 많이 사용할 수 있기를 원했습니다. 이러한 피드백을 바탕으로 1년 365일 자원봉사를 하는 '커뮤니티 365' 프로그램이 탄생했습니다. 따라서 우리는 커뮤니티의 날 외에도 일반 자원봉사를 장려하고 있습니다."(CF3)

사회적 영향력 측정

기업재단의 사회적 영향력을 측정하고 보고하는 것에 대한 관심이 높아지고 있다. 많은 기업재단이 데이터를 수집하고, 직원들의 기부 시간 등 단순한 투입량 이상의 사회적 영향력을 보고하고자 한다. 이러한 임팩트를 직원들에게 전달하면 회사가 CSR을 실천하는 이유를 이해하고 참여를 촉진하는 데 도움이 될 수 있다. CF3은 다음과 같이 설명했다.

"우리는 전체 지속가능성 부서를 운영하며, 재단은 이를 실현하기 위한 또 다른 수단에 불과합니다. 우리는 직원들의 참여와 기여를 활용하며, 직원들은 자신이 참여하고 있다고 느끼고, 그 공간에서 변화를 만들어가는 데 일조하고 있다고 생각합니다. 그리고 그들은 우리가 왜 이 일을 하는지 이해합니다."(CF3)

이를 위해 기업재단은 직원과 비영리 단체와 다양한 단계의 목표를 논의하고, 목표가 어떻게 달성되었는지를 측정한다. CF2는 프로그램 시작 전 인터뷰나 설문조사를 통해 측정과 평가를 논의하며, 프로그램 종료 후 6~12개월이 지난 시점에서 두 가지 측면을 확인한다고 말했다.

"우리는 프로그램 시작 전 인터뷰나 설문조사를 통해 측정과 평가를 논의하고, 프로그램 종료 후 6~12개월이 지난 시점에서 우리 측의 관점에서는 직원 역량 강화를, 자선단체의 관점에서는 프로그램에서 기대하는 것이 무엇인지 파악한다. 자선단체가 프로그램에서 무엇을 기대하고 있는지, 우리가 어떤 역량을 키우기를 원하는지, 자선단체가 기대하는 결과물을 얻었는지 두 가지 목적을 위해서 파악한다. 6개월 후, 자선단체가 생각했던 대로 실제로 영향력을 발휘하고 있는지 추적한다."(CF2)

하지만 20개 기업재단의 보고서를 검토한 결과, 대부분은 결과와 영향보다는 투입과 활동(예: 몇 명의 직원이 몇 시간 동안, 어떤 단체를 위해, 무엇을 했는지)에 대해 보고하고 있다는 사실이 드러났다.

12.5.3 자원봉사를 강화하기 위한 동기 부여

기업재단들은 자원봉사를 강화하기 위한 가장 강력한 동기에 대해 논의했다. 위의 문헌 검토를 통해 기업재단도 자원봉사를 강화하려는 도덕적 동기와 도구적 동기를 가지고 있음을 알 수 있었다. 본 연구에서 발견한 가장 강력한 동기는 도덕적 동기로, 이는 좋은 기업 시민이 되고 옳은 일을 하는 것에 초점을 맞추고 있다.

"그중 일부는 좋은 기업 시민이 되는 것입니다. 이는 전 세계가 우리 기업을 원하고, 우리 기업이 지역사회에 열정적으로 관여하고 직원들도 참여하는 방법을 고취시키고 실제로 참여한다고 생각합니다."(CF3)

자원봉사를 강화하는 또 다른 강력한 동기는 모기업 직원들의 참여를 유도하고, 인재를 유치하며, 헌신과 성과에 대한 HRM 혜택을 제공하는 것이었다. CF4는 직원에 집중하기 위해 재단을 HR 부서로 옮겼다.

"제가 재단에 근무하였던 7년 동안 여러 부서에서 여러 이해관계자로부터 자리를 옮겼습니다. 재무 및 지원금 부서에서 시작하여 HR 부서로 옮겼습니다. 결국 직원 참여가 중요해졌습니다. 그래서 어떻게 하면 직원들이 더 많이 참여할 수 있는 지원금 프로그램을 개발할 수 있을까? 어떻게 하면 직원들이 외부가 아닌 재단에 더 많이 참여할 수 있을까? 등에 대해 고민했습니다(CF4).”

또 다른 기업재단 담당자는 기업 자원봉사의 기회를 제공함으로써 직원과 모기업이 얻을 수 있는 모든 혜택을 자세히 설명하며 다른 동기 부여를 설명했다.

“직원들은 얼마나 집중적으로 일하고 얼마나 많은 시간을 쉴 수 있는지에 대해 지원을 받는다고 느끼며, 이러한 유연성을 더 많이 가질수록 자원봉사가 그 일부가 됩니다. 우리가 하고자 하는 것은 유연성의 일환으로 커뮤니티 지원금, 자원봉사에 참여할 수 있도록 하고, 기금을 신청할 수 있도록 하는 것인데, 이를 통해 충성심이 생기고 근무 시간 이후에도 이러한 활동에 참여하는 것에 행복감을 느낄 수 있다고 생각합니다.”(CF3)

직원들의 자원봉사 동기

위에서 설명한 자원봉사를 강화하기 위한 조직적 동기 외에도 직원들은 기업재단의 업무를 통해 스스로의 참여 동기가 높아졌다고 말했다. CF1과 CF4의 직원들은 온라인 설문조사에 참여하여 기업재단의 업무가 자원봉사에 대한 동기에 어떤 영향을 미쳤는지 설명했다.

- “[CF1]은 자원봉사와 사회/환경 이니셔티브에 참여할 수 있는 돈, 자원, 휴가를 제공합니다. 이는 회사 문화의 큰 부분이기 때문에 이곳에 와서 이전 회사에서보다 훨씬 많이 참여할 수 있는 기회를 얻었습니다.”
- “이전 회사에서는 선택 사항이 아니었습니다. 또한 모기업에 입사한 후 장기적인 목표를 세웠는데, 바로 엔젤 플라이트(Angel Flights)[24]에 자원봉사를 하는 것이었습니다. 현재 저는 동료 [직원]들과 비용을 분담하여 필요한 시간을 ‘주도’하고 있습니다.”

---

[24] 번역자 주 : Angel Flights는 자원봉사 활동의 일환으로 언급된 구체적인 목표로 보인다. 이전 회사에서는 자원봉사와 관련된 기회가 없었지만, 모기업(Mother Company)에서 제공하는 자원과 시간을 활용하여 Angel Flights와 같은 자선 활동에 참여하고 있다는 내용이다.

12.5.4 기업재단과 CSR 부서의 차이점

기업재단의 보고서 20건과 CSR 부서의 보고서 20건을 분석한 결과, 대표적인 표본은 아니지만 흥미로운 차이점을 발견했다. 기업재단의 65%는 기부와 자원봉사에 대한 명확한 초점 영역을 가지고 있는 반면, CSR 부서는 25%에 불과했다. 기업재단과 CSR 부서 모두 주로 자원봉사 유급 휴가와 매칭 기부 기금을 통해 직원들의 자원봉사를 지원하고 있었다. 기업재단의 절반 이상(55%)이 기술 기반 자원봉사를 언급한 반면, CSR 보고서는 25%에 불과했다. 조사 대상 기업재단은 더 많은 가상(온라인) 자원봉사 기회를 제공한 반면, CSR 부서는 더 많은 국제 자원봉사 프로그램을 제공했다. 또한, 기업재단은 CSR 부서보다 사회적 영향력을 더 많이 측정하고 보고하는 경향이 있었다.

서로 다른 동기

기업재단과 CSR의 차이에 대해 논의할 때, 기업재단 담당자들은 주로 서로 다른 동기와 그것이 행동에 미치는 영향에 대해 이야기했다. 연구에 참여한 인터뷰 참가자들에 따르면, CSR 부서는 직원 참여와 마케팅에 중점을 두는 반면, 기업재단은 커뮤니티의 요구에 더 집중한다고 한다.

> "재단이 제공하는 것은 자선활동에 대한 보다 순수한 관점입니다. 따라서 우리는 '우리가 정말 훌륭한 브랜드라는 걸 보여주기 위해 이 일을 한다.'는 것이 아니라, 사회에 영향력을 끼치고 있다는 점입니다. CSR 담당자들은 '우리를 봐요, 우리는 직원, 신규 채용자들을 신경 쓰고 있습니다.'라는 식으로 정말 좋은 일을 하고 싶어 합니다. 기업재단이 추구하는 가치는 자선활동을 순수하게 유지한다는 점이라고 생각합니다."(CF1)

보다 전략적인 CSR

인터뷰에서 나타난 또 다른 차이점은 전략적 CSR에 관한 것이었다. 전략적 CSR은 기업의 핵심 운영과 더 잘 연계되는 총체적인 접근 방식을 채택하는 것이다(Werther & Chandler, 2011). 본 연구에 따르면, 재단은 모기업의 핵심 사업과 더 밀접하게 연계되어 있으며, 보다 전략적인 CSR과 자선활동을 제공했다. 따라서 기업재단이 더 효과적이고 성공적일 수 있다고 생각했다.

> "저는 재단이 실제로 더 성공할 수 있다고 생각합니다. 확실히 저희는 그랬죠. 다른 재단에 대해서는 구체적으로 말씀드릴 수 없습니다. 재단이 하고자 하는 일과 재단의 CSR 의제(agenda)가 일치하고, 재단의 목적과 부합한다면 더 좋다고 생각합니다. 저희의 경우, 청소년 암[25]을 돕는다고 하는 것은 말이 안 되죠."(CF3)

모호해지는 경계

그러나 일부 기업재단에서는 예전만큼 차이가 크지 않아서 CSR 부서와의 경계가 모호해졌다고 이야기했다.

> "CSR은 비즈니스와 비즈니스 프로세스, 비즈니스 니즈 등 비즈니스와 매우 밀접한 관련이 있습니다. 특히 기업재단이 비즈니스와 밀접하게 연계되어 있는 기업 세계에서 CSR과 재단 사이의 경계가 모호해지는 현상이 일어나고 있다고 생각합니다."(CF1)

12.6 논의

본 연구에서는 기업재단이 어떻게 개인과 기업의 자원봉사를 향상시키는지 설명한다. 연구에 따르면, 기업재단은 CSR 부서와 마찬가지로 모기업 직원들의 자원봉사를 지원하는 것으로 나타났다. 이들은 자원봉사를 위한 유급 휴가를 제공하고 직원들이 직장 안팎에서 자원봉사를 할 수 있도록 장려한다. 기업재

[25] 번역자 주 : 위 Angel Flights와 비슷한 맥락으로 자신들의 재단이나 CSR 목표가 청소년 암 지원과는 연결되지 않는다는 점을 강조하고 있다. "청소년 암"은 그들이 해결하려는 주요 문제가 아니며, 이 재단의 목표와 더 잘 맞는 다른 사회적 목적이나 목표가 있을 것이라는 의미를 담고 있다.

단은 모기업으로부터 독립되어 있기 때문에 고용주 주도보다는 직원 주도의 기업 자원봉사에 더 중점을 두는 경향이 있다(Herlin & Pedersen, 2013). 또한, 전통적인 지원금 제공 역할(Anheier, 2001)을 수행하며, 자원봉사를 원하는 직원에게 지원금을 제공하거나 직원들의 시간을 기부금과 매칭하는 방식으로 재정적 지원을 제공하기도 한다.

본 연구를 통해 기업 자원봉사와 관련하여 최근 기업재단에서 일어나고 있는 변화들을 확인할 수 있었다. 인터뷰에 응한 기업재단 대표들은 일반 자원봉사가 아닌 기술 기반 자원봉사로의 전환을 이야기했다. 또한, 모기업의 글로벌화에 맞춘 국제 자원봉사에 대해서도 언급했다. 모기업이 가장 잘할 수 있는 분야와 직면한 문제를 파악하여 어떤 분야에 집중할지 결정하는 전략적 CSR의 변화가 점점 더 커지고 있다(Werther & Chandler, 2011). 이전에는 대부분 투입과 활동 측정에 초점을 맞추었지만, 기업재단은 이전보다 더 많이, 그리고 CSR 부서보다 더 많은 영향력 측정에 집중하는 경향을 보인다(Haski-Leventhal & Mehra, 2016).

또한, 기업재단이 직원들을 자원봉사에 참여시키는 몇 가지 동기도 발견했다. 가장 일반적인 동기는 모기업이 좋은 기업 시민이 되는 데 도움이 되고 직원들의 참여를 유도하는 것이었다(Ostrower, 2006). 이는 CSR 및 기업 자원봉사에 대한 동기 부여에 관한 문헌과 일치하는 결과이지만, 기업재단이 별도의 법인임에도 불구하고 모기업의 직원들을 참여시키는 데 효과적으로 활용될 수 있음을 보여준다.

연구 참여자들과 직접 기업재단과 CSR 부서의 차이점을 논의하고 40개의 보고서를 검토한 결과, 자원봉사와 관련해서 두 부서 간에 큰 차이를 발견하지 못했다. 발견한 차이점은 동기 부여와 관련된 것이었으며, 기업재단은 지역사회에 더 집중하는 반면, CSR 부서는 (기업재단에 따르면) 회사의 브랜드와 마케팅에 더 관심이 많았다. 기업재단은 CSR 부서보다 기업의 사명, 핵심 운영, 그리고 관련 이슈에 맞춰 활동을 진행하는 전략적 CSR에 더 집중하는 경향이 있었다.

이 장에서는 기업 자원봉사에 대해 긍정적으로 접근하여 기업재단이 자원봉사를 촉진하는 역할을 조명했지만, 기업 자원봉사에는 부정적인 측면도 있을 수 있음을 기억하는 것이 중요하다. 기업과 직원에게 발생하는 관련 비용뿐만 아니라, 기업이 하고자 하는 일과 비영리 단체가 필요로 하는 일이 일치하지 않을 수 있기 때문에 크고 작은 문제가 발생할 수 있다. 이번 연구에서는 이러한 부정적인 측면은 발견되지 않았지만, 일부 직원들이 기업 자원봉사에 참여하기를 꺼려한다는 점을 발견했다. 모든 이해관계자에게 혜택이 돌아가기 위해서는 자율성이 매우 중요하다는 사실도 확인되었다.

12.7 이론 및 후속 연구에 대한 제안

본 연구는 기업 자원봉사에 대한 기업재단과 CSR의 차이를 조사한 최초의 연구로, 기업재단에 대한 이해뿐만 아니라 기업 자원봉사에 대한 지식에도 기여하고 있다. 특히, 기업재단을 영리 조직과 비영리 조직 사이의 혼합적 조직으로 볼 수 있다는 점에서 혼합성 이론에 기여한다(Doherty *et al.*, 2014). 따라서 본 연구는 기업 자원봉사를 촉진하는 기업재단의 역할뿐만 아니라 이러한 혼합적 조직의 이중적 목적을 이해하는 데 중요한 의미를 지닌다. 후속 연구에서는 제도적 이론을 활용하여 이러한 차이점이 이론과 실무에 미치는 영향을 더 깊이 조사할 수 있다. 또한 자원봉사를 강화하는 데 있어 기업재단의 역할을 명확히 하고, CSR 부서와의 비교를 위한 대규모 양적 연구를 권장한다. 마지막으로, 본 연구는 호주에서 수행되었기 때문에 다른 지역에서의 추가 연구도 중요하다.

12.8 실무에 대한 시사점

기업재단은 개인 및 기업의 자원봉사를 향상시키는 데 중요한 역할을 한다. 이를 위해서는 모기업의 입장과 무엇을 의미하는지, 주요 이슈가 무엇인지 이해하고, 전략적으로 연계된 기업 자원봉사의 기회를 제공해야 한다. 개인 및 기업 자원봉사의 최근 트렌드를 이해하면 직원 주도형 기업 자원봉사, 기술 기반 기업 자원봉사, 국제 및 온라인 자원봉사 기회 등 직원들에게 더 나은 기회를 제공하는 데 도움이 될 수 있다.

본 연구에서 기업재단이 관심을 가져야 할 중요한 결과는 비영리 단체, 직원, 모기업의 요구를 반드시 충족시키지 못하는 연간 하루의 기업 자원봉사에서 벗어나야 한다는 것이다. 연중 유연하고 접근하기 쉬운 기업 자원봉사의 기회를 제공하는 것이 직원들의 기업 자원봉사에 대한 참여를 늘리는 열쇠가 될 수 있다. 본 연구에 참여한 일부 기업재단은 기업 자원봉사 프로그램에 대한 직원들의 피드백을 요청하기도 했다. 이러한 지속적인 커뮤니케이션을 통해 기업재단은 직원들의 요구에 맞는 기업 자원봉사 기회를 제공할 수 있다. 또 다른 중요한 문제는 사회적 영향력을 측정하고 직원들에게 보고하는 것인데, 이를 통해 기업재단이 무엇을 하고 있는지, 그 이유와 직원들의 참여가 무엇을 기록으로 남길 수 있는지 이해할 수 있다.

참고문헌

Adloff, F. (2009). What encourages charitable giving and philanthropy? *Ageing and Society, 29*(08), 1185-1205.

Aguilera, R. V. (2007). Putting the S back in corporate social responsibility: A multilevel theory of social change in organizations. *Academy of Management Review, 32*(3), 836-863.

Aguinis, H., & Glavas, A. (2012). What we know and don't know about Corporate Social Responsibility. A review and research agenda. *Journal of Management, 38*(4), 932-968.

Anheier, H. K. (2001). *Foundations in Europe: A comparative perspective.* London: Centre for Civil Society, London School of Economics and Political Science.

Basil, D. Z., & Erlandson, J. (2008). Corporate social responsibility website representations: A longitudinal study of internal and external self-presentations. *Journal of*

Marketing Communications, 14(2), 125-137.

Benjamin, E. (2001). A look inside corporate employee volunteer programs. *The Journal of Volunteer Administration, 19*(2), 16-32.

Bowen, G. A. (2009). Document analysis as a qualitative research method. *Qualitative Research Journal, 9*(2), 27-40.

Bronn, P. S. (2009). Corporate motives for social initiative: Legitimacy, sustainability, or the bottom line? *Journal of Business Ethics, 87*(1), 91-109.

Brown, O. H. (2006). Corporate philanthropic practices. *Journal of Corporate Finance, 12*(5), 855-877.

Bussell, H., & Forbes, D. (2008). How UK universities engage with their local communities: A study of employer supported volunteering. *International Journal of Nonprofit and Voluntary Sector Marketing, 13*(4), 363-378.

Carroll, B. (1979). A three-dimensional conceptual model of corporate performance. *Academy of Management Review, 4*(4), 497-505.

Charmaz, K. (2008). Grounded theory as an emergent method. In S. Hesse-Biber & P. Leavy (Eds.), *Handbook of emergent methods* (pp. 155-172). New York: The Guilford Press.

Chong, M. (2009). Employee participation in CSR and corporate identity: Insights from a disaster-response program in the Asia-Pacific. *Corporate Reputation Review, 12*(2), 106-119.

Cnaan, R. A., Handy, F., & Wadsworth, M. (1996). Defining who is a volunteer: Conceptual and empirical considerations. *Nonprofit and Voluntary Sector Quarterly, 25*(3), 364-383.

DiCicco-Bloom, B., & Crabtree, B. F. (2006). The qualitative research interview. *Medical Education, 40*(4), 314-321.

Diprose, K. (2012). Critical distance: Doing development education through international volunteering. *Area, 44*(2), 186-192.

Doherty, B., Haugh, H., & Lyon, F. (2014). Social enterprises as hybrid organizations: A review and research agenda. *International Journal of Management Reviews, 16*(4), 417-436.

Fombrun, C. J. (1990). What's in a name? Reputation building and corporate strategy. *Academy of Management Journal, 33*(2), 233-258.

Grant, A. M. (2012). Giving time, time after time: Work design and sustained employee participation in corporate volunteering. *Academy of Management Review, 37*(4), 589-615.

Griffin, J. P. (2014). Corporate responsibility: Initiatives and mechanisms. *Business & Society,*

53(4), 465-482.

Haski-Leventhal, D. (2018). *Strategic Corporate Social Responsibility: Tools and theories for responsible management*. London: SAGE.

Haski-Leventhal, D., & Mehra, A. (2016). Impact measurement in social enterprises: Australia and India. *Social Enterprise Journal, 12*(1), 78-103.

Haski-Leventhal, D., Meijs, L. C. P. M., & Hustinx, L. (2010). The third-party model: Enhancing volunteering through governments, corporations and educational institutes. *Journal of Social Policy, 39*(01), 139-158.

Haski-Leventhal, D., Roza, L., & Meijs, L. C. (2017). Congruence in corporate social responsibility: Connecting the identity and behavior of employers and employees. *Journal of Business Ethics, 143*(1), 35-51.

Herlin, H., & Pedersen, J. T. (2013). Corporate foundations: Catalysts of NGO-business partnerships? *Journal of Corporate Citizenship, 2013*(50), 58-90.

Kotler, P., & Lee, N. (2005). *Corporate social responsibility: Doing the most good for your company and your cause*. Hoboken: Wiley.

Kramer, M. P. (2006). *Uncommon partners: The power of foundation and corporation collaboration.* Cambridge: John F. Kennedy School of Government, Harvard University.

Lee, L. H., & Higgins, C. (2001). Corporate volunteering: Ad hoc interaction or route to dialogue and partnership? *Journal of Corporate Citizenship, 1*(4), 79-90.

Marquis, C. G. (2007). Community isomorphism and corporate social action. *Academy of Management Review, 32*(3), 925-945.

Mirvis, P. (2012). Employee engagement and CSR: Transactional, relational, developmental approaches. *California Management Review, 54*(4), 93-117.

Muthuri, J. M. (2009). Employee volunteering and social capital: Contributions to Corporate Social Responsibility. *British Journal of Management, 20*(1), 75-89.

O'Mahony, S. A. (2008). Boundary organizations: Enabling collaboration among unexpected allies. *Administrative Science Quarterly, 53*(3), 422-549.

Ostrower, F. (2006). Foundation approaches to effectiveness: A typology. *Nonprofit and Voluntary Sector Quarterly, 35*(3), 510-516.

Petrovits, C. M. (2006). Corporate-sponsored foundations and earnings management. *Journal of Accounting and Economics, 41*, 335-362.

Plewa, C. C. (2015). The impact of corporate volunteering on CSR image: A consumer perspective. *Journal of Business Ethics, 127*(3), 643-659.

Ricks, J. A. (2005). Strategic corporate philanthropy: Addressing frontline talent needs through an educational giving program. *Journal of Business Ethics, 60*(2), 147-157.

Rodell, J. B. (2013). Finding meaning through volunteering: Why do employees volunteer and what does it mean for their jobs? *Academy of Management Journal, 56*(5), 1274-1294.

Rodell, J. B. (2015). Employee volunteering: A review and framework for future research. *Journal of Management, 42*(1), 55-84.

Sharma, S. H. (2005). Stakeholder influences on sustainability practices in the Canadian forest products industry. *Strategic Management Journal, 26*, 159-180.

Sprinkle, G. B., & Maines, L. A. (2010). The benefits and costs of corporate social responsibility. *Business Horizons, 53*(5), 445-453.

Strauss, A., & Corbin, J. (1994). *Grounded theory methodology: Handbook of qualitative research.* Thousand Oaks: SAGE Publications.

van der Voort, J. G. (2009). Managing corporate community involvement. *Journal of Business Ethics, 90*(3), 311-329.

von Schnurbein, G. (2009). Foundations as honest brokers between market, state, and non-profits through building social capital. *European Management Journal, 28*(6), 413-420.

Wainwright, C. (2005). *Building the case for corporate volunteering.* Retrieved 7.12.16 from: http://www.volunteering.com.au/wp-content/uploads/2016/01/The-Business -Case- for-Corporate-Volunteering.pdf

Werther, W. B., & Chandler, D. (2011). *Strategic corporate social responsibility: Stakeholders in a global environment*. London: Sage Publications Ltd.

Westhues, M., & Einwiller, S. (2006). Corporate foundations: Their role for corporate social responsibility. *Corporate Reputation Review, 9*(2), 144-153.

Wilson, J. (2000). Volunteering. *Annual Review of Sociology, 26*, 215-240.

Wilson, J. (2012). Volunteerism research: A review essay. *Nonprofit and Voluntary Sector Quarterly, 41*(2), 176-212.

Debbie Haski-Leventhal 호주 맥쿼리 대학교(Macquarie University)의 경영학 교수이자, 사회적 기업 석사과정(Master of Social Entrepreneurship)의 프로그램 디렉터이다. 주요 연구 분야는 자원봉사 및 기업의 사회적 책임(CSR)으로, 유엔 세계 자원봉사 현황 보고서(United Nations State of the World Volunteerism Report)의 공동 저자이기도 하다. 주요 연구 성과는 *Human Relations, Journal of Business Ethics, Nonprofit and Voluntary Sector Quarterly(NVSQ), Voluntas* 등 국제 학술지에 게재되었다.

제13장 기업재단의 정치적 성격에 대한 재검토: 스웨덴의 사례

Johan Hvenmark and Johan von Essen

요약 거의 10년 전, 학계의 지식은 입법, 이사회 구성, 경영, 사회적 기여와 관련된 문제에 집중하면서 재단의 정치적 성격을 간과하고 있다는 주장이 제기되었다. 이러한 주장은 여전히 유효한 것으로 보이며, 이 장의 목적은 기업재단의 정치적 성격을 탐구하는 것이다. 이를 위해 이 장에서는 복지 제공에 대한 새로운 사회적 상상의 윤곽을 기업재단의 관점에서 도출한다. 이 분석은 스웨덴의 기업재단에 관한 설문조사 데이터와 스웨덴의 4개 기업재단 대표와의 인터뷰를 바탕으로 조직의 비전과 복지에 대한 인식된 기여도 간의 관계를 살펴본다. 이 장의 주요 결론은 이러한 조직들의 중개적 위치를 차지하고 있다는 점과 관련이 있다. 즉, 이들은 기업환경과 공공복지 시스템의 경계를 넘나들며, 두 영역 모두 동시에 영향을 미칠 수 있는 잠재력을 가지고 있다. 이를 통해 이들은 규범, 가치, 그리고 실천 방식을 상호 전달하는 역할을 수행한다. 또한 기업재단의 정치적 중요성은 사회에서 복지에 대한 새로운 정치적 비전을 표현하고 담는 그릇이라는 것에서도 찾을 수 있다.

키워드 정치적 중요성 - 기업재단 - 복지 국가 - 중개자적 위치

13.1 서론

거의 10년 전, 학계의 지식이 재단의 정치적 성격을 간과하고 입법, 이사회 구성, 경영, 사회 기여와 관련된 문제에 치우쳤다는 주장이 제기되었다(Anheier & Daly, 2007a). 이 주장은 여전히 유효한 것으로 보이며, 이 장의 주요 목적은 기업자선재단[23]의 정치적 성격을 탐구하는 것이다. 이를 위해 이 장에서는 기업재단

23 이 책의 다른 장과 일관성을 유지하기 위해 '기업 자선재단'이라는 용어 대신에 '기업재단'이라는 용어

의 관점에서 스웨덴 사회에서 복지 제공에 대하여 새로운 사회적 상상력[26]의 윤곽을 연구한다.

이 장에서는 스웨덴 기업재단에 관한 설문조사 데이터와 기업재단 담당자들과의 인터뷰를 통해 비전과 사회복지에 대한 기여도 간의 상관관계를 분석한다. 본 연구는 다음과 같은 질문을 중심으로 진행되었다. 기업들은 왜 재단을 조직 형태로 선택하는가? 기업재단 대표들은 자신들의 조직과 설립 법인 간의 관계를 어떻게 인식하고 있으며, 자신들의 조직과 공공복지 시스템 간의 관계를 어떻게 설명하는가? 마지막으로, 복지 제공에 대한 비전은 무엇이며, 복지 제공의 책임이 사회에서 어떻게 분배되어야 한다고 생각하는가?

스웨덴은 20세기 대부분 동안 복지 제공에 관한 제도와 이해를 규정해 온 사회 계약이 변화하고 있는 상황이라 기업재단의 정치적 성격을 탐구하기에 적합한 맥락으로 보인다(Trägårdh, 2012). 1980년대 후반 신자유주의가 스웨덴에 들어오면서 민영화와 복지 서비스 축소, 시장 해결책, 사회적 기업가 정신, CSR 이니셔티브에 대한 신뢰의 증가가 일어나기 시작했다(Hartman, 2011; Hvenmark, 2013; Svedberg & Olsson, 2010). 이러한 변화와 함께 재단은 스웨덴에서 정당성을 얻고 영향력이 커지며 이전보다 더 주목받고 수용되는 경향을 보인다(Wijkström, 2007). 비록 스웨덴의 기업재단이 예전에도 주목받은 적이 있지만(Wijkström & Einarsson, 2004), 사회 문제와 복지 서비스 제공과 관련된 이 특별한 유형의 기업재단에 대해서는 아직 연구가 부족한 상태이다.

를 사용한다. 다만, 논의 범위는 복지 제공자로서 역할하는 기업재단에 한정한다.

[26] 번역자 주 : C. Wright Mills가 처음 제시한 개념으로, 사회적 문제와 그 해결책을 새로운 방식으로 상상하고 이해하는 능력을 의미한다. 즉, 사람들이 자신과 사회를 이해하는 방식을 넘어서서, 사회 구조와 개인의 관계, 그리고 사회 변화의 가능성을 창의적이고 비판적인 시각으로 바라보는 능력을 말한다. 예) 복지 정책에 대한 사회적 상상력은 기존의 복지 시스템을 단순히 개선하는 것에 그치지 않고, 사회적 가치나 구조적 변화가 필요한 부분을 창의적이고 혁신적인 시각으로 바라보는 것이다.

13.2 분석틀(Framework)

현대 스웨덴 사회는 19세기 후반 대중 운동의 영향을 받았고, 1930년대 초에는 '강한 사회'라는 사회민주주의 정치 비전으로 실현되었다(Ekström von Essen, 2003). 이 정치적 비전은 사회민주당의 오랜 집권 덕분에 전후 기간 동안 스웨덴 사회에 깊은 영향을 미쳤다. 이 시기에 복지와 사회적 돌봄은 사회적 권리로 인정되었으며, 국가와 공공 부문의 책임이 되었다. 이는 사회사업에 대한 참여 확대와 전문성 강화를 의미했다. 그로 인해 사회적 대의와 자선 단체를 위한 자원봉사는 가부장적이고 비과학적이며 구시대적인 것으로 간주되었고, 이는 자원봉사 활동의 감소로 이어졌다.

스웨덴은 여전히 복지국가와 사회민주주의 시민사회를 기초로 한 근대적 사회 비전의 영향을 많이 받고 있다. 그러나 1980년대 이후 공공복지 시스템 외부의 주체들에 의한 복지 제공을 장려하는 경쟁적 정치 비전(Reuter *et al.*, 2012)이 등장하며 이에 도전받고 있다. 스웨덴 시민사회 역시 영향을 받았고, 자선단체의 복귀를 촉진한 (재)혼합화 과정(Wijkström, 2011)은 스웨덴의 복지국가와 시민사회의 미래에 대한 논쟁을 불러일으켰다. 전통적인 사회 계약과 새로운 비판적 정치 비전 사이에는 현재 기업재단과 관련 정치적 비전이 등장하고 발전할 수 있는 것으로 보인다.

13.2.1 스웨덴의 재단

Nielsen(1972)에 따르면, 재단은 스웨덴 사회에서 이상하고 논쟁적인 정치적 존재로 묘사될 수 있으며, 그 존재에 대한 의문이 제기되어 왔다. 재단에 대한 이러한 회의적인 입장은 대중 운동과 관련이 있을 수 있는데(Lundström & Svedberg, 2003; Hvenmark & Wijkström, 2004), 이는 개방적이고 민주적인 회원 기반 협회가 이익과 서비스 조직 방식을 롤 모델로 제시하고 있다는 점과 관련이 있다

(Hvenmark, 2008). 또 다른 이유는 국가와 공공 부문이 한 세기 이상 스웨덴의 복지 제공을 지배해왔다는 사실과 관련이 있다(Sivesind, 2016). 이러한 상황은 재단이 참여할 여지를 거의 남기지 않았다. 이 두 가지 이유는 스웨덴 시민사회를 사회민주주의 체제로 특징짓는 데 기여했으며, 다른 시민사회 모델에 비해 사회적 돌봄과 복지 서비스가 더 주변적이라는 것을 의미한다(Salamon & Anheier, 1996).

스웨덴에 존재하는 재단의 수는 여전히 불분명하다. 2000년대 초반의 조사에 따르면, 스웨덴에는 35,000개에서 45,000개의 재단이 존재하며, 그중 대부분(20,000개에서 30,000개)은 소규모 재단이었다(Wijkström & Einarsson, 2004). 이들에 대한 구체적인 정보는 부족하지만, 그 반대의 경우도 마찬가지이다. 15,000개의 재단은 더 많은 자원을 보유하고 있으며, 이는 대부분 사회민주주의 비전이 내재되어 있는 것(Wijkström, 2007)으로 보인다.

재단은 경제적 잉여에 의존하기 때문에, 규모가 큰 재단일수록 더 많은 금전적 자원을 처분하는 주체에 의해 설립되었을 가능성이 크다(Wijkström, 2007). 예를 들어, 4,700개의 재단은 국가나 지방 정부 차원의 공공 부문 주체들에 의해 설립되었고, 스웨덴의 공공부문은 고세율 체제 내에서 상당한 자원을 축적할 수 있었다는 사실을 고려할 때, 20세기 후반에 스웨덴의 복지 시스템을 만들었다. 약 6,000개의 부유한 재단은 독립적이거나 시민 관련 재단으로 분류될 수 있다. 그러나 기업과 관련된 재단은 약 450개에 불과하다. 이 장에서 다루는 설문조사에서는 기업과 관련된 복지 제공을 하는 재단에 대해 좁고 구체적인 정의를 적용하고 있기 때문에, 이 수치는 다소 차이가 있을 수 있다.

13.2.2 기업재단 정의

기업재단에 대한 이해는 재산이나 자산이 기부자로부터 분리되어, 기부자가 정의한 특정 목표를 달성하기 위한 명시적 목적을 가지고 별도로 관리될 때 재단이 존재한다고 보는 기준에 기반한다(Wijkström, 2007). 이 기본 정의는 일반적으로 재단을 설명하지만, 재단의 유형을 구분하기 위해 세 가지 기준을 추가한다. 첫째, 기업재단은 기업과 관련된 이니셔티브와 자산에서 비롯되며, 스웨덴 내에서 해당 기업재단의 기반과 주요 운영이 이루어져야 한다. 둘째, 기업재단은 더 넓은 시민 그룹을 위한 활동을 해야 하며, 설립 기업의 전 직원과 같은 좁은 이해관계자 그룹을 위한 것이 아니어야 한다. 셋째, 기업재단은 스웨덴 복지 시스템의 핵심 영역(교육, 의료, 사회복지)과 관련된 사업을 운영해야 한다. 이러한 기준은 기금을 모아 지원하는 기업재단과 실제로 운영을 하는 기업재단을 구별하지 않는다(또는 두 종류의 기업재단 모두 포함될 수 있다). 실제로 설문조사에 참여한 대부분의 기업재단은 두 가지를 모두 수행하는 경향이 있었다.

13.2.3 기업재단의 정치적 성격

분석의 핵심은 재단의 존재와 사회 참여의 이념적 토대에 대한 관심을 포함한다. '정치적'이라는 의미는 일반적으로 제도화된 정치나 정치인, 공공 정책, 정당 정치를 넘어서는 의미로 이해된다(Sörbom, 2010). 즉, 재단은 전통과 사회적 가치의 보존, 소외계층에 대한 부의 재분배, 공공재 또는 준공공재의 제공, 사회 변화와 혁신 촉진 등 다양한 자선 활동과 사회공헌을 통해 여러 비전을 추구하고 사회에서 다양한 역할을 수행한다(Anheier & Daly, 2007a). 이 과정에서 재단은 정부 이니셔티브나 정당 정치와 관련이 있지만, 그 자체로 언론의 논의를 자극하고 여론에 영향을 미치며 사회적 갈등을 유발할 수 있다.

기업 대표들이 사회 문제를 해결하기 위해 금전적 자원을 따로 마련하기로 결정하는 순간부터 기업재단의 정치적 성격이 드러난다. 기업재단을 설립하는 행위 자체가 정치적 행위라는 주장이다(기업 사회공헌에 관한 논의는 Himmelstein(1997) 참조). 이 정치적 행위는 불투명한 특성을 가지며, 불우한 사람들에게 봉사하거나 기금을 지원하거나 사회적 대의를 위한 로비를 통해 사회에 영향을 미친다(Karl & Katz, 1987; Anheier & Toepler, 1999). 기업재단을 설립하고 구성하는 방식과 사회에서 기업재단이 어떻게 인식되는지에 따라 정치적 성격이 결정된다.

또한, 재단의 정치적 성격은 "시장 세력, 투표함, 그리고 외부 이해관계자로부터의 독립성"과 필연적으로 연결된다고 주장된다(Anheier & Daly, 2007). 즉, 재단의 독립성은 특정 맥락에서 재단이 얼마나 합법적이고 정당하게 보이는지와 관련이 있다. 이러한 정당성은 재단이 존재하고 활동할 수 있는 정치적 공간을 결정짓는 중요한 요소이다. 따라서 현대의 많은 복지 커뮤니티에서 재단에 충분한 공간이 주어지는 경향이 있다는 사실은 재단이 상당한 정당성과 광범위한 독립성을 누리고 있다는 것을 시사한다(Anheier & Leat, 2006). 그러나 이러한 독립성은 시간이 흐르고 상황에 따라 변할 수 있으며, 이는 지배적인 사회적 비전, 역할, 그리고 공공 기관이나 민간 기업 같은 다른 제도적 형태의 의존성에서 발생하는 기대와 기여로 인해 달라질 수 있기 때문에, 독립성을 당연하거나 완전한 것으로 간주하기 어렵다(Anheier & Daly, 2007b).

13.3 방법론 및 경험적 자료

13.3.1 재단 선정

스웨덴 기업재단에 관한 기록이 존재하지 않기 때문에 관련 재단에 대한 조사를 실시했다. 이를 위해 온라인으로 제공되는 스웨덴 카운티 행정위원회 등록부(http://web05.lans-styrelsen.se/stift)를 사용하여 재단의 이름, 목적, 자본금, 위치 등을 검색하였다. '기업', '사회공헌', '자선'을 적용하여 총 614개의 항목을 검색했으며, 스웨덴 카운티 행정위원회와의 논의를 통해 검색이 올바르게 수행되었음을 확인했다. 예비 심사 후, 위에서 언급한 세 가지 기준을 충족하는 후보군은 거의 없었다. '스웨덴', '비즈니스', '기업', '재단', '기업재단', '사회공헌', '자선'을 검색어로 적용한 google 검색과 모금을 전담하는 시민사회 단체의 등록부(www.insamlingskontroll.se) 검색을 함께 실시했다. 그 결과 총 34개의 스웨덴 기업재단이 발견되었으며, 이는 스웨덴에서의 기업재단이 드문 유형의 조직이라는 것을 나타낸다. 이 중 30년 이상 된 기업재단은 하나도 없었으며, 대부분 최근 20년 사이에 설립되었다. 이는 그 시대의 사회적, 정치적 변화와 관련이 있을 수 있다.

13.3.2 4개의 기업재단

이 목표를 달성하기 위해 사례 연구 접근법을 채택했다(Yin, 2014). 사례 조직을 선정할 때는 연간 배당금이 상당하고, 운영 범위가 넓으며, 사회적 영향력을 미칠 수 있는 잠재력이 있는 조직을 선정하는 것이 중요했다. 또한, 조직의 맥락이 사회적 상상력을 어떻게 표현하는지 살펴보기 위해 운영 방식, 배경, 연령, 범위가 서로 다른 조직을 선정했다. 그 결과, 설문조사에 참여한 34개의 기업재단 중 4개의 사례 조직을 선택했다. 또한, 인터뷰 외에도 이들 재단의 웹페이지에서 연례 보고서, 정관, 정책, 조직 설명 등의 공식 문서를 수집하여 분석했다. 아래는 선정된 4개의 기업재단을 간략하게 소개한다.

로날드 맥도날드 어린이 재단(Ronald McDonald Children's Foundation)

이 재단은 중증 질환을 앓고 있거나 입원한 어린이를 둔 가족들이 더 나은 삶을 살 수 있도록 돕는 것을 목표로 한다. 이를 위해 소아과 클리닉의 놀이방과 로날드 맥도날드 하우스를 운영하여, 가족들이 병원과 가까운 곳에서 집처럼 편안한 환경에서 머물 수 있도록 지원한다. 이 재단은 1990년, 낭포성 섬유증으로 딸을 잃은 로날드 맥도날드 초대 CEO의 주도로 설립되었다. 딸이 장기간 병원에 입원해 있는 동안 재단의 아이디어가 처음 시작되었으며, 이후 로날드 맥도날드는 계속해서 재단의 가장 큰 재정 후원자로 활동하고 있다.

H&M 재단(The H&M Foundation)

2007년 창립 60주년을 맞은 글로벌 의류 회사 H&M의 이사회는 6천만 SEK(스웨덴 크로나)[27]를 기부하여 H&M 재단을 설립하기로 결정했다. 이후 몇

---

[27] 번역자 주 : 2007년 기준으로 6천만 스웨덴 크로나(SEK)는 당시 환율(1 USD ≒ 6.76 SEK, 1 USD ≒ 929 KRW)을 적용할 경우 약 8.9백만 달러, 또는 약 82억 4천만 원에 해당한다. 이는 연평균 환율 기준의 추정치이며, 실제 환율에 따라 차이가 있을 수 있다.

년간 창립자 가족과 H&M 컴퍼니의 대주주로부터 1억 유로 이상의 추가 기부금을 받았다. H&M 재단은 스웨덴, 루마니아, 미국, 인도, 미얀마 등에서 사회 변화를 촉진하고 생활환경을 개선하는 것을 목표로 한다. 교육, 깨끗한 물, 평등과 관련된 문제를 해결하기 위해 현지 단체들과 협력하며 다양한 프로젝트를 운영하고 있다.

생명을 위한 아이디어(Idéer för Livet)

스웨덴 보험회사 스칸디아의 CEO는 사회적 문제 증가에 대응하기 위해 '생명을 위한 아이디어'를 1987년에 설립했다. 이 재단은 지원금과 장학금을 통해 젊은 세대의 건강 악화와 사회적 소외를 예방하고, 품위 있는 삶의 조건을 조성하며 더 안전하고 지속 가능한 사회를 만드는 것을 목표로 한다. 재단은 지역 프로젝트와 사회적 비용 분석 연구 등을 지원하며, 대부분의 재원은 기부금으로 충당된다. 또한, 운영비와 기타 경비는 설립 법인이 부담한다.

스웨덴 우표 재단(The Swedish Postcode Foundation)

스웨덴 우표 재단은 스웨덴 우표 복권에 의해 2005년에 설립되었다. 사회 개선과 환경 보호를 최우선 과제로 삼고 있으며, 스웨덴뿐만 아니라 다른 지역의 자선 프로젝트와 단체를 지원하고 있다. 스웨덴 우편번호 복권의 수익금을 활용해 반차별, 사회적 통합, 포용, 교육 등과 같은 문제 해결에 힘쓰고 있다. 복권 잉여금은 지역 및 전국 단위의 자선 사업과 단체에 지원되며, 이를 통해 사회적 변화를 이끄는 다양한 활동을 지원한다.

13.3.3 인터뷰 질문

이를 위해 다음과 같은 주제에 대해 4개 사례 조직의 핵심 관계자 7명을 대상으로 반구조화 인터뷰를 진행했다. 기업재단의 배후에 있는 기업들은 왜 재단을 조직 형태로 선택했는가? 기업재단과 설립 법인 간의 관계는 어떻게 설명할 수 있는가? 기업재단의 존재와 운영은 공공복지 시스템과 어떤 관계가 있는가? 기업재단은 사회복지의 확보와 제공에 대해 어떻게 그리고 어느 정도 책임을 지고 있는가? 인터뷰 참여자들의 설명을 분석함으로써 기업재단과 스웨덴 복지 시스템에서의 역할에 대한 새로운 사회적 상상의 윤곽이 드러날 것이다.

13.4 실증적 사례

13.4.1 자연스럽지만 여전히 예상치 못한 조직 형태의 선택

설립 기업들이 재단을 조직 형태로 선택한 이유는 인터뷰 참여자들이 이 부분에 대해 불확실성을 표명했기 때문에 확실하게 알 수 없었다. 그러나 명시적으로 추측해 달라는 요청을 받았을 때, 일부 사람들은 이것이 스웨덴의 일반적인 시민사회 전통과는 다른 전통과 관련이 있을 것이라고 결론지었다. 로널드 맥도날드 하우스의 한 인터뷰 참여자는 미국과의 문화적 연관성과 앵글로색슨 자선 전통에 따라 항상 재단 형태로 활동을 조직했기 때문에 스웨덴에서도 그렇게 하는 것이 당연한 일이었다고 말했다. '생명을 위한 아이디어(Idéer för Livet)'와 그 창립 회사인 Skandia(스칸디아)에서 풍부한 경험을 쌓은 또 다른 인터뷰 참여자는 스칸디아가 이전에 다른 활동을 위한 재단을 설립한 적이 있었기 때문에 재단이 당연한 선택이었다고 말했다. 따라서 맥도날드와 스칸디아를 대신하여 사회 참여를 공식화하기로 결정하면서 인터뷰 참여자들은 재단이 기본 선택으로 보였다고 결론지었다.

응답자들은 전통과 습관이 기업재단 설립을 결정하게 된 중요한 요소였다고 시사했다. 만약 스웨덴의 일반적인 시민 전통이 영향을 미쳤다면, 아마도 회원제 협회와 같은 형태가 주류를 이루었을 것이다. 그러나 이니셔티브가 기업 영역에서 시작되었기 때문에, 이러한 전통과는 다른 논리나 전통이 조직의 이상과 맞물려 재단이라는 형태로 사회적 참여가 조직된 것으로 보인다.

인터뷰에 참여한 사람들은 각자의 조직이 재단 형태로 설립된 이유에 대해 확실한 답을 내리지는 못했지만, 재단 형태의 장점에 대해서는 공통적으로 긍정적인 의견을 밝혔다. 재단으로 조직되면 조직과 활동의 성격이 더욱 뚜렷해지고, 정체성이 명확해진다는 점에서 이점이 있다는 주장이 반복적으로 제기되었고, '생명을 위한 아이디어'의 한 매니저는 재단의 설립 배경에 대해 자세히 언급했다.

"…재단이라는 사실은 올바른 정체성을 의미하며, 정관과 사회에서의 사명과 역할에 충실해야 한다는 것을 의미합니다."

그녀는 상업적 논리와 설립 법인의 운영 관점에서 재단이 무엇을 의미하고, 무엇을 하는지를 구분하는 것이 중요하다고 강조하며 이러한 차별성을 더욱 부각시켰다. 지역 로날드 맥도날드 하우스의 한 매니저도 비슷한 맥락에서, 그 재단이 수익을 창출하기 위해 존재하는 것이 아니며, 동시에 공공 기관의 통제를 받아야 한다는 점을 모두에게 명확히 해야 한다고 주장했다.

인터뷰 참여자들은 재단이 신뢰할 수 있고 합법적으로 보이기 위해서는 설립 기업과 독립적으로 활동하는 비영리 단체로 인식되는 것이 필수적이라고 말했다. 또한, 재단 설립을 결정한 이유에 대해 자세히 설명해 달라는 요청을 통해 그들이 재단의 사회적 역할을 어떻게 인식하고 있는지 알 수 있었다. 기업재단은 비즈니스 영역에서 시작되었기 때문에 주로 기업의 전통을 모델로 삼기도 하지만, 이러한 선택은 재단이 설립 기업과 동일하지 않다는 점을 명확히 하는 목적이 있다. 인터뷰 참여자들은 기업재단이 비즈니스 영역의 상업적 논리와는 다른 가치와 연관되어야 한다고 주장했기 때문에, 이러한 구분이 필수적이라고 보았다. 따라서 기업재단은 비즈니스 영역과 공익 시스템 사이에서 중요한 역할을 맡게 된다.

13.4.2 창조자와 피조물 사이의 모호한 관계

인터뷰 참여자들은 재단이 자체 마케팅 및 스폰서 목적이나 '일반적인 사회공헌'을 위해 재단을 이용하는 것을 방지하기 위해, 재단과 설립 법인 사이에 제도적, 물리적 거리를 설정하고 유지하는 것이 중요하다고 강조했다. 또한 일부 인터뷰 참여자들은 이러한 거리두기를 설립 기업이 경제적인 문제나 기타 어려움에 직면했을 때 예산 삭감 등의 영향을 받지 않도록 하는 보호책으로 설명했다. 몇몇 인터뷰 참여자들은 재단 설립 법인의 독립성과 자율성을 확보하는 것이 재단이 효율적으로 운영되고, 수혜자 및 이해관계자의 요구에 긴밀하고 충실하게 대응할 수 있는 능력을 보장한다고 강조했다.

인터뷰 참여자들은 재단과 설립 법인 간의 차이점에 대해 이야기하면서 각 조직의 사명, 전략, 그리고 내부 논리를 반복적으로 언급했다. 이 차이점은 재단과 설립 기업 간의 일상적인 관계에서도 명확히 드러났다. 여러 인터뷰 참여자들은 재단이 복지를 제공하는 고유한 조직 논리와 사명을 따르도록 강요받기 때문에, 재단 관리자와 이사회 구성원들이 재단의 사명과 성격을 설립 법인에 잘 전달하는 것이 매우 중요하다고 지적했다. 재단과 설립 법인을 공식적으로 구분하는 것은, 수익 창출에 대한 설립 법인의 책임과 복지 제공에 대한 재단의 책임을 구분하기 위해 필요하다.

하지만 인터뷰 참여자들은 설립 법인과의 긴밀하고 비공식적인 관계에 대해서도 이야기했다. 예를 들어, '생명을 위한 아이디어'의 관리자와 이사회 멤버들, 그리고 로널드 맥도날드 하우스의 관리자들은 각 설립 법인에서 근무한 경험이 있으며, 그들의 전 동료들과 좋은 비공식적 관계를 유지하고 있다. 이러한 사례들은 어느 정도 유연성을 제공하지만, 설립 법인에 대한 의존성과 잠재적인 연대 요청을 일으킬 수 있다. 이러한 의존성은 재단의 독립성을 유지하려는 필요성과는 상충되는 측면이 있다. 또한 인터뷰 참여자들은 설립 기업에서 나오는 자원의 중요성에 대해서도 언급했으며, 이는 자원 의존성 및 충성도와 어떻게 연결되는지에 대한 논의로 이어졌다. 자원을 받는 것과 그로 인한 의존성은 재단과 설립 법인 간의 복잡한 관계를 더욱 복잡하게 만든다.

한편, 기업재단은 설립 기업으로부터 네트워크, 지식, 재정적 자원, 영업권 등 다양한 자원을 활용함으로써 보다 효율적이고 성공적인 운영이 가능할 수 있다. 이러한 관점에서 인터뷰 참여자들은 설립 기업의 운영 자체를 기업재단의 하나의 자산으로 인식했다. 예를 들어, 아이디어스 포 라이프의 한 매니저는 스칸디아가 스웨덴에서 중요한 주택 소유주 중 하나로, 지역사회의 불안 문제를 해결하는 데 필요한 인센티브와 지식을 제공한다고 말했다. 이러한 사례는 재단이 설립 기업의 자원을 활용하여 더 효율적이고 신뢰할 수 있는 복지 제공자가 될 수 있음을 보여준다. 이처럼 재단과 설립 법인 간의 자원은 양방향으로 이동하며, 기업이 재단의 자원으로 활용될 수 있다. H&M 재단의 한 관리자는 의류 산업 내 근무 환경 개선에 대한 재단의 참여는 이를 통해 얻은 선의와 지식으로 상업적 이익을 얻을 수 있기 때문에 H&M의 자원이 된다고 설명한다.

이처럼 인터뷰 참여자들은 기업재단이 설립 기업으로부터 독립적이지만 동시에 의존하고 있다고 설명하면서, 재단과 설립 기업 간에는 모호한 관계가 존재한다고 강조했다. 한편으로는 명확한 정체성을 유지하고 사명을 완수하기 위해 독립성이 중요하다고 강조한 반면, 다른 한편으로는 인간관계, 지식, 선의, 자원의 교환을 통해 얻을 수 있는 이점들이 강조되었다. 이러한 혜택은 연대, 충성도, 의존성에 대한 기대를 불러일으킬 수 있다.

13.4.3 공공복지에 대한 보충

공공복지와의 관계에 대해 자세히 설명할 때, 인터뷰 참여자들은 공통적으로 자신의 조직이 공공복지 시스템과 경쟁하거나 대체하는 것을 원하지 않는다는 주장을 했다. 이러한 의견은 기업재단에 종사하는 개인에게만 국한된 것이 아니다. 복지국가와 공공복지 시스템에 도전하는 것을 꺼리는 것은 사실 스웨덴과 다른 북유럽 국가들에서 반복되는 현상이다(von Essen *et al.*, 곧 발표 예정). 복지 국가 전통과 공공복지 시스템은 인터뷰 참여자들이 복지 제공자로서 재단의 사회적 역할을 정의하는 데 있어 필수 조건으로 등장했다. 따라서 그들이 스스로에게 부여한 미션과 목적은 공공복지 시스템의 논리와 한계를 어떻게 생각하느냐에 따라 달라졌다. 인터뷰 참여자들에 따르면, 이들 재단은 공공복지 제도의 한계를 넘어서는 사회적 욕구를 해결해야 한다고 주장했다. 이를 통해 그들은 복지국가의 범위 밖에서 활동하는 한 비국가 조직이 복지 제공자로서 합법적이라는 스웨덴 사회의 공통된 시각을 드러냈다(Vamstad & von Essen, 2013).

지역 로날드 맥도날드 하우스의 한 매니저는 조직의 사명에서 출발점으로 "…우리는 가족과 아이들에게 초점을 맞추는 반면 병원은 아픈 아이들에게 초점을 맞추고 있습니다."라고 말하며 전문 병원과 재단의 차이점을 설명했다. H&M 재단의 글로벌 매니저는 재단의 역할이 교육이나 의료에 간섭하는 것이 아니라 사람들의 여가 시간과 관련된 요구를 충족시키는 것이라고 선언하면서 다른 접근 방식을 취했다. 따라서 이 재단은 공공복지 시스템의 한계를 벗어나 가정과 여가 시간을 복지로 제공할 수 있는 정당한 사회적 공간으로 인식하고 있다.

이러한 기업재단이 공공복지 시스템의 한계를 넘어 작동할 수 있는 또 다른 영역과 가능성은 비상사태나 갑작스럽고 예상치 못한 사회적 도전과 관련이 있다. 예를 들어, 인터뷰 대상자 중 일부는 2015년 가을에 스웨덴 사회에 큰 어려움이었던 대규모 난민 유입에 대해 이야기했다. 공공복지 시스템이 이 특별한 상황을 감당할 수 없었기 때문에 일부 재단과 다른 스웨덴 시민사회 단체들이 쉼터, 식량, 위문품을 제공함으로써 기여할 수 있는 장을 열었다. 예를 들어, 스웨덴 우표 재단의 관리자는 스웨덴 공공복지 시스템이 책임을 지지 않는 난민에게 법적 서류 없이 의료 지원을 제공하는 단체를 지원했던 일을 회상했다. 따라서 위에서 설명한 것과 같은 특수한 상황에서 발생하는 갑작스럽고 급박한 사회적 요구는 기업재단과 기타 시민사회 단체가 합법적인 복지 제공자로서의 역할을 할 수 있는 가능성을 시사한다.

인터뷰 참여자들이 설명한 또 다른 방법은 영리 기업과의 긴밀한 연계로 인해 이들 기업재단이 보유한 역량과 전문성이 복지 영역에서 어떤 역할을 할 수 있는지에 관한 것이다. 예를 들어, '생명을 위한 아이디어'의 매니저와 이사진은 모두 창업 보증 회사 스칸디아와의 긴밀한 관계 덕분에 사회 문제와 사회 불안에 관한 지식과 정보를 접할 수 있다고 언급했다. 비슷한 맥락에서 한 이사회 구성원은 스칸디아가 스웨덴 복지 시스템의 다른 주체들과 관련하여 주도적인 위치를 차지할 수 있는 프로젝트 시작에 관한 결정을 내릴 수 있는 데이터를 아이디어스 포 라이프에 제공하기 위해 학술 연구 자금 지원을 위한 자원을 따로 마련해 놓았다고 밝혔다. 마지막으로, 아이디어스 포 라이프는 자원에 접근함으로써 아방가르드(전위적인) 역할을 수행하여 공공복지 시스템에서 이전 및 사용할 수 있는 아이디어와 관행을 시작하고 개발할 수 있다. 이사회 구성원은 기업재단이 기업가적 환경에서 출발한 것이 새로운 관행과 역할을 찾고 시험할 수 있는 능력이 매우 중요하다고 주장했다. 여기서 중요한 점은 기업재단이 적절한 정체성을 유지하고 신뢰를 얻기 위해 설립 기업으로부터 거리를 두되, 동시에 중요한 지식과 자원에 접근할 수 있도록 가까워지는 것이 얼마나 중요한지 보여준다. 이러한 복잡하고 어려운 상황 속에서도, 우리는 근접성과 거리감을 동시에 유지하는 것이 바로 이러한 기업재단을 합법적인 복지 제공자로 인식하게 만드는 요소라고 제안한다.

또한 인터뷰 참여자들은 모두 자신들이 대표하는 기업재단이 현재의 공공복지 시스템에 도전하거나 대체하는 것이 목적이 아니라는 데 동의했지만, 몇몇은 스웨덴의 공공복지 시스템이 미래의 사회적 요구를 충족시키지 못할 것이기 때문에 이러한 유형의 재단의 중요성이 커질 것이라는 믿음을 표명했다. 또 다른 사람들은 기업재단과 기업이 복지 제공자로 거듭나기 위한 새로운 접근 방식에 대해 이야기했다. 몇 년 전만 해도 기업과 재단이 서로 눈에 잘 띄고 최대한 많은 홍보 효과를 얻기 위해 경쟁하는 경향이 있었기 때문에 CSR 활동과 사회 프로젝트가 비즈니스 전략과 더 밀접하게 연관되어 있다는 주장도 있었다. 예를 들어, H&M 재단의 글로벌 매니저에 따르면, 이제는 이러한 접근 방식이 변화하여 비즈니스 부문의 다양한 주체들이 사회에 기여하기 위해 노력하면서 더 많이 협력하고 있다고 한다.

13.4.4 복지 제공은 누가 책임져야 하는가?

앞서 기업재단이 현재의 공공복지 시스템에 도전하거나 대체하려는 의도가 없었다고 밝힌 여러 인터뷰 참여자들은 사회복지 제공의 책임은 정치인에게 있다는 점을 강조하였다. 예를 들어 로널드 맥도날드 어린이 재단의 한 매니저는 다음과 같이 말했다.

> "재단이 [복지에 대한] 주된 책임을 져야 하는 것이 아니라 정치 수준에서 다뤄지며 정치권이 책임져야 합니다."

그러나 인터뷰 참여자들이 복지에 대한 정치인과 정치의 역할에 대해 이야기할 때, 복지 책임이 사회에서 어떻게 배분되는지에 관한 문제를 정치적 의미를 갖는 주제로 인식하는 것 같지는 않았다. 대신, 대부분의 참여자들은 복지가 정치적 이념이나 정의, 평등에 대한 논의가 아니라 효율성과 자원 배분에 따라 달라지는 문제로 이해하는 경향을 보였다. 예를 들어, 아이디어스 포 라이프의 한 이사회 멤버는 이사회에서 복지가 사회 차원에서 어떻게 분배되어야 하는지에 대해 명시적으로 논의한 적은 없지만, 일부 멤버가 중도, 우익, 또는 사회민주주의자의 입장을 표명한 적은 있었다고 말했다. 그는 이러한 정치적 입장과 관점은 대체로 제쳐두고, 토론과 결정은 주로 실용적이고 이슈 중심적인 태도로 접근했다고 언급했다. 복지 책임 분배에 대해 비정치적으로 보이는 이러한 태도는 사회를 보다 "배려"하고 "책임감 있게" 만드는 광범위한 추세를 반영한다. 일반적으로 시민사회는 이러한 배려 사회의 이상향으로 여겨지며(Garrow & Hasenfeld, 2014; Grubb, 2016), 비즈니스 영역의 행위자들은 사회에 대해 더 책임감 있는 방식으로 행동할 것으로 기대된다(Shamir, 2008). 이러한 비즈니스 영역의 도덕화와 시민사회 단체의 탈정치화는 인터뷰 참여자들이 정치, 정치인, 사회 복지에 대한 책임을 언급하는 방식에서도 나타난다(Sachar, 2017).

그러나 인터뷰 참여자들은 기업재단이 복지 제공자로서 역할을 하는 데 있어 주요 장애물에 대해 논의하면서 정치, 정치인, 공공 관료제를 완전히 중립적이거나 익명으로 제시하지 않았다. 이들은 공공복지 시스템의 범위를 넘어서는 기업재단의 사명이, 동시에 해당 시스템에 대한 의존을 의미할 수 있다는 사실을 인식하고 있었다. 예를 들어, 로날드 맥도날드 재단의 한 관계자는 병원에서 수술이 자주 취소되거나 연기되는 상황으로 인해, 아픈 아이들과 그 가족들을 위한 적절한 숙소를 계획하고 제공하는 일이 거의 불가능하다고 토로했다. 또한 일부 인터뷰 참여자들은, 특히 영리 목적의 민간복지 제공자들이 공공복지 체계의 일부가 아니라는 이유만으로 공적인 담론에서 반복적으로 배제되거나 비난받는 현실에 대해 비판적인 시각을 보였다. 이러한 점에서 인터뷰 참여자들은 조직의 형태보다는 수혜자를 위한 전문성과 효율성이 더 중요하다고 주장했다. 그들은 복지 제공에 있어 사회에서 조직의 형태나 위치보다 무엇을 하고 있는지가 중요하다고 강조했다(Eliasoph, 2011).

여러 인터뷰 참여자들이 복지 시스템에 대한 상업적 이해관계에 대한 비판을 표명했기 때문에, 위에서 언급한 공공복지 시스템에 대한 비판이 반드시 영리를 추구하는 복지 제공자를 지지하는 주장으로 이해되어서는 안 된다. 오히려 효율적이고 유능한 영리 행위자들이 복지 제공에 참여하고 책임을 지는 혼합 복지경제가 더 적합하다고 할 수 있다(Evers, 1995). 이러한 관점에서 인터뷰 참여자들은 현재와 미래의 사회적 요구를 모두 충족하기 위해서는 공공 부문만으로는 충분하지 않다고 주장했다. 대신, 모든 사회 부문의 조직이 협력하고 참여할 수 있어야 한다고 강조했다.

13.5 요약 및 논의사항

기업재단의 정치적 성격을 재조명하기 위해 기업재단의 관점에서 복지 제공에 관한 새로운 사회적 이미지를 탐구했다. 이를 위해 스웨덴은 복지 제도의 역사적 발전과 시민사회 전통이 지배적인 국가로서 적합한 사례로 간주되었다. 이는 역사적으로 스웨덴의 복지 제도와 시민사회 활동을 조직하는 방식에 대한 규범적 이상과 어느 정도 상충되어 왔기 때문에 기업재단의 정치적 성격을 밝히는 데 도움이 될 것으로 생각된다. 스웨덴 기업재단에 대한 설문조사는 이러한 가정에 기여했으며, 특히 스웨덴에서 이러한 유형의 조직이 드물고, 발견된 34개의 기업재단 대부분이 신자유주의의 등장과 스웨덴의 복지 시스템 및 시민사회 전통에 미친 영향과 동시에 비교적 최근에 설립되었기 때문이다.

4개 사례 조직을 대표하는 관리자 및 이사회 구성원과의 심층 인터뷰는 기업재단의 정치적 성격이 제도화된 정치, 비즈니스 영역, 공공복지 시스템과 관련하여 독립성과 의존성 사이에 놓인 이중적이고 모호한 상황과 어떻게 관련되어 있는지를 보여준다. 이는 재단의 역할에 관한 이전의 관찰 결과와 일치한다(Anheier & Daly, 2007a; Wijkström, 2007). 인터뷰 참여자들은 각 기관의 운영을 공공복지 시스템을 보완하는 것 이상의 역할로 설명하면서, 동시에 각 기관이 설립법인뿐만 아니라 스웨덴 복지국가 및 공공 부문과의 관계에서도 독립성을 유지하는 것의 중요성을 강조했다. 이러한 보완적 역할은 기업재단이 주어진 정치적 공간에서 합법적으로 어느 정도의 독립성을 유지하며 존재하고 운영될 수 있음을 시사한다. 따라서 기업재단의 정치적 성격을 이해하는 데 중요한 요소라고 할 수 있다(Anheier & Daly, 2007b).

그러나 이러한 독립성의 이면에는 흥미로운 이중성 또는 모호성이 내포되어 있다. Anheier & Daly(2007a)는 기업재단의 독립성이 항상 맥락에 따라 달라지며, 따라서 정치인이나 기업의 의제에 의해 표현되는 비전과 기대에 의존하기 때문에 완전하거나 영원하지 않다고 주장한다. 인터뷰 참여자들은 기업재단이 제대로 기능하기 위해서는 설립 기업과의 좋은 비공식적 관계와 그들이 제공할 수 있는 자원에 의존한다고 밝혔다. 이를 종합하면, 기업재단이 제대로 기능하기 위해서는 의존하고 있는 기업 세계에 대해 독립적인 존재로 인식될 때만 합법적인 복지 제공자로 보일 수 있는 상황이 형성된다고 할 수 있다. 요컨대, 한편으로는 기업재단과 그 설립 법인, 다른 한편으로는 기업재단을 둘러싼 비즈니스 환경 사이의 관계는 이중성과 어느 정도 모호성이라는 특징을 동시에 지니고 있다.

기업재단과 공공복지 시스템 사이의 연결고리도 비슷한 이중성과 모호성이 특징인 것으로 보인다. 기업재단의 보완적 역할에 대한 인식에 따라 인터뷰 참여자들은 한결같이 자신들이 대표하는 단체가 복지 국가나 공공복지 시스템에 도전하지 않는다고 말했다. 그러나 스웨덴 시민사회에 속한 기업재단으로서 부분적으로는 복지와 관련된 더 큰 정치적 결정으로부터 독립적으로 운영되는 것으로 볼 수 있으며, 이는 잠재적으로 운영 방식을 선택하기 쉽고 공공복지 시스템의 많은 행위자보다 더 효율적으로 만들 수 있다. 그러나 합법적인 복지 제공자로 보이기 위해서는 공공복지 시스템의 틈새를 메우고 균열을 메우는 위치를 차지해야 한다는 강박관념에 사로잡혀 있는 듯하다. 다시 말해, 협상을 통해서만 독립성과 정당성을 유지할 수 있는 이중적이고 모호한 상황은 지배적인 공공복지 시스템에 도전하지 않는다. 이러한 맥락에서 본 연구에서 기업재단이 두 제도적 영역 사이에 규범, 가치, 이상, 합리성, 관행을 이전하는 데 도움이 될 수 있으므로 잠재적으로 중개자적 성격을 부여받을 수 있다고 주장한다(Wijkström, 2017). 기업 세계의 기술과 노하우를 도입하는 동시에 복지 시스템에서 활동함으로써 정의와 정치적 결정에 대한 이념적 입장이 효율성과 상식을 최적화하는 문제로 전환될 수 있기 때문에 일종의 탈정치화에 기여할 수 있다. 또한 기업재단이 사회적 이슈에 참여하고 일반 대중에게 복지를 제공함에 따라 장기적으로는 기업에게 사회적 가치에 따른 운영을 도입하도록 영향을 미쳐 사회에서 더 배려하고 책임감 있는 행위자가 될 수 있으므로 기업 세계의 도덕화에 기여할 가능성도 있다.

기업재단의 중간적 위치는 스웨덴 사회의 복지 책임 분배에 관한 정치적 비전을 함축하고 있으며, 이는 일반적인 복지국가 전통에 도전한다는 점에서 정치적 중요성이 더욱 커지고 있다. 기업재단을 이러한 정치적 비전의 표현으로 볼 수 있기 때문에, 기업재단의 경영자와 이사회 멤버들이 미래의 비즈니스 영역이 더 도덕적이고 이윤 추구가 줄어들 것이며, 사회 복지 제공과 관련하여 이념과 정치인이 점점 더 쓸모없어질 것이라고 예상하는 것은 놀라운 일이 아니다.

또한, 이 중간 역할을 수행하는 것이 기업재단이라는 것이 우연이 아니다. 시민사회에는 기업 영역의 효율성과 시민사회의 도덕적 정당성을 결합하려는 다른 조직들도 있다(Åberg, 2012). 그러나 기업이 재단의 설립자이고 재단이 비즈니스 영역의 기본 조직 형태인 것처럼 보이기 때문에, 재단이 비즈니스 영역에 영향을 미친다는 전통적인 관점과 상충되는 측면이 있다. 동시에 재단은 기업과는 구별되는 독립적인 시민단체이기 때문에, 스웨덴 사회에서 복지 제공자로서 더 자유롭게 활동할 수 있다. 본 연구의 주장이 정확하다면, 그들의 정치적 중요성은 기업재단의 수가 제한적이라는 점이 아니라, 오히려 그것들이 사회에서 새롭게 떠오르는 복지에 대한 정치적 비전을 표현하고, 그것을 담아내는 역할을 한다는 점일 것이다(Himmelstein(1997)의 기업 사회공헌에 대한 견해와 비교). 기업 운영에서 복지는 정치적 문제가 아니라 기술적 문제이며, 비즈니스 영역은 사회에 대한 책임이 있다는 생각을 자연스럽게 받아들이고 있다(Hilgers, 2010).

결론적으로, 본 연구는 상대적으로 잘 알지 못했던 기업재단의 정치적 성격에 대한 개념적 이해를 높이는 데 의의가 있다. 특히 이러한 조직이 기업적 맥락과 공공복지 시스템의 경계를 넘나들며 두 세계 사이에 규범, 가치, 관행을 전달함으로써 두 세계에 영향을 미칠 수 있는 명백한 잠재력을 가지고 있는 중간적 위치에 대해 생각해 보았다. 앞으로 이러한 연구 결과가 기업, 시민사회, 복지국가 맥락에 관심이 있는 학자들이 기업재단과 그 활동에 대해 더 많은 질문을 던질 수 있기를 바란다. 다양한 복지 체제에서 기업재단의 정당성, 정치적 성격, 사회적 역할에 대한 추가적인 학술적 연구가 필요하다. 비슷한 맥락에서 스웨덴과 다른 지역에서 정치적 이슈에만 관여하거나 정치에 참여하면서 복지 제공을 넘어서는 활동을 하는 기업재단에 대해서 앞서 살펴본 분석을 확대하는 것도 흥미로울 것이다.

참고문헌

Åberg, P. (2012). Managing expectations, demands and myths: Swedish study associations caught between civil society, state and market. VOLUNTAS: *International Journal of Voluntary and Nonprofit Organizations, 24*(3), 537-558.

Anheier, H. K., & Daly, S. (Eds.). (2007a). *The politics of foundations: A comparative analysis.* London: Routledge.

Anheier, H. K., & Daly, S. (2007b). Philanthropic foundations in modern society. In H. Anheier & S. Daly (Eds.), *The politics of foundations: A comparative analysis.* London: Routledge.

Anheier, H. K., & Leat, D. (2006). *Creative philanthropy: Towards a new philanthropy for the 21st century.* London/New York: Routledge.

Anheier, H. K., & Toepler, S. (Eds.). (1999). *Private funds and public purpose: Philanthropic foundations in international perspectives.* New York: Plenum Publishers.

Ekström von Essen, U. (2003). *Folkhemmets kommun: Socialdemokratiska idéer om lokalsamhället 1939-1952.* Stockholm: Stockholm University.

Eliasoph, N. (2011). *Making volunteers. Civic life after welfare's end.* Princeton: Princeton University Press.

Evers, A. (1995). Part of the welfare mix: The third sector as an intermediate area. *VOLUNTAS: International Journal of Voluntary and Nonprofit Organizations, 6*(2), 159-182.

Garrow, E., & Hasenfeld, Y. (2014). Social enterprises as an embodiment of a neoliberal welfare logic. *American Behavioral Scientist, 58*(11), 1475-1493.

Grubb, A. (2016). *"Vi skal bare hjælpe og spise chokoladekiks" - En kvalitativ undersøgelse af unge frivilliges deltagelse i en ikke-medlemsbaseret, digitalt koordineret organiseringsform af frivilligt socialt arbejde.* Aalborg: Aalborg University.

Hartman, L. (Ed.). (2011). *Konkurrensens konsekvenser. Vad händer med svensk välfärd?* Stockholm: SNS Förlag.

Hilgers, M. (2010). The three anthropological approaches to neoliberalism. *International Social Science Journal, 61*(202), 351-364.

Himmelstein, J. L. (1997). *Doing good and looking good: Corporate philanthropy and Business Power*. Bloomington, Ind.: Indiana University Press.

Hvenmark, J. (2008). *Reconsidering membership: A study of individual members' formal affiliation with democratically governed federations.* Stockholm: EFI.

Hvenmark, J. (2013). Business as usual? On managerialization and the adoption of the balanced scorecard in a democratically governed civil society organization. *Administrative Theory & Praxis, 35*(2), 224-248.

Hvenmark, J., & Wijkström, F. (2004). *The popular movement marinade: The dominant civil society framework in Sweden.* SSE/EFI Working paper series, 18. Retrieved from http://swoba.hhs.se/hastba/abs/hastba2004_018.htm

Karl, B., & Katz, S. (1987). Foundations and the ruling class. *Daedalus, 116*(1), 1-40.

Lundström, T., & Svedberg, L. (2003). The voluntary sector in a social democratic welfare state: The case of Sweden. *Journal of Social Policy, 32*(2), 217-238.

Nielsen, W. A. (1972). *The big foundations.* New York: Columbia University Press.

Reuter, M., Wijkström, F., & von Essen, J. (2012). Policy tools or mirrors of politics. Government-voluntary sector compacts in the post-welfare state age. *Nonprofit Policy Forum, 3*(2).

Sachar, I. (2017). *The making of corporate volunteering: A multi-Sited ethnography.* Ghent: Department of Sociology, Ghent University.

Salamon, L. M., & Anheier, H. K. (1996). *The emerging nonprofit sector: An overview.* Manchester: Manchester University Press.

Shamir, R. (2008). The age of responsibilization: On market-embedded morality. *Economy and Society, 37*(1), 1-19.

Sivesind, K. H. (2016). *Mot en ny skandinavisk velferdsmodell? Konsekvenser av ideell, kommersiell og offentlig tjenesteyting for aktivt medborgerskap.* Oslo: Institutt for samfunnsforskning.

Sörbom, A. (2010). It is merely changing: An analysis of the concept of individualization in relation to contemporary political participation. In E. Amnå (Ed.), *New forms of citizen participation: Normative implications*. Baden-Baden: Nomos.

Svedberg, L., & Olsson, L. E. (2010). Civil society and welfare provision in Sweden: Is there such a thing? In A. Zimmer & A. Evers (Eds.), *Third sector organizations facing turbulent environments: Sports, culture and social services in Germany, Italy, U.K, Poland and Sweden*. Baden-Baden: Nomos Verlag.

Trägårdh, L. (2012). Det borgerliga samhällets återkomst. In F. Wijkström (Ed.), *Civilsamhället i samhällskontraktet. En antologi om vad som står på spel.* Stockholm: European Civil Society Press.

Vamstad, J., & von Essen, J. (2013). Charitable giving in a universal welfare state - Charity and social rights in Sweden. *Nonprofit and Voluntary Sector Quarterly, 42*(2), 285-301.

von Essen, J., Frederiksen, M., & Loga, J. (forthcoming). The ambiguities of volunteering. In L. S. Henriksen, K. Strømsnes, & L. Svedberg (Eds.), *Scandinavian civic engagement*. New York: Springer.

Wijkström, F. (2007). Sweden. In H. Anheier & S. Daly (Eds.), *The politics of foundations: A comparative analysis*. London: Routledge.

Wijkström, F. (2011). Charity speak and business talk. The on-going (re)hybridization of civil society. In F. Wijkström & A. Zimmer (Eds.), *Nordic civil society at a cross-roads*. Baden: Nomos.

Wijkström, F. (2017). Nytt svängrum för filantropi och frivillighet. Migrerande idéer och transnationella projektioner. In F. Wijkström, M. Reuter, & A. Emami (Eds.), *Civilsamhället i det transnationella rummet*. Stockholm: European Civil Society Press.

Wijkström, F., & Einarsson, S. (2004). *Foundations in Sweden: Their scope, roles and visions*. Stockholm: EFI.

Yin, R. K. (2014). *Case study research: Design and methods*. London: SAGE.

Web Sources

http://hmfoundation.com. Accessed during the Spring of 2017.

http://www.ideerforlivet.se. Accessed during the Spring of 2017.

http://www.postkodstiftelsen.se/en/about-the-foundation. Accessed during the Spring of 2017.

https://www.ronaldmcdonaldhus.se. Accessed during the Spring of 2017.

www.insamlingskontroll.se. Accessed during the Winter of 2016/2017.

Johan Hvenmark 스웨덴 에르스타 쇤달 브레케 대학교(Ersta Sköndal Bräcke University College) 사회과학부 경영학 부교수(Associate Professor in Business Administration)이다. 주요 연구 분야는 시민사회 내 조직 변화와 전략적 리더십이며, 현재는 시민사회-시장-국가 간의 관계, 시민과 시민사회 조직 간의 변화하는 관계, 비영리 경영 교육, 시민사회 내 젠더 및 권력 관계 등에 관한 연구를 수행하고 있다.

Johan von Essen 스웨덴 스톡홀름 소재 에르스타 쇤달 브레케 대학교의 부교수(Associate Professor)이자, 웁살라 대학교(Uppsala University) 신학부 소속 연구원으로 활동하고 있다. 주요 연구 분야는 자원봉사의 의미에 대한 인식, 그리고 종교와 자원봉사의 교차점이다. 이와 더불어 시민사회 내 도덕적 다양성에 관한 철학적 연구도 수행해 왔다.

제14장 기업재단에 대한 비영리 단체의 견해

Sterre Swen, Lonneke Roza, Lucas Meijs, and Alexander Maas

요약 이 장에서는 비영리 단체가 기업재단과의 협력에서 경험하는 사회적 혜택과 도전 과제를 포함하여 현재 어떻게 협력을 진행하고 있는지 설명하며, 협력을 어떻게 바라보는지에 대해 깊이 이해하는 것을 목적으로 실천 방식과 함께 그에 따른 (사회적) 이점과 도전을 설명한다. 2016년 10월부터 2017년 3월까지 비영리 단체 직원, 기업재단 관계자, 해당 분야 전문가 등 총 23명을 대상으로 실시한 반구조화 인터뷰를 바탕으로 조사를 진행하였다. 연구 결과, 비영리 단체 직원들은 기업재단에 대해 세 가지 다른 관점을 가지고 있었다. 첫째, 기업재단을 비영리 단체가 사회 문제 해결에 필요한 자원을 가진 모기업의 도덕적 대리인으로 본다. 둘째, 비영리 단체와 기업재단이 협력함으로써 서로 윈윈(win-win)할 수 있는 도구적 대리인으로 여긴다. 셋째, 기업재단이 사회 문제 해결을 위해 비영리 단체와 적극적으로 협력하는 모기업의 변화 대리인으로 생각한다. 이 결과는 Bethmann & von Schnurbein의 연구처럼 하나의 전형적인 기업재단이라는 개념을 정의하는 것이 어렵다는 점을 시사한다. 비영리 단체가 기업재단과 협력하기 위해서는 기업재단이 무엇을 지향하고, 어떤 목적을 추구하는지에 대해 유연하게 바라볼 필요가 있으며, 이에 따라 비영리단체 자신의 실천 방식을 유연하게 조정해야 한다는 것을 보여준다.

키워드 비영리 단체 - 기업재단 - 비영리 비즈니스 협력 - 질적 연구

14.1 서론

오늘날 기업들이 어떤 형태로든 기업 사회공헌에 참여하고 있다는 것은 논란의 여지가 없어 보인다(Gautier & Pache, 2015; Liket & Simaens, 2015). 기업 사회공헌은 영리 기업이 직접적인 상업적 이익을 기대하지 않고, 지역사회의 복지를 핵심 목적으로 하는 하나 이상의 기관에 돈, 시간 또는 현물을 자발적으로 제공하

는 행위이다(Madden *et al.*, 2006). 이는 사회공헌 활동에 대해 제공된 지원에 대해 무언가를 대가로 받는다는 원칙에 기반하는 후원과 구별된다(Gautier & Pache, 2015). Godfrey(2005)는 "비상호성 조건은 자선활동의 진정한 시험"이라고 주장한다. 그러나 전략적 기업 사회공헌의 등장으로 이 개념은 논쟁과 도전을 받고 있다(Porter & Kramer, 2002). Porter & Kramer(2002)는 기업이 경쟁적 지위를 향상시키면서 "선한 일을 해야 한다."고 주장하며, "좋은 기업 사회공헌의 진정한 시험은 원하는 사회 변화가 기업에 매우 유익하여 아무도 그 사실을 알지 못하더라도 기업이 그 변화를 추구할 수 있는가에 달려 있다."라고 말한다. 따라서 기업이 사회공헌에 참여함으로써 얻을 수 있는 이익은 상당해야 한다는 것이 이들의 주장이다.

기업은 다양한 방식으로 사회공헌을 조직화하여 그 범위와 정도를 정할 수 있다. 특정 개인(예: 직원, 설립자, CEO) 또는 회사 내 특정 부서가 사회공헌을 책임지게 할 수 있다. 이 경우, 전략적 기업 자선활동(Porter & Kramer, 2002)이 조직의 사명에 부합하는 모든 활동에 우선순위를 두는 것이 가장 바람직하다. 특히 주주를 위한 가치 창출이 지배적인 논리가 되는 주식회사에서는 더욱 그렇다. 동시에 기업들은 기업재단을 설립하여 자선 기부를 점점 더 공식화하고 제도화하고 있다(Alvarez-Gonzalez *et al.*, 2012; Bethmann & von Schnurbein, 2015; Jordan & Hartley, 2014; Varcoe & Sloane, 2003). 기업재단은 비영리 단체로, 기업의 자원이 공익을 위해 할당되며(Mindlin, 2012), 재단과 설립 기업 간에 지속적인 관계가 존재한다(Clarke *et al.*, 2008). 정의에 따르면, 기업재단은 별도의 법적 실체를 지닌 법인이다(Alvarez-Gonzalez *et al.*, 2012).

이러한 재단의 사명은 공공의 이익에 초점을 맞추고 있으므로 이론적으로는 지배적인 논리가 사회에 도움이 되는 것으로 기대할 수 있다. 하지만 기업들이 이러한 재단을 설립하는 이유를 살펴보면, 지역사회가 유일한 목적이거나 주된 초점인지에 대해서는 논란의 여지가 있다. 기업들은 자선활동을 기업의 상업 활동과 분리하기 위해(Varcoe & Sloane, 2003; Werbel & Carter, 2002), 사회공헌에 대한 장기적이고 진지한 의지를 보여주기 위해, 구조와 초점을 제공하기 위해(Jordan & Hartley, 2014; Varcoe & Sloane, 2003), 보다 일정한 기부 수준을 보장하기 위해(Bethmann & von Schnurbein, 2015; Brown *et al.*, 2006; Clarke *et al.*, 2008; Haskell, 2013; Petrovits, 2006; Varcoe & Sloane, 2003) 기업재단을 설립하는 것으로 나타난다. 동시에 기업들은 이미지 또는 홍보를 강화하기 위해 기업재단을 설립하는 경우도 많다(Bethmann & von Schnurbein, 2015; Clarke *et al.*, 2008; Marquardt, 2001; Minciullo & Pedrini, 2011; Strachwitz, 1994; Toepler, 1996; Varcoe & Sloane, 2003; Webb, 1994; Westhues & Einwiller, 2006). 또한, 직원 참여를 높이기 위해(Bethmann & von Schnurbein, 2015; Minciullo & Pedrini, 2011), 내부 및 외부 요청 건수를 제한하기 위해(Bethmann & von Schnurbein, 2015; Clarke *et al.*, 2008), 사회 및 이해관계자의 기대를 위한 안테나 역할(Westhues & Einwiller, 2006), 세제 혜택 실현(Jordan & Hartley, 2014) 등을 위해 재단을 설립한다.

따라서 기업재단은 공공의 이익에 초점을 맞추고 서류상으로는 별도의 법인이지만, 설립 기업에 하나 이상의 기능을 제공하거나 재단 이름(예: 필립스 재단(the Philips Foundation), ING 네덜란드 재단(ING Nederland fonds), Vodafone 재단(the Vodafone Foundation))에 설립 기업명이 포함되거나 이사회에 설립 기업이 임명한 이사가 참여하는 경우 등을 통해 설립 기업과 명시적으로 연계되어 있는 경우가 많다(Alvarez-Gonzalez *et al.*, 2012). 많은 기업재단은 설립 기업이 주요 수입원이 되는 경우가 많아 실제로 설립 기업에 대한 의존도가 높다(Jordan & Hartley, 2014). 따라서 기업재단은 설립한 기업의 기대에 부응하는 동시에 자체적인 사회적 사명에도 집중해야 하기 때문에 복잡한 상황에 처하게 된다(Mindlin, 2012). 이로 인해 활동을 수행하는 동안 이해관계자가 매우 많아진다.

이처럼 다양한 동기와 이해관계자에 대한 책임, 그리고 재단을 설립한 기업들의 강한 존재감과 가시성을 고려할 때, 사람들이 기업재단을 어떻게 이해하고 받아들이는지에 대한 의문이 제기된다. 특히 비영리 단체와 같이 기업재단과 협력 관계를 맺은 지 비교적 얼마 되지 않은 단체를 연구하는 것은 매우 흥미로운 일이다. 이는 특히 지난 10년간 기업재단이 증가하고 있으며, 비영리 단체의 협력 요청이 증가하고 있는 네덜란드에서 두드러진다. 네덜란드 비영리 단체가 이러한 재단을 어떻게 이해하고 있는지에 대한 이해를 바탕으로 현재 네덜란드 비영리 단체의 협력 관행을 설명할 수 있다.

기업재단은 본 연구가 진행된 네덜란드의 자선 부문에서 비영리 단체에게 비교적 새롭고 잘 알려지지 않은 파트너이다. 기업재단은 전통적인 지원금 지급 재단이나 비영리 단체에 보조금을 지급하는 정부 기관과는 다르게 행동하거나 운영하는 것으로 보인다. 이 점에서 본 연구는 비영리 단체가 기업재단을 어떻게 인식하고 있으며, 기업재단과의 협력 관계를 어떻게 구축하고 있는지를 밝히는 것을 목표로 한다.

따라서 본 연구는 다음과 같은 연구문제를 탐구한다. 비영리 단체의 직원들은 기업재단과의 협력을 어떻게 바라보는가? 이를 통해 주요 이해관계자들이 기업재단과의 협력을 어떻게 이해하고 있는지 파악함으로써 비교적 새로운 현상인 기업재단에 관한 문헌의 공백을 메운다. 이 장의 목적은 비영리 단체 직원들이 기업재단을 둘러싼 상황을 이해하는지에 대한 에 대한 통찰력을 제공하고, 기업재단과의 잠재적 가능성을 명확히 하며, 기업재단과 협력하기 위한 기반을 구축하는 것이다. 이를 위해 네덜란드에 위치한 13개 비영리 단체(네덜란드 소재 공익 조직 또는 ANBI[28] 조직), 기업재단, 관련 분야 전문가를 대상으로 23건의 인터뷰를 실시하여 기업재단의 관점을 구성하고 유형화를 개발하는 탐색적 연구 설계를 설정했다. 이를 통해 비영리 단체 직원들이 선택한 인식 방식이 어떻게 일상적인 업무에 영향을 미치는지, 협력이 어떻게 시작되고 발전하며 그리고 양측 모

[28] 번역자 주 : "Algemeen nut beogende instellingen"(ANBI)는 네덜란드어 약어로, 공익을 위해 활동하는 기관을 의미한다. 이러한 기관은 일반적으로 공익 제공에 전적으로 전념하며, 사회 전체 또는 특정 사회적 과제를 개선하는 데 기여하고자 한다.

두에게 이익을 창출하는 방식에 어떻게 영향을 미치는지 보여준다.

다음 절에서는 연구방법론에 대해 간략히 설명한 후 결과를 공유할 예정이다. 논의에서는 이번 연구 결과가 비영리 단체 직원들의 기업 설립재단에 대한 인식을 이해하는 데 어떻게 기여하는지 살펴보고, 후속 연구 의제를 제시할 것이다.

14.2 방법론

연구문제를 해결하기 위해 본 연구에서는 질적 데이터를 활용한 탐색적 연구를 수행했다. 질적 연구는 기업재단과의 협력에 대한 비영리 단체의 인식과 성찰이라는 비교적으로 알려지지 않은 현상(Cooper & Schindler, 2014; Ritchie *et al.*, 2013)에 대한 심층적인 이해를 제공하기 때문에 가장 적합한 방법으로 간주된다. 본 연구는 협력에 있어 변수 간의 상관관계를 찾거나 협력의 빈도를 조사하기보다는, 비영리 단체 종사자로 구성된 응답자의 이야기를 해석하여 협력의 의미를 파악하는 데 초점을 맞추고 있다(Cooper & Schindler, 2014).

연구문제에 답하기 위해 2016년 10월부터 2017년 3월까지 13개 비영리 단체에서 23건의 반구조화 인터뷰를 실시했다. 인터뷰에서는 질문을 통해 방향성을 제시하면서도, 추가적인 질문을 유연하게 할 수 있도록 충분한 여지를 두었다(Cooper & Schindler, 2014). 응답자는 기업재단에 대한 경험과 지식을 바탕으로 신중하게 선정했으며, 의도적 비확률 표본 추출 방법을 따랐다. 또한 최대편차 표본추출(maximum variation sampling)을 활용하여(Vitcu *et al.*, 2007; Coyne 1997; Palinkas *et al.*, 2015), 다양한 인식, 태도 및 견해를 폭넓게 이해할 수 있도록 (1) 단체의 규모, (2) 지원하는 공익 사업의 유형, (3) 기업재단과의 협력 경험 여부 등 세 가지 측면에서 서로 다른 유형의 비영리 단체의 응답자를 선정하였다.

본 연구에는 13개 비영리 단체의 대표자가 참여했으며, 대부분 한 명씩 인터뷰에 응했지만, 한 단체에서는 세 명이 함께 의견을 공유하였고, 다섯 개 단체는 두 차례에 걸쳐 인터뷰가 진행되었다. 응답자 중 여성은 8명, 남성은 7명이었으며, 직책은 (선임) 프로젝트 또는 프로그램 코디네이터, 모금 책임자, 파트너십 또는 관계 관리자, 마케팅/커뮤니케이션 관리자로 일하고 있었다. 응답자 6명은 민간(기업) 부문에서 더 오랜 경력을 가지고 있었고, 7명은 민간 부문보다 비영리 부문에서 더 오랜 경력을 보유하고 있었으며, 이 중 2명은 민간 부문에서 근무한 경험이 전혀 없었다. 2명의 응답자는 민간 부문과 비영리 부문에서 비슷한 기간 동안 일한 경험이 있었다.

28건의 인터뷰 중 6건은 비영리 조직에 대한 조직과 관점을 더 잘 이해하기 위해 기업재단을 대상으로 실시했다. 인터뷰는 이 장의 주 저자가 직접 수행하고 필사했기 때문에 필사 오류가 발생할 가능성이 제한된다(Easton *et al.*, 2000). 분석 과정에서는 2단계 코딩 절차(Kenny and Fourie, 2015)를 사용하였다. 첫 번째 단계는 '초기 코딩(initial coding)' 혹은 '개방 코딩(open coding)'이고, 두 번째 단계는 '재집중 코딩(refocused coding)'이다. 이 과정을 통해 이후에 논의될 세 가지 인지적 프레임(cognitive frames)을 도출하였다. 인지적 프레임은 사람들의 사고를 구조화하고 그들의 행동과 행위를 설명하는 데 사용된다(Weick, 1995). 인터뷰 응답자의 프라이버시를 보호하기 위해 응답자, 비영리 단체, 기업재단, 기업의 이름은 필사 과정에서 모두 익명으로 처리되었다. 비영리 단체의 응답자는 NP 1, NP 2 등으로, 기업재단의 응답자는 CF 1, CF 2 등으로 지칭된다.

14.3 결과

인터뷰 내용을 코딩하고 분석한 결과, 비영리 단체의 직원들이 기업재단에 대해 가지고 있는 세 가지 유형의 관점을 도출할 수 있었다. 첫 번째 관점은 기업이 사회문제 해결을 위해 자원의 일부를 제공할 도덕적 의무가 있으며, 비영리 단체를 지원하는 기업재단을 설립함으로써 이를 수행할 수 있다는 전제를 바탕으로 한다. 두 번째 관점은 기업재단이 설립한 기업에 이익을 창출하는 존재로 이해되기 때문에, 기업재단을 설립한 기업의 도구적 대리인으로 간주한다. 세 번째 관점에서는 비영리 단체 직원들이 기업재단을 사회 변화의 주체로 보고, 사회 문제 해결을 위한 적극적인 파트너로 간주한다. 이 세 가지 관점은 비영리 단체의 협력 파트너로서 기업재단의 다양한 역할을 나타낸다.

비영리 단체 직원들은 기업재단의 기부에 대한 기대치는 거의 문제를 제기하지 않지만, 기업재단과의 협력 과정에 필요한 시간과 에너지가 근무 시간 연장이나 업무 부담의 확대로 이어질 수 있다는 점에는 의문을 제기한다. 이러한 견해에 따라, 비영리 단체 직원들이 기업재단과의 협력에 얼마나 많은 시간과 노력을 투자할 의향이 있는지는 이들이 가지고 있는 관점에 의해 결정된다.

14.3.1 관점 1: 기업의 도덕적 파트너로서의 기업재단

이 관점에서 비영리 단체 직원들은 기업재단이 사회 문제 해결을 위한 핵심 전문가로서, 문제 해결에 집중할 수 있도록 필요한 자원을 보유하고 있다고 인식한다. 이러한 시각에서 바라보는 기업재단은 단순한 자원 제공자에 불과하다. 이들은 협력을 도덕적이고 이타적인 차원으로 볼 수 있으며, 기업의 사회 환원은 기업의 사회적 책임의 일환으로 간주된다. 이를 위해 가장 적합한 방법은 비영리 단체를 지원하는 별도의 재단을 설립하는 것이라고 생각한다. NP 3이 설명한 바와 같이,

> "비영리 단체를 지원하는 것은 CEO의 개인적인 관심사나 기업의 마케팅 목표에 부합하기 때문에 이루어지는 '호의'가 아니라, 단순히 기업이 기금을 지원하는 방식이며, 기업이 사회에 선한 영향을 미치는 일반적인 방법일 뿐입니다."

첫 번째 관점에서는 기업재단과 관계를 설정하는 데 사용하는 조직 자원이 다른 두 관점에 비해 가장 적다고 가정한다. 예를 들어, NP 3은 이렇게 설명한다.

> "이러한 기업재단이 존재한다는 것은 비영리 조직들에게 큰 이점이라고 생각합니다. 그

들은 돈을 기부하기 위해 존재하며, 그 대가로 무언가를 요구하지 않고 목표도 명확하게 설정되어 있기 때문입니다. 그래서 비영리 조직 입장에서는 훨씬 수월하고 시간도 효율적입니다."

NP 2는 이를 좀 더 자세히 설명한다.

"[기업재단]은 단순히 지원금을 지급하는 재단에 불과하므로, 지원금 신청만 하면 되고, 예를 들어, 제가 50만 달러가 필요하다고 하면 그들은 단순히 예, 아니요로 대답해 줘요."

일부 비영리 단체 직원들은 재단의 목표가 자원 제공에 초점을 맞추기 때문에 기업보다 기업재단과 협력하는 것을 선호한다고 설명했다. NP 7은 이렇게 말한다.

"제 인맥을 생각해보면 기업재단보다는 기업과 더 많이 일한다고 말하고 싶지 않네요. 그 이유는 기업은 저희 단체와 목표가 매우 다르기 때문이에요. 기업재단의 목표는 대개 사회적 이니셔티브에 돈을 기부하는 데 초점을 맞추고 있기 때문에 지원을 받기가 훨씬 더 어렵지만, 그들과 대화하기는 더 쉬워요. 나는 백 개의 기업보다 열 개의 기업재단과 이야기하는 편이 낫죠."

이러한 관점에서 비영리 단체가 기업재단에 요청하는 자원의 유형은 대부분 재정적 기부에 초점을 맞추고 있지만, 일부는 다른 자원도 중요하게 여긴다. NP 9는 이렇게 덧붙인다.

"조직은 다양한 방식으로 저희를 지원할 수 있습니다. 우리에게 돈을 주는가? 네, 당연히 좋습니다. 그러면 우리는 그 순간 가장 필요한 곳에 그 돈을 사용할 수 있습니다. 하지만 다른 형태의 지원도 우리에게는 똑같이 소중합니다."

이와는 대조적으로, NP 3은 다음과 같이 설명하였다.

"돈이 전부는 아닙니다. [기업]의 경우, [기업]이 돈을 주었을 때보다 이 똑똑한 남녀가 이곳을 돌아다니고 있다는 사실이 훨씬 더 큰 힘이 됩니다."

하지만 NP 7은 금전적 지원의 필요성을 강조하였다.

"솔직히 우리는 그런 현물 지원이 필요하지 않을 때가 많아요. 그들(기업재단)은 그 순간 우리에게 필요한 것이 무엇인지 [알고] 있어야 해요. 솔직히 그런 일은 자주 일어나지 않아요."

기업재단은 비영리 조직에게 자원 요청을 특정한 양식에 따라 제출하도록 요구하는 경우가 많다. 이 경우 협력은 단기적인 참여로 끝나는 경우가 많고, 자원을 제공한 후 협력이 더 이상 발전하지 않는 경우가 일반적이다. NP 13은 이렇게 설명한다.

"재단은 자신들의 양식에 맞춘 서면 신청서를 받기를 원합니다. 물론 그 내용이 재단의 목표와 일치해야 하며, 재단의 기준에 부합하고, 기준에 부합하면 지원금의 일부 지원금 또는 전액을 제공하는 경우가 많으며 여기서 끝나는 경우가 많습니다."

이러한 도덕적 관점을 가지고 있는 일부 비영리 단체는 이전의 협력 시도에서 실망스러운 경험으로 인해 기업재단과의 협력을 포기하기도 했다. 이들은 협력이 너무 적은 결과로 이어졌다고 말한다(NP 1). 그러나 일부 비영리 단체는 기업재단과의 협력에서 더 적은 시간과 노력을 들여도 더 많은 적극적인 지원을 받을 수 있는 상황을 선호한다. NP 1은 이렇게 설명한다.

> "하지만 [비영리단체 이름]으로 찾아오는 기업재단도 있어요. … 기업이 우리에게 다가와서 매년 일정 금액을 지원하겠다고 말하는 것이 가장 이상적인 매칭이죠. 하지만 모두 매칭을 찾고 있기 때문에 우리는 이런 사실을 비밀로 하고 싶어요."

이는 비영리 단체가 파트너인 기업에 대해 항상 투명하지 않다는 것을 보여준다. 지속적인 지원의 필요성 때문에, 다른 비영리 단체나 기부자를 포함하여 외부 이해관계자들에게 지원받은 자원에 대해 정보를 제공하지 않게 되는 상황을 초래한다. 이러한 비영리 단체의 투명성 부족에도 불구하고, 이들은 기업재단으로부터는 더 높은 수준의 투명성을 기대하고 있다. 예를 들어, 기업재단 목록과 중점 분야 등이 포함된 정보를 통해 보다 쉽게 적합한 재단을 찾을 수 있기를 바란다. 이는 다시 말해, 비영리 조직이 기업재단으로부터 자원을 확보하고 이를 유지하기 위해 얼마나 조직의 자원을 투자할 것인가에 대한 지속적인 균형 조절이 필요함을 의미한다.

또한, 비영리 단체와 기업재단 간의 협력이 실망스러운 경험으로 이어질 수 있는 또 다른 이유는 일부 재단이 지원하고자 하는 프로젝트에 대해 매우 구체적인 요구 사항을 가지고 있기 때문이다. NP 1은 이렇게 설명한다.

> "그들(기업재단)은 자신들이 지원하고자 하는 대상에 대해 매우 명확한 이미지를 가지고 있는 경우가 많습니다. 그렇다면 우리의 질문은 우리도 정말 지원하고 싶은 것인가? 하는 것입니다."

기업재단이 자신들의 미션에 부합하는 프로젝트를 찾는 것만큼이나, 비영리 조직들 역시 가능한 협력에 대해 비판적인 시각을 가지고 있으며 자신들의 활동과의 적합성을 고려한다. 일부 비영리 단체는 미션 드리프트(mission drift)의 가능성에 대해 매우 민감한 태도를 보이고 있다. NP 11은 이렇게 말하였다.

"협력 관계가 많을수록 [비영리 단체 이름]에 더 좋아요. 우리가 하고 싶은 일을 수행하기 위해 자금을 더 많이 확보할 수 있기 때문입니다. 그러나 협력은 기업재단의 목표와 맞아야 하고, 또한 우리가 하는 일과도 맞아야 하며, 단지 협력을 위한 협력은 하지 않아야 하거든요."

그러나 다른 비영리 단체는 기업재단의 요구사항이 점점 더 그들의 프로그램을 좌우하고 있다는 점에 더 민감한 반응을 보인다. NP 4는 다음과 같이 설명하였다.

"초등 교육이어야 하고, 여아를 대상으로 해야 하며, 지속 가능한 모델이어야 하고, 결국에는 자립할 수 있어야 한다는 몇 가지 조건이 있었습니다. 몇 가지 조건이 제시되면, 해당 분야에서 이미 알고 있던 파트너와 함께 실제로 프로그램을 만들었습니다. 이러한 재단의 조건은 종종 우리에게 방향성을 제공하고 있으며, 이런 일이 점점 더 많이 일어나고 있습니다."

14.3.2 관점 2: 기업의 도구적 파트너로서의 기업재단

비영리 단체 직원들이 기업재단을 이해할 때 사용하는 두 번째 관점은 기업재단을 기업의 도구적 대리인으로 간주하는 것이다. 이 관점에서 두 조직 간에는 상호 자원 교환이 이루어지며, 비영리 단체 직원들은 기업재단과의 협력이 비영리 단체는 물론 재단을 설립한 기업에게도 윈-윈의 상황을 만들어야 한다고 확신한다. 예를 들어, NP 2가 언급한 바와 같이,

"물론 그들이 순수한 사회공헌으로 이런 일을 하는 것은 아니지만, 그들은 명백한 자기 이익 때문에 이 일을 하고 있으며, 그렇기 때문에 저는 이 협력이 지속 가능한 것이라고 생각합니다. 이들이 이런 일을 하는 두 가지 중요한 이유가 있습니다. 첫째, 직원들이 이

일에 열정을 느끼기를 원하고, 따라서 직원들은 [기업]에서 계속 일하는 데 관심을 가지고 근무하게 됩니다. 즉, 직원들의 참여와 자부심을 위한 것입니다. 둘째, 우리와의 협력을 통해 현장 상황에 대해 많은 것을 배우게 되는데, 이는 우리가 없었다면 경험할 수 없습니다."

이에 대해, NP 5는 다음과 같이 설명한다.

"기업이 협력을 통해 그들이 얻고자 하는 것이 무엇인지 명확히 정의하지 않으면, 3년 계약을 체결하고 그 이후에는 서로에게 제공할 수 있는 것이 충분하지 않기 때문에 계약이 종료되어요. 그렇게 되면 우리는 자선 기부에 의존하게 되고, 그들은 '우리가 몇 명의 아이들을 도왔다'는 사실에 만족할 수 있지만, 계속해서 이 일을 해야 할 긴박감은 없어집니다. 반면에 ○○회사가 우리와 협력함으로써 지식과 노력을 통해 실제로 활용할 수 있는 시장 통찰력을 얻는다고 느낀다면, 이야기는 달라지죠."

실제로 일부 비영리 단체 직원들은 기업재단과의 협력이 단순히 자원만 지원받는 것보다 설립한 기업에 명확한 이익을 제공한다고 언급했다. 기업이 명확한 이익을 얻을 수 있다면 협력이 더 지속 가능하다고 보는 것이다. NP 5는 다음과 같이 설명하였다.

"우리의 사명과 비전에 부합하는 협력일 때 가장 가치가 있습니다. 그 협력을 통해 우리도 함께 무언가를 얻을 수 있다고 느낄 때, 그 협력은 의미가 있습니다. 물론 단순한 금전적 기부도 기쁘지만, 그것이 그 기업에 아무런 영향을 미치지 않는다면 그들이 '우리가 이렇게 해주니 얼마나 좋은가'라고 말하는 것 외에는 아무런 의미가 없다면 협력은 지속 가능하지 않습니다."

이러한 관점에서 비영리 단체는 기업재단과의 협력을 유도하기 위해 더 많은 자원을 투자하는 경향이 있다. NP 1이 언급한 바와 같이,

> "기업들은 주로 상업적입니다. 비영리 단체도 상업적으로 행동하기 시작해야 합니다. 우리가 그들[기업재단]로부터 무언가를 원하기 때문에 관계 구축하기를 시작해야 합니다. 우리가 그들에게 무엇을 제공할 수 있는지, 그들이 무엇을 얻을 수 있는지를 보여줘야 합니다."

비영리 단체 직원들은 기업재단과의 파트너십 유형과 재단의 참여 여부가 재단 설립 기업의 의도에 따라 달라진다고 지적했다. NP 8은 다음과 같이 설명하였다.

> "일부 [기업재단]은 다소 전문적으로 운영되며 6개월마다 핵심 성과지표(KPI)를 요청하는 반면, 다른 기업재단은 소유자의 '장난감'처럼 다뤄져요. 주인은 자신의 돈이 잘 쓰이고 있다는 느낌을 받고 싶어 하며, 몇 장의 좋은 사진과 영상으로 그것을 확인하고 싶어 하는 식이에요."

일부 비영리 단체는 기업재단이 설립 기업과 밀접하게 연결되어 있다고 생각하여 기업재단을 기업으로부터 더 많은 자원을 얻기 위한 발판으로 간주한다. 반면, 기업재단은 종종 설립 기업과 일정한 거리를 두고 기업 정책과 관행에 영향을 미치지 않으려는 경향이 있다. NP 13은 다음과 같이 언급하였다.

> "우리는 [기업재단]을 통해 여러 가지 방법으로 [비영리 단체]의 업무에 [기업]을 참여시키려고 했는데, 이는 두 브랜드 모두에 도움이 될 수 있기 때문입니다. 그러나 기업재단은 그런 식으로 운영되지 않습니다. 기업재단은 인지도가 매우 낮습니다."

이와 같은 입장은 NP 7의 발언에서도 확인할 수 있다.

"우리는 [기업]과 함께 무언가를 해볼 수 있지 않을까 기대했지만, 지금까지 그들은 그런 시도들을 정말 자제해 왔습니다. 재단과 회사는 철저히 분리되어 있어요. 재단의 이사회는 가능한 한 얽힘을 피하려 하고, 특히 기업이 재단을 일종의 홍보 수단처럼 사용하는 것을 방지하고 싶어 하죠."

그러나 한 비영리 단체 직원은 기업재단과의 파트너십을 통해 해당 재단의 설립 기업과의 협력 가능성을 모색할 수 있었다고 말했다. NP 13에서 언급된 내용은 다음과 같다.

"[기업] CSR 담당자는 항상 재단과도 연결되어 있기 때문에 회사 내에서도 인맥이 있는 사람과 관계를 구축하고 있습니다. 그래서 곧 가치 사슬 내에서 무엇을 할 수 있을지 논의할 예정입니다. 따라서 재단을 통한 열린 창구가 없다면 기업과의 연결이 더 어려울 수 있지만, 오랫동안 함께 일해 왔고 서로에게 무엇을 기대할 수 있는지 알고 있기 때문에 언젠가는 문이 열리고 더 많은 것이 가능해질 수 있습니다."

14.3.3 관점 3: 기업의 전략적 사회 변화 파트너로서의 기업재단

세 번째 관점은 기업재단이 기업의 전략적 사회 변화 주체라는 인식에 기반한다. 여기서 재단은 사회 문제를 해결하는 데 있어 비영리 단체의 적극적이고 참여적인 파트너로서 솔루션의 일부로 간주된다. NP 2가 설명한 것처럼,

"저희[비영리단체]는 그들[기업재단]로부터 정말 의미 있는 기부를 받고 있습니다. 하지만 [기업재단]에서는 이렇게 말합니다. '우리를 단지 자금 지원처로 생각하지 마세요. 돈이 필요하면 [기업재단]에 가보세요. 하지만 전문성이 필요하다면, 저희는 귀 단체에 도움이 될 수 있는 전문가들을 보유하고 있습니다. 그 부분을 진지하게 받아들인다면, 우리

는 매우 헌신적인 파트너가 될 수 있습니다.'"

비영리 단체 직원에 따르면, 여기서 두 파트너는 사회 문제나 특정 문제 또는 프로젝트에 대한 소유권을 공유한다. 여기에서 각 주체들은 사회문제를 해결하는 데 필요한 자원을 제공한다. 기업재단이 항상 프로젝트에 자금을 지원하는 것은 아니며, 사회 문제 해결을 위한 특정 프로젝트에 필요한 경우 다른 기업 자원을 활용할 수도 있다. 예를 들어, 기업재단은 특정 문제를 해결하는 데 필요한 지식, 기술, 전문성을 갖춘 설립 기업의 직원을 활용할 수 있다. 이는 비영리 단체가 기업과 직접 협력하는 것보다 기업재단과 협력하는 것을 선호하는 이유로, NP 5가 이를 뒷받침한다.

"CSR 부서와 일하게 되면, 아마 이렇게 말할 겁니다. '그건 회사 안의 다른 사람들과 이야기하셔야 해요.' 하지만 그들은 '이건 통합적인 해결책이 필요합니다. 디자이너, 전문가, 데이터 분석가가 함께 해야 합니다.'와 같은 재단의 관점에서 접근하지는 않죠. 반면, [기업재단]의 경우에는 그게 바로 그들의 강점입니다. 그들은 회사 전체를 깊이 이해하고 있고, 다양한 이해관계자들을 효과적으로 연결해주며, 매우 체계적이고 철저하게 협력 구조를 만들어냅니다."

이런 기업재단을 바라보는 비영리 단체의 관심을 가지는 것으로 보인다.

"더 적고, 더 크고, 더 좋은 [파트너십]으로 우리는 많은 단체와 협력할 수 있지만, 정말 규모가 크고 영향력을 발휘할 수 있는 소수의 파트너와 협력하는 것을 선호합니다. 즉, 누구와 협력할지에 대해 매우 비판적인 시각이 필요합니다."(NP 5)

이러한 관점에서 파트너십이 구축되면 비영리 단체는 두 주체 간에 더 깊고 장기적인 협력의 잠재력을 갖게 된다고 생각한다. 여기서 상호 이해는 NP 9가 설명하는 것처럼 협력을 발전시키는 데 있어 핵심적인 요소다.

"기업재단과의 장기적인 협력, 집중적인 공동 연구, [기업재단의] 목표에 대한 더 많은 통찰력을 얻을 수 있기 때문에 [기업재단]이 조직에 적합한지, 어떻게 함께 협력을 확장할 수 있는지 훨씬 쉽게 파악할 수 있어요."

이러한 관점을 바탕으로 기업재단과 협력을 시작하면 비영리 단체는 시간과 조직 자원을 많이 계속해서 사용할 수 있다.

"서로를 진정으로 알아가는 데는 상당한 시간이 걸리기 때문이죠. 함께 여행을 가서 현지 상황을 확인하고 서로의 파트너, 동료 및 업무 방식을 알아가는 것이 도움이 됩니다."(NP 5)

또한 이 접근 방식은 NP 2가 설명하는 것처럼 양쪽 모두 인내심과 유연성을 필요로 한다.

"우리가 정말로 익숙해져야 하는 것은 서로의 언어를 사용하지 않는다는 것입니다. 우리가 '이 프로젝트에 대한 보고서가 필요해요'라고 말하면, 우리는 항상 상세하게 기록하기를 원하기 때문에 철저한 보고서를 받게 됩니다. 하지만 [기업재단 이름]이 그 보고서를 전혀 원하지 않는다는 것을 알아내려면 협력이 필요합니다. 그들은 단지 우리가 현재 하고 있는 일, 즉 이사회를 위한 요약본 한 장만 받기를 원합니다."

그러나 협력이 발전함에 따라 일반적으로 더 큰 이점을 얻을 수 있는 것으로 보인다.

"일반적으로 실질적인 기여가 수반되며 협력은 훨씬 더 깊어지게 됩니다."(NP 9)

14.4 논의

기업재단은 자선 분야에서 현대적인 행위자로 간주된다. 학계에서는 이러한 조직 수단에 대해 알려진 바가 거의 없으며, 자선 부문 내에서 기업재단은 "새로 등장한 존재(the new kid on the block)"으로 인식되고 있다. 학자와 실무자 모두 기업재단을 중요한 이해관계자로 보고 있으며, 비영리 단체 직원들이 기업재단을 어떻게 바라보는지 살펴보는 것이 중요하다. 기업재단이 누구이며 무엇을 하는지에 대한 특정 관점은 개인의 인식, 추론, 행동에 영향을 미치기 때문에 이는 특히 중요하다. 이러한 관점을 이해하면 비영리 단체 직원들의 특정 행동도 설명할 수 있다. 본 연구는 기업재단에 대한 비영리 단체 직원들의 견해에 주목함으로써 이러한 이해의 간극을 메우고 자선 분야에서 상대적으로 잘 알려지지 않은 기업재단과 협력하는 것의 의미에 대한 비영리 단체 직원들의 목소리를 반영하는 것을 목표로 한다.

비영리 단체 직원들은 자신들의 조직과 기업재단 간의 협력 체계를 구축하고, 기업재단을 자원 제공자 또는 사회 문제 해결을 위한 파트너로 간주함으로써 자신들이 속한 환경을 능동적으로 만들어 간다. 그 결과 비영리 단체 직원들은 조직의 정당성을 만들고, 필요한 자원을 탐색하고, 궁극적으로 사회 변화를 이끌어내는 등 자신의 행동에 따른 자극을 받는다.

이러한 목적을 위해 비영리 단체 직원들은 기업재단을 바라보는 세 가지 관점을 가지고 있다. 첫 번째 관점은 기업재단을 기업의 도덕적 행위자로 보는 관점이다. 이 경우 비영리 단체들은 기업이 기업재단을 통해 사회 문제를 해결하는 비영리 단체에 자원을 제공함으로써 올바른 일을 할 것에 대해 기대한다. 이는 기업이 사회 문제 해결을 위한 도덕적, 사회적 의무를 지닌 강력하고 부유한 주체라는 기업 사회공헌 담론과 매우 일치한다(Shaw & Post, 1993).

두 번째 관점은 비영리 단체는 기업재단을 기업의 도구적 대리인으로 간주한다. 이는 전략적 기업 사회공헌에 관한 문헌(Porter & Kramer, 2002)과 경영학과 해당 연구 분야에서 널리 퍼진 문헌과 일치하는 관점으로, 기업 자선 활동은 명확한 비즈니스 논리를 기반으로 해야 하며 해당 기업에 이익을 제공해야 한다는 주장을 담고 있다(Liket & Simaens, 2015).

세 번째 관점은 기업재단이 설립 기업의 사회 변화 파트너라는 인식에 기반한다. 이 관점에서 기업재단은 비영리 단체가 사회 문제를 해결하기 위한 '협력 파트너'로서 문제 해결의 일부로 간주된다. 기업재단은 지원이 필요한 비영리 단체 직원과 관련 지식, 기술, 전문성을 갖춘 창업설립 기업의 직원을 의미 있게 연결함으로써 이러한 역할을 수행할 수 있다. 또한, 기업재단은 또한 시민사회와 민간 부문을 연결하는 가교 역할을 할 것으로 기대할 수 있다(Herlin & Pedersen, 2013). 기업재단은 시민사회를 위해 기업의 자원을 활용하는 동시에 설립 기업부터 시작하여 민간 부문의 다양한 기준과 관행을 촉진하고 옹호할 수 있다.

그러나 비영리 단체 직원들의 담론에는 기업재단이 자선 활동에서 수행하는 역할이나 애초에 기업 권력이 어떻게 기업재단을 설립할 수 있도록 했는지에 대한 비판적 성찰이 빠져 있다. 이는 비영리 단체가 활동하는 사회적 환경이 그들의 시각에 영향을 미치기 때문일 수 있다. 비영리 단체 직원들로 하여금 기업재단과의 협력에 참여하라는 이해관계자의 압력(정부 및 지원금 지급 재단: Roza *et al.*, 2017)은 이러한 협력 방식에 대한 비영리 단체 직원들의 긍정적인 관념에 영향을 미칠 수 있다. 또한 이 장의 앞부분에 포함된 인용문은 자원을 찾는 비영리 단체와 자원을 제공하는 기업재단의 입장을 잘 보여준다. 따라서 비영리 단체는 기업재단으로부터 무언가를 필요로 하기 때문에 기업재단에 대해 긍정적으로 말해야 한다는 '강요'를 느낄 수 있으며, 이는 일반적으로 기업재단과 긍정적인 관계를 형성하지 못할 수 있다.

이러한 견해가 상호 배타적이지 않고 여러 요인에 따라 선택의 폭이 달라진다는 사실은 흥미롭다. 실제로 여러 비영리 단체 직원들은 인터뷰 중에 '전형적인' 기업재단을 설명하기 어렵다고 말했다. NP 2는 이를 잘 설명하였다.

> "따라서 이 모든 재단[기업재단의 이름]은 다 조직 방식도 다르고, 목표도 다르고, 전문성에서 현금기부를 위한 모금까지 다양하고, 각각의 매력이 있어요."

비영리 단체 직원들은 (1) 재단의 목적 또는 사명, (2) 재단의 설립 배경, (3) 재단이 활용하는 기업 자원의 범위, (4) 재단의 전문성 수준, (5) 재단과 설립 기업 간의 밀접한 관계 정도 등 다음과 같은 측면에서 차이를 인식한다. 이는 비영리 단체 직원들이 기업재단과의 관계를 설명할 때 때때로 다양한 관점을 적용하는 이유를 설명해준다.

14.5 제한점 및 후속 연구 제안

모든 연구와 마찬가지로 본 연구에도 몇 가지 한계가 존재한다. 본 연구는 네덜란드의 비영리 단체와 기업재단 간의 협력을 반영하고 있다. 이러한 협력은 개인 간의 접촉을 통해 이루어지며, 협력에 대한 경험은 매우 개인적이고 상황에 따라 달라질 것이다. 본 연구에서는 네덜란드의 13개 비영리 단체를 엄선하여 연구에 포함시켰으나, 연구의 일반화 가능성은 낮다. 다른 표본을 사용했다면 기업재단에 대한 비영리 단체의 시각을 더욱 풍부하게 파악할 수 있었을 텐데, 이는 파악하기 어렵고 아직 상대적으로 잘 알려지지 않은 현상에 관한 것이기 때문이다.

또한 기업재단과의 협력을 의도적으로 회피하는 비영리 단체와의 인터뷰는 한 차례만 진행했다. 이러한 비영리 단체는 의사 결정 과정에서 다양한 관점을 참고할 것으로 예상된다. 이들을 연구에 포함시켰다면 비영리 단체의 관점에서 기업재단에 대한 보다 비판적인 시각을 반영할 수 있었을 것이다.

대부분의 응답자와 단 한 차례의 인터뷰를 진행했다. 관점과 그것이 태도와 행동에 미치는 영향을 제대로 이해하려면 의미 형성 접근법(sensemaking approach)

을 통해 근본적인 역동적 과정을 살펴보고 현실을 이해하여 효과적으로 예측하고 행동하는 데 도움이 될 수 있다(Klein *et al.*, 2006). 종단연구를 통해 이 주제에 접근하면 의미 형성 과정을 더 풍부하게 포착하고 시간 경과에 따른 변화를 파악할 수 있어 더욱 효과적일 수 있다.

후속 연구에서는 비영리 단체 직원의 관점에서 기업재단을 다른 유형의 재단과 비교할 수 있다. 그러면 다른 연구문제도 나올 수 있다. 비영리 단체 직원들은 어떤 유형의 재단과 협력하는 것이 가장 가치 있다고 생각하며, 어떤 측면이 이를 결정할까? 비영리 단체는 서로 다른 유형의 재단을 구분할 수 있을까? 이러한 질문에 대한 답변을 통해 기업재단에 대한 더 많은 통찰력을 얻을 수 있다.

아울러, 후속 연구에서는 비영리 단체와의 관계에 영향을 미칠 수 있는 기업재단 간의 차이점을 파악하는 데 더 많은 관심을 기울여야 할 것이다. 본 연구의 결과에 따르면 기업재단들 간에 존재하는 차이로 인해 하나의 '전형적인' 기업재단을 설명하기는 어렵다. 따라서 '기업재단'이라는 일반적인 용어는 이러한 유형의 조직을 완전히 이해하기에 충분하지 않을 수 있다.

또한, 본 연구에서 암묵적으로 언급된 것처럼 기업재단의 의사결정권자 또는 리더의 역할이 중추적인 역할을 하는 것으로 보인다. 그러나 기업의 사회적 책임의 미시적 토대를 연구해야 한다는 요구(Aguinis & Glavas, 2012)에 따라 기업재단이 누구와 왜 협력할지 결정하는 데 있어 리더의 역할에 대해서는 알려진 바가 거의 없다. 또한 기업재단의 리더십이 바뀔 경우 비영리 단체와의 (현재의) 협력 계약은 어떻게 될까? 마찬가지로 기업재단과의 협력에서 비영리 리더십의 역할이 무엇인지에 대해서도 질문할 수 있다. 협력을 시작하고 성공적으로 이끄는 리더십의 특성은 무엇이며, 성공적인 협력의 정의는 무엇일까?

참고문헌

Aguinis, H., & Glavas, A. (2012). What we know and don't know about corporate social responsibility: A review and research agenda. *Journal of Management, 38*(4), 932-968.

Alvarez-Gonzalez, L. I., Martin-Cavanna, J., & Rey-Garcia, M. (2012). Assessing and advancing foundation transparency: Corporate foundations as a case study. *The Foundation Review, 4*(3), 77-89.

Bethmann, S., & von Schnurbein, G. (2015). *Effective governance of corporate foundations* (No. 8). University of Basel, Basel, Switzerland.

Brown, W. O., Helland, E., & Smith, J. K. (2006). Corporate philanthropic practices. *Journal of Corporate Finance, 12*(5), 855-877.

Clarke, P., Magalhães, I. d. O., Di Tella, A., Faure, E., Hizette, D., Piette, I., & Salole, G. (2008). *Foundations in the European Union: Facts and figures*. Brussels: European Union.

Cooper, D. R., & Schindler, P. S. (2014). *Business research methods. Business research methods* (12th ed.). New York: McGraw-Hill.

Coyne, I. T. (1997). Sampling in qualitative research. Purposeful and theoretical sampling; merging or clear boundaries? *Journal of Advanced Nursing, 26*(3), 623-630.

Easton, K. L., McComish, J. F., & Greenberg, R. (2000). Avoiding common pitfalls in qualitative data collection and transcription. *Qualitative Health Research, 10*(5), 703-707.

Gautier, A., & Pache, A. C. (2015). Research on corporate philanthropy: A review and assessment. *Journal of Business Ethics, 126*(3), 343-369.

Godfrey, P. C. (2005). The relationship between corporate philanthropy and shareholder wealth: A risk management perspective. *The Academy of Management Review, 30*(4), 777-798.

Haskell, J. D. (2013). Keeping your corporate foundation compliant. *Financial Executive, 29*(9), 76-80.

Herlin, H., & Pedersen, J. T. (2013). Corporate foundations, catalysts of NGO-business partnerships? *The Journal of Corporate Citizenship, 50*, 58-90.

Jordan, A., & Hartley, V. (2014). *Corporate foundations — A global perspective*. London: Corporate Citizenship.

Kenny, M., & Fourie, R. (2015). Contrasting classic, Straussian, and constructivist grounded theory: Methodological and philosophical conflicts. *The Qualitative Report, 20*(8), 1270-1289.

Klein, G., Moon, B., & Hoffman, R. R. (2006). Making sense of sensemaking: Alternative perspectives. *IEEE Intelligent Systems, 21*(4), 70-73.

Liket, K., & Simaens, A. (2015). Battling the devolution in the research on corporate philanthropy. *Journal of Business Ethics, 126*(2), 285-308.

Madden, K., Scaife, W., & Crissman, K. (2006). How and why small to medium size enterprises (SMEs) engage with their communities: An Australian study. *International Journal of Nonprofit and Voluntary Sector Marketing, 11*(1), 49-60.

Marquardt, J. (2001). *Corporate Foundation als PR-Instrument. Rahmenbedingungen - Erfolgswirkungen — Management*. Wiesbaden: Gabler.

Minciullo, M., & Pedrini, M. (2011). Italian corporate foundations and the challenge of multiple stakeholder interests. *Nonprofit Management & Leadership, 22*(2), 173-197.

Mindlin, S. E. (2012). A study of governance practices in corporate foundations. *Revista de Administração, 47*(3), 461-472.

Palinkas, L. A., Horwitz, S. M., Green, C. A., Wisdom, J. P., Duan, N., & Hoagwood, K. (2015). Purposeful sampling for qualitative data collection and analysis in mixed method implementation research. *Administration and Policy in Mental Health and Mental Health Services Research, 42*(5), 533-544.

Petrovits, C. M. (2006). Corporate-sponsored foundations and earnings management. *Journal of Accounting and Economics, 41*(3), 335-362.

Porter, M. E., & Kramer, M. R. (2002). The competitive advantage of corporate philanthropy. *Harvard Business Review, 80*(12), 56-68.

Ritchie, J., Lewis, J., Nicholls, C. M., & Ormston, R. (2013). *Qualitative research practice - A guide for social science students and researcher*. London: Sage.

Roza, L., Shachar, I., Meijs, L. C. P. M., & Hustinx, L. (2017). The nonprofit case for corporate volunteering: A multi-level perspective. *The Service Industries Journal, 37*(11-12), 746-765.

Shaw, B., & Post, F. R. (1993). A moral basis for corporate philanthropy. *Journal of Business Ethics, 12*(10), 745-751.

Strachwitz, R. (1994). *Stiftungen: nutzen, führen und errichten; ein Handbuch*. Frankfurt: Campus Verlag.

Toepler, S. (1996). *Das gemeinnützige Stiftungswesen in der modernen demokratischen Gesellschaft: Ansätze zu einer ökonomischen Betrachtungsweise*. München: Maecenata Verlag.

Varcoe, L., & Sloane, N. (2003). *Corporate foundations - Building a sustainable foundation for corporate giving*. London: Business in the Community.

Vitcu, A., Lungu, E., Vitcu, L., & Marcu, A. (2007). Multi-stage maximum variation sampling in health promotion programs' evaluation. *Journal of Preventive Medicine, 15*, 5-18.

Webb, N. J. (1994). Tax and government policy implications for corporate foundation giving. *Nonprofit and Voluntary Sector Quarterly, 23*(1), 41-67.

Weick, K. E. (1995). *Sensemaking in organizations* (Vol. 3). Sage.

Werbel, J. D., & Carter, S. M. (2002). The CEO's influence on corporate foundation giving. *Journal of Business Ethics, 40*(1), 47-60.

Westhues, M., & Einwiller, S. (2006). Corporate foundations: Their role for corporate social responsibility. *Corporate Reputation Review, 9*(2), 144-153.

Sterre Swen 에라스무스 대학교 로테르담(Erasmus University Rotterdam)에서 국제경영학 및 CEMS 석사과정을 졸업했다. 본 장의 내용은 그녀의 기업재단에 관한 석사학위 논문의 기초가 되었으며, 프리슬란드 캄피나(Friesland Campina)에서 인턴으로 근무 중이며, 기업의 사회적 책임(CSR)과 지속가능성에 깊은 관심을 가지고 있다.

Lonneke Roza 에라스무스 대학교 로테르담 경영대학원(Rotterdam School of Management)의 겸임 부교수로, 기업 기부와 기업 시민의식의 미시적 기반(microfoundations)에 관한 연구를 수행하고 있다. 주요 논문은 *Journal of Business Ethics, Nonprofit and Voluntary Sector Quarterly, Voluntas* 등 권위 있는 학술지에 게재되었다.

Lucas Meijs 에라스무스 대학교 로테르담 경영대학원(Rotterdam School of Management)의 전략적 자선 활동 및 자원봉사학 교수이다. *Nonprofit and Voluntary Action Quarterly*의 첫 비미국인 공동 편집장으로 두 차례 임기를 수행했으며, 네덜란드 정부와 의회에 자문하는 공식 정책 자문기구인 사회개발위원회(Raad voor Maatschappelijke Ontwikkeling) 위원으로 활동했다. 주요 연구 분야는 전략적 자선, 자원봉사 및 비영리 조직 관리, 기업의 사회적 참여, 참여형 학습이다.

Alexander Maas 에라스무스 대학교 로테르담 경영대학원(RSM)의 조직 변화 및 사회 통합 부교수(Associate Professor of Organizational Change and Social Integration)이자, 위트레흐트에 위치한 인문주의 대학교(University for Humanistics)의 돌봄의 인간화 및 변화(Humanizing and Change of Care) 교수이다. 주요 연구 분야는 조직 및 변화 이론, 사회구성주의, 스토리텔링, 노인 돌봄 분야의 변화와 혁신이다. 네덜란드어 및 영어로 조직 연구 및 변화 연구 분야에서 다수의 저서와 논문을 집필하거나 공동 편집하였다.

제15장 논의 및 결론

Lonneke Roza, Steffen Bethmann, Lucas Meijs, and Georg von Schnurbein

요약 마지막 장에서는 우선, 경영과 지배구조에 관한 이전 장들이 지배구조, 기업 기부, 재단에 관한 기존 문헌에 어떤 시사점을 제공하는지에 대해 논의하는 것으로 시작한다. 둘째, 지역 및 국가별 장들에서 드러난 공통된 주제들을 정리하면 다음과 같다. 여기에는 기업재단이나 기업 기부의 전통이 존재하는지 여부와 그 강점, 존재하는 제도적 틀이 어떤 것인지, 기업재단이 특정 맥락에서 어떻게 자율적으로 행동할 수 있는지, 그들의 주요 초점이 무엇인지, 기업재단이 어떻게 재원을 마련하는지 등이 이에 포함된다. 마지막으로, 직원과 수혜자 등 다양한 이해관계자들이 기업재단에 대해 어떻게 다른 관점을 가질 수 있는지 논의한다. 이 장에서는 전체적이 논의를 간단히 요약하고, 본 책의 주요 결과와 논의를 바탕으로 잠재적인 후속 연구 과제를 구체화하는 데 초점을 맞춘다.

키워드 결론 - 경영 - 지배구조 - 비교 연구 - 이해관계자

이 책(이하 『기업재단의 이해』)은 기업 사회공헌 활동을 촉진하는 수단으로서 종종 간과되는 형태인 기업재단의 다양한 측면을 깊이 있게 탐구한다. 이 책은 세 부분으로 나누어져 있다.

첫째, 기업재단이 설립 기업과의 독특한 관계, 종종 단일 기부자인 모기업과의 관계로 인해 직면하는 경영 및 지배구조 문제를 다룬다. 이 장에서는 기업재단과 설립 기업 간의 관계의 고유한 속성 및 그로 인해 발생하는 지배구조 문제를 설명하고 분석한다. 또한, 기업재단이 기업 소유주인 경우와 여러 중소기업 및 대기업이 공동으로 사회공헌을 수행하는 공동 기업재단의 두 가지 독특한 지배구조 상황을 다룬다.

둘째, 다양한 국가와 지역에서 기업재단이 차지하는 위치를 살펴본다. 이 장의 저자들은 기업재단이 운영되는 제도적 맥락과, 이러한 특정 맥락에서 기업재단이 어떻게 기능하는지 자세히 설명한다. 예를 들어, 역사적, 문화적, 법적 틀, 기업재단의 주요 초점 분야에 대해 논의한다.

셋째, 기업재단의 이해관계자들에 대해 다룬다. 저자들은 몇 가지 주요 이해관계자의 관점, 참여 방식및 기업재단에 의해 어떻게 영향을 받는지에 대해 설명한다. 시민사회 관점, 기업재단에 대한 직원들의 참여, 수혜자가 기업 기부의 영향을 받는 방식, 비영리 단체가 기업재단을 이해하는 방식 등이 포함된다.

마지막 장에서는 경영과 지배구조에 관한 장으로 지배구조, 기업 기부, 재단에 관한 문헌에 어떤 정보를 제공하는지 논의하는 것으로 시작한다. 기업재단 또는 기업 기부의 전통과 그 강점, 존재하는 제도적 틀, 자율적인 기업재단이 구체적 맥락에서 어떻게 활동할 수 있는지, 주요 초점은 무엇인지, 기업재단이 자금을 조달하는 방법 등을 포함한 지역 및 국가 장에서 중복되는 주제를 요약한다. 직원과 수혜자 등 다양한 이해관계자들이 기업재단에 대해 어떻게 다른 관점을 가질 수 있는지에 대해 논의한다. 이 장은 책의 주요 연구 결과와 논의를 바탕으로 잠재적인 후속 연구과제를 구체화하는 전체 논의 및 결론으로 마무리된다.

15.1 기업재단의 경영 및 지배구조

재단 관련 기존 문헌은 일반적으로 재단이 사회적 영향력과 사회 혁신을 창출하는 능력이 기부자(들) 또는 정부의 외부 통제로부터 독립적일 때 실현이 가능하다고 가정한다(Anheier & Leat, 2006; Fleishman, 2007; Frumkin, 2006; Kania *et al.*, 2014). 반면, (전략적)기업 사회공헌 문헌에서는 기업 사회공헌을 기업의 이익을 위한 수단으로 설명하며, 이를 단기적인 동기 — 평판 및 브랜딩 목적 — 또는 사회에 대한 중장기적 투자로 설명한다. 예를 들어, 기업 기부는 기업의 정당성을 부여하고, 호의적인 경쟁 환경을 조성하며, 장기적으로는 기업의 번영에 필요한 (지속가능한) 사회를 구축하는 수단으로 간주된다(Porter & Kramer, 2002). 이처럼 연구와 실무에서 상반된 관점 또는 동일한 현상에 대한 서로 다른 접근 방식 간의 마찰은 기업재단이 직면한 어려운 경영 환경을 잘 보여준다. 기업재단은 이러한 이질적 논의를 조율하기 위해 적절한 시점에 한 영역의 핵심 요소를 다른 영역에서 활용할 수 있는 경계 연결자(boundary spanner) 역할을 수행할 것으로 기대된다(Herlin & Pedersen, 2013). 공동 재단 설립 기업의 존재는 지배적이거나 멀리 떨어져 있더라도 기업재단이 활동하는 전통적인 자선 제도적 틀과 함께 다양한 지배구조, 관리 및 운영 과제를 야기한다. 이 책의 경영과 지배구조에 관한 네 개의 장은 기업재단을 효과적으로 이끄는 일이 얼마나 복잡한지 잘 보여준다.

이 부분은 기업재단을 경영하고 운영하는 사람들이 겪는 어려움에 초점을 맞춘 광범위한 장(2장)으로 시작된다. 세 가지 주요 이론적 관점(대리인 이론, 자원 의존 이론, 제도 이론)을 바탕으로 미국과 네덜란드의 12개 이상의 기업재단 리더 및 의사결정권자와의 인터뷰 및 비공식 대화에서 얻은 통찰력을 바탕으로 가장 공통적인 지배구조 조건과 역학을 파악하는 이론적 틀을 구축한다. 이 틀은 혼합적 조직에서 나타나는 11가지 상호 연관된 긴장을 기반으로 세 가지 핵심 과제를 정의한다. 첫째, 기업재단은 왜 존재하며 어떤 목적을 위해 존재하는가? 둘째, 누가 실제로 기업재단을 관리하며, 어떤 방향으로 재단을 운영할 것인가? 셋째, 기업재단은 누구에게 어떠한 책임을 지는가? 이 장에서는 기업재단이 여러 가지 다양한 논리의 영향을 받으며 긴장과 도전에 직면한다는 것을 보여준다. 기업 유형에 따라 경험하는 역동성은 다양하며, 소셜 벤처와 같은 다른 유형의 혼합적 기업이 경험하는 방식과 비교할 때 항상 문제가 되는 것은 아니지만, 이는 기업과의 지속적인 관계에 기인하는 것으로 보인다.

다음 장(3장)에서는 기업과 재단의 관계에 대해 자세히 살펴본다. Bethmann & von Schnurbein은 기업의 핵심 사업과 재단 사명 간의 근접성, 재단의 상대적 독립성에 따라 기업재단과 모기업 간의 복잡한 관계에 대한 이해를 높일 수 있는 기업재단 유형 분류 방법을 개발했다. 기존 재단 문헌에서 독립성과 자율성이 재단의 핵심 강점이라는 가정에서 출발하여, 이러한 특징이 제한되면 기업재단이 사회적 영향력을 발휘할 수 있는 잠재력이 제한될 수 있다는 점을 강조한다. 기업재단은 그 자체로 공익을 위해 독립적인 기관으로 설립되었기 때문에, 높은 사회적 영향력을 발휘하는 것이 재단의 정당한 주된 목표가 되어야 한다. 그러나 그들은 식별된 유형 중 어느 것이 다른 유형보다 반드시 더 나은 것은 아니라고 주장하며, 성공 여부는 재단이 활동하는 맥락에 따라 달라진다고 설명한다. 강력한 견인 요인과 압박 요인이 있으면 재단이 모기업과 더 밀접하게 연계된다고 덧붙인다. 다양한 작은 사례 분석과 유럽의 35개 기업재단을 대상으로 한 설문 조사를 통해, 하나의 기업재단을 보면 모든 기업재단을 본 것과 같다는 인식이 형성되는 경향이 있음을 알 수 있다(Ostrower, 2006).

Bothello, Gauthier, & Pache(4장)는 또 다른 흥미로운 기업재단의 지배구조를 설명하는데, 이를 주주재단이라고 부른다. 주주재단은 영리 기업에 대한 의결권과 소유권을 모두 행사하며, 많은 경우 수익금을 기업에 재투자하거나 사회에 환원한다. 이 장에서 저자들은 이 특정 지배구조에 대한 선택이 재단의 특정 맥락에 근거한 것인지에 대해 제도주의적 관점(DiMaggio & Powell, 1983; Pache & Santos, 2013; Powell & DiMaggio, 2012)에 따라 입증한다. 이들은 기업재단 리더가 조직의 정당성에 영향을 미치는 '게임의 규칙'의 수혜자이자 생산자임을 보여준다. 따라서 사회 구성주의적 관점은 비영리 조직과 영리 조직에 동일하게 기업재단에도 적용되며, 제도적 맥락과 기업재단은 서로 영향을 주고받으며 지속적으로 재구성되고 있다는 점을 강조한다.

Maas(10장)는 기업 기부의 자체 수행 또는 외부 위탁(make or buy)을 결정할 때 의사결정권자가 먼저 기업재단의 활동이 주변적인지 아니면 필수적인지에 대한 전략적 결정을 내려야 하는 것을 설명한다. 자원 의존 이론과 대리인 이론에서 기반한 두 가지 근거, 즉 가용 자원의 양과 효율성에 대한 요구에 초점을 맞추어 기업재단이 집단적 구조, 즉 공동의 기업재단 형태로 협력하는 전략적 결정의 과정에 대해 설명하였다.

15.2 기업 기반과 제도적 환경

여러 지역과 국가의 기업재단에 대한 타당하고 신뢰할 수 있으며 비교 가능한 데이터는 제한적이지만, 지역별 설명 장에서는 기업재단의 역할이 운영되는 제도적 환경에 따라 다르다는 점을 보여준다. 제도적 맥락이 기업재단의 기능에 어떤 영향을 미칠 수 있는지에 대한 이론적 통찰을 제공한다(Wiepking & Handy(2016)의 '제도적 맥락이 개인의 기부 행동을 어떻게 형성하는지에 대한 논의' 참조). <표 33>은 본서에서 다룬 국가와 지역의 제도적 맥락의 유사점과 차이점에 대한 개요를 제공한다.

15.2.1 역사와 전통

기업 사회공헌의 역사와 전통은 지역에 따라 상당히 다르게 발전해 왔다. 미국은 18세기 후반부터 사회공헌 단체의 설립까지 거슬러 올라가는 재단을 육성하는 오랜 전통을 가지고 있는 반면, 중국과 러시아 같은 국가에서는 비교적 최근에 다른 형태의 전통이 형성되었다. 실제로 2000년대 이후 중국의 사회공헌 부문은 급성장했으며, 민간 및 기업가 중심의 사회공헌은 오랫동안 정부가 통제해 온 사회공헌 단체에 '파괴적'인 영향을 미쳤다. 이러한 성장과 변화의 핵심 동력은 기업과 기업가이다. 러시아에서는 기업 사회공헌의 증가와 최근의 기업재단 설립이 증가하고 있으며 새롭게 등장한 러시아 내 다국적 기업의 진출에 의해 주도되었다. 이들 기업은 사회에서 기업의 역할에 대한 서양의 관점을 따르며, 동시에 러시아의 다양한 이해관계자들로부터 사회적 책임을 다하고 러시아 사회에 기여하라는 압력을 받았다.

표 33 전 세계 국가별·지역별 기업재단 제도적 맥락의 유사점과 차이점

국가/지역	기업재단 전통	기업재단 제도적 구조	기업재단 자율성	기업재단 주요 초점	기업재단 자금 조달
미국	18세기 후반으로 거슬러 올라가는 오랜 역사	연방 및 주 차원의 기업재단에 대한 다소 엄격한 법적 구조	엄격한 (세금) 법률 내에서 상당히 자율적	이질적	단일 출처에 의한 기금(대부분 모기업)
중국	신생, 신흥 (밀레니엄 이후)	기업재단에 대한 엄격한 법적 프레임워크 (국가 수준)	국가의 엄격한 감독을 받으며 정부 아젠다에 따라 활동함	문화 프로젝트에 대한 관심이 증가하고 있지만 대부분 국가 정책과 일치하는 문제	단일 출처에 의한 기금(대부분 모기업)
라틴 아메리카	젊고 신흥(1980년대 중반 이후)	지역적 차이가 있는 기업재단에 대한 법적 프레임워크가 대부분 느슨함	자율적; (지방) 정부는 자금 제공자, 파트너	이질적	연간 기부금, 기금 및 기타 재원
유럽	20세기 중반 이후 등장	다소 느슨함: 기업재단이 핵심 비즈니스와 별개의 활동을 할 수 있도록 법적 경계를 설정한 국가는 거의 없음	자율적	이질적	연간 기부금, 기금 및 기타 재원
러시아	수십 년 전부터 서서히 등장	기업재단을 위한 제도적 기반이 미흡, 개발이 제한됨	(지방) 정부가 기업재단의 파트너인 것처럼 보이지만 알 수 없음	이질적	기금 적립 없이 매년 기부금으로 운영되며, 재정을 관련 기업에 전적으로 의존

라틴 아메리카에서는 1960년대부터 기업 사회공헌의 전통이 이어져 왔다. 가족이 지배하는 대규모 현지 기업 그룹들이 현대적인 기업 사회공헌을 시작했으며, 이들 대부분은 미국 기업 및 재단과 밀접한 관계를 맺고 있었다. 근본적으로 기업 기부는 여전히 교회나 국가의 시혜적 차원에서 출발했지만, 이러한 발전은 NGO 간 자금 경쟁이 치열해지고 영리 단체에 대한 사회의 책임감 있는 행동에 대한 압력이 커짐에 따라 이루어졌다. 이 지역에서 기업재단이 번창한 시기는 외국 기부자들이 자선 인프라에 집중적으로 참여하고 투자한 시기와 맞물려 있다.

유럽에서도 라틴 아메리카와 마찬가지로 기업재단의 역사는 20세기 중반으로 거슬러 올라가지만, 정치적 맥락에 따라 그 형성과 발전 양상이 크게 달라진다. 다른 지역에서 기업 사회공헌과 기업재단이 부상한 것처럼, 유럽 내에서도 기업의 사회적 역할에 대한 인식과 사회적 이해관계자의 영향력이 결합한 결과일 가능성이 크다. 또한 2008/2009년 경제 불황의 결과로 많은 유럽 정부가 예술과 문화 분야에 대한 공공 자금을 삭감하였고, 기업재단과 같은 민간 주도의 이니셔티브는 국가가 효과적이거나 충분히 투자할 수 없는 영역에 대해 더 필요하고 중요한 파트너가 되었다(Gautier & de Nervaux, 2015).

15.2.2 법률 및 재정 제도

국가별 법과 제도가 있지만, 모든 국가와 지역에서 기업재단은 법인격과 공익적 사명으로 인해 기업 부문이 아닌 비영리 부문이라는 더 넓은 제도적 틀 안에 자리 잡고 있다. 대부분의 국가에서 이러한 법과 제도는 1969년에 제정된 미국의 세제 개혁법이나 2016년에 정부가 최초의 자선법을 시행한 중국처럼 비교적 최근에 제정된 것이다. 이 법은 비영리 단체 등록과 모금의 문턱을 낮춰 더 많은 사람들이 활동할 수 있는 시민사회의 공간을 확대하는 것을 목표로 한다. 또한 유럽 회원국들의 다양한 문화적 · 재정적 전통이 다르고, 유럽 내에서 재단법이 통일되어 있지 않기 때문에 기업재단의 정의와 해석에 차이가 크다(EFC, 2011). 이로 인해 재정법과 법률이 서로 다른 시대가 열리고 있다. 예를 들어, 스위스와 독일에서는 기업재단을 기존의 독립 재단과 다르게 취급하지 않는다. 많은 다른 국가에서는 기업이 재단을 오용하는 것을 방지하고 기업재단에 기부한 기부금이 면세 혜택을 받을 수 있도록 법적 틀이 설계되어 있다. 예를 들어, 영국에서는 기업이 기업의 이익을 위해 재단의 의사 결정에 영향을 미치려는 시도를 할 경우, 면세 지위를 철회하는 것으로 처벌된다.

동시에 일부 지역에서는 엄격한 규제 제도가 오히려 기업재단의 발전을 저해할 수 있는 것으로 나타났다. 예를 들어, 러시아에서는 기업재단의 규제 및 옹호 가능성이 제한되어 있으며, 이 부문의 자율 규제는 대부분 비공식적이고 자발적인 형태로 이루어진다. 이러한 국가들은 특히 기업재단을 위한 비정부 협의회나 우산 조직이 없기 때문에, 공식적이고 의무적인 규칙을 옹호하거나 도입하는 데 한계가 있다. 현재 대부분의 협의회나 우산 조직은 실질적으로 지원금을 지급하는 재단이다. 경우에 따라 이러한 조직에는 기업재단의 하위 그룹을 유지하고 있다.

또한 라틴아메리카 지역의 기업 사회공헌을 위한 법적 및 재정적 틀은 네덜란드, 미국, 독일, 스위스와 같은 국가에 비해 덜 우호적인 편이다. 일반적으로 비영리 및 사회공헌에 대한 정책적 맥락은 복잡하며, 그 집행은 종종 적대적인 경우가 많다(Appe & Layton, 2016). 사회공헌을 규제하고 인센티브를 제공하는 가장 일반적인 방식인 세법은 국가마다 일치하지 않고, 많은 국가에서는 인센티브를 제공하지 않으며, 인센티브를 제공하더라도 민간 기부의 수혜자를 매우 제한적으로 선정한다(Layton, 2010).

15.2.3 자율성

기업재단이 민간 행위자로서 활동할 수 있는 자율성 수준은 지역마다 다르다. 미국, 라틴 아메리카, 유럽에서는 기업재단이 정부로부터 상당히 자율적으로 운영될 수 있다. 실제로 각 국가(또는 주)의 법적 테두리 내에서 이들 국가와 지역의 기업재단은 자율적으로 방향성과 개입 방식을 선택할 수 있는 자유를 누리고 있다. 그러나 더 자유로운 지역과 국가에서도 중요한 제약이 존재하는데, 그것은 대부분의 경우 기업재단이 기업의 자기 거래(self-dealing)를 촉진하거나 강화하는 기부나 개입을 할 수 없다는 점이다. 이는 이사 및 자원봉사자가 종종 기업의 임직원으로 구성되는 경우가 많기 때문에 중요한 금지사항이다.

러시아의 기업재단은 정부와 재단 관련 기업 모두에게 민감한 주제인 완화치료(palliative care) 및 성인 취약 계층 지원 등과 같은 모순되거나 복잡한 사업을 피할 가능성이 높다. 이런 점에서 기업재단은 자체 운영의 자율성이 제한되기 때문에 민간재단이나 지원금을 받는 재단(grant-seeking)보다 더 제한적인 조건에 놓여 있다. 또한 중국 기업재단은 권위주의적인 정치 환경과 매우 순응적인 문화로 인해 많은 제약을 받는다. 러시아의 경우와 마찬가지로 중국 기업재단은 논란이 되는 사회적 또는 정치적 사안에 거의 관여하지 않으며, 정부의 정치적 의제에 부합하는 프로젝트, 개입 및 활동을 따르거나 선택하는 경향이 있다.

15.2.4 주요 중점 분야

기업재단의 주요 중점 분야는 해당 기업 또는 해당 국가 및 지역의 정부에 의해 크게 영향을 받는다. 러시아에서는 상당수의 기업재단이 특정 사회적 취약 계층을 지원하는 데 중점을 두는 것으로 보인다. 이들은 직접적으로 재정을 지원하거나, 의료, 교육, 스포츠 프로그램과 같은 사회적 취약 계층을 위한 프로그램을 실행함으로써 이를 실현한다. 유럽과 라틴 아메리카의 대부분의 국가들과 마찬가지로 미국 기반 기업재단의 활동은 비교적 다양하며, 저소득층을 위한 프로젝트, 예술 프로젝트, 건강 관련 프로그램, 특별 행사, 인프라 구축, 연구 프로젝트 등 다양한 분야에 자금을 지원하거나 직접 실행한다(Guthrie, 2010). 그러나 지원하는 지원금의 초점이 다양할지라도, 모기업의 사업적 이해관계는 간과되는 경우가 없다. 전략적 관점에서 보면, 미국 기업재단은 주로 지역사회에 기부하며, 논란이 적은 분야를 지원하는 경향이 있다. 이를 통해 지역사회의 호감을 얻고, 보다 충성도 높은 고객층을 형성하려는 목적을 가지고 있다.

중국에서는 정부 정책에 대한 협력이 훨씬 높으며, 기업재단들은 중국 사회의 긴급한 요구 사항을 충족시키거나 정부의 정책 방향을 지원하는 미션을 선호하는 경향이 있다. 그러나 최근에는 기업재단의 활동이 단순한 정치적, 도덕적, 전략적 우선순위를 넘어 개인적 성장과 공공 이익에 대한 다양한 상상을 반영하는 방향으로 활동이 확대되고 있다. 이는 전통적인 중국 가치와 문화를 표현하고 보존하는 역할도 포함한다. 그럼에도 불구하고, 우선순위는 여전히 교육 및 기타 긴급한 필요 분야에 집중되어 있다.

15.2.5 자금 조달 및 자원 배분

이 절에서는 기업재단의 자금과 자원 배분 방식의 차이를 강조한다. 미국 기업재단은 다양한 출처로부터 기부금을 받지 않고 일반적으로 단일 출처인 모기업으로부터 대부분의 자금, 즉 기금을 수령한다. 미국과 달리 라틴 아메리카, 유럽, 러시아의 기업재단은 대부분 연간 기업 기부금에 의존한다. 예를 들어, 유럽의 기업재단은 대부분 기업이 출연한 자산에 대한 투자 수익, 기업의 정기 기부금, 기업과 연계된 기부금, 기업의 직원이나 고객이 기부한 금액, 현물 기부 등을 통해 1~3년 단위로 자금을 조달한다. 러시아에서는 기업재단의 수익 구조는 설립자의 기부금, 모금 활동, 기금의 조합으로 이루어진다. 중국에서의 기업재단은 기업에서 설립된 재단으로, 비공익 재단으로 간주된다. 이러한 재단을 설립하려면 법에 따라 비공익 재단의 최초 기금이 미화 317,460달러(또는 200만 위안) 이상이어야 하며, 해당 기금을 현재 계좌에 보유해야 한다.

자원의 배분 모델 또한 지역마다 다르게 나타난다. 미국에서는 기업재단이 주로 지원금 지급 수단(grant-making vehicle)인 반면, 유럽과 러시아에서는 운영과 지원금형을 혼합한 형태가 일반적이다. 중국에서는 기업재단이 주로 운영형 비영리 단체이다. 라틴 아메리카에서는 국가별로 차이가 있는데, 멕시코의 기업재단이 미국식 지원금 지급 모델을 채택한 반면, 브라질의 기업재단은 대부분 운영형 비영리 단체 조직으로 구성되어 있다.

15.3 기업재단의 이해관계자

기업재단은 고립된 체계에서 운영되지 않고, 여러 이해관계자가 얽힌 생태계의 일부로 존재한다. 이해관계자 이론은 조직에서 누가 또는 무엇이 중요한지를 판단하는 원칙을 핵심으로 삼는다. 기업재단의 경우, 핵심 이해관계자가 누구인지를 결정하는 것은 간단하지 않다. 사회적 사명을 고려할 때, 비영리 단체와 그 수혜자가 핵심이 될 수밖에 없지만, 대부분의 기업재단에서 가장 중요한 자원인 자금과 통제권을 가진 기업과 임직원들을 이 방정식에서 제외할 수는 없다(1장 참조). 누가 진정으로 중요한 존재인지 결정하기 위해서는 세 가지 속성을 고려해야 한다. 첫째는 권력(power)으로, 관계 속에서 한 행위자가 자신의 의지를 강제할 수 있는 정도를 말한다. 둘째는 정당성(legitimacy)으로, 사회적으로 수용되고 기대되는 구조나 행동이다. 셋째는 긴급성(urgency)으로, 이해관계자의 요구가 시간적으로 민감하거나 중요도가 높은 경우를 말한다(Mitchell *et al.*, 1997). 이 책의 1장에서는 이미 기업재단의 이해관계자로서 기업을 암묵적으로 다뤘으며, 3부(Part Ⅲ)에서는 의도적으로 (1) 기업재단과 연계된 기업의 임직원, (2) 비영리 단체, (3) 기업재단의 수혜자, (4) 사회라는 네 가지 중요한 이해관계자의 관점을 다루었다.

Vermeulen & Maas는 기업재단 활동의 영향력을 측정하려는 경향이 증가하고 있다고 언급한다(11장). Samuel 등(2016)은 비록 기업재단은 아니지만, 하나의 사례 연구를 통해 기업 시민 프로그램의 수혜자에 대한 사회적 영향에 관한 연구 격차를 해소하고 있다고 보았다. 기업 시민 프로그램이 수혜자에게 미치는 영향에 대한 현재의 지식 수준은 아직 일반화하기 어렵지만, Vermeulen & Maas는 이러한 프로그램이 재단 내 · 외부에서 실행될 때, 임직원뿐만 아니라 사회에도 가치있는 결과를 제공할 수 있음을 보여주었다.

Haski-Leventhal(12장)은 기업재단이 자원봉사 기회를 촉진하는 기업의 대리인의 역할을 자세히 살펴본다. 기업재단은 기업이 주도하거나 임직원이 자율적으로 참여하는 자원봉사를 적극 장려함으로써 조직의 문화, 인식, 자원봉사 활동에 대한 업무 노출도를 높일 수 있다. 그리고 이 과정은 양방향으로 작용한다. 도덕적 동기에 따라, 기업재단은 자원봉사자들이 옳은 일을 하는 책임 있는 기업 시민으로서, 사회에 적극 기여하는 것을 추구할 수 있으며, 기업 임직원과의 유대감을 강화하고 새로운 인재를 유치하며, 조직몰입 및 성과 등 인사관리 측면에서의 이점을 얻는 도구적 동기도 가지고 있다. 저자는 기술 기반 자원봉사의 확산과 프로그램의 전략적 초점 증가 등 최근의 기업 자원봉사 트렌드를 파악하였다. 기업재단은 이제 단발성 자원봉사를 하는 것에서 벗어나 보다 지속적이고 의미 있는 자원봉사로 전환하고 있으며, 전 세계적으로 자원봉사 활동의 사회적 영향을 측정하는 방향으로 나아가고 있음을 의미한다.

von Hvenmark & von Essen(13장)의 출발점은 이해관계자이다. 스웨덴의 경험적 연구를 기반으로 기업재단의 정치적 성격을 살펴본다. 기업재단의 정치적 성격은 제도화된 정치, 기업 영역, 공공복지 시스템과 관련하여 독립성과 의존성 사이의 상반된 이중 구조에 놓인 모호한 상황과 관련이 있다. 기업재단은 기업 세계로부터 독립적인 존재로 인식될 때에만 합법적인 복지 제공자로 인정받을 수 있다. 이는 그들이 정상적으로 기능하기 위해 기업 세계에 실질적으로 의존하고 있음에도 불구하고, 외부로는 독립적인 정체성을 유지해야 하기 때문이다. 요약하자면, 기업재단과 그 설립 기업, 그리고 주변 비즈니스 환경 간의 관계는 본질적으로 이중성과 일정한 모호성을 내포하고 있다. 기업재단은 기업 세계의 기술과 지식을 수용하는 동시에 복지 시스템 내에서 운영됨으로써, 복지에 대한 이데올로기적 입장이나 정치적 결정이 효율성이나 상식의 문제로 전환되는 과정을 촉진하며, 이는 복지 영역의 정치적 중립화를 가능하게 한다. 또한, 기업재단이 사회문제 해결에 참여하고 일반 대중에게 복지를 제공함에 따라 장기적으로는 기업의 운영에 사회적 가치를 반영하도록 영향을 미쳐, 사회에서 더 배려하고 책임 있는 행위자로 자리매김할 수 있기 때문에 기업 세계의 도덕화에 기여할 가능성도 있다.

Swen, Roza, Meijs, & Maas(14장)의 목표는 비영리 단체가 기업재단과 협력하는 합리적인 과정에서 나타나는 민감한 과정을 보다 더 깊이 이해하는 것이다. 비영리 단체가 기업재단과의 협력에 점점 더 많이 참여하고 있으며, 해당 과정이 현재 실천 방식에 영향을 주고 있다는 점에서 특히 중요하다. 비영리 단체의 임직원들은 기업재단에 대해 세 가지 다른 관점을 사용한다. 첫째, 기업재단을 설립 기업의 도덕적 대리인으로 간주하는 경우, 재단은 비영리 단체가 필요로 하는 자원을 보유하고 있어 사회 문제 해결을 위한 전문가로서의 역할을 해야 한다는 입장이다. 둘째, 기업재단을 기업의 도구적 대리인으로 간주하는 경우, 협력을 통해 비영리 단체와 설립 기업 모두가 윈-윈할 수 있는 상황을 만들어야 한다는 입장이다. 셋째, 기업재단이 사회 문제 해결을 위해 비영리 단체와 적극적으로 협력하는 모기업의 변화 주체로서, 기업재단은 사회 문제 해결을 위해 비영리 조직과 적극적으로 협력하는 존재로 인식된다. 이 결과는 Bethmann & von Schnurbein의 장(13장)에서도 나타나듯이, 하나의 전형적인 형태로 기업재단을 설명하는 것이 어렵고, 비영리 단체와의 협력을 위해 기업재단은 비영리단체의 초점이 어디에 있는지, 어떠한 목표를 추구하는지 유연하게 인식하고 실천해야 한다는 점을 시사한다.

15.4 논의

이 책의 모든 장을 기반으로 몇 가지 핵심 주제를 도출할 수 있다.

첫째, 이 책의 모든 장은 기업재단이 다양한 제도적 맥락에서 공명하는 전 세계적인 현상이라는 점을 명확하게 설명한다. 여러 장에서 언급한 바와 같이 기업재단과 제도적 맥락 사이의 관계는 상호적이다. 실제로, 조직은 자신들이 속한 특정 제도적 맥락에 영향을 미칠 수 있다. 법적 · 재정적 제도 마련을 위한 집단적 로비 활동, 공식적 체계에 반대하는 로비 활동, 혹은 제도 내에서 기업재단의 위치를 형성하려는 시도 등을 통해 그러한 영향을 줄 수 있는 것이 그 예이다.

Maas가 설명한 사례는 기업재단이 제도적 환경에 영향을 미치는 방법을 보여준다. 즉, 의존 네트워크 내에서 조직의 권력적 지위를 개선하여 중요한 자원에 대한 접근 가능성을 높이고 외부 환경을 더 잘 관리하고 영향을 미칠 수 있는 능력을 향상시키는 방식이다. 또한, Bothello 등(4장)은 기업재단의 이사회와 경영진이 제도적 환경의 규제 제약을 묵인하거나 활용함으로써 경쟁 목표를 처리할 수 있다고 주장한다. 많은 경쟁적인 제도적 요인 속에서, 경영자는 자국 내 제도적 구조를 활용하여 제약에 대응하고, 로비 활동 등을 통해 규제 선례를 만들어 재단 설립에 유리한 환경을 변화시킬 수 있다.

마찬가지로, 기업재단에 대한 이해관계자의 인식도 해당 지역의 제도적 틀과 기업재단의 설립 시기 및 방법에 따라 영향을 받을 수 있다. 예를 들어, 네덜란드의 규범과 자선 전통의 영향을 받은 기업재단의 경우, 다른 지역에서는 다르게 나타날 수 있다.

또 다른 사례로, 프랑스의 한 기업재단은 설립법에 따라 재단의 활동이나 서비스가 상업적 이익을 얻는 것을 제한하는 규제를 따르고 있다. 이러한 제도적 규칙을 준수하는 것이 재단의 정당성을 증명하는 중요한 요소가 되며, 정당성은 기관의 성공과 발전에 중요한 역할을 한다(DiMaggio & Powell, 1983; Pache & Santos, 2013; Suchman, 1995). 따라서 이러한 제도적 맥락에서의 리더십 의사결정 방식은 특정한 틀이 형성되지 않은 상황에서의 의사결정과는 달라질 수 있다. 예를 들어, 이러한 틀이 설정되어 있는 경우, 기업재단이 설립 기업과 얼마나 거리를 두거나 가까이 할 수 있는지가 달라진다. 이는 해당 재단을 설립한 기업의 창립자, 즉 주주재단의 의도와 밀접한 관련이 있다.

각 장에서는 기업재단이 활동하고 있는 제도적 환경의 흥미로운 다양성이 드러난다. 시민적 관점에서 볼 때, 자선 활동에 대한 제도적 구조는 기업에 대한 제도적 구조보다 더 명확하고 지역적인 관습에 더 깊이 뿌리내리고 있는 것으로 보인다. 다시 말해, 기업에 대한 제도적 구조는 재단에 대한 구조보다 더 세계화되고 조화롭게 이루어져 있는 것으로 보인다. 예를 들어, 유럽연합에는 상업 활동을 위한 내부 시장이 공식적으로 존재하지만, 사회공헌 활동을 위한 내부 시장은 존재하지 않는다. 이러한 이유로, 유럽연합 내부에서조차 국경을 넘는 기부는 여전히 복잡한 절차를 수반한다(Buijze, 2017).

둘째, 기업재단은 경계-연결 조직(boundary-spanning organization)으로서 발생할 수 있는 다양한 과제를 조율하는 역할을 수행한다. 이해관계자 관점을 다룬 장들에서 확인된 내용 외에도, Gehringer & von Schnurbein(5장)은 "기업재단은 시민사회와 기업 세계 사이에 새로운 연결을 구축할 잠재력을 지닌다."고 제안한다(Herlin and Pedersen, 2013). 이처럼 기업재단은 경계 연결자(boundary spanner)로서의 기능으로 두 가지 측면을 가진다. 먼저, 기업재단은 기업의 자원을 활용하여 시민사회로 이전할 수 있으며, 사회적 공익에 기여할 수 있다. 그리고 기업재단은 시민사회의 관심사를 모기업에 전달할 수 있다. Haski-Leventhal(12장)에서 언급한 것과 같이 기업재단에 참여하는 직원들의 참여는 자원봉사 활동의 효과적인 촉진제가 되는 것으로 나타났다. 이러한 활동이 영역(직장 환경)에서의 행동이 다른 영역(개인 생활)으로 복제되고 있으며, 이는 다중 영역 관점(multiple domain perspective)에 해당한다(Rodell, 2013). 이 다중 영역 관점은 두 영역 간의 기저에 존재하는 연계된 메커니즘을 파악하는 데 도움을 주며, 이는 스필오버(spillover) 효과에 기반하고 있다. 스필오버란 한 영역의 영향이 다른 영역에 작용하여 정서 — 기분이나 만족도 —, 가치관, 기술, 행동 등에서 유사성을 만들어내는 것을 의미한다(Edwards & Rothbard, 2000). 이러한 스필오버는 제12장에서 다룬 바와 같이 직장 환경에서 개인 영역으로의 일방향적 흐름에 국한되지 않고, 그 반대의 경우에도 발생할 수 있다. 즉, 기업재단을 통한 직원들의 경험은, 직장으로 돌아왔을 때 사회 문제, 발전, 또는 관점을 고려하게 만드는 계기가 될 수 있으며, 이로써 사회적 인식이 조직 안으로 유입될 수 있다(Mezirow(1997)의 변혁적 학습 이론 또는 Roza & Meijs(2014)의 경험 학습 이론 참조). 그 결과, 직원들은 동료들과의 대화 주제가 달라지고, 조직 내 문제에 대해 다른 해결책을 모색하며, 업무에 대한 만족도가 높아지며, 궁극적으로는 사회적 기업가(social entrepreneur)로서 행동할 수 있게 된다. 즉, 사회적 요구와 기업(상업적) 해법을 조화시키는 역할을 하게 되는 것이다(직원 참여의 다양한 방식에 대한 분류는 Mirvis & Googins(2018) 참조).

셋째, 법적 형태는 기업재단을 기업과 구분짓는 요소이긴 하지만, 기업 경영진(2장), 수혜자(11장), 직원(12장), 자선 단체(13장) 등 기업재단이 지원하는 개입과 기업이 직접 지원하는 개입 사이에 최종 수혜자 또는 그 영향 측면에서 실질적인 차이가 존재하는지도 의문이다. 비영리 분야 응답자들이 기업재단과의 협력에 대해 이야기하긴 했지만, 연구를 통해 도출된 세 가지 틀(frames)은 기업이 기업 자선 활동에 참여하는 동기에 대한 기존 연구(Garriga & Melé(2004); Gautier & Pache(2015))와 매우 일치하는 경향을 보인다.

그럼에도 불구하고, 기업 내 부서가 아니라 기업재단의 형태를 갖춘다는 점은 파트너십 선정, 사회적 이슈의 주제 선정, 그 밖의 기업 자선 활동과 관련된 의사결정에 영향을 미칠 수 있다. 예를 들어, Maas의 장(10장)에서는 공동 기업재단 내에서 전략적인 기업 자선 활동이 거의 이루어지지 않았으며, 누구를 지원할지, 어떤 방식으로 지원할지를 결정하는 과정은 개별 기업의 전략적 이해보다는 지역사회가 필요로 하는 전반적인 지원 관점에 더 부합하는 것으로 나타난다.

넷째, 여러 개별 장에서 — 때로는 매우 명시적으로, 또 어떤 경우에는 보다 암묵적으로 — 특정 시점에 재단에 가장 큰 영향력을 행사하는 사람의 역할을 과소평가해서는 안 된다는 점이 분명하게 드러났다(2장, 3장, 4장, 5장 참조). 기업의 리더십이나 기업재단 이사회가 교체되면, 이는 재단의 전략적 방향에 직접적인 영향을 미치는 경우가 많다. 기업의 CEO가 이사회 의장을 겸임하는 것이 일반적인 상황에서, 재단은 CEO의 개인적인 선호나 기호에 크게 의존하게 된다. 또한, 재단 대부분의 직원이 여전히 기업의 급여 체계에 속해 있다는 점에서, 이러한 권력 구조는 특히 강하게 작용한다. 기업재단의 행동을 이해하기 위해 핵심적으로 필요한 것은, 해당 기업의 CEO가 재단에 대해 가지는 개인적인 동기와 목적을 이해하는 것이다.

15.5 결론 및 연구 로드맵

이 책은 기업 사회공헌에서 종종 간과되는 중요한 조직인 기업재단에 대한 새로운 통찰을 제공한다. 책의 편집자와 저자들은 특히 기업재단이 놓칠 수 없는 기회로 보고 있는 몇 가지 중요한 요소를 제시한다.

1. 기업재단이 기업의 자원을 공익을 위해 활용할 수 있는 잠재력은, 기업의 내부 부서와는 다른 방식으로 작동할 가능성이 있다.
2. 전 세계적으로 기업재단이 등장하고 있으며, 이들 재단은 자선 부문 내에서 점점 더 중요한 위치를 차지하고 있다.
3. 기업재단은 사회적 이슈 생태계 내에서 경계 연결자(boundary spanner)로서 고유한 위치를 차지하고 있으며, 이는 민간 또는 공공 재단, 비영리 조직, 사회적 기업, 일반 기업과 비교할 때 특별한 도전 과제를 동반한다.
4. 기업재단이 실제로 공익을 위해 봉사하고 있는지 아니면 모기업의 이익에 더 초점을 맞추고 있는지를 보다 잘 판단하기 위해, 이들에 대한 보다 폭넓은 (공공의) 이해가 필요하다.
5. 복지 서비스를 제공하고 사회적 혁신을 촉진하는 데 있어 국가 외 행위자들의 역할에 대한 지속적인 논의가 존재한다.

이 책은 독자들이 기업재단에 대해 더 잘 이해할 수 있도록 도와주는 초기적 통찰을 제공하며, 이들이 어떤 제도적 맥락 속에서 존재하고 있는지, 어떠한 고유한 지배구조를 가지고 있는지, 그리고 이러한 구조가 모기업, 정부, 사회, 비영리 조직에 어떠한 도전 과제를 제기하는지를 설명한다. 이는 또한 특정 이해관계자들이 기업재단의 운영에 영향을 미치고, 영향을 받는 방식에 초점을 맞춘 저자들의 기여와도 연결된다.

이 책은 기업재단이 언제, 어디서, 어떻게 제도적 맥락에 의해 영향을 받고 또 영향을 미치는지에 대한 예비적으로 통찰을 탐색하지만, 기업재단이 활동하는 제도적 복잡성을 완전히 이해하는 데는 아직 한계가 있다. 현재 경영학 문헌에서 기업재단은 대부분 기업의 연장선으로 간주되며, 이로 인해 기업의 제도적 환경에서 해석되고 있다. 기업재단이 자선 제도적 환경에서 운영되고 있다는 점을 고려할 때, 후속 연구에서는 기업재단의 운영 방식을 이해하는 데 이러한 관점을 반드시 포함해야 한다. 이 책에서 법적 틀과 같은 일부 요소는 간략히 다뤄졌지만, 국가 문화(Scott, 2013)와 자선 전통(Wiepking & Handy, 2016)과 같은 규범적-인지적 요소의 역할과 영향에 대한 연구가 필요하다.

또한, 거시적 수준에서 기업재단이 사회 체계 변화에 어떻게 영향을 미칠 수 있는지에 대한 연구도 중요한 과제가 될 것이다. 기업재단이 체계 변화에 큰 영향을 미친 사례는 아직 발견되지 않았으나, 기업재단의 수가 증가하고 전문화됨에 따라 향후 더 강한 영향력을 발휘할 수 있을 것으로 보인다.

기업재단이 스스로를 특별한 재단으로 인식하고, 그들의 고유한 과제를 논의하는 경향이 증가하고 있음이 관찰된다. 한 가지 징후로, 유럽 차원에서 기업재단들은 스스로 조직화되기 시작했고, 연례 회의를 개최하며 글로벌 자선 단체의 상위 조직들과의 네트워킹을 강화하고 있다. 라틴 아메리카에서도 기업재단의 조직화가 활발해지고 있다. 이러한 흐름에 따라, 기업재단은 제3섹터 및 전체 사회 내에서 점점 더 눈에 띄는 존재가 될 것이며, 이는 정당성에 대한 새로운 질문을 야기할 것이다. 전통적인 제3섹터 조직들이 이러한 새로운 참여자들을 받아들일 것인지, 혹은 거리두기를 선택할 것인지는 흥미로운 문제이다. 이미 일부 비영리 단체들은 담배나 석유 채굴 등 논란이 많은 산업에서 자금을 받는 기업재단과의 협력을 거부하고 있다.

Bethmann & von Schnurbein의 장(13장)에서는 기업재단과 모기업 또는 또는 주요 기부자와 규제 환경, 사회적 영향력, 사회공헌의 정당성 등과 충돌하지 않으면서 경영과 전략적으로 어느 정도까지 연계(alignment)할 수 있는지에 대해 살펴보는 것도 중요한 연구 주제이다. 기업 문화, 가치, 외부 비즈니스 이해관계 등의 측면에서 핵심사업에 긍정적인 영향을 줄 수 있으나, 일반적으로는 기업과의 연계가 없는 것이 더 바람직한 선택일 수 있다는 의견도 존재한다. 예를 들어, 사회적 관점에서 볼 때, 모든 연계가 사회적으로 바람직한 것은 아니다. 특히, 담배 회사와 같은 산업이 관련된 경우, 기업재단이 담배 판매량 증가를 목표로 하는 활동을 조직하는 것은 사회적으로 적합하지 않다는 의문을 제기할 수 있다.

기업의 목표와 재단의 목표가 장기적으로 비슷하다면, 두 조직의 연계는 재단이 활용할 수 있는 자원을 공유함으로써 장기적으로 더 큰 가치를 창출할 수 있다. 이러한 연구는 기업재단의 연계가 언제, 누구에게 도움이 되는지, 그리고 누구에게 도움이 되지 않는지를 파악하는 데 중요하다. 기업재단의 혼합성은 쉽게 바꿀 수 있는 선택된 메커니즘이 아니라 본질적인 특성으로, 특히 지배구조와 전략적 연계 측면에서 조직 내부의 구조와 과정을 통해 상반된 목표를 어떻게 관리할 수 있는지에 대한 추가 연구가 필요하다.

세 번째 연구 경로는 제도적 요인 외에 기업재단의 방향성과 운영에 영향을 미치는 다른 요인이 무엇인지 탐구하는 것이다. 예를 들어, 기업이 자선 활동에 참여하려는 동기 자체가 재단의 방향에 영향을 줄 수 있다. 5장에서 간략히 제시된 것처럼, 기업의 유형 역시 기업재단의 방향성과 운영 방식에 영향을 미칠 수 있다. 실제로 가족 기업은 주주 중심의 기업과는 매우 다른 동기를 가지고 있으며, 이러한 차이는 기업재단의 운영에도 영향을 미친다. 보다 일반적으로, 기업 자선, 비영리 단체-기업 협력, 기업의 사회적 책임에 대한 연구는 기업재단의 관점을 보다 자주 반영해야 하며, 이는 고유한 위치로 인해 새로운 기회를 창출할 수도 있고, 공익 기여의 가능성을 제한할 수도 있다.

네 번째 연구 기회는 자선 수단으로서의 기업재단의 조직적 특징에 초점을 맞추고 있다. 예를 들어, Maas는 (10장에서) 기업 사회공헌의 방법이 발전하는 과정을 스케치하며 개별 기업 행위자에서 시작하여 부서로, 재단으로, 그리고 더 나아가 지역사회 재단이나 중개기관을 통한 형태로 발전해 온 과정을 개괄한다. 이 책에서는 이러한 다양한 자선 수단들을 비교하지는 않았지만, 내부 부서보다 기업재단에서 기업의 이해관계가 덜 지배적일 수 있고, 수혜자의 목소리는 기업재단이나 커뮤니티 재단의 이사회를 통해 내부 부서의 이해관계자 대화 방식보다 더 잘 반영될 수 있다는 가설을 세우는 것은 어렵지 않다. 이러한 가설이 실제로 타당한지는 후속 연구에 달려 있다. 마찬가지로, 자선의 방식은 사회적 영향이라는 관점에서도 중요할 수 있다. 예를 들어, 기금(endowment)에 기반한 기업재단은 리더십 교체, 인수합병, 외국 기업에 의한 매입 등 모회사의 변화로부터 재단을 이론적으로 보호할 수 있다. 이러한 상황에 대한 사례 분석은 매우 환영할 만하다.

다섯 번째로 흥미로운 연구 방향은, 기업재단에 대해 축적된 지식을 다른 조직 형태에 적용하는 것이다. 예를 들어, 정부 기관, 중소기업(SMEs), 대형 쇼핑몰을 운영하는 협회, 가족재단, 유명 인사 재단 등은 모두 한 명의 주요 기부자의 이익과 사회적 영향력 간의 균형을 맞추는 데 유사한 도전 과제를 안고 있는 조직들이 해당된다.

마지막으로, 본서 『기업재단의 이해』는 기업재단의 블랙박스를 열어주는 중요한 연구로 비영리 단체라는 우주 속에서 다양한 구성을 살펴보았고, 특히 자선재단이라는 은하계 내의 다양한 측면을 살펴보았다. 이를 통해 사회공헌 분야에서 빠르게 영향력을 넓혀가는 기업재단의 특별한 조직 유형에 대한 이해를 넓혔다. 이 책은 후속 연구를 위한 중요한 기초를 마련하고, 향후 연구의 방향을 제시하였다.

참고문헌

Anheier, H. K., & Leat, D. (2006). *Creative philanthropy: Toward a new philanthropy for the twenty-first century*. New York: Routledge.

Appe, S.M., & Layton, M.D. (2016, June). Government and the nonprofit sector in Latin America. *In Nonprofit Policy Forum* (Vol. 7, No. 2, pp. 117-135). De Gruyter.

Buijze, R. (2017). *Philanthropy for the arts in the era of globalisation: International tax barriers for charitable giving*. Erasmus University Rotterdam, Rotterdam, The Netherlands.

DiMaggio, P., & Powell, W. W. (1983). The iron cage revisited: Collective rationality and institutional isomorphism in organizational fields. *American Sociological Review, 48*(2), 147-160.

Edwards, J. R., & Rothbard, N. P. (2000). Mechanisms linking work and family: Clarifying the relationship between work and family constructs. *Academy of Management Review, 25*(1), 178-199.

EFC. (2011). Comparative highlights of foundation laws-The operating environment of foundations in Europe. [pdf] Brussels: European Foundation Center.
Available at: http://efc.issuelab.org/resource/comparative_highlights_of_foundation_laws_the_operating_environment_for_foundations_in_europe_2015. Accessed 22 May 2017.

Fleishman, J. L. (2007). *The foundation: A great American secret; how private wealth is changing the world*. New York: Public Affairs.

Frumkin, P. (2006). Accountability and legitimacy in American foundation philanthropy. In *The legitimacy of philanthropic foundations: United States and European perspectives* (pp. 99-122). New York: Russel Sage Foundation.

Garriga, E., & Melé, D. (2004). Corporate social responsibility theories: Mapping the territory. *Journal of Business Ethics, 53*(1-2), 51-71.

Gautier, A., & de Nervaux, L. (2015). La France qui donne. Etat de la recherche sur le don en France [*The France that gives. The state of research on donation in France*] Chaire philanthropie de l'ESSEC, Observatoire de la Fondation de France December.

Gautier, A., & Pache, A. C. (2015). Research on corporate philanthropy: A review and assessment. *Journal of Business Ethics, 126*(3), 343-369.

Guthrie, D. (2010). Corporate philanthropy in the United States: What causes do corporations back. In *Politics and partnerships: The role of voluntary associations in America's political past and present* (pp. 183-204). Chicago: University of Chicago Press.

Herlin, H., & Pedersen, J. T. (2013). Corporate foundations: Catalysts of NGO-business partnerships? *The Journal of Corporate Citizenship, 50*, 58.

Kania, J., KraMer, M., & Russell, P. (2014). Strategic philanthropy for a complex world. *Stanford Social Innovation Review, 12*(3), 26-33. Retrieved September 1, 2015.

Layton, M. D. (2010). *Philanthropy in Latin America. In International encyclopedia of civil society* (pp. 1201-1209). New York: Springer.

Mezirow, J. (1997). Transformative learning: Theory to practice. *New Directions for Adult and Continuing Education, 1997*(74), 5-12.

Mirvis, P., & Googins, B. (2018). Engaging employees as social innovators. *California Management Review, 60*, 0008125618779062.

Mitchell, R. K., Agle, B. R., & Wood, D. J. (1997). Toward a theory of stakeholder identification and salience: Defining the principle of who and what really counts. *Academy of Management Review, 22*(4), 853-886.

Ostrower, F. (2006). Foundation approaches to effectiveness: A typology. *Nonprofit and Voluntary Sector Quarterly, 35*(3), 510-516.

Pache, A. C., & Santos, F. (2013). Inside the hybrid organization: Selective coupling as a response to competing institutional logics. *Academy of Management Journal, 56*(4), 972-1001.

Pfeffer, J. (1972). Merger as a response to organizational interdependence. *Administrative Science Quarterly, 17*, 382-394.

Pfeffer, J., & Salancik, G. R. (1978). *The external control of organizations: A resource dependence perspective*. Harper and Row, New York, United States.

Porter, M. E., & Kramer, M. R. (2002). The competitive advantage of corporate philanthropy. *Harvard Business Review, 80*(12), 56-68.

Powell, W. W., & DiMaggio, P. J. (Eds.). (2012). *The new institutionalism in organizational analysis*. University of Chicago Press, Chicago, Illinois, United States.

Rodell, J. B. (2013). Finding meaning through volunteering: Why do employees volunteer and what does it mean for their jobs? *Academy of Management Journal, 56*(5), 1274-1294.

Roza, L., & Meijs, L. C. P. M. (2014). Involved learning. In L. Bridges Karr, L. Meijs, & J. Metz (Eds.), *Volunteering and youth services: Essential readings on volunteering and volunteer management for social work, social policy and urban management* (pp. 139-157). Amsterdam: SWP.

Samuel, O., Roza, L., & Meijs, L. (2016). Exploring partnerships from the perspective of HSO beneficiaries: The case of corporate volunteering. *Human Service Organizations: Management, Leadership & Governance, 40*(3), 220-237.

Scott, W. R. (2013). *Institutions and organizations: Ideas, interests, and identities.* Thousand Oaks: Sage Publications.

Suchman, M. C. (1995). Managing legitimacy: Strategic and institutional approaches. *Academy of Management Review, 20*(3), 571-610.

Wiepking, P., & Handy, F. (Eds.). (2016). *The Palgrave handbook of global philanthropy.* New York: Springer.

Lonneke Roza 에라스무스 대학교 로테르담 경영대학원(Rotterdam School of Management)의 겸임 부교수로, 기업 기부와 기업 시민의식의 미시적 기반(microfoundations)에 관한 연구를 수행하고 있다. 주요 논문은 *Journal of Business Ethics, Nonprofit and Voluntary Sector Quarterly, Voluntas* 등 권위 있는 학술지에 게재되었다.

Steffen Bethmann 바젤 대학교 필란트로피 연구 센터(Center for Philanthropy Studies)의 연구원이다. 조직 컨설턴트이자, 칠레 산티아고 소재 아돌포 이바네스 대학교의 필란트로피 및 사회적 투자 센터(Centro de Filantropía y Inversiones Sociales)에서 부속된 연구원(associated researcher)으로도 활동 중이다. 주요 연구 분야는 재단의 전략 및 거버넌스, 그리고 사회적 혁신이다.

Lucas Meijs 에라스무스 대학교 로테르담 경영대학원(Rotterdam School of Management)의 전략적 자선 활동 및 자원봉사학 교수이다. *Nonprofit and Voluntary Action Quarterly*의 첫 비미국인 공동 편집장으로 두 차례 임기를 수행했으며, 네덜란드 정부와 의회에 자문하는 공식 정책 자문기구인 사회개발위원회(Raad voor Maatschappelijke Ontwikkeling) 위원으로 활동했다. 주요 연구 분야는 전략적 자선, 자원봉사 및 비영리 조직 관리, 기업의 사회적 참여, 참여형 학습이다.

Georg von Schnurbein 바젤 대학교 경제경영학부(Faculty of Business and Economics)의 재단 경영 부교수이자, 필란트로피 연구 센터(CEPS)의 창립 디렉터이다. 국제 자선 연구 분야의 여러 이사회에서 활동하고 있으며, 스위스 재단 코드(Swiss Foundation Code) 최신판을 공동 집필하였다. 주요 연구 분야는 비영리 조직의 지배구조, 재정 건전성, 사회적 영향력 측정에 중점을 두고 있으며, *Nonprofit & Voluntary Sector Quarterly, European Management Journal* 등 주요 학술지에 다수의 논문을 발표했다.

옮긴이 박두준 | 재단법인 한국가이드스타 재단센터 센터장

박두준 재단법인 한국가이드스타 재단센터 센터장은 비영리 조직의 투명성 평가와 기업의 사회공헌 활성화를 선도해 온 전문가이다. 서울대학교 환경대학원과 가톨릭대학교 사회복지대학원에서 공부했으며, 1993년부터 시민단체, 사회복지, 자원봉사, 기업재단, 기업사회공헌 분야에서 30년 넘게 활동했다.

2008년 한국가이드스타를 설립, 공익법인 결산서 공시제도 도입과 공시양식 개선에 기여했고, 이후 국내 최초로 공익법인 투명성 평가 시스템을 구축했다. 또한, 기업재단 상임이사, 정부위원회 및 자문활동, 공공정책 연구와 교육 등을 통해 사회적 파트너십 모델을 제안하고 공익법인 정책 및 제도 개선에 기여했다. 현재 기업가와 기업의 기부활성화를 위한 재단센터 설립(2025. 9. 5.)과 운영에 전념하고 있으며, 2024년 말『기업재단 현황과 쟁점』보고서를 발간하였다.

비영리단체란 '한 사회와 그 사회의 구성원인 개개인에게 어떤 크고 작은 변화를 가져다 줌으로써 존재가치가 있다.'라는 생각이다.

감수자 오승빈 | 미국 위스콘신주립대학교(오클레어) 교수

일리노이대학교 어배너-샘페인(University of Illinois at Urbana-Champaign)에서 회계학 석사 학위를, 서울대학교에서 회계학 박사 학위를 받았다. 현재 미국 위스콘신대학교 오클레어 캠퍼스(University of Wisconsin-Eau Claire) 회계학과 부교수로 재직하고 있다. 회계법인에서 공인회계사(CPA)로 근무한 실무 경력을 바탕으로, 재무회계 및 중급회계 분야에서 연구 및 강의를 활발히 이어오고 있다. 현재 미국회계학회(American Accounting Association) 및 한국회계학회 정회원으로 활동 중이다.

감수자 최아름 | 성균관대학교 교수

서울대학교에서 경영학 학사, 석사, 박사 학위를 받았으며, 성균관대학교 경영대학 회계전공 부교수이자 경영학과 학과장으로 재직하고 있다. 회계감사, 재무보고 품질, 이익조정, CSR 및 ESG 등 회계 분야의 다양한 주제를 연구하고 있다. 홍콩침례대학(Hong Kong Baptist University) 조교수와 정보통신정책연구원(KISDI) 연구원으로 재직한 바 있으며, 현재 교수 외에도 Accounting Forum의 부편집위원(Associate Editor), 경영학연구 편집위원, 한국회계학회 상임이사로 활동 중이다.

기업재단의 이해

초판발행 2025년 11월 15일

지은이 Lonneke Roza, Lucas Meijs, Georg von Schnurbein and Steffen Bethmann
옮긴이 박두준
펴낸이 노 현

편 집 문선미
기획/마케팅 김민규
표지디자인 BEN STORY
제 작 고철민·김원표

펴낸곳 ㈜ 피와이메이트
서울특별시 금천구 가산디지털2로 53, 210호(가산동, 한라시그마밸리)
등록 2014. 2. 12. 제2018-000080호
전 화 02)733-6771
f a x 02)736-4818
e-mail pys@pybook.co.kr
homepage www.pybook.co.kr
ISBN 979-11-7279-180-3 03320

정 가 30,000원

박영스토리는 박영사와 함께하는 브랜드입니다.